El Sendero de la Verdad

Casa Nazarena de Publicaciones

Publicado por
Casa Nazarena de Publicaciones
17001 Praire Star Parkway
Lenexa, KS 66220 EUA.

Patricia Picavea, Editora
Mery Asenjo, Coeditora
Loysbel Pérez, Corrector de teología

Diseño de portada: www.slaterdesigner.com / Joel Chavez
Diagramación: www.slaterdesigner.com / Joel Chavez
Fotografía: Robert Bya en unsplash

Contenido

Presentación

El Señor nos permitió llegar a El Sendero de la Verdad 15; y, con este número, damos por terminado el estudio completo de la Biblia. Estudio que nos permitió, durante estos 15 años, recorrer cada libro de las Escrituras; y ver historias, encuentros, desencuentros, aciertos, desaciertos, intrigas, destrucción, construcción, consejos, advertencias y muchas cosas más…

Esperamos que cada lección haya dejado, en usted y en las personas que compartieron las lecciones, enseñanzas para practicar en la vida cristiana. Pues de eso se trata el estudiar la Palabra, de acercarnos al Dios de la Biblia, conocer su voluntad y llevar a la práctica sus enseñanzas.

Fue de mucha bendición para nuestro equipo trabajar escribiendo, editando y diagramando las lecciones, y permitiendo que Dios hable a nuestras vidas también. A manera personal, al trabajar en la edición, hubo lecciones que me hicieron reír, llorar y otras en las cuales tuve que detenerme y ponerme a reflexionar, y cambiar. Espero que haya sido igual su experiencia al recorrer las páginas de cada libro, y prepararse para enseñar cada una de las lecciones. Deseamos que, al reflexionar sobre las enseñanzas que nos dejan los escritores, de su propio acercamiento a la Palabra de Dios, el Señor siga hablando a su vida y a la de las personas que le acompañan en este transitar de la vida cristiana.

En este último libro, estaremos viendo "La justicia y la misericordia de Dios" en el libro de Lamentaciones, "Enfrentando a los gigantes", "Conduciéndonos en amor" en los libros de 1, 2, 3 Juan y Judas; y, por último, concluiremos con Apocalipsis: "Mensaje de fidelidad y esperanza eterna".

El Señor les bendiga a usted y su grupo, hablándoles a través de las siguientes 52 lecciones que tenemos por delante en este nuevo año.

Patricia Picavea
Editora general de *El Sendero de la Verdad*

Recomendaciones

Compartir la Palabra es una labor que, si la ponemos en las manos de Dios, será de gran influencia para la vida de las personas. Esta puede despertar en ellas el amor por el estudio o conocimiento de la Biblia, y ser una ayuda en el desarrollo de su vida cristiana. Una buena enseñanza es aquella que orienta la vida de los que la reciben y los impulsa a ser mejores cada día.

Un maestro que practica la enseñanza es una persona importante; porque transmite conocimientos, fe, esperanza, estados de ánimo, gustos, sentido del humor, todo para hacer que sus alumnos disfruten y aprendan.

Pensando en esto, estamos presentando el libro 15 de *El Sendero de la Verdad* como una herramienta útil y práctica para todo el que desea impactar la vida de sus alumnos y grabar en ellos enseñanzas doctrinales que les guíen en el transitar de su vida cristiana.

Preparación y presentación de la lección:

- Comience orando para que el Señor le permita prepararse de la mejor mane-ra. Que Él le dé sabiduría y gracia para captar el mensaje para su propia vida primero.

- Lea la lección varias veces durante la semana; a fin de ir profundizando en ella.

- Trate de ir formando su material de trabajo: un diccionario de español, un diccionario bíblico y, en la medida de sus posibilidades, diferentes versiones de la Biblia que usamos en este libro. También tenga lápices, borradores y papel.

- Para comenzar a preparar la lección, lea el Propósito de la lección y téngalo presente en la preparación de la misma.

- Asegúrese de buscar y leer todos los pasajes bíblicos que presenta la lec-ción, y escoger los más relevantes o que traigan mayor claridad al estudio.

- Tome una hoja y copie el bosquejo de la lección. Escriba en cada punto una guía que le ayude al momento de dar la clase.

- Siga cada punto principal como indica el libro, aunque puede presentarlos a grandes rasgos (sin mencionar cada subpunto); y, luego, realice las pregun-tas de la Hoja de actividad a la clase y haga que la lección sea lo más parti-cipativa posible. La participación de las personas es de gran ayuda en el pro-ceso de aprendizaje.

- Cada lección trae un Versículo para memorizar. En la medida de lo posible llévelo a la clase memorizado, o esté bien familiarizado con él y tome tiempo para que las personas lo memoricen también.

- Finalice la lección con una oración, y esté atento por si un estudiante tiene alguna necesidad que haya surgido de la lección y ore por ella o él.

- Haga contacto con sus alumnos durante la semana. Utilice todos los medios disponibles y haga sentirles que son importantes para Dios, y que usted está orando por ellos.

Lamentaciones: La justicia y la misericordia de Dios”

Primer trimestre

Introducción al libro de Lamentaciones
Síntomas de tristeza
¿Puede uno provocarse la aflicción?
Clamor integral
Como enemigo
El verdadero ministro en medio de crisis
Experiencias sufridas por el ministro a causa de un Dios airado
Misericordia inagotable, regalo de Dios
El mejor salvavidas
Esperanza en medio del dolor
Un ejercicio necesario
Un destello de esperanza
Situación versus condición

Introducción al libro de Lamentaciones

Loysbel Pérez Salazar (EE. UU.)

Pasajes bíblicos de estudio: 2 Reyes 25:1-20; 2 Crónicas 36:11-21; Lamentaciones 1:18,22, 2:9,14,17, 3:22-23,26,31,40-41, 4:1-13, 5:19; Filipenses 3:7-9
Versículos para memorizar: "Escudriñemos nuestros caminos, y busquemos, y volvámonos a Jehová; Levantemos nuestros corazones y manos a Dios en los cielos" Lamentaciones 3:40-41.
Propósito de la lección: Analizar el contexto histórico, el mensaje general del libro de Lamentaciones y su aplicación para la iglesia actual.

Introducción

Pocos libros en la Biblia contienen un alto grado de expresión de sentimientos profundos como lo observamos en el libro de Lamentaciones. Su título, por sí solo, nos da una imagen del contenido del mensaje. Es difícil cuando se escribe desde el sufrimiento y se tiene que alentar a personas que sufren, como le tocó hacer al profeta. Le invito a analizar el contexto histórico que envuelve el libro de Lamentaciones; cómo se transmitió el mensaje de Dios al pueblo de Israel; y cuál es la aplicación que tiene para la iglesia actual.

I. Contexto histórico general del libro de Lamentaciones (2 Reyes 25:1-20; 2 Crónicas 36:11-21)

Los cinco capítulos del libro contienen las lamentaciones por la destrucción de Judá (el reino del sur); y hacen referencia específicamente a la destrucción de su capital Jerusalén y el templo de adoración, hechos acontecidos en el año 586 a.C.

Los pecados de la nación israelita propiciaron el juicio divino; profetas como Isaías habían anunciado las consecuencias que traería el desvío de la nación. Llegó el momento en que la gran nación de Babilonia derrotó a Judá y la llevó cautiva. Este libro de Lamentaciones describe la gran caída de Jerusalén en manos de los babilonios y todo el desastre que ocasionó.

A. Aspectos históricos

Como ya hemos mencionado, el libro de Lamentaciones expresa la conmoción del profeta y el mensaje de Dios a causa de la caída de Jerusalén en manos de Babilonia, y el exilio de la nación de Israel.

Nabucodonosor era el rey de Babilonia, y decidió atacar a Judá. Rodeó a Jerusalén con todo su ejército, y construyó un muro de tierra alrededor de la ciudad (2 Reyes 25:1-2). Debido al largo tiempo que la tuvo sitiada, lo cual provocó el hambre en la ciudad, no había alimentos para el pueblo (2 Reyes 25:3). Fue entonces cuando el ejército babilonio abrió una brecha en el muro de la ciudad, y decidió entrar y atacar. Esa misma noche, el rey de Judá llamado Sedequías huyó con todo el ejército por una puerta secreta que estaba cerca del jardín del rey. Y así el rey y sus hombres escaparon por el camino de Arabá; pero el ejército babilónico los siguió y capturó al rey en la llanura de Jericó (2 Reyes 25:4-6).

Descripción de los hechos acontecidos:

- El rey de Babilonia mandó a degollar a los hijos del rey Sedequías en presencia de este. Luego, le sacaron los ojos, lo encadenaron y lo llevaron preso a Babilonia (2 Reyes 25:7).
- Incendiaron el templo, el palacio real, las residencias de Jerusalén y las casas más grandes (2 Reyes 25:9).
- Derribaron las murallas de Jerusalén (2 Reyes 25:10).
- Capturaron a toda la gente que estaba en la ciudad y la llevaron prisionera, incluso los que se pasaron al bando del rey de Babilonia (2 Reyes 25:11). Sin embargo, la parte pobre de Jerusalén la dejaron para que cuidaran las cosechas y las viñas (2 Reyes 25:12).
- Los soldados babilonios despedazaron los objetos de bronce del templo, las columnas de bronce; y cargaron con todo ese bronce para Babilonia. Se llevaron todos los utensilios, objetos y platos de oro (2 Reyes 25:13-15; 2 Crónicas 36:18-19).
- Tomaron presos al sumo sacerdote Seraías, a Sofonías, el segundo sacerdote, y a los tres porteros del templo (2 Reyes 25:18).
- Tomaron presos al comandante a cargo de los soldados, cinco consejeros del rey, al jefe de reclutamiento y a 60 personas de importancia de la ciudad; y el rey de Babilonia los mandó a ejecutar, y murieron allí en Ribla (2 Reyes 25:19-20).

Fue terrible ver tanto dolor y sufrimiento. Esa tragedia es parte del contenido del libro de Lamentaciones, que describe todo el proceso emocional vivido por hechos tan difíciles como los anteriormente narrados.

B. Aspectos literarios

El libro de Lamentaciones no dice en sí mismo quién es el escritor. Por eso, se considera como una obra anónima; aunque posteriormente la tradición le atribuyó el libro al profeta Jeremías.

El libro de Lamentaciones goza de un excelente estilo poético en forma acróstica: "los cuatro primeros capítulos son acrósticos con variaciones estilísticas: los capítulos 1-2 contienen veintidós versos de tres líneas cada uno, y la primera palabra de cada verso comienza con la letra hebrea sucesiva; el capítulo 4 es similar, pero los versos son de dos líneas; el capítulo 3 es el más ajustadamente construido, porque sus sesenta y seis versos están divididos en veintidós grupos de tres versos cada uno, y cada uno de los tres comienza con la letra adecuada. Aun el capítulo 5, que no tiene una forma alfabética, parece haber sido afectado hasta cierto punto por el patrón acróstico: tiene veintidós versos de una línea cada uno" (Colectivo de Autores. Panorama del Antiguo Testamento. EUA: Ed. Grand Rapids, 1982, p.605).

Una pregunta que puede venir a nuestra mente es la siguiente: "¿por qué el acróstico alfabético? En algunas situaciones se trata de una ayuda para la memoria. Si se recuerda el orden, puede resultar más fácil recordar el contenido de cada verso. En Lamentaciones, la forma acróstica parece servir por lo menos para dos propósitos adicionales: (1) indica una expresión completa de angustia y contrición al cubrir el tema desde alef a tau (es decir, desde la a hasta la zeta, o de principio a fin); (2) pone limitaciones artísticas sobre el lamento, y evita así que se convierta en un llanto, un aullido o un llorisqueo descontrolado" (Colectivo de Autores. Panorama del Antiguo Testamento. EUA: Ed. Grand Rapids, 1982, pp.605-606).

II. Mensaje general del libro (Lamentaciones 1:18,22, 2:9,14,17, 3:22-23,26,31, 4:1-13, 5:19)

El libro de Lamentaciones nos deja en nuestra mente varios mensajes; pero, sin lugar a dudas, nos lleva a entender el mensaje general, que no es más que la aceptación del juicio de Dios a causa del pecado y la esperanza de restauración que ofrece el mismo Dios que castiga. Es impresionante el cómo se describe las escenas desconsoladoras de un pueblo arruinado material, emocional y mentalmente, y con una crisis de fe enorme. Analicemos algunos tópicos específicos que resaltan el mensaje general del libro:

A. La corrupción del liderazgo de Israel (2:9,14, 4:13)

El escritor describe tácitamente el incumplimiento de los profetas al no mostrarle a la nación el pecado en el cual andaban, y así impedir el cautiverio (2:14). Tanto los profetas como los sacerdotes son culpados de cometer pecados y maldades (4:13). Estas acusaciones fuertes revelan la alta corrupción moral del liderazgo espiritual israelita, y en la cual se vio inmiscuido el pueblo y a la vez afectado. Estaba tan mal el liderazgo, que los profetas no captaron la visión de Dios; y en toda esa declinación moral, alejados de la ley de Dios, también se encontraban su rey y sus príncipes (2:9). Esto nos da la medida de que, tanto líderes religiosos como políticos, estaban fuera de la voluntad de Dios.

B. El juicio de Dios (4:1-12)

La destrucción de Jerusalén, del templo; la cantidad de muertes y la humillación del cautiverio por parte de una nación pecadora fue entendido como el juicio de Dios a causa del pecado reiterado de años. La decadencia espiritual de la nación, su rebeldía contra Dios, sus idolatrías hicieron que Dios castigara a su pueblo. El libro nos presenta a un Dios que castiga fuertemente y lleva al pueblo a aceptarlo, aunque sea doloroso vivirlo (4:1-12). El profeta afirmó que Dios estaba siendo justo al juzgar la rebelión (1:18), castigar el pecado (1:22) y desatar su ira (4:11). Esta teología del castigo es muy frecuente en la literatura profética, propiamente por el período de pecado que vivió la nación de Israel.

C. La soberanía de Dios (2:17, 5:19)

Este libro muestra al Dios soberano (2:17), al Dios que hace lo que en su soberana voluntad decide, y todo lo que ejecuta es justo. Fue difícil para Israel entender esto: ¿qué estaba haciendo Dios cuando su ciudad estaba siendo destruida por una nación más pecadora que ellos?; ¿por qué Dios permitió que su pueblo escogido fuera maltratado por gente impía?; ¿acaso Dios no podía castigar de otra manera menos cruel?; ¿cómo entender la victoria de una nación con una fe politeísta sobre la fe monoteísta del pueblo de Israel? A pesar de todo, el profeta reconocía la autoridad de Dios y su reinado eterno (5:19).

D. La bondad de Dios (3:22-23,26,31)

El gran contraste entre el juicio y la misericordia de Dios es relevante en el escrito de Lamentaciones. La realidad es que observamos bastantes textos que revelan castigo; pero, al mismo tiempo, notamos el propósito de Dios, su bondad y misericordia, de no dejar a su pueblo en esa condición precaria, y castigar a Babilonia por lo que hizo, como sucedió años más tarde. La expresión del profeta en Lamentaciones 3:22-23 es uno de los textos claves en este libro y revela la confianza del siervo de Dios en la misericordia divina, por la cual no han sido consumidos del todo; que a pesar de tanto pecado, la misericordia de Dios nunca falta, es nueva cada día. Él es un Dios fiel, no falla; y el pueblo debía tener la esperanza y su fe basada en este Dios. Por eso, es bueno esperar calladamente su salvación (3:26). No debían inquietarse por lo que estaban pasando en el momento, sino esperar en Dios; porque Él no rechaza a la gente para siempre (3:31).

III. Aplicación del mensaje del libro para la iglesia actual (Lamentaciones 3:40-41; Filipenses 3:7-9)

El mensaje del libro de Lamentaciones se hace cada día más vigente para la iglesia actual. Como nunca antes, la iglesia debe ser confrontada con este mensaje que porta el juicio por el pecado y la esperanza de la restauración final para el remanente fiel. Este mundo y la iglesia necesitan entender que Dios castiga el pecado, y Cristo es la única esperanza que tenemos.

A. Líderes conforme al corazón de Dios

Un liderazgo corrupto moral y espiritualmente guiará a la iglesia a un precipicio. ¿Qué podemos percibir en el liderazgo eclesial moderno?

- Falta de sinceridad, egoísmo, envidias, celos ministeriales, competencias entre ministros
- Orgullo: un intenso deseo de popularidad, donde los nombres humanos en anuncios y carteles superan al de Cristo. De ahí que exista una idolatría a muchos apóstoles, pastores y profetas por parte de la iglesia.
- Codicia por el dinero
- Pecados sexuales de toda índole
- Anhelos desmedidos de poder
- Predicaciones y enseñanzas positivistas y emocionales; pero muy alejadas de un mensaje divino de transformación en el ser humano. No se habla de pecado en la iglesia para no herir a muchos hermanos, entre ellos, los que ofrendan y diezman.
- Servilismo a entes políticos de pecado por conveniencias personales

La iglesia necesita un liderazgo santo que viva y trasmita la santidad a la iglesia, y a los nuevos convertidos. Un liderazgo que ame la ley de Dios, que encuentre en ella su delicia. Un liderazgo que capta la visión de Dios y camina en ella. Un liderazgo espiritual que sea capaz de enseñar la Palabra de Dios; y sin diluir el mensaje, que advierta a este mundo lo que Dios habló.

B. Juicio. Un Dios que castiga

Dios sigue castigando el pecado; y éste tiene consecuencias no sólo para nuestra vida, sino también para los que están a nuestro alrededor. Las consecuencias se pueden experimentar en el presente y a su vez en la eternidad.

En nuestra teología del sufrimiento, debe estar implícito el reconocimiento y entendimiento del justo castigo de Dios.

C. Restauración y misericordia de Dios (Lamentaciones 3:40-41; Filipenses 3:7-9)

- Es tiempo de escudriñar nuestros caminos, de revisar nuestra vida, de hacer un chequeo espiritual interior. Analizar qué debemos de mejorar, cambiar; y pedirle la ayuda al Espíritu de Dios en ese proceso de transformación.
- Lamentaciones nos trae el mensaje de buscar a Dios. La iglesia necesita mayor grado de relación, de intimidad con Dios, que cada creyente lea la Palabra y hable con Dios intensamente; que la vida espiritual sea una delicia diaria y provoque el accionar del cumplimiento del propósito de Dios. Que no haya que empujar a la iglesia a orar, leer la Biblia, a venir a los servicios de la iglesia y cumplir la Gran Comisión; sino que por sí solos lo hagan, que se convierta en un estilo de vida.
- Este es el tiempo de revivir el mensaje de Lamentaciones que nos llama a volvernos a Dios. A dejar toda frialdad espiritual, a humillarnos en la presencia de Dios, a reconocerlo, a honrarlo, a darle lo primero y mejor a Él, a reconocer nuestros pecados, a dejar todo lo efímero de este mundo y caminar con Dios. Pablo lo expresó de esta manera: "Pero cuantas cosas eran para mí ganancia, las he estimado como pérdida por amor de Cristo. Y ciertamente, aun estimo todas las cosas como pérdida por la excelencia del conocimiento de Cristo Jesús, mi Señor, por amor del cual lo he perdido todo, y lo tengo por basura, para ganar a Cristo, y ser hallado en él..." (Filipenses 3:7-9).
- Que nuestro corazón y nuestras manos siempre se eleven a los cielos. Es un mensaje para siempre mirar hacia arriba, a tener dependencia de Dios, nuestra victoria y nuestro final se encuentran en Él.

Iglesia, ¡levanta tus manos en señal de victoria, de esperanza y de seguridad eterna en Dios!

Lamentaciones también nos invita a disfrutar siempre del favor y la misericordia de Dios para que seamos restaurados.

Conclusión

Lamentaciones es un libro que tiene mucho para enseñarnos como iglesia. Esperamos que la introducción a este maravilloso libro nos haga disfrutar su estudio de tal manera que las cinco lamentaciones del profeta, a causa de la destrucción de Jerusalén, se conviertan en frutos de transformación como discípulos de Cristo.

Introducción al libro de Lamentaciones

Hoja de actividad

Versículos para memorizar: "Escudriñemos nuestros caminos, y busquemos, y volvámonos a Jehová; Levantemos nuestros corazones y manos a Dios en los cielos" Lamentaciones 3:40-41.

I. Contexto histórico general del libro de Lamentaciones (2 Reyes 25:1-20; 2 Crónicas 36:11-21)

Describa los hechos acontecidos en la caída de Jerusalén.

___

___

___

II. Mensaje general del libro (Lamentaciones 1:18,22, 2:9,14,17, 3:22-23,26,31, 4:1-13, 5:19)

¿Cuál es el mensaje general del libro?

___

___

Explique los temas específicos que resaltan el mensaje general del libro.

___

___

III. Aplicación del mensaje del libro para la iglesia actual (Lamentaciones 3:40-41; Filipenses 3:7-9)

Explique cómo aplica el mensaje de este libro a su vida personal.

___

Comente cómo el mensaje del libro de Lamentaciones es relevante para la iglesia actual.

___

___

Conclusión

Lamentaciones es un libro que tiene mucho para enseñarnos como iglesia. Esperamos que la introducción a este maravilloso libro nos haga disfrutar su estudio de tal manera que las cinco lamentaciones del profeta, a causa de la destrucción de Jerusalén, se conviertan en frutos de transformación como discípulos de Cristo.

Síntomas de tristeza

Mary Prado (Colombia)

Pasaje bíblico de estudio: Lamentaciones 1:1-4,16
Versículo para memorizar: "¡Cómo ha quedado sola la ciudad populosa! La grande entre las naciones se ha vuelto como viuda, La señora de provincias ha sido hecha tributaria" Lamentaciones 1:1.
Propósito de la lección: Entender la tristeza y las consecuencias que suelen acompañar a las situaciones de pecado.

Introducción

Es natural que las crisis de la vida impacten profundamente el sistema emocional del ser humano; pues fuimos creados con un componente psicológico muy complejo, que es afectado profundamente por el pecado, causando todo tipo de trastornos en la persona.

Esta lección presenta un claro ejemplo de ello a través de la crisis suscitada en Judá con motivo de la conquista babilónica de Jerusalén. Dicho acontecimiento resultó en un tiempo muy doloroso en el que la sociedad estuvo profundamente aturdida y rodeada de toda clase de conflictos.

Hoy vivimos en medio de condiciones similares de aflicción y tristeza ocasionadas por el aumento del pecado en la sociedad. Es un contexto en el cual la iglesia está llamada por las Escrituras a levantar su voz profética; no sólo denunciando el pecado, sino también anunciando la firme esperanza de salvación que se encuentra únicamente en Jesucristo.

I. La soledad y el llanto (Lamentaciones 1:1-2,16)

El ser humano se encuentra separado de Dios, no recibe el fluir de la fuente de la vida abundante que es Cristo. En su lugar, se hace presente el dolor que causa el pecado, manifestándose en innumerables formas.

En Lamentaciones 1:1-2,16, se describe el tipo de sufrimiento que se origina en el ser humano; porque no es Dios quien lo causa, pese a que algunas veces Él envía los juicios que lo originan, los cuales a su vez, llenan de tristeza, soledad y llanto la vida de las personas. No obstante, la Biblia enseña que Dios nos ama; y no se complace en el sufrimiento y la muerte del pecador, sino en que este se aparte de su pecado y viva (Ezequiel 33:11).

En el caso del pasaje que ocupa nuestro estudio, vemos la devastación sucedida en la ciudad de Jerusalén durante la invasión babilónica ocurrida aproximadamente en el 586 a.C."El libro de Lamentaciones reconoce clara e insistentemente que el causante de la catástrofe ha sido el propio Yahvé; que los enemigos, en definitiva, no han sido más que el instrumento utilizado deliberadamente por él. Yahvé ha castigado a Sión por su continua rebeldía..." (Morla Asensio, Víctor. Libros sapienciales y otros escritos. España: Editorial Verbo Divino, 1994, p.499).

En el tiempo que describe este pasaje, el pueblo de Dios se encontraba en abierta idolatría y rebeldía contra Él. En gran parte, esto se debía a que los líderes religiosos no cumplían su deber profético de alertar y enseñar al pueblo (Lamentaciones 4:13). Por tanto, "... la destrucción de Jerusalén es interpretada en el libro como un castigo merecido por los pecados de los israelitas... Pero la culpa de la catástrofe la comparten sobre todo profetas y sacerdotes, que, en lugar de ser portadores de las exigencias de la alianza y dar la voz de alarma ante el descarrío del pueblo y el deterioro de las instituciones, no hicieron más que profetizar falsedades y colaborar en la persecución de la gente honrada (2,14; 4,13)" (Morla, Víctor. Lamentaciones. España: Editorial Verbo Divino, 2004, p.28). Sin embargo, Dios no había dejado de anunciar su Palabra a través de sus verdaderos profetas, como fue el caso de Jeremías, quien anunció la Palabra de Dios tanto al pueblo como a los reyes de Judá y sus funcionarios (Jeremías 1:1-3,21). Es significativa la exhortación que dirige Dios, por intermedio de Jeremías, al rey Joacim: "Te he hablado en tus prosperidades, mas dijiste: No oiré. Éste fue tu camino desde tu juventud, que nunca oíste mi voz" (Jeremías 22:21). Este es el triste cuadro de la persona pecadora que no se acuerda de Dios en medio de sus buenos tiempos; y que, de repente, a causa de sus malos caminos, le sobreviene la desgracia.

En cuanto a Judá, una vez sucedida la invasión babilónica, y a causa de la gran devastación que incluyó la destrucción del templo, sobrevinieron la soledad y el llanto, terribles señales que reflejan el daño psicológico que producen el pecado y la rebeldía del ser humano hacia Dios. En la descripción bíblica, se observa a un pueblo afligido y desolado, que ya no gozaba de su antigua prosperidad. Un pueblo lleno de tristeza, de amargura y desesperanza. Había sido desechado. Ya no gozaba del favor de Dios.

A causa de los pecados de Israel, el Señor castigó a su pueblo, y lo entregó en manos de sus enemigos (Lamentaciones 1:16b). El escritor sagrado describe este oscuro panorama de la ciudad por medio de una figura de personificación, en los siguientes términos: "¡Cómo ha quedado sola la ciudad populosa! La grande entre las naciones se ha vuelto como viuda... Amargamente llora en la noche, y sus lágrimas están en sus mejillas. No tiene quien la consuele..." (vv.1-2).

"... De un examen detenido del léxico se infiere la existencia de un doloroso mundo de conflictos psicológico-religiosos y sociopolíticos. El aturdimiento que se ha apoderado de los supervivientes de la catástrofe del 587/6 se refracta en sentimientos de culpabilidad colectiva, de soledad, de abandono, de expolio desmedido, de duelo y lamentación sociales. Al final bascula la duda entre cultivar la esperanza o hundirse en la desesperación" (Morla, Víctor. Lamentaciones. España: Editorial Verbo Divino, 2004, p.28).

La condición más terrible que puede experimentar una nación, una ciudad o una persona es la pérdida de la comunión con Dios. La soledad y sufrimiento serán acordes a su rebeldía y pecado contra el Creador. Así como una viuda se queda desamparada y desvalida, de igual forma todo aquel que vive en desobediencia y abierta rebeldía contra Dios queda a merced de la soledad espiritual, indefenso frente a los ataques del enemigo.

Pero la Biblia enseña claramente que no es en la conmiseración y justificación propia donde Dios obra su misericordia; sino en el arrepentimiento del pecado cometido, y la búsqueda de su ayuda y restauración (Hechos 3:19-20).

II. La aflicción constante (Lamentaciones 1:3-4)

La aflicción descrita en los versículos 3 y 4 de este pasaje no es una simple sensación de tristeza; es algo más profundo y doloroso. Es una experiencia que denota abandono e incomodidad agobiante. Es ese estado de no hallar solución ni salida ante las aflicciones y necesidades; cuando se perdió la estabilidad y seguridad tanto material como emocional y espiritual, y se está a la deriva a merced de todos y de todo.

"Judá no sólo fue humillada y afligida en extremo, sino que... se encuentra en el destierro. El lector adivina también que el hecho histórico que se agazapa tras estos versos es la destrucción que llevaron a cabo las tropas de Nabucodonosor: nada quedó del esplendoroso reino. El país fue asolado y sus principales representantes (casa real, políticos en general, sabios, sacerdocio, militares, terratenientes, comerciantes, etc.) conducidos a Babilonia" (Morla, Víctor. Lamentaciones. España: Editorial Verbo Divino, 2004, p.71).

Judá ya no era libre de hacer con su vida lo que quisiera; sino que quedó esclavizada y sujeta a la voluntad de quienes la oprimían (v.3). Este es un contraste notable entre lo que fue y lo que es. Una caída estrepitosa e inesperada.

Este deterioro y sufrimiento constante, entonces, no es más que el resultado de la ausencia de Dios en la vida del ser humano. La aflicción fue una "constante" en la persona desde su desobediencia en el Edén. El ser humano fue creado en una condición privilegiada y bendecida, que duraría mientras tuviese comunión con Dios y obedeciera a su Palabra (Génesis 2:15-17). Pero desobedeció, y Dios le quitó del lugar donde fue puesto. "Aquel hombre y su mujer, separados de Dios y sin la paz interior, estaban inhabilitados para experimentar el gozo de la salvación. Ese gozo permanente que no depende de las circunstancias externas, sino de la felicidad que se produce cuando el hombre decide aceptar y mantener una buena relación con el Creador del universo" (Pulido, Raúl. Medicina sin dolor. EUA: Pulido Publishing, 2018, p.48).

Desde allí, la aflicción siempre ha formado parte de la vida del ser humano, principalmente de aquellos que se revelan abiertamente contra Dios. Tal aflicción viene como resultado del deterioro de la vida en todas sus facetas. Por ejemplo, en la sociedad de consumo en la cual vivimos, las empresas persiguen sus objetivos económicos a expensas de los valores éticos y la progresiva destrucción del medioambiente. Esto, por supuesto, repercute significativamente en el bienestar del ser humano. Vivimos en un mundo lleno de odio y violencia, donde aun por cosas pequeñas se agrede a los demás con mucha ligereza, causándoles daños irreparables y hasta la pérdida de la vida. Puede observarse esta situación, por ejemplo, en la violencia que manifiestan hacia los demás algunos conductores en las carreteras.

El ser humano sin Cristo vive en esa constante aflicción, apartado del favor de Dios y lejos de la salvación. El remedio definitivo para esta condición es Cristo. Él dijo en Juan 14:6 lo siguiente: "Yo soy el camino, y la verdad, y la vida..." Cristo ofrece el reposo permanente para todo aquel que cree en Él (Hebreos 4:3). No quiere decir que no habrá más sufrimiento; sino que Dios prometió estar en medio de las aflicciones presentes al lado de quienes le aman (Juan 16:33). Dios dio en su Palabra grandes promesas para sus hijos e hijas sobre su interés en proteger siempre nuestra integridad física y emocional (Salmo 34:19-22). En medio de un mundo lleno de guerras, miseria y dolor, Dios desea darnos su paz y victoria. Su voluntad es que seamos conquistadores y no vencidos; y quien vuelva su rostro a Él será consolado (Lamentaciones 3:22-23,25,31-33).

III. Aplicación para la iglesia hoy

Estamos de acuerdo, entonces, que las condiciones que vivimos actualmente, en medio de una sociedad convulsionada y llena de aflicción, muy poco se diferencian de las de Judá en los tiempos de la invasión babilónica. Las personas se encuentran sumidas en la angustia, tristeza, crisis a todo nivel, afligidas y olvidadas por quienes las rodean; y, especialmente, por los líderes religiosos y políticos, en quienes puesieron su esperanza, pero que les defraudaron y no cumplen con su deber. Muchos perdieron el sentido de su existencia, se encuentran llenos de un miedo irracional, acompañado de sentimientos de inseguridad e impotencia.

Estas condiciones fueron profetizadas en la Biblia; y se deben principalmente al creciente pecado y alejamiento de Dios (2 Timoteo 3:1-4). Sin embargo, el pueblo de Dios no escapa de esta situación. En un sentido general, aun dentro de la misma iglesia, vemos la influencia negativa de la descomposición presente a nivel de la sociedad. Se observa, muchas veces, un decaimiento progresivo de la espiritualidad, un alejamiento de los mandamientos de Dios, y un mayor afán por las cosas materiales. La consecuencia de la separación de Dios es que la persona queda expuesta a los dardos del enemigo y sobreviene la flaqueza y derrota espiritual (Juan 15:5; 1 Pedro 5:8). Jesús anunció que estas cosas sucederían en los últimos tiempos, con la siguiente declaración: "y por haberse multiplicado la maldad, el amor de muchos se enfriará" (Mateo 24:12).

¿Cómo podemos aplicar a la iglesia hoy las enseñanzas sobre lo sucedido a Judá contenidas en los pasajes que hemos estudiado? Se puede derivar los siguientes principios importantes:

1. **Misión profética.** Con relación al mundo, la iglesia tiene la labor profética de anunciar incesantemente el mensaje de salvación contenido en la Palabra de Dios. Debemos entender que, aunque el evangelio es "buenas nuevas de salvación", también incluye el anuncio del juicio inminente de Dios sobre el pecado (Romanos 1:18; Hebreos 9:27).
2. **Testificar con nuestras vidas.** Debemos seguir predicando con ahínco, no sólo con palabras; sino especialmente con nuestro testimonio de vida que Dios es el remedio definitivo para toda aflicción y tristeza del ser humano. Jesús dijo: "Venid a mí todos los que estáis trabajados y cargados, y yo os haré descansar" (Mateo 11:28). Que la luz de Cristo resplandezca a través de nuestras vidas en medio de las tinieblas del mundo actual (Filipenses 2:12-15).
3. **Mostrar el amor de Cristo al mundo.** Entender la naturaleza del ministerio de la iglesia como una comunidad de amor y servicio, donde las personas pueden encontrar sanidad emocional, esperanza, ayuda y soporte frente a las aflicciones de la vida (Mateo 25:35-36; Juan 13:35).
4. **El deber del liderazgo.** En lo interno de la iglesia, los líderes debemos ser valientes en anunciar la verdad de Dios, como lo hicieron los profetas; y no acomodar nuestro mensaje a lo que la gente quiere oír. Ser fieles en predicar "todo el consejo de Dios" (Hechos 20:27), de manera que podamos decir como Pablo: "estoy limpio de la sangre de todos" (Hechos 20:26); y, un día, podamos presentarnos confiadamente delante del Señor a dar cuenta por aquellos que Él encomendó en nuestras manos (Hechos 20:26-28).

Estas son algunas de las enseñanzas principales que podemos aplicar de lo aprendido en esta lección a la realidad actual de la iglesia.

Conclusión

El amor de Dios y el arrepentimiento del ser humano es el remedio para la aflicción de espíritu y las profundas heridas que el pecado ocasiona en la vida de las personas. Como iglesia, nosotros somos portadores del mensaje de salvación que advierte al pecador sobre su terrible condición; pero que también le presenta la esperanza de vida abundante y eterna en Cristo.

Síntomas de tristeza

Hoja de actividad

Versículo para memorizar: "¡Cómo ha quedado sola la ciudad populosa! La grande entre las naciones se ha vuelto como viuda, La señora de provincias ha sido hecha tributaria" Lamentaciones 1:1.

I. La soledad y el llanto (Lamentaciones 1:1-2,16)

¿Cuáles eran las condiciones de Judá antes de la invasión babilónica?

____

____

¿Cuál es el daño que produce el pecado en la parte psicoemocional del ser humano?

____

____

II. La aflicción constante (Lamentaciones 1:3-4)

Explique cómo el pecado es causa de la aflicción constante del ser humano.

____

____

¿Cuál es el remedio que ofrece Cristo a la aflicción constante del ser humano?

____

____

III. Aplicación para la iglesia hoy

Describa la semejanza de la sociedad actual con la de Judá en los tiempos de la invasión babilónica.

____

Mencione los principios importantes que se pueden derivar de la presente lección para ser aplicados a la vida de la iglesia hoy.

____

____

Conclusión

El amor de Dios y el arrepentimiento del ser humano es el remedio para la aflicción de espíritu y las profundas heridas que el pecado ocasiona en la vida de las personas. Como iglesia, nosotros somos portadores del mensaje de salvación que advierte al pecador sobre su terrible condición; pero que también le presenta la esperanza de vida abundante y eterna en Cristo.

Lección 3

¿Puede uno provocarse la aflicción?

José Barrientos (Guatemala)

Pasaje bíblico de estudio: Lamentaciones 1:5,12,14c
Versículo para memorizar: "... Porque Jehová la afligió por la multitud de sus rebeliones..." Lamentaciones 1:5b.
Propósito de la lección: Mostrar que la aflicción que trae la desobediencia a Dios es nuestra responsabilidad.

Introducción

Para introducirnos en este tema, es necesario tener presentes algunos antecedentes de relevancia. En el penúltimo capítulo del libro de Josué (23:15-16), hay una síntesis de las palabras de Dios a su pueblo, así como de su cumplimiento, lo cual es confirmación de la fidelidad de Dios. Esta síntesis incluyó también aquellas acciones que desagradaban a Dios, de las cuales debía apartarse el pueblo; de lo contrario, tendrían consecuencias. Esto con el fin de que el nombre de Dios no fuera deshonrado. Así que, siendo la acción y la consecuencia conocidas, la consecuencia por la desobediencia sería responsabilidad propia y no la intención de Dios. Josué habló esto al pueblo de Israel aproximadamente en el año 1400 a.C.

Entre los años 620 y 570 a.C., el profeta Jeremías profetizó por cerca de 40 años el inminente castigo de Dios por el pecado que se estaba cometiendo en Jerusalén. Aquellas advertencias que Josué había comunicado al pueblo, según el párrafo anterior, se habían transgredido. El cumplimiento de las advertencias de Dios aconteció, como consecuencia del pecado. Jeremías expresó lo que Dios le dijo: "... convoco a... los reinos del norte, dice Jehová; y vendrán, y pondrá cada uno su campamento a la entrada de las puertas de Jerusalén... Y a causa de toda su maldad, proferiré mis juicios contra los que me dejaron, e incensaron a dioses extraños..." (Jeremías 1:15-16). Lamentaciones relata el desenlace de estos eventos profetizados por Jeremías, de lo cual nos enfocaremos en algunos breves versículos desde donde extraeremos la enseñanza que Dios tiene para nosotros hoy.

I. Castigo y enojo divino por la multitud de pecados (Lamentaciones 1:5,12)

Israel era un pueblo destinado a ser "luz de las naciones" (Isaías 42:6). Para esto, recibió las instrucciones de Jehová; a fin de constituirse en su pueblo, considerando que venían de una esclavitud que se extendió por cerca de 400 años en Egipto. Desafortunadamente, como se citó en los pasajes de Josué y Jeremías, tras constituirse en un pueblo libre, muy pronto comenzaron a violar los lineamientos que Dios les había dado. Dentro de ellos, el de idolatría, como una especial ofensa a Dios.

Lo que el pueblo de Israel tenía en mente, tras sus años en la tierra prometida, era un recuerdo más feliz y, por tanto, diferente al que tuvieron quienes salieron de la esclavitud en Egipto. El esplendor que alcanzaron bajo el reinado de Salomón (1 Reyes 8), quien construyó el templo y también otros edificios portentosos, así como un largo período de paz, con la protección que recibieron de Dios, les hicieron creer que Dios no cumpliría su palabra de castigo por apartarse de sus mandatos. De hecho, tenían profetas falsos que comunicaban tanto a los reyes como al pueblo falsas promesas y expectativas, anunciando paz cuando no la había, y tratando de manera superficial los pecados delante de Jehová (Jeremías 6:14, 8:11). La actitud rebelde ante Dios se hizo manifiesta en el maltrato a sus profetas (2 Crónicas 36:15-16); por lo que Dios envió gente extranjera que quemó la casa de Dios, saqueó los palacios y rompió el muro de la ciudad (2 Crónicas 36:19).

A. La afrenta instructiva a Judá

En Lamentaciones 1:5a, se describe una circunstancia que agravaba la ya adversa condición de Judá. La humanidad es susceptible de crear rivalidad con otros semejantes; y esto se manifiesta por razones diversas.

En el fragmento del versículo que analizamos, se describe que los enemigos de Judá lograron condiciones favorables: "han sido hechos príncipes"; y adiciona que quienes les aborrecían, es decir, a quienes ellos les eran desagradables, ahora habían sido prosperados. Considerando que Dios estaba favoreciendo este suceso, se puede comprender que fue Él quien permitió que los enemigos de Judá fueran hechos príncipes, y sus aborrecedores fueran prosperados; porque Dios tenía la potestad de realizarlo. De modo que la condición de Judá era sumamente dolorosa: derrotados y saqueados. Y todo esto fue hecho por quienes eran sus rivales, y a quienes ellos, en algún momento histórico, podrían haber derrotado. A quienes ahora veían como sus opresores eran con quienes habían antes rivalizado, y quizá aun intimidado cuando eran poderosos. ¡Qué afrenta tan dura trae el pecado!

B. ¿Cómo pudieron doblegar a Judá?

La respuesta es contundente. No fue la superioridad de sus adversarios, o que estos fueran más sagaces en la batalla. De hecho, Israel había ganado batallas sin pelear (2 Crónicas 20:22). Pero ahora, la situación era diferente. Era Jehová quien afligía a Judá "por la multitud de sus rebeliones" (Lamentaciones 1:5). El profeta Jeremías había insistido al pueblo que se apartaran de sus malos caminos; porque, de lo contrario, acontecería esta catástrofe. Ahora, Judá ya estaba enfrentando las consecuencias. No tenían a quién recurrir. Dios le dijo a Jeremías en tres oportunidades: no ores o ruegues por este pueblo (Jeremías 7:16, 11:14, 14:11). Judá tenía muchas razones para estar triste, para lamentarse. Había perdido el respaldo de Dios, el esplendor como pueblo; y, ahora, sus hijos eran llevados cautivos por sus enemigos (Lamentaciones 1:5c). La infortunada situación de aflicción venida sobre Judá por su pecado fue ampliamente anunciada por el profeta Jeremías; y lo que ahora experimentaban era tan adverso que los llevó a preguntar si se habría visto antes tal calamidad (v.12). El profeta Jeremías les había anunciado diciendo que, si no se volvían a Jehová, su aflicción sería tal que aun serviría de "refrán" a los pueblos (Jeremías 24:9). Es decir, se dirían refranes evocando la desgracia de ellos en las conversaciones, o al darse advertencias; algo como lo siguiente: "Te van a destruir como destruyeron a Judá"; o "Me va tan mal como le fue a Judá".

II. El yugo de dominación externa (Lamentaciones 1:14c)

Jehová exhortó de diversas formas a Judá para que se volviera a Él; sin embargo, guiada por la decisión que tiempo atrás había tomado de tener un rey, ahora seguían los lineamientos que este le daba. Para entonces, ya no era Dios quien ungía al rey; llegó un momento en que los egipcios designaban al rey, movidos naturalmente por intereses ajenos a Dios (2 Crónicas 36:4). De modo que la posibilidad de que un rey creyente en Dios guiara al pueblo junto con los sacerdotes, en la búsqueda de la obediencia a Dios y obtener de Él su dirección y protección, ya no era posible. Ante tales condiciones, Dios comunicó a través del profeta Jeremías que traería sobre ellos gente de lejos, robusta (Jeremías 5:15-18), quienes los subyugarían y a quienes servirían. La descripción de quienes vendrían sobre Judá tenía la intención de desafiar al pueblo y hacerlo reaccionar; que pudieran comprender que ante tales condiciones no podrían levantarse. Babilonia fue escogida por Dios para cumplir su castigo. Este no era el mensaje que Dios quería para Israel. En su trayectoria a la tierra prometida, acerca de quienes se opusieron, siempre dijo: "No temáis" (Deuteronomio 1:29-30). La diferencia para el tiempo del profeta Jeremías era que, en este caso, Jehová mismo traía a sus adversarios. Tristemente, no se volvieron a Jehová y experimentaron las consecuencias de su desobediencia.

III. Aplicación del mensaje de Lamentaciones para la iglesia actual

A. Humanidad compartida

El libro de Génesis describe la creación del ser humano (Génesis 1:27). El siguiente suceso que marcó la humanidad fue la desobediencia (Génesis 3:6); y, con esto, toda la descendencia de Adán y Eva vino a ser marcada por el pecado y, consecuentemente, la separación de Dios. El pueblo de Israel constituyó una nueva oportunidad a través de la cual Dios deseaba mostrar los beneficios para la humanidad, cuando es guiada por sus lineamientos. Para ello, les dio instrucciones que, mientras las cumplieron, los llevaron al esplendor. En medio de ese caminar, sus características humanas marcadas por el libre albedrío estuvieron presentes. Al hacernos Dios a su imagen y semejanza, nos dotó con el libre albedrío por medio del cual podemos reflexionar y, luego, elegir lo que deseamos hacer. El deseo de Dios fue desde el principio que el ser humano, de propia cuenta, eligiera sujetarse a Él, superando el engaño de Satanás. Al igual que el pueblo de Judá, en su decisión de seguir o no los lineamientos divinos, la iglesia desde sus orígenes ha estado en igual posición. Un ejemplo de ello lo vemos cuando la iglesia buscaba una clara definición de cómo conducirse, en especial con la incorporación de los gentiles, que no conocían los lineamientos comunicados por Moisés (Hechos 15:7,28-29). Así pues, la iglesia hoy comparte la misma naturaleza humana de quienes vivieron lo descrito en el libro de Lamentaciones; y, por tanto, está expuesta a los mismos desafíos.

B. Un mejor Pacto

Dios siempre buscó la reconciliación con la humanidad que Él creó a su imagen y semejanza. Dios es relacional y, por eso, anhela la relación con el ser humano, la cual fue interrumpida por el pecado. Desde la salida de Adán y Eva del huerto (Génesis 3:23), Dios realizó diversas acciones a través de pactos, con los cuales buscaba la reconciliación del ser humano con Él. Sin embargo, con la venida del Señor Jesús, su sacrificio y resurrección, se abrió un Nuevo Pacto, el cual es mejor y eterno (Hebreos 8:6-13). Pero, al igual que Judá, si incumplimos nuestra parte del Pacto; lo invalidamos, perdemos la bendición de Dios y nos provocamos consecuencias de tristeza y aflicción. En su misericordia, Dios recurre a diversas formas para preservarnos en el sendero de la gracia, uno de ellos es la tristeza que proviene de Él, la cual "produce arrepentimiento para salvación" mientras que "la tristeza del mundo produce muerte" (2 Corintios 7:10).

C. Desafío vigente

De la misma manera como Dios exhortó al pueblo de Israel a través de los patriarcas y los profetas, hasta la llegada de Juan (Lucas 16:16); en este tiempo, a través de su Palabra escrita, la Biblia, sigue expresando su llamado y exhortación a vivir en conformidad con Él, buscando la vida de santidad, como dijo el apóstol Pablo: "No que lo haya alcanzado ya... sino que prosigo..." (Filipenses 3:12). De la misma manera como Judá fue desafiada a preservarse en el Pacto con Dios, y fue advertida de las consecuencias de la desobediencia; así nosotros somos llamados a preservarnos en el Nuevo Pacto con Cristo, expuestos a las asechanzas del príncipe de este mundo, el diablo, que anda como león rugiente viendo a quien devorar (1 Pedro 5:8). Por ello, si nos apartamos de Dios deliberadamente; quedamos expuestos, y el mundo y sus deseos hará presa de nosotros (1 Juan 2:17). Una forma de preservarse en la dirección correcta es tener un propósito claro hacia el cual enfocar el esfuerzo diario. "La felicidad que deben perseguir para sus almas es la unión con aquel que las creó... La meta que deben perseguir hasta el final de los tiempos es gozar de Dios en este tiempo y por la eternidad" (Editor general: Gonzalez, Justo L. Obras de Wesley, Tomo I, Sermón 17. EUA: Wesley Heritage Fundation, Inc., p.351. Versión digital disponible en whdl.org).

Conclusión

El libro de Lamentaciones es más que sólo el lamento de la devastación sufrida; llama también a aceptar la propia culpa y a volverse a Dios como la única alternativa a la situación. No es el deseo de Dios traer tristeza y aflicción a sus hijos; pero si desobedecemos o rechazamos los mandamientos divinos, nos provocamos aflicción y tristeza a nosotros mismos. Por el contrario, estamos llamados a vivir gozosos en la esperanza; sufridos en la tribulación; constantes en la oración (Romanos 12:12).

Lección 3

¿Puede uno provocarse la aflicción?

Hoja de actividad

Versículo para memorizar: "... Porque Jehová la afligió por la multitud de sus rebeliones..." Lamentaciones 1:5b.

I. Castigo y enojo divinos por la multitud de pecados (Lamentaciones 1:5,12)

¿Por qué Dios favoreció enaltecer como príncipes a los enemigos del pueblo de Dios?

____

¿Vivió alguna vez algo parecido en su vida? ¿Cómo fue?

____

II. El yugo de dominación externa (Lamentaciones 1:14c)

¿Siento que somos advertidos sobre las consecuencias de alejarnos de Dios? Comente.

____

____

¿En qué manera advertimos a otros sobre las consecuencias del pecado?

____

____

III. Aplicación del mensaje de Lamentaciones para la iglesia actual

¿Qué similitudes encuentra entre el Pacto de Dios con el pueblo escogido y el de Cristo hoy?

____

____

¿Qué similitudes o diferencias encuentra entre el desafío de Judá de agradar a Dios y la iglesia hoy?

____

____

Conclusión

El libro de Lamentaciones es más que sólo el lamento de la devastación sufrida; llama también a aceptar la propia culpa y a volverse a Dios como la única alternativa a la situación. No es el deseo de Dios traer tristeza y aflicción a sus hijos; pero si desobedecemos o rechazamos los mandamientos divinos, nos provocamos aflicción y tristeza a nosotros mismos. Por el contrario, estamos llamados a vivir gozosos en la esperanza; sufridos en la tribulación; constantes en la oración (Romanos 12:12).

Clamor integral

Elvin Heredia (Puerto Rico)

Pasaje bíblico de estudio: Lamentaciones 1:8-22
Versículo para memorizar: "... Mira, oh Jehová, mi aflicción, porque el enemigo se ha engrandecido" Lamentaciones 1:9.
Propósito de la lección: Desarrollar una conciencia de oración integral; de modo que nuestro clamor considere todas las áreas de nuestra vida.

Introducción

En el libro *La Teolosis como Teoría del Desarrollo Humano*, se describe este concepto de "teolosis" como una estructura integral de desarrollo del ser humano a partir del modelo de Cristo. "Teolosis" es una palabra formada por dos vocablos griegos: "Teo" que significa Dios; y el sufijo griego "osis", que se utiliza en medicina para indicar que una condición de salud está en formación y desarrollo. De ahí que la palabra "teolosis" significa "formación y crecimiento en Dios" (Heredia, Elvin. La Teolosis como Teoría del Desarrollo Humano. EUA: Amazon Kindle Direct Publishing, Columbia, SC, 2019, p.5). Ahora bien, la teolosis como una teoría del desarrollo humano parte del pasaje de Lucas 2:52 que dice así: "Y Jesús crecía en sabiduría y en estatura, y en gracia para con Dios y los hombres".

El pasaje identifica una estructura de crecimiento integral en la que Jesús como hombre se desarrolló; y, a la vez, representa la estructura de crecimiento y desarrollo integral en la que todos debemos crecer:

- Sabiduría: aspecto intelectual o del conocimiento
- Estatura: aspecto físico
- Gracia para con Dios: aspecto espiritual
- Gracia para con los hombres: aspecto social o relacional

Los aspectos integrales se entrelazan para crear un ser integral. De igual forma, todo lo que hacemos tiene un carácter holístico o integral. En ese sentido, nuestras oraciones deben considerar todos los aspectos integrales de nuestra vida; de modo que, cuando clamamos a Dios por una bendición material, por ejemplo, debemos estar conscientes de que la misma tiene implicaciones intelectuales, espirituales y sociales. Muchas veces, clamamos a Dios sin tener esto en cuenta. Es por eso por lo que algunas personas suelen decir que tengamos cuidado con lo que pedimos; porque podemos recibirlo, y eso no significa necesariamente que lo que estamos pidiendo a Dios es lo que realmente necesitamos. Dicho de otra forma, por no tener una conciencia integral al momento de clamar a Dios, muchas veces, no sabemos lo que estamos pidiendo.

Tomando esta estructura integral de la teolosis como teoría del desarrollo humano, y considerando como base bíblica el crecimiento de Jesús en Lucas 2:52, examinemos lo que el pasaje de la lección nos sugiere para identificar y desarrollar una verdadera conciencia de clamor integral.

I. El pecado como origen de la desestabilización integral del ser humano (Lamentaciones 1:8-9)

El pasaje bíblico para nuestra lección es lo que conocemos en "teoterapia", o terapia teológica, como un pasaje sistémico. La Biblia está llena de estos pasajes que contienen toda la estructura integral del desarrollo humano de la teoría antes mencionada. Ahora bien, la porción bíblica de Lamentaciones 1:8-9 identifica la causa de la desintegración de la estructura integral del ser humano. El pecado nos desconecta de toda fuente integral que debe nutrir nuestra vida. Por causa del pecado, se contamina nuestra mente, residencia de nuestro conocimiento; se manifiestan síntomas físicos de enfermedad; se desarrolla toda una crisis espiritual y psicológica; y se desvirtúa toda nuestra estructura social y relacional. Provoca, como sugiere esta porción bíblica, remoción, menosprecio, vergüenza, retroceso, inmundicia, olvido, descenso, desconsuelo y aflicción.

Siendo que el pecado afecta todas las áreas integrales de nuestra vida, nuestro clamor por restitución debe considerar todas esas áreas integrales que el pecado dañó. Al pueblo de Judá no le habría sido de provecho un clamor por restauración material o física, cuando toda su estructura moral, espiritual, intelectual y social estaba totalmente destruida. La amargura que el texto expresa no sería satisfecha con lingotes de oro o monedas de plata. Era necesaria una restauración de toda la integralidad de la vida del pueblo.

Las demás porciones del pasaje bíblico contienen cada una de esas áreas integrales que debían ser restauradas, las cuales eran por las que el profeta clamaba y que, a su vez, conforman la estructura del clamor integral.

II. Aspecto físico (Lamentaciones 1:10-11,13,15-16)

Las porciones bíblicas aquí señaladas expresan el impacto físico del pecado que el pueblo resentía. Este versículo: "Dieron por la comida todas sus cosas preciosas, para entretener la vida" (v.11), denota el sacrificio, el esfuerzo y el compromiso físico y material que tuvieron que pagar los del pueblo de Judá sólo para un sostenimiento incompleto, limitado y breve. El pueblo pagó un altísimo precio de desgaste y pérdida para, al menos, mantener alguna consistencia en su riqueza material y física.

¡Cuán alto es el precio del pecado en la vida del ser humano! Al igual que el profeta Jeremías en este pasaje, el salmista David se expresaba sobre las consecuencias del pecado en el aspecto físico de su vida, en el Salmo 32:3-4 donde leemos: "Mientras callé, se envejecieron mis huesos En mi gemir todo el día. Porque de día y de noche se agravó sobre mí tu mano; Se volvió mi verdor en sequedades de verano".

No hay duda de que una conducta desordenada y apartada del consejo de la Escritura se ha de notar en el aspecto personal del individuo. El maltrato físico al que el pecador expone su cuerpo habrá de pasarle factura más temprano que tarde. El profeta Jeremías lo comparó con el asalto a la juventud de su pueblo, así como el pecado asalta tempranamente la salud de nuestro cuerpo. Tal y como expresó el profeta, el pecado es como fuego que consume los huesos (Lamentaciones 1:13), debilita las fuerzas (v.14), pisotea o apabulla a los "hombres fuertes" (v.15) al punto de "quebrantar a [sus] jóvenes" (v.15), es decir, a las extremidades u órganos del cuerpo, y "sus hijos" o la capacidad de regeneración del cuerpo (v.16) se destruye.

Las resacas por el consumo de alcohol son apenas reacciones del sistema integral del cuerpo ante el abuso de dicha sustancia. Las drogas también van deteriorando nuestra salud. Estas dos referencias son tan sólo ejemplos de cómo se va maltratando el aspecto físico de nuestra vida; y son estos dos ejemplos los más relacionados al disfrute pasajero que el mundo ofrece. Ojo, porque lo hacen cobrando un alto precio.

III. Aspecto intelectual (Lamentaciones 1:18)

El versículo 18 identifica cuál fue el pecado del pueblo: rebelión contra la Palabra de Dios. La desobediencia fue y sigue siendo el pecado principal del ser humano contra Dios. En ese sentido, la desobediencia y rebelión del pueblo contra Dios y su Palabra fue el efecto directo de ignorar y desentender el elemento de conocimiento y sabiduría dado por Dios. Los mandamientos y estatutos divinos son los que enriquecen el aspecto intelectual o del conocimiento del ser humano.

Bien dijo el salmista en el Salmo 119:105 donde leemos: "Lámpara es a mis pies tu palabra, Y lumbrera a mi camino". La Palabra de Dios es el conocimiento de la verdad; y quien se aparta de ese conocimiento no es sabio, se extravía del camino seguro, y se expone a cometer las más grandes atrocidades contra sí mismo.

El profeta reconoció que el pueblo pecó contra Dios por haberse rebelado contra su Palabra. Es por eso por lo que justificó el resultado de esa mala decisión al exponer las consecuencias nefastas de la misma.

En eso, también consiste la justicia de Dios: en que quien se sostiene y obedece sus mandamientos recibe su bendición y protección; pero quien se rebela contra ellos tendrá resultados indeseados. Apartarnos de la verdad de Dios es apartarnos del conocimiento de la verdad. Eso nos convertiría, como indica la Escritura, en necios, insensatos e imprudentes. Estos adjetivos, ciertamente, describen a una persona atrofiada en el aspecto intelectual de su vida.

IV. Aspecto social o relacional (Lamentaciones 1:19)

El pecado nos hace lucir como personas indeseables. Es por eso por lo que, desafortunadamente, las personas que caen y persisten en el pecado se van quedando solas y abandonadas. Nadie quiere relacionarse con una persona que lleva una vida escandalosa y desordenada. En ese sentido, podemos señalar que una de las consecuencias del pecado es que las relaciones sociales y personales se perjudican.

El profeta señaló en el versículo 19 que el pueblo perdió toda conexión relacional con la que contaba. La Traducción en Lenguaje Actual dice: "Ayuda pedí a mis amigos, pero me dieron la espalda" (TLA). La Nueva Traducción Viviente interpreta el pasaje de esta forma: "Les supliqué ayuda a mis aliados, pero me traicionaron" (NTV). El pecado pone una distancia mortal entre las familias, nos aparta de nuestros seres queridos y, desde luego, logra separarnos del cuerpo de Cristo, la iglesia.

Es importante apuntar que nuestra misión de restauración de las vidas sin Cristo supone que nos acerquemos a ellos con empatía y amor cristiano; pero el efecto total de restauración siempre requerirá que quien haya pecado se vuelva a Dios. Como exhortó el profeta Isaías: "Deje el impío su camino, y el hombre inicuo sus pensamientos, y vuélvase a Jehová, el cual tendrá de él misericordia, y al Dios nuestro, el cual será amplio en perdonar" (Isaías 55:7).

V. Aspecto espiritual (Lamentaciones 1:20-21)

El pecado produce la terrible sensación de estar atribulado, trastornado y en amargo estado de tristeza. No es para menos. Representa la separación con el Padre, y de su casa. El profeta Jeremías manifestaba este sentir del pueblo como una angustia inconsolable. La pérdida no fue solamente a nivel material y físico. Implicaba la conmoción de toda la estructura integral de la vida. Por causa del pecado y la rebelión contra Dios y su Palabra, el intelecto había quedado separado de la verdad. Representaba la realidad de un barco a la deriva. La pérdida material y física era evidente. El auxilio y apoyo relacional habían desaparecido, sumiendo al pueblo en un total abandono. Finalmente, todo esto pasaba una alta factura emocional que desintegraba la fe, el espíritu y el alma. El pueblo experimentaba el hambre, el desasosiego, el abandono.

En la historia del hijo pródigo, ante la separación y soledad, el hijo pródigo tuvo que volver en sí (aspecto intelectual) y humillarse ante su padre (aspecto espiritual). Por haberse arrepentido de su pecado y tomar la decisión de volver a la casa; el padre le restituyó como hijo de la casa (aspecto social), y volvió a vestir el mejor vestido, y usar el anillo (aspecto físico).

El clamor a Dios debe sanar todo. El pacto de Dios con Salomón en 2 Crónicas 7:11-22 es otro de esos pasajes que contempla toda la estructura integral de la vida y del clamor que debemos elevar. Si el pueblo se humillaba a Dios (aspecto espiritual); Él perdonaría sus pecados y sanaría su tierra (aspecto físico). El trono de Salomón sería afirmado siempre y cuando él permaneciera obedeciendo los estatutos y mandamientos divinos (aspecto intelectual). De lo contrario, Dios retiraría su favor del pueblo; y serían, entre otras calamidades, espanto y "burla y escarnio de todos los pueblos" (aspecto social).

¿Cómo podemos presentar a Dios un clamor integral? Adopte y adapte en la circunstancia particular de su clamor las siguientes sugerencias:

- Considere siempre la bendición material como un medio de gracia, y no como un objetivo en sí mismo.
- Recuerde que cuando pida a Dios por alguna bendición material, usted se convierte en canal de bendición para otros. Su aspecto físico puede ser instrumento de bendición y sanidad para los demás aspectos integrales de su vida y la de los demás.
- No olvide practicar los mandamientos de Dios y la obediencia a su Palabra. Ser bendecido no es recibir meramente amplios beneficios materiales; sino la protección que asegura la gracia de Dios en nosotros por ser obedientes. La prolongación de la vida útil de nuestros bienes materiales es también una forma en la que Dios nos bendice.
- "Toda buena dádiva y todo don perfecto desciende de lo alto, del Padre de las luces..." (Santiago 1:17). La bendición de Dios siempre será parte de una buena relación espiritual con el Dios de la bendición. No descuidemos nuestra relación con el Dios que nos bendice.

Conclusión

El libro de Lamentaciones es un retrato gráfico de lo que el pecado puede producir en nosotros. El llamado que hace el pasaje, en ese sentido, apunta a que miremos la condición en la que el pueblo de Judá se encontraba en este momento; para que recapacitemos y consideremos lo que haremos nosotros para no vernos en la misma condición. El clamor que elevemos a Él por restauración debe considerar todos los aspectos integrales de nuestra vida. Debe considerar la entrega total de todo lo que somos.

Clamor integral

Hoja de actividad

Versículo para memorizar: "... Mira, oh Jehová, mi aflicción, porque el enemigo se ha engrandecido" Lamentaciones 1:9.

I. El pecado como origen de la desestabilización integral del ser humano (Lamentaciones 1:8-9)

¿Qué áreas de nuestra vida (física, intelectual, emocional o económica) puede afectar el pecado? Mencione ejemplos.

____

____

¿Entonces necesitamos ser restaurados todas las áreas de nuestra vida?

____

II. Aspecto físico (Lamentaciones 1:10-11,13,15-16)

¿Cómo se percibe el deterioro del pecado en el aspecto físico de la vida hoy?

____

____

III. Aspecto intelectual (Lamentaciones 1:18)

¿Cómo se percibe el deterioro del pecado en el aspecto intelectual de la vida hoy?

____

____

IV. Aspecto social o relacional (Lamentaciones 1:19)

¿Cómo se percibe el deterioro que produce el pecado en el aspecto de las relaciones personales hoy?

____

V. Aspecto espiritual (Lamentaciones 1:20-21)

¿Cómo el deterioro del pecado se manifiesta en el aspecto espiritual de los seres humanos hoy?

____

____

Para terminar con el efecto del pecado en nuestras vidas ¿qué debemos hacer?

____

____

Conclusión

El libro de Lamentaciones es un retrato gráfico de lo que el pecado puede producir en nosotros. El llamado que hace el pasaje, en ese sentido, apunta a que miremos la condición en la que el pueblo de Judá se encontraba en este momento; para que recapacitemos y consideremos lo que haremos nosotros para no vernos en la misma condición. El clamor que elevemos a Él por restauración debe considerar todos los aspectos integrales de nuestra vida. Debe considerar la entrega total de todo lo que somos.

Como enemigo

David Balcázar Medina (Perú)

Pasaje bíblico de estudio: Lamentaciones 2:1-9
Versículo para memorizar: "El Señor llegó a ser como enemigo, destruyó a Israel; Destruyó todos sus palacios, derribó sus fortalezas, Y multiplicó en la hija de Judá la tristeza y el lamento" Lamentaciones 2:5.
Propósito de la lección: Comprender que Dios es amor; pero también es santo, temible y juez justo. Si perseveramos en hacer el mal; nos exponemos al castigo divino. De ser el caso, debemos humillarnos ante Dios y buscar su perdón.

Introducción

¿Es mejor ser amigo o enemigo de Dios?

Definitivamente, Dios quiere ser amigo de los seres humanos. Tanto fue su amor y su entrega en este propósito que estuvo dispuesto a sufrir y dar su vida por ello. El Señor Jesús dijo a sus discípulos: "Vosotros sois mis amigos, si hacéis lo que yo os mando" (Juan 15:14). Él quiere ser nuestro amigo; ¿pero podría ser también nuestro enemigo?

Hoy iniciaremos en esta lección el tratamiento del segundo capítulo de uno de los libros más conocidos de la Biblia: Lamentaciones. En sus páginas, encontramos los lamentos por la destrucción de Jerusalén a causa de su continua rebeldía. Definitivamente, Dios no quería ser enemigo de Israel; pero su desobediencia y terquedad le llevó a esta situación. Veamos qué tan grave fue.

I. Términos que describen la ira de Dios (Lamentaciones 2:1-9)

Consideremos términos o verbos mencionados en este pasaje para graficar cómo se expresa en la práctica la ira de Dios:

A. "... furor..." (v.1)

Se menciona sólo en este versículo, pero dos veces. La Real Academia Española (RAE) lo define como "1. m. Furia, ira exaltada" (Recuperado de https://dle.rae.es/furor?m=form, el 17 de febrero de 2023). Lastimosamente, eso es lo que provoca el pecado en nuestro amoroso Dios (Efesios 2:3).

B. "... no se acordó..." (v.1)

¡Qué triste expresión! No hubo razón para que Dios minimizara su ira. El acordarse implica que hubo una relación previa. Es trágico que, luego de una linda relación, los hechos del presente hayan atraído el olvido, sobre todo cuando se trata de la relación con nuestro Creador. El templo de Jerusalén representaría el estrado de los pies del Señor... Pero ya no sería considerado así.

C. "Destruyó..." (vv.2,4-6,9)

1. "Destruyó el Señor" (v.2). Es el mismo Dios quien destruyó. ¡Qué triste situación!
2. "Y destruyó cuanto era hermoso" (v.4). Se presenta a Dios como un guerrero que atacó a Israel.
3. "Destruyó todos sus palacios" (v.5). Los lugares símbolos del poder político y administrativo de la nación.
4. "Destruyó el lugar en donde se congregaban" (v.6). El lugar de adoración al Señor.
5. "... destruyó y quebrantó sus cerrojos" (v.9). La ciudad, anteriormente orgullo de los judíos, quedó insegura al haber sido destruido el muro y sus puertas.

D. "Humilló..." (v.2)

¡Qué bueno es que Dios nos exalte! Pero qué triste es que Él nos humille. En este caso específico, fueron humillados los líderes, gobernantes del pueblo de Israel, quienes debían hacer justicia y guiar al pueblo por el camino del bien. Su pecado y desobediencia les acarreó esta consecuencia.

E. "Retiró de él su diestra..." (v.3)

Ante el ataque del enemigo, el Señor no salió en defensa de su pueblo. Es hermoso saber que Dios nos protege. El Salmo 27; Romanos 8:31 y otros pasajes nos hablan de la protección de Dios para su pueblo. Pero como consecuencia del pecado de su pueblo, el Señor retiró su diestra protectora.

F. "... como llama de fuego..." (vv.3-4)

¿Cómo destruye el fuego? Como el mismo versículo 3 lo menciona: devora todo a su alrededor. Así fue el Señor para con Israel. Quizá por ello Hebreos 10:31 dice: "¡Horrenda cosa es caer en manos del Dios vivo!"

G. "… afirmó su mano derecha como adversario…" (v.4)

No sólo no puso su mano en defensa de su pueblo; sino que, más bien, la afirmó contra ellos, como un enemigo, como un adversario. Es una consecuencia terrible del pecado que la diestra de Dios esté contra su pueblo.

H. "…ha desechado…" (vv.6-7)

El rey, el sacerdote y el altar fueron desechados por el Señor. Si no nos sometemos al Señor; así hayamos llegado al máximo poder político, a la afirmación como ministros del Señor; y así hayamos construido el más hermoso lugar de adoración, seremos desechados por el Señor. Israel vivió esta circunstancia por su rebeldía. Un error grave es dar más importancia y valor a lugares o posiciones, que a la comunión, y relación diaria y personal con el Señor.

I. "…llegó a ser como enemigo…" (v.5)

Una de las expresiones más tristes de este pasaje. ¡Qué terrible es tener a Dios como enemigo cuando Él quiere ser nuestro amigo!

II. Consecuencias para el pueblo de Israel de tener a Dios como enemigo (Lamentaciones 2:1-9)

A. Destrucción de la belleza de la nación (vv.1,4)

El deseo de un pueblo es que su nación sea próspera y bella. Ese también era el deseo del pueblo de Israel. Sin embargo, a causa de sus múltiples pecados, ese deseo, realidad un día, ahora se veía desvanecido.

Jeremías describió drásticamente la situación de su pueblo. La hermosura del mismo había sido como si estuvieran en el cielo mismo; la mayor prosperidad la disfrutaron durante el reinado de Salomón (1 Reyes 4:25); y el templo y otros recuerdos aún habían estado presentes, pero… ahora esa hermosura había sido derribada desde el cielo hasta la tierra (Lamentaciones 2:1).

Ya no quedaba nada hermoso (v.4). Es placentero disfrutar de lo hermoso de la vida, en la familia, en la sociedad, en lo que se pueda construir; sin embargo, como consecuencia de su pecado, nada hermoso quedaba ahora en Israel, sólo los recuerdos de una época diferente y mejor.

B. Destrucción del santuario de adoración (vv.1,6-7,9)

El templo de Jerusalén era considerado el estrado de los pies del Señor (1 Crónicas 28:2); pero en el día de la ira y de la destrucción, ni ello se había salvado (Lamentaciones 2:1).

El santuario era el lugar donde el pueblo de Israel se congregaba para adorar a Dios; inclusive, cuando oraban, procuraban direccionarse hacia ese lugar, pero ahora estaba destruido. La desesperanza llenaba el corazón del pueblo. Ya no quedaba ni el recuerdo de los tiempos de júbilo y adoración al Señor. La destrucción había sido tal, que parecía que en otro tiempo no había habido nada ahí.

Esta situación hacía sentir al profeta (y podemos creer que al pueblo también) que el Señor tuvo otra actitud hacia aquello que debía mirar con agrado. Había desechado su altar; y su santuario lo tuvo en menosprecio (v.7). ¡Qué triste sentir que aquel Dios a quien antes adorábamos con fervor y entrega, y que sentíamos que nos acompañaba para la edificación de su santuario, ahora menospreciaba y desechaba nuestro lugar de adoración!

Finalmente, para el desplome total de la vida litúrgica del pueblo de Israel, los profetas no tenían un mensaje para el pueblo, ya no hallaban visión de Jehová (v.9). Es muy triste cuando un pueblo cae completamente del favor de Dios.

C. Destrucción del pueblo y su poderío (vv.2-3,8-9)

Pero esta destrucción no afectó sólo a la vida religiosa del pueblo; sino también a los demás aspectos de su vivir. No sólo fue destruido el santuario; sino también todas las tiendas de Israel, todas las moradas del pueblo, así como los símbolos de su fuerza, sus fortalezas. El pueblo estaba completamente desamparado (v.2). Aquí vemos asociada a la destrucción del santuario de adoración, la destrucción del pueblo también.

Israel fue una nación poderosa, que en su momento de mayor esplendor había dominado desde el Éufrates hasta la frontera con Egipto (2 Crónicas 9:26). Ahora, no quedaba nada del poderío de Israel; porque su Dios los había abandonado frente al enemigo (Lamentaciones 2:3).

Hasta el muro, protección del pueblo, fue destruido (v.8). En esos tiempos, una ciudad sin muro era una ciudad expuesta al ataque de sus enemigos. Era la ignominia total, la vergüenza y desamparo completos; la desolación total.

Las puertas también fueron derribadas. El pueblo no sólo había sido destruido y su poderío acabado; sino que también quedaba expuesto a la continua desolación (v.9). Viendo toda esta situación, podemos comprender el gran lamento del profeta Jeremías.

D. Humillación de los gobernantes y sus símbolos de autoridad (vv.2,5-6,9)

El santuario destruido, el pueblo desolado, ¿y los gobernantes?... humillados; tanto el reino como los príncipes del pueblo (v.2).

Era preocupante, de manera especial, para el pueblo

que sus gobernantes sean humillados. Los príncipes de Judá, sentados en el trono de Jerusalén, eran descendientes de David, el gran rey, con quien había un pacto perpetuo (2 Samuel 23:5). Era probable que estos príncipes pensaban que sólo por ser descendientes de David tenían el trono seguro (2 Crónicas 13:5); pero se equivocaban, pues serían desechados por el Señor, a causa de su pecado.

Todos los palacios del pueblo habían sido destruidos. Los príncipes no tenían dónde impartir su autoridad y la justicia (Lamentaciones 2:5). El rey, que supuestamente nunca sería desechado por ser descendiente de David, había sido desechado (v.6); ya no quedaba esperanza.

Ahora, los gobernantes, que debían impartir la ley entre su pueblo, eran prisioneros o estaban esparcidos entre naciones donde no se enseñaba ni practicaba la ley de Moisés; estaban sin ley (v.9). El pueblo, la nación de Israel, llegó al colmo de su situación.

Dios se volvió enemigo, y ninguna de sus esperanzas funcionó. Su hermosura fue derribada, el santuario destruido, el poderío del pueblo reducido y sus gobernantes fueron humillados.

III. Aplicación al pueblo de Dios actual, la iglesia del Señor

Lo que hemos estudiado hoy es una historia muy triste, un lamento por la situación que vivió el pueblo de Israel. ¿Qué podemos aprender y cómo lo podemos aplicar a nuestra vida actual?

A. No es agradable tener a Dios como enemigo

Ni es agradable ni es lo que Dios quiere. No sólo los pasajes que consideramos hablan de la ira de Dios; también en el Nuevo Testamento, encontramos textos que nos muestran que, si permanecemos en el pecado, viviremos las tristes consecuencias. Consideremos los siguientes versículos:

1. Romanos 3:23. El pecado nos destituye de la gloria de Dios.
2. Efesios 2:3. Lejos de Dios, somos hijos de ira.
3. Romanos 2:5,8-9. Si no nos arrepentimos; estamos atesorando ira para nosotros.
4. Hebreos 2:3. No habrá escapatoria si descuidamos la salvación.

B. Dios quiere ser nuestro amigo

Aunque el pecado del pueblo de Israel lo llevó a la condición de enemigo de Dios; Él es tan misericordioso (Efesios 2:4) que quiere ser nuestro amigo. Dios llamó a Abraham su "amigo" (Santiago 2:23); y el Señor Jesucristo también dijo a sus discípulos: "Vosotros sois mis amigos, si hacéis lo que yo os mando. Ya no os llamaré siervos... pero os he llamado amigos..." (Juan 15:14-15).

Dios no quiere ser nuestro enemigo. El mismo hecho de que exista el libro de Lamentaciones, escrito por el profeta, inspirado por el Espíritu Santo, nos muestra el lamento de nuestro mismo Dios de tener que ser nuestro enemigo. Dios nos amó tanto, que dio a su único Hijo por nosotros (Juan 3:16). Él quiere ser nuestro amigo. Pero hay requisitos, condiciones que son muestra del gran amor de nuestro Dios. El Señor Jesús dijo: "... si hacéis lo que yo os mando" (Juan 15:14).

El pueblo de Israel también debía ser obediente a los mandamientos del Señor y hubiera disfrutado de la gran bendición de tener a Dios como amigo y no como enemigo en la situación ya descrita. Pero la misericordia de Dios fue muy grande para con Israel. Su misma existencia al presente como nación es una muestra del gran amor y misericordia del Señor.

Los mandamientos de Dios son para nuestra bendición (Deuteronomio 28; 1 Juan 5:3). El Señor nos ayude a ser fieles a su Palabra, y así valorar su gran amor y el ofrecimiento de su amistad.

C. ¿Es ya amigo de Jesús?

El apóstol Pablo habló del ministerio de la reconciliación: Dios en Cristo reconciliando al mundo con Él (2 Corintios 5:18-19). ¿Cómo puede ser amigo de Jesús y por ende de Dios?

1. Reconozca sus pecados que le alejaron de Dios y que le pusieron bajo su ira, y arrepiéntase. Hay muchos pasajes en la Biblia que hablan de la necesidad del arrepentimiento (Marcos 1:15; Hechos 2:38).
2. Acepte el sacrificio que hizo Jesús en la cruz, tomando su lugar; para que usted sea perdonado, justificado y sea reconciliado con Dios (Romanos 5:1,8).
3. Viva cada día lleno del Espíritu Santo, procurando hacer la voluntad del Señor mostrada en su Palabra y disfrute de ser amigo de Jesús (Juan 15:14).

Conclusión

Hemos considerado que Dios no quiere ser nuestro enemigo, Él quiere ser nuestro amigo; pero hoy tenemos que aceptar a Jesús como el Señor de nuestra vida y así disfrutar de las bendiciones de ser amigo de Dios.

Como enemigo

Hoja de actividad

Versículo para memorizar: "El Señor llegó a ser como enemigo, destruyó a Israel; Destruyó todos sus palacios, derribó sus fortalezas, Y multiplicó en la hija de Judá la tristeza y el lamento" Lamentaciones 2:5.

I. Términos que describen la ira de Dios (Lamentaciones 2:1-9)

¿De qué maneras se expresa la ira de Dios?

___

___

¿Qué reacción le produce el pensar que Dios pudiera ser como un enemigo para usted?

___

___

II. Consecuencias para el pueblo de Israel de tener a Dios como enemigo (Lamentaciones 2:1-9)

¿En qué aspectos de la vida del pueblo de Israel afectó el tener a Dios como enemigo?

___

___

¿Podría Dios no aceptar nuestra adoración? ¿Por qué?

___

___

III. Aplicación al pueblo de Dios actual, la iglesia del Señor

¿Cuáles pueden ser las consecuencias en su vida personal de estar bajo la ira de Dios?

___

___

¿Cómo puede usted ser amigo de Dios?

___

___

Conclusión

Hemos considerado que Dios no quiere ser nuestro enemigo, Él quiere ser nuestro amigo; pero hoy tenemos que aceptar a Jesús como el Señor de nuestra vida y así disfrutar de las bendiciones de ser amigo de Dios.

El verdadero ministro en medio de crisis

Zeida Lynch (EE. UU.)

Pasaje bíblico de estudio: Lamentaciones 2:11-13,22
Versículo para memorizar: "Por la misericordia de Jehová no hemos sido consumidos, porque nunca decayeron sus misericordias" Lamentaciones 3:22.
Propósito de la lección: Explorar, a través de la vida de Jeremías, características de un líder cristiano que ama a su pueblo.

Introducción

El libro de Lamentaciones, escrito por el profeta Jeremías, es un libro que muestra el corazón de un líder espiritual frente a la caída de su pueblo.

Por muchos años, Dios había usado al profeta Jeremías para advertir a Judá sobre el castigo que recibirían debido a su continua desobediencia e infidelidad. El ministerio de Jeremías se desarrolló desde el tiempo del rey Josías hasta el rey Sedequías, y durante los cinco primeros meses de cautividad (Jeremías 1:1-3).

Jeremías presenció la muerte de Josías, que es considerado el último buen rey de Judá; el dolor de Jeremías fue muy grande (2 Crónicas 35:25). También fue testigo presencial del ataque de los egipcios a Jerusalén (2 Crónicas 36:1-4); de la primera y segunda invasión de Babilonia (2 Crónicas 36:5-10); y, finalmente, de la cautividad de Judá.

Jeremías fue el profeta que soportó más maltratos de parte de los reyes y otros líderes religiosos de su época. Fue encarcelado, azotado y arrojado a una cisterna (Jeremías 37:14-16). Ellos no querían escuchar su mensaje; y tampoco querían que el pueblo lo escuche (Jeremías 38:4). Sin embargo, Jeremías siguió fiel al mensaje de Dios, declarando el juicio inminente que venía sobre los judíos. Jeremías se encontraba en la cárcel cuando el ejército de Babilonia tomó Jerusalén. Nabucodonosor mismo ordenó a su capitán de la guardia el cuidado y protección de Jeremías (Jeremías 39:11-14).

El profeta Jeremías tuvo la opción de elegir entre ir a Babilonia o quedar en Jerusalén; y él decidió permanecer con el pueblo (Jeremías 40:1-6). Los babilonios mataron a los príncipes, llevaron a la familia real, a los líderes religiosos y a los más ricos de Jerusalén; pero el pueblo más pobre quedó (Jeremías 39:10). Jeremías fue testigo del horror que su propio pueblo experimentó; de la condición de los cautivos en manos de los Babilonios; y de la destrucción del templo, de la ciudad y del muro (Jeremías 52:12-14).

Jeremías era consciente de que el castigo que estaban recibiendo era debido a muchos años de desobediencia, infidelidad y rebeldía contra Dios. A Jeremías se le conoce como el "profeta llorón" debido a las súplicas que hacía al pueblo y sus líderes de regresar a Dios.

Es este Jeremías, a quien se le acredita la escritura del libro de Lamentaciones. El dolor que experimentó Jeremías fue un dolor real; no era sólo el temor de lo que podría pasar; era la vivencia de la ira de Dios contra su propio pueblo escogido. Es por eso que se considera que el libro de Lamentaciones muestra la parte del sufrimiento humano; pero, de manera especial, la de un ministro en medio de una gran crisis.

I. Llora y sufre por su pueblo (Lamentaciones 2:11-12)

Jeremías, durante muchos años, había presentado el mensaje claro de Dios a su pueblo. Y ahora, sólo podía ser un espectador de las consecuencias profetizadas. Sin embargo, Jeremías no consideraba que su tarea había terminado. Él siguió intercediendo por su pueblo e identificándose con ellos. No tomó una postura de condenación o juicio.

A. Intercede en oración y ruego (v.11a,b)

Los seres humanos hemos sido creados con emociones. Las emociones son parte del maravilloso plan de Dios al crear al ser humano. Las emociones también son la expresión de nuestros sentimientos más profundos.

Jeremías mostraba a través de sus lágrimas el dolor tan grande que sentía por el sufrimiento que su pueblo experimentaba. Dios había dado favor a Jeremías ante los babilonios, y fue tratado con respeto por los enemigos; pero no pasó lo mismo con sus compatriotas.

Pablo nos dijo que el Espíritu mismo intercede por nosotros con gemidos indecibles (Romanos 8:26); ¡qué gran ejemplo de intercesión! La intercesión de un ministro o de un líder espiritual por otros debe ser con tal involucramiento que hace doler el corazón a tal punto de derramar lágrimas por ellos, sabiendo que las consecuencias del pecado son desastrosas. Otro ejemplo que tenemos es del mismo Jesús, en Juan 17. Jesús oró por sus discípulos. Él sabía que el tiempo de su sacrificio había llegado, y que los discípulos serían probados en su fe y quedarían sin su presencia. Por eso, intercedió por ellos ante el Padre, pidiendo que se mantengan unidos, que sean protegidos del mal, y que sean santificados.

Un verdadero ministro en medio de la crisis intercede por su pueblo en oración y ruego.

B. Se identifica con el dolor de cada uno (vv.11c-12)

Si bien es cierto que Jeremías no participaba de la idolatría, de la desobediencia e infidelidad del pueblo; él también experimentó las consecuencias del castigo divino. Jeremías permaneció con el pueblo que no fue al exilio. El pueblo estaba experimentando el dolor de haber perdido su nación, de haber perdido a sus líderes, de haberse quedado desamparados. Jeremías no fue insensible al dolor de su pueblo. En sus lamentos, Jeremías se identificaba plenamente con el dolor que ellos estaban viviendo.

Pablo nos dio ejemplo en sus cartas de la identificación que sentía por el pueblo de Dios. Romanos 9:1-5 nos dice: "... tengo gran tristeza y continuo dolor en mi corazón. Porque deseara yo mismo ser anatema, separado de Cristo, por amor a mis hermanos..." Esta identificación de Pablo es un ejemplo para los líderes actuales. Es muy fácil condenar, señalar y criticar; pero los ejemplos que tenemos nos indican que es necesario identificarnos con el dolor del pecador, para que podamos interceder por él y ser instrumentos para su reconciliación con Dios.

Durante el tiempo de crisis, muchas veces, la tendencia es ser individualista y esperar que cada uno salga adelante y haga lo mejor que puede. El escritor nos enseña en Lamentaciones que debemos identificarnos con el problema, dolor o crisis de nuestro prójimo.

II. Pronuncia la Palabra de Dios al pueblo (Lamentaciones 2:14,17)

Jeremías, por muchos años, había anunciado la palabra profética al pueblo. Primero, les llamaba la atención sobre su pecado. Luego, les anunciaba el castigo que recibirían; pero también les mostraba las promesas de esperanza y redención. Jeremías nos enseña que debemos proclamar la Palabra de Dios con veracidad y sin eufemismo.

A. Lo hace con veracidad (v.14)

El versículo 14 es muy triste; recordaba a los falsos profetas que "no descubrieron tu pecado para impedir tu cautiverio". A la par de Jeremías, los reyes tenían otros profetas que les decían lo que querían oír; uno de ellos fue Hananías, quien contradecía el mensaje de Jeremías (Jeremías 28).

Sin embargo, y a pesar de las amenazas y castigos, Jeremías se mantuvo fiel al mensaje dado por Dios. ¡Qué gran responsabilidad para el ministro y para el líder espiritual, de proclamar la Palabra de Dios con veracidad! En la actualidad, tenemos acceso a diferentes tipos de predicaciones y enseñanzas bíblicas debido a la Internet. Algunos son mensajes motivacionales, mensajes de prosperidad; y atraen a las personas que no quieren ser confrontadas con el pecado, con consagración y con compromiso a Dios.

Es cierto que es fácil copiar estos mensajes; pero ¿realmente tomamos el tiempo en descubrir el mensaje de Dios directamente de la Biblia? Para que un líder pueda transmitir el mensaje de Dios a su pueblo con veracidad, debe pasar tiempo en oración, en estudio de la Biblia, en buscar la aplicación correcta de acuerdo con la realidad en la que ministra. Ese proceso no sólo bendecirá a la congregación; sino también al mismo líder.

En la actualidad, como en los tiempos de Jeremías, la sociedad aprueba conductas, que no están de acuerdo con los principios bíblicos. Por esa razón el ministro o líder necesita desarrollar en las personas convicciones que les guíen a tomar decisiones que honren a Dios. Y para formar esas convicciones, debe haber buena base bíblica y la renovación de un compromiso diario con Dios. Por eso, es muy importante presentar un mensaje verídico de parte de Dios.

B. Un mensaje sin ambigüedades (vv.14,17)

La sociedad trata siempre de disminuir la intensidad del pecado, de quitar la responsabilidad del ser humano; y eso genera mucha confusión. Sabemos que muchos países están tratando de legalizar el aborto, matrimonios homosexuales, legalización de sustancias alucinógenas, entre otros. La responsabilidad de la iglesia a través de sus ministros, líderes y laicos es presentar el mensaje del Señor, señalando el pecado de manera clara. La única manera de transformación para el ser humano es por medio de la libertad que da Jesucristo por su muerte y resurrección. Pero el ser humano tiene que reconocer que el pecado es una barrera entre él y Dios.

La última parte del versículo 14 dice, refiriéndose a los falsos profetas: "Sino que te predicaron vanas profecías y extravíos". ¿Cuántas veces nos da miedo confrontar a la persona con el pecado? A veces, el temor de que dejen de asistir a la iglesia limita la predicación de la Palabra de Dios. Si bien es cierto el mensaje de salvación también es un mensaje de esperanza y de paz; este comienza con la necesidad de un Salvador. El ser humano sólo reconoce que necesita un Salvador cuando reconoce la falta que le hace en su vida.

El pueblo de Israel gozó por muchos años las bendiciones que Dios les daba. El reino se engrandeció, alcanzaron renombre entre las naciones vecinas; pero no reconocieron la fuente de esas bendiciones. El versículo 17 señala que es Dios quien cumplió lo que tenía determinado. Jeremías quería que ellos comprendieran que la razón de sus males era su falta de lealtad a Dios y el abandono de su fe.

C. Da un mensaje de esperanza (vv.21-26)

El amor de Dios es tan grande que aun en medio de la crisis muestra a su pueblo que todavía le ama. Dios les había dicho que durante 70 años ellos estarían en el exilio (Jeremías 25:11); ese tiempo sería el castigo por su infidelidad. Sin embargo, también les prometió que después de ese tiempo ellos regresarían a su tierra (Jeremías 25:12, 29:10).

En Lamentaciones 3, encontramos los únicos versículos de esperanza en todo el libro:

1. La misericordia de Dios es tan grande que no destruyó completamente a su pueblo (v.22). Dejó un remanente tanto en Jerusalén como en Babilonia. Dios no destruiría completamente a Israel; y, aunque lo que pasaban era muy doloroso, ellos podían reconocer que aún tenían vida gracias a la misericordia de Dios.
2. La fidelidad de Dios está presente cada día (v.23). Enfrentarse cada día con la situación en la que se encontraban iba a ser muy difícil. Sin embargo, a medida que ellos reconocieran que la fidelidad de Dios es permanente, ellos podrían encontrar fuerza para cada día.
3. Confiar que Dios nos sostendrá durante el tiempo de angustia (vv.24-26). Esperar en Dios es confiar plenamente en Él, en su misericordia y en su fidelidad. Como el Salmo 92:2 dice: "Anunciar por la mañana tu misericordia, Y tu fidelidad cada noche". Esperamos lo que nos depara el día por la misericordia de Dios, que nos protegerá y cuidará; y, al terminar el día, podemos acercarnos en acción de gracias por su fidelidad para con nosotros.

Este ejercicio ayudaría a los exiliados y desterrados a soportar los 70 años de exilio con la confianza de que Dios seguía con ellos.

III. Aplicación del mensaje del libro para la iglesia actual

El libro de Lamentaciones no puede entenderse independientemente del libro de Jeremías y de los libros de Reyes y Crónicas. El dolor mostrado en este libro fue durante una crisis real; no sólo representa el dolor por la cautividad de Israel, sino también por muchos años de sometimiento a Babilonia.

El profeta se muestra ante Dios con dolor, frustración y sufrimiento; presenta casi de manera descriptiva cómo quedó la gente en Jerusalén. Eso nos ayuda a entender que Dios nos recibe como nos encontramos; que el sufrimiento humano es algo que se puede presentar a Dios.

En la actualidad, se debe considerar lo siguiente:

1. La iglesia hoy debe ser consciente del mensaje completo de Dios; denunciar el pecado para guiar al arrepentimiento. Tener dolor por las personas que están lejos o alejándose de Dios, sabiendo que las consecuencias del continuo pecado son desastrosas y tienen repercusión eterna. Apelar a la misericordia de Dios (Salmo 103:8).
2. Aun en medio del dolor, podemos presentarnos ante Dios con nuestros sentimientos de confusión, dolor y arrepentimiento. Guiar a la iglesia a reconocer que nuestro Dios no está lejos del sufrimiento humano; que Él nos recibe con nuestros fracasos, confusiones, dolor; y aceptar que quiere transformarnos para nuestro bien. Jeremías 29:11 nos dice que los pensamientos de Dios hacia nosotros son para bien y no para mal. Esa confianza debe ayudarnos a acercarnos a Él en toda circunstancia.
3. La esperanza de la misericordia y fidelidad de Dios debe guiarnos al arrepentimiento y a la renovación de nuestro compromiso con Él.

Conclusión

En medio de la crisis, el verdadero ministro de Dios llora y sufre por su pueblo intercediendo por ellos en oración y ruego e identificándose con su dolor; también pronunciando la Palabra de Dios con veracidad, sin ambigüedad y con esperanza en la misericordia y fidelidad de Dios.

El verdadero ministro en medio de crisis

Hoja de actividad

Versículo para memorizar: "Por la misericordia de Jehová no hemos sido consumidos, porque nunca decayeron sus misericordias" Lamentaciones 3:22.

I. Llora y sufre por su pueblo (Lamentaciones 2:11-12)

¿Cómo manifiesta el líder su dolor por el pueblo?

____

____

Mencione tres acciones que usted puede desarrollar para interceder por las personas que ministra, miembros de su familia o su comunidad.

____

____

II. Pronuncia la Palabra de Dios al pueblo (Lamentaciones 2:14,17)

¿Cuáles son las características del mensaje que se debe presentar al pueblo?

____

____

Escriba tres ideas sobre problemas en la sociedad que guían a las personas hacia el pecado.

____

____

III. Aplicación del mensaje del libro para la iglesia actual

Explique cómo el libro de Lamentaciones se aplica a la actualidad.

____

____

Escriba tres ideas de cómo podemos llevar el mensaje de esperanza a nuestra sociedad considerando los tres puntos de la lección.

____

____

Conclusión

En medio de la crisis, el verdadero ministro de Dios llora y sufre por su pueblo intercediendo por ellos en oración y ruego e identificándose con su dolor; también pronunciando la Palabra de Dios con veracidad, sin ambigüedad y con esperanza en la misericordia y fidelidad de Dios.

Experiencias sufridas por el ministro a causa de un Dios airado

Joel Castro (España)

Pasaje bíblico de estudio: Lamentaciones 3:3-4,8,11,14,20-21
Versículo para memorizar: "Tú lo sabes, oh Jehová; acuérdate de mí, y visítame... No me reproches en la prolongación de tu enojo; sabes que por amor de ti sufro afrenta" Jeremías 15:15.
Propósito de la lección: Analizar junto con la congregación el sufrimiento dentro del llamado al servicio y la actitud para sobresalir con la ayuda de Dios.

Introducción

Jeremías, el escritor del libro de Lamentaciones, nos describe la profundidad del desaliento, el derramamiento de todo el dolor y el sufrimiento acumulado en el profeta por causa de su pueblo.

Jeremías fue un ministro de Dios; y su ministerio no fue nada fácil, porque tuvo que enfrentar un sinnúmero de adversidades de toda índole. Jeremías fue muy frontal contra los religiosos de su tiempo; denunció los pecados secretos de una nación que se caracterizó por la hipocresía y la dureza de corazón ante un llamado continuo de un Dios de amor. Por esta causa, Jeremías sufrió y experimentó la mazmorra y el encarcelamiento.

El ministerio de Jeremías fue visto como un estorbo para los sacerdotes que se habían entregado a la carnalidad; para los reyes que no querían hacer la voluntad de Dios y que, para ganar popularidad, contrataban a falsos profetas a fin de que prediquen falsas esperanzas. A estos gobernantes judíos que se entregaron a la religiosidad y la idolatría no les pareció bien el mensaje apocalíptico de un Dios que estaba airado por falta de un arrepentimiento sincero.

Esta situación contraria y adversa de una nación necia ante las palabras de Dios pasó factura a Jeremías; tanto fue así que exclamó: "¿Para qué salí del vientre? ¿Para ver trabajo y dolor, y que mis días se gastasen en afrenta?" (Jeremías 20:18). En esta lección, analizaremos las lamentaciones y el dolor que experimentó el profeta.

I. El sufrimiento ante la hipótesis de un Dios adverso (Lamentaciones 3:3-4,8,11)

El ministerio tiene un costo y un precio muy alto; implica renuncia total y confianza absoluta en aquel que llama para su servicio. Estos condicionantes, en la práctica, no son fáciles de ejercitarlos cuando vienen las turbulencias y los grandes problemas propios del llamado a servir a Dios.

Este pasaje de Lamentaciones revela que Jeremías, en lo profundo de su sufrimiento, consideraba que existe un Dios que, en vez de ayudarle, le estaba atormentando.

Según los dos libros que hablan del profeta (Jeremías y Lamentaciones), se aprecia que el temperamento de Jeremías era melancólico; por lo tanto, era de esas personas que son muy sensibles emocionalmente, quieren que las cosas salgan como ellas piensan, son dadas a la confusión, muy críticas. Estas características dejan ver por qué Jeremías tuvo ese comportamiento y esas palabras. Sin embargo, una de las peculiaridades de las personas que tienen este temperamento es la lealtad; por eso fue que el profeta Jeremías cumplió su llamado "a pesar de".

Jeremías tenía pensamientos que le hacían creer que quien le había apartado para servirle no estaba a su favor. En los versículos siguientes de Lamentaciones (3:3-4,8,11), el profeta nos abre su corazón y nos expone su impotencia de no haber una respuesta divina a su angustia y sufrimiento por la destrucción de Jerusalén. En medio de sus sentimientos de decepción, él creyó lo siguiente:

A. Dios estaba disgustado contra él (vv.3-4)

Jeremías se sintió devastado al ver cómo su nación había sido destruida; y, en esa angustia, se vio a sí mismo como que Dios estaba contra él. En su sufrimiento, dijo: "Una y otra vez, y a todas horas, su mano se ha vuelto contra mí. Me ha marchitado la carne y la piel; me ha quebrantado los huesos" (vv.3-4 La Biblia al Día, LBAD). Parecía que todo había sido en vano; su intervención como profeta de Dios había sido un fracaso. Y así como Dios castigó a la nación, él también fue castigado física y emocionalmente.

Fueron muchos años del ministerio de Jeremías; y para él fue muy complicado tratar con la nación judía por el rebelde y necio corazón de esta. No aceptaron los consejos de la Palabra de Dios. Esta falta de correspondencia de sus oyentes trajo un dolor muy duro para el profeta. Tantos años dedicados para no ver respuesta; es un desgaste total para el siervo de Dios. Piense en Noé que predicó 120 años y sólo siete personas respondieron a su llamado, y fue su propia familia. Por esta razón, se dice que Noé fue el predicador más frustrado de la Biblia. Noé habrá sentido mucho dolor por la rebeldía de su pueblo; pero no tuvo otro remedio que dejar que Dios ejecutara su obra cerrando el arca según su voluntad.

B. Dios no escuchaba sus oraciones (v.8)

La intensidad y desilusión de Jeremías fue mucho más allá; él creyó que Dios había cerrado sus oídos a su angustia, sus oraciones no fueron escuchadas.

Era tanta la hipocresía de la nación judía que Dios, en dos ocasiones, le impidió a Jeremías que orara e intercediera por ellos (Jeremías 7:16-20, 11:14). Dios le dijo al profeta que no ore ni clame por el pueblo; porque el corazón de ellos era dado a la desobediencia e idolatría. Aun así, Jeremías, como todo ministro de Dios, fue muy sensible a su pueblo buscando la manera de que Dios tuviera misericordia de ellos y que les perdonara. Pero, como dijo el apóstol Pablo: "la paga del pecado es muerte" (Romanos 6:23). La nación judía vivió el día más terrible de su historia cuando los invasores babilonios llegaron y destruyeron la ciudad. Ante toda esta consecuencia, el profeta lloraba sin consolación diciendo: "Y a pesar de que lloro y grito, cerró sus oídos a mis oraciones" (Lamentaciones 3:8 NTV). El lamento de Jeremías era por la empatía que él tenía por su nación; hubiera dado su propia vida por ver que su nación no fuera destruida, pero es difícil cuando el objeto de oración no demuestra arrepentimiento.

C. Dios le estaba castigando (v.11)

Esto es el clímax de su angustia; Jeremías, percibiendo la destrucción de su nación, se identificó con su propia vida, como que Dios permitía una triple acción en su contra: "Torció mis caminos", "me despedazó" y "me dejó desolado".

"Torció mis caminos..." (v.11). Es decir, Dios le había desviado del camino. El término "camino" en la Biblia representa la vida humana que cada quien escoge por donde andar; de allí que hay caminos buenos y caminos malos (Proverbio 14:12). Jeremías creyó que Dios había torcido la dirección de su vida; en vez de bienestar, le llevó hacia el sufrimiento. Claro que esta metáfora no es lo que Dios quiere; por eso es que Él envió al Consolador para fortalecer a sus hijos cuando pasen por cualquier sufrimiento. Los siervos de Dios deben fortalecerse en el Espíritu y descansar siempre en las promesas divinas.

"...me despedazó..." (v.11). La versión La Vulgata dice: "me ha destrozado". Esta metáfora nos lleva a entender cuán desgarrado estaba el corazón de Jeremías. Ver a su nación dividida le llevó a entender que así estaba su corazón, dividido y destrozado.

"... me dejó desolado" (v.11). O mejor dicho, en ruinas; tal cual dejaron los babilonios a Judá. Aunque Jeremías no fue llevado cautivo a Babilonia, quedándose, se sintió desamparado; humanamente, el terror se apoderó de él. Estas palabras dirigidas a Dios vienen a ser descripciones del sentir de un alma en angustia.

II. El sufrimiento ante un pueblo escarnecedor (Lamentaciones 3:14)

En medio de su angustia, el profeta no sólo vio a un Dios en contra de él; sino también, a un pueblo que amó, pero que se burló de él.

Todo ministro que fue llamado por Dios tiene el deseo ardiente de ayudar, bendecir y advertir a su pueblo sobre las consecuencias del pecado. Jeremías, en muchas oportunidades, bajo la dirección de Dios, anunció a su pueblo que renuncie a su idolatría y dejen su rebeldía para que no les venga su destrucción. Jeremías 18 es una descripción tierna donde les demandaba a ser el barro dócil y sumiso en las manos del Alfarero. Pero no fue así, la nación siguió en su pecado (v.12). Y no sólo hicieron el mal ante Dios; sino que también se enfurecieron muchas veces contra Jeremías (Lamentaciones 3:14). El siervo de Dios debe saber que en el pueblo encontrará no sólo rebeldes contra su Creador, sino también quienes se opongan con escarnio contra el enviado de Dios. Las Escrituras revelan las muchas afrentas que recibió Jeremías del pueblo que amó. A pesar de toda la hostilidad, el desprecio y la violencia que sufrió Jeremías de parte del pueblo; él no renunció a seguir con su ministerio restaurador. Sin embargo, en este pasaje de Lamentaciones 3, el profeta le reclamó a Dios con un corazón agotado de fuerza anímica.

III. El sufrimiento ante la esperanza de un Dios que lo conoce todo (Lamentaciones 3:20-21)

El sufrimiento es parte de la vida humana. Y quienes sirven a Dios en cualquier ministerio no están exentos de sentirse desamparados. Aun nuestro Señor Jesús, cuando estaba en la cruz, dijo: "Dios mío, Dios mío, ¿por qué me has desamparado?" (Mateo 27:46). El apóstol Pablo, al escribir a los corintios, expresó su sufrimiento en el ministerio: "Nos fatigamos trabajando con nuestras propias manos; nos maldicen, y bendecimos; padecemos persecución, y la soportamos. Nos difaman, y rogamos; hemos venido a ser hasta ahora como la escoria del mundo, el desecho de todos" (1 Corintios 4:12-13).

"El profeta ha volcado su queja delante del Señor. Su fuerza ha desaparecido, yace agotado e impotente. Toda la tensión y toda la lucha han llegado a su fin. Humilde y tranquilo, aguarda delante de Dios. En el silencio se produce un cambio" (Gray, C. Paul. Comentario Beacon, Tomo IV. EUA: CNP, 1991, p.361). A pesar de toda su triste situación; en su interior, Jeremías descansaba en una esperanza viva donde pudo encontrar reposo para su vida. El profeta dijo: "Lo tendré aún en memoria, porque mi alma está abatida dentro de mí; Esto recapacitaré en mi corazón, por lo tanto esperaré" (Lamentaciones 3:20-21). En estos versículos, hay dos términos muy relevantes en la actitud comprensiva del profeta Jeremías: "recapacitaré" y "esperaré".

En la experiencia de Jeremías, en medio de su abatimiento, recapacitó; su fe se iluminó, y comprendió que Dios estaba presente; hasta lo alabó por su misericordia: "no hemos sido consumidos, porque nunca decayeron sus misericordias" (Lamentaciones 3:22).

La segunda acción tiene que ver con la virtud espiritual que es la esperanza. Esta es el bálsamo que consuela al alma quebrantada; es el amor de Dios que promete levantar y proteger a sus hijos de toda adversidad. Jeremías "empieza a recordar muchas cosas que había olvidado en el frenesí de la aflicción. ¡Dios no desprecia al quebrantado y humilde de corazón! (Salmos 51:17)" (Gray, C. Paul. Comentario Beacon, Tomo IV. EUA: CNP, 1991, p.362). Al final del túnel, el profeta entendió su sufrimiento; y dijo: "esperaré" (Lamentaciones 3:21). La recomendación del salmista es la siguiente: "Guarda silencio ante Jehová, y espera en él. No te alteres..." (Salmo 37:7).

El sufrimiento de Jeremías es el sufrimiento de muchos discípulos de Cristo que ahora mismo están en el servicio de su Señor. Servir a Dios trae mucho gozo; pero, a la par, también vienen muchas adversidades. Sus reacciones pueden ser las mismas de Jeremías; pero recuerde que debe recapacitar y esperar en el que le llamó a su servicio. Atienda al llamado del apóstol Pedro: "De modo que los que padecen según la voluntad de Dios, encomienden sus almas al fiel Creador, y hagan el bien" (1 Pedro 4:19).

Conclusión

Sin duda que Dios sabe muy bien que quienes son llamados al ministerio pagan un costo muy alto; y Jeremías no fue la excepción. Su lamento nos hace recordar que el sufrimiento siempre es personal. Pero, en medio de todo su sufrimiento, Jeremías tuvo una convicción; pues le dijo al Señor: "sabes que por amor de ti sufro afrenta" (Jeremías 15:15). Que su amor a Dios sobrepase todo para que sus sufrimientos no le ahoguen. ¡Descanse en sus promesas!

Experiencias sufridas por el ministro a causa de un Dios airado

Hoja de actividad

Versículo para memorizar: "Tú lo sabes, oh Jehová; acuérdate de mí, y visítame... No me reproches en la prolongación de tu enojo; sabes que por amor de ti sufro afrenta" Jeremías 15:15.

I. El sufrimiento ante la hipótesis de un Dios adverso (Lamentaciones 3:3-4,8,11)

¿Cómo puede afectar los rasgos temperamentales en el sufrimiento de una persona?

____

____

¿Ha sentido alguna vez que Dios estaba en su contra? Comente.

____

____

II. El sufrimiento ante un pueblo escarnecedor (Lamentaciones 3:14)

¿Cuál fue el mensaje de Dios para el pueblo, a través de Jeremías?

____

____

¿Cree que ese mensaje se aplicaría hoy? ¿Cómo lo haría hoy?

____

____

III. El sufrimiento ante la esperanza de un Dios que lo conoce todo (Lamentaciones 3:20-21)

Cuando un siervo de Dios se siente desamparado, ¿qué debe hacer?

____

____

¿Cree que la esperanza es una virtud en el siervo de Dios? ¿Por qué?

____

____

Conclusión

Sin duda que Dios sabe muy bien que quienes son llamados al ministerio pagan un costo muy alto; y Jeremías no fue la excepción. Su lamento nos hace recordar que el sufrimiento siempre es personal. Pero, en medio de todo su sufrimiento, Jeremías tuvo una convicción; pues le dijo al Señor: "sabes que por amor de ti sufro afrenta" (Jeremías 15:15). Que su amor a Dios sobrepase todo para que sus sufrimientos no le ahoguen. ¡Descanse en sus promesas!

Misericordia inagotable, regalo de Dios

Lección 8

Carina Rita Contreras (Argentina)

Pasaje bíblico de estudio: Lamentaciones 3:22-23
Versículo para memorizar: "Nuevas son cada mañana; grande es tu fidelidad" Lamentaciones 3:23.
Propósito de la lección: Comprender la magnitud y el alcance de la misericordia de Dios para nuestra vida; a fin de que podamos apropiarnos de todos los beneficios del incondicional amor de Dios.

Introducción

Es común oír expresiones parecidas a estas: "Le fallé tanto a Dios; no tengo cara para presentarme delante de Él; para mí no queda nada"; "Lo que hice no tiene perdón de Dios"; "Otra vez, no le puedo pedir perdón; ya lo tengo cansado"; "Yo no cambio más"; "No merezco el perdón de Dios".

Una comprensión inadecuada de la gracia y misericordia de Dios puede llevar a una persona a vivir una vida alejada de Él, por no sentirse digna y pensar que no merece el perdón de Dios, interpretación que puede derivar a otro pensamiento aun peor. Sus pecados son tan reiterados, más de lo mismo; Dios no les creerá esta vez; o sus pecados son tan grandes y tan oscuros que no hay dios que pueda perdonarlos.

Estos pensamientos son muy tristes; sin embargo, se escuchan a menudo en personas que nunca fueron cristianas, o en personas que conociendo a Dios, se encuentran apartadas de su presencia por demasiado tiempo.

Si bien es cierto que "ningún" ser humano es "digno" de perdón, y el pecado lo aleja del Creador (Romanos 3:23 dice: "por cuanto todos pecaron, y están destituidos de la gloria de Dios"); es aquí donde los versículos que se analizarán en esta lección, ofrecen una respuesta al corazón confundido por razón del mismo pecado.

I. "Por la misericordia de Jehová no hemos sido consumidos..." (Lamentaciones 3:22a)

La misericordia es un atributo de Dios. El hecho de que el Señor tiene misericordia hace que Él se disponga a perdonar y bendecir a quien no se lo merece. Como lo indica la siguiente definición: "La misericordia significa su disposición para compadecerse de los miserables, y particularmente, para perdonar a los que han hecho mal. Puesto que este atributo depende de la existencia del pecado, no es un atributo esencial, sino un arroyuelo que emana de su bondad" (Binney, Amos y Steele, Daniel. Compendio de Teología, 3.ª edición. EUA: CNP, 1993, p.59).

Es por gracia que su perdón y sus bendiciones tocan al ser humano. En Efesios 2:8-9, el apóstol Pablo dijo que es un don de Dios, un regalo.

Es común confundir los conceptos de "gracia" y "misericordia". Aunque están completamente relacionados, no son sinónimos. En la Biblia, se los puede encontrar juntos, como en el versículo de Hebreos 4:16, en donde el escritor instó a acercarse a Dios para alcanzar la misericordia y encontrar la gracia; sin embargo, sus conceptos son diferentes.

La gracia es el don o regalo gratuito de parte de Dios que alguien recibe, no por haber hecho algo digno; es un obsequio inmerecido. En otras palabras, la misericordia es no recibir el castigo merecido; y la gracia es recibir el bien no merecido. El "regalo" o "gracia" de Dios por excelencia, que se entiende como el favor inmerecido, es la "salvación" provista por Jesucristo, a la cual el mundo entero tiene libre acceso por medio de la fe en Él: "Porque por gracia sois salvos por medio de la fe; y esto no de vosotros, pues es don de Dios" (Efesios 2:8).

El profeta Jeremías, en el libro de Lamentaciones, expresó la condición lastimosa en la que se encontraba el pueblo de Judá después de haber sido puestos en cautiverio por Babilonia (2 Reyes 25) como consecuencia de darle la espalda a Dios. Se puede visualizar el cuadro de desolación e imaginar al profeta observando la destrucción de Jerusalén, y plasmar por escrito todo ese dolor, reconociendo tal sufrimiento como consecuencia del pecado del pueblo, como lo indica Salmo 81:11-12 que muestra cómo el pueblo de Israel caminó en sus propios consejos, ignorando la voz de Dios. Dicho de otra manera, el Señor tenía sobradas razones para que Judá sea exterminada de la faz de la tierra; sin embargo, puso un freno y les permitió un remanente (Jeremías 42:15a).

Aunque pasaron calamidades, los sobrevivientes gozarán de la benevolencia del Señor (Romanos 9:27-28). Esa misma benevolencia es la que mantiene para cada hijo en este tiempo.

A. "... porque nunca decayeron sus misericordias" (Lamentaciones 3:22b)

Es asombroso que, en la segunda parte del versículo, el profeta amplíe el sustantivo "misericordia" empleando el plural "misericordias". ¡Dios no tiene una sola misericordia; sino una multitud de misericordias! Para cada área, problemática y faceta del ser humano; para cada etapa del ciclo de vida, sea niño, joven o anciano, mujer o varón.

El versículo explica que "nunca decayeron sus misericordias". El uso de este adverbio de negación: "nunca", enfatiza el significado, acentúa la aseveración de que jamás terminaron o se agotaron sus misericordias.

Dios no se cansa de tener misericordia; no funciona como el mercado, las finanzas o la bolsa de valores, cuyo valor sube o baja según los factores de la economía globalizada. A la misericordia de Dios no la mueven las circunstancias ni las acciones de las personas, sean buenas o malas; sólo está sujeta a la propia voluntad de Dios (Romanos 9:16). Y el pasaje de estudio lo demuestra con la voluntad de tener, mantener y renovar su misericordia hacia su pueblo.

B. "Nuevas son cada mañana..." (Lamentaciones 3:23a)

El asegurar misericordia renovada cada mañana garantiza de parte de Dios nuevas oportunidades para sus hijos y para los seres que Él creó. Más allá de lo que haya pasado, existe esta promesa esperanzadora de un nuevo comienzo.

La expresión "Nuevas son cada mañana" es una expresión de un sentido más profundo de cómo actúa el Señor para con sus hijos y para con el mundo entero. No se trata de una hora exacta en donde la misericordia se renueva; sino, más bien, un simbolismo de la noche u oscuridad representando esos momentos oscuros de la vida, aparentemente sin esperanza o con la sensación de haber fracasado. Y del amanecer o ese sol naciente que comienza a alumbrar muy suave al principio, después de una noche larga y sombría, como señal de que el nuevo día está comenzando, representando la esperanza y la mano de Dios extendida para rescatar, levantar, sanar, limpiar y restaurar una vida. Esa mañana fresca representa ese aire nuevo que se puede respirar en Cristo, donde todo peso por el pecado se disipa y la persona se siente con un corazón renovado, llena de esperanzas, lista para continuar viviendo, sacando su vista del pasado o de la noche fría, levantando su rostro para mirar con la esperanza de lo que viene. Por lo tanto, esa expresión es más profunda que interpretar que solamente la misericordia se renueva por la mañana; sino que continuamente y en cada circunstancia está presente.

Meditando en la vida cotidiana de un cristiano consagrado, quien también sigue encontrando en estas palabras una fuente de esperanza restauradora, quien al finalizar el día, si realiza una introspección concienzuda, él y todos, exactamente todos los seres humanos, incluyendo a los cristianos, tendrían en sus manos una lista de pecados y errores diarios, malas decisiones, respuestas inadecuadas, pensamientos dudosos, enojos, frustración, falta de confianza, impaciencia, entre otras; que son las cosas que todo cristiano en comunión con el Padre puede y debe arreglar. Dar cuenta, pedir perdón, tomar el aprendizaje y prepararse para comenzar el siguiente día, la siguiente oportunidad para hacerlo un poquito mejor. Porque al llegar la nueva mañana, Dios regala al ser humano nueva misericordia.

La misericordia de Dios es eterna

El profeta Jeremías tenía bien en claro el amor eterno de Dios; estaba seguro de que contaban con misericordia. En Jeremías 31:3, dijo que Jehová amó al pueblo, describiendo al amor como eterno; y añadió que es la razón por la que le prolongó la misericordia.

El amor de Dios es su esencia pura; lo define. Si se tiene que describir a Dios en una sola expresión; la sentencia más adecuada sería decir: "Dios es amor" (1 Juan 4:8). Y el "amor" no es algo que el Señor creó un día, o que se le ocurrió decir: "Desde hoy, voy a tener amor"; sino que lo acompaña desde siempre. Eternamente, Dios fue, es y será "amor".

En otras palabras, Dios amó al ser humano que creó desde antes de haberlo creado. Lo amó en toda la historia de la humanidad; lo sigue amando hoy; y lo seguirá amando por siempre. Su amor no tiene principio ni tiene final. Como en 2 Timoteo 2:13 dice: "... Él no puede negarse a sí mismo"; porque es amor, y es la razón por la cual permanece fiel e inquebrantable a sus promesas.

El ser humano, en su condición de pecador, merece ser destruido; pero la gracia de Dios se manifiesta en esa misericordia renovada, la cual es la muestra del amor eterno de Dios.

Los salmos muestran la misericordia asociada a la eternidad en muchos versículos. El pasaje más superabundante que destaca esta dupla es el Salmo 136; cada uno de sus versículos culmina diciendo: "Porque para siempre es su misericordia", acentuando la eternidad en el "para siempre".

Cualquiera que piense que Dios no lo puede alcanzar con su misericordia es porque no se encontró o no aceptó las verdades profundas y simples que expresan estos pasajes.

II. "... grande es tu fidelidad" (Lamentaciones 3:23b)

La grandeza de su fidelidad se ve presente en la paciencia que el Padre tiene por sus hijos; hasta en las consecuencias de las malas decisiones, errores y pecados. Él está allí amando, ayudando a salir adelante y a sacar provecho de la lección aprendida.

Dios permanece fiel a sus promesas a pesar de que en demasiadas ocasiones sus hijos le den la espalda, se arrepientan y vuelvan a reincidir. Su fidelidad dura para siempre; la Palabra de Dios, en muchas ocasiones, lo expresa mostrando la grandeza de su amor (Salmos 117:2, 119:90a).

¡Qué buena noticia para la humanidad, que Dios no sea inconstante, como lo es el ser humano, y continúe siendo siempre fiel a sus promesas!

¡Qué buena noticia, que Dios no se canse de ser fiel y recuerde cada una de sus promesas!

El amor de Dios es la clave de su misericordia

En 2 Timoteo 2:13, se habla de la permanencia de la fidelidad de Dios, a pesar de que no reciba la misma respuesta de su pueblo. Este pasaje deja ver la esencia de Dios, su amor, cuando indica que no puede negarse a sí mismo. Aunque los seres que Él creó no se lo merecen; Él se dio a sí mismo mostrando que es amor (1 Juan 4:8); y ama al ser humano de manera incondicional (Juan 3:16). Con sus hechos, define al amor en entrega; y su mayor muestra fue y es Jesucristo. Su amor y misericordia proveen al mundo salvación por medio de la fe en su Hijo; en contraposición, el mundo le rechaza voluntariamente, mas Dios sigue siendo paciente y amando incondicionalmente (2 Pedro 3:9).

Amor, misericordia y fidelidad de Dios: estos conceptos están totalmente interrelacionados y expresan la gracia de Dios por su creación. Cristo es la expresión máxima de su gracia, de su amor y su fidelidad a las promesas.

III. Aceptando la verdad del pasaje estudiado

Simplemente, aceptar su misericordia. Desde que una persona conoce a Jesús como su Salvador, comienza una vida nueva, un proceso en el que irá aprendiendo, equivocándose, transformándose día a día un poquito más parecido al Maestro (Efesios 4:13). Y durante ese proceso, tanto en el tiempo de los primeros pasos, como en el de los cristianos más maduros, habrá momentos de debilidad, de tentaciones y de fracasos; sin embargo, se cuenta con el continuo amor del Padre, con el sinfín de oportunidades para aprender del error y crecer, para continuar en el camino.

Es trascendental que una persona tome una decisión cuando Dios habla a su corazón; cualquiera sea la situación en la que se encuentre, puede ser restaurada en un cien por ciento, para recomenzar una vida plena, salva y con el Creador como compañía todos los días, hasta el fin (2 Corintios 5:17).

Es tiempo de comprender que todo pecado, falencias y errores, por más grandes y reiterativos que sean, pueden ser perdonados. Sólo basta con arrepentirse humildemente y aceptar el perdón inmerecido (1 Juan 1:9).

Mientras se tenga vida, hasta el último suspiro, o hasta que Cristo venga en gloria, la salvación está al alcance de todos. Se acepta o se rechaza; la decisión le pertenece al ser humano.

Conclusión

Hoy está vigente esta oportunidad. Es indispensable entender que el amor de Dios, sus favores inmerecidos, su misericordia renovada, son los recursos a los que todo ser humano puede recurrir libre y gratuitamente. ¡Qué regalo tan noble contar con una misericordia inagotable que acompañará a cada persona hasta el último día de vida!

Misericordia inagotable, regalo de Dios

Hoja de actividad

Versículo para memorizar: "Nuevas son cada mañana; grande es tu fidelidad" Lamentaciones 3:23.

I. "Por la misericordia de Jehová no hemos sido consumidos..." (Lamentaciones 3:22a)

¿En qué se diferencia la "gracia" de la "misericordia" de Dios?

____

____

¿Las circunstancias pueden afectar la misericordia de Dios? Justifique su respuesta.

____

____

II. "... grande es tu fidelidad" (Lamentaciones 3:23b)

¿De qué manera muestra Dios su fidelidad en su vida y en la de su familia?

____

____

Escriba una promesa bíblica que le asegure la fidelidad de Dios para siempre.

____

____

III. Aceptando la verdad del pasaje estudiado

¿Qué acciones debe realizar para apropiarse de la verdad aprendida en Lamentaciones 3:22-23?

____

____

Conclusión

Hoy está vigente esta oportunidad. Es indispensable entender que el amor de Dios, sus favores inmerecidos, su misericordia renovada, son los recursos a los que todo ser humano puede recurrir libre y gratuitamente. ¡Qué regalo tan noble contar con una misericordia inagotable que acompañará a cada persona hasta el último día de vida!

El mejor salvavidas

Josué Villatoro (México)

Pasaje bíblico de estudio: Lamentaciones 3:25-30
Versículo para memorizar: "Bueno es Jehová a los que en él esperan, al alma que le busca" Lamentaciones 3:25.
Propósito de la lección: Reconocer que Dios es siempre bueno; que su bondad persiste aun en medio de las situaciones más difíciles; y que esperar en Él es lo mejor que podemos hacer cuando estamos en problemas.

Introducción

Una imagen que puede ser muy familiar para nosotros es la de una persona ahogándose en el agua. Espero que no por experiencia personal; pero sí por las películas que vemos, o algunos espectáculos televisivos. Quizá, en alguna ocasión, usted haya pasado por un susto al estar en una piscina y, de repente, no sentir el fondo de la misma. Lo que salva a la persona que está en una situación así, de morir ahogada, es la presencia de un salvavidas: un objeto grande, seguro, que flota sobre el agua, y permite al individuo en cuestión encontrar algo que le permita salir de su situación peligrosa.

La amenaza de morir ahogado puede ser algo similar a lo que sentimos cuando estamos en problemas. La vida cristiana no está exenta de angustias y situaciones adversas. El mismo Señor Jesús nos advirtió que tendríamos aflicciones en este mundo (Juan 16:33). ¿Qué hacer cuando nos encontramos en problemas? La lección de hoy quiere ayudarnos a que podamos encontrar el mejor de todos los salvavidas cada vez que sintamos que nos ahogamos en nuestras situaciones angustiosas. Que el estudio de hoy nos permita encontrar al Señor en medio de nuestras dificultades, acudir a Él y confiar en su bondad para nosotros.

I. Una mirada rápida a nuestro pasaje (Lamentaciones 3:25-30)

El capítulo 3 de Lamentaciones habla acerca de la destrucción de Jerusalén, y de la esperanza que aún hay en Dios, de la restauración que el Señor puede traer, de la nueva oportunidad de vida que hay en Jehová, de la bondad de Dios, y de su misericordia para con su pueblo. El capítulo 3 es un oasis de agua fresca en medio del abrasador desierto de la destrucción de la populosa ciudad de Jerusalén.

Con base en este conocimiento, un análisis literario podría indicarnos que el centro del libro de Lamentaciones está entre los versículos 22 y 36 del tercer capítulo, justamente donde se encuentra nuestro pasaje de estudio (vv.25-30). Esto nos lleva a otra característica: aun cuando el libro de Lamentaciones es un texto triste que muestra la más grande debacle del pueblo judío, y que es una fotografía llena de color sobre las consecuencias de la desobediencia a Dios; el centro de este libro nos muestra que el Señor ama a su pueblo, y que anhela restaurarlo y hacerlo vivir nuevamente. ¡Qué bueno es el Señor! Aun en las circunstancias más oscuras, su amor sale a la luz y su misericordia se hace evidente. Esa es la enseñanza de Lamentaciones 3.

II. Reconocer que Dios es bueno (Lamentaciones 3:25)

Una de las primeras acciones que debemos desarrollar en temporadas de problemas es confiar más en nuestro Señor; es decir, acrecentar nuestra fe en Él. Sin duda, uno de los atributos divinos en que más podemos confiar es su bondad. La Palabra del Señor va a recordarnos en muchísimas ocasiones que Dios es bueno. Vea solamente algunos de los siguientes ejemplos: "Y comerás y te saciarás, y bendecirás a Jehová tu Dios por la buena tierra que te habrá dado" (Deuteronomio 8:10). "Aclamad a Jehová, porque él es bueno; Porque su misericordia es eterna" (1 Crónicas 16:34). "Cantaré a Jehová, Porque me ha hecho bien" (Salmo 13:6). "Gustad, y ved que es bueno Jehová; Dichoso el hombre que confía en él" (Salmo 34:8). "Porque tú, Señor, eres bueno y perdonador, Y grande en misericordia para con todos los que te invocan" (Salmo 86:5). "Porque Jehová es bueno; para siempre es su misericordia, Y su verdad por todas las generaciones" (Salmo 100:5). "Jehová es bueno, fortaleza en el día de la angustia; y conoce a los que en él confían" (Nahum 1:7). "Jesús le dijo: ¿Por qué me llamas bueno? Ninguno hay bueno, sino sólo Dios" (Lucas 18:19). "¿O menosprecias las riquezas de su benignidad, paciencia y longanimidad, ignorando que su benignidad te guía al arrepentimiento?" (Romanos 2:4).

Este rápido paseo por el texto bíblico nos muestra una sola cosa: Dios es bueno. Desde el Pentateuco, pasando por los libros históricos, los salmos, los profetas, el evangelio y las epístolas, es decir, usando el tenor bíblico; veremos que la bondad de Dios es un tema recurrente en la enseñanza bíblica. Si estamos en un tiempo de dificultades; vayamos a la Biblia, alimentemos nuestra esperanza en el Señor: Él es bueno.

III. Su bondad es para quienes esperan en Él (Lamentaciones 3:26)

Ahora, nuestro texto de estudio hace un añadido a la bondad de Dios. Ya hemos visto que Dios es bueno; así lo enseña la Biblia de principio a fin. Sin embargo, encontramos en el texto una característica de las personas que son objeto de esa bondad: son personas que esperan en Dios.

Sin duda, esperar es una de las atribuciones más complicadas para nosotros, habitantes del siglo XXI. ¿Y cómo no va a serlo, si estamos acostumbrados a vivir en una cultura de lo instantáneo? Queremos luz; apretamos un botón y listo, la habitación entera está iluminada. Tenemos curiosidad sobre algún tema; sólo lo buscamos en Google, y tenemos toda la información al respecto en menos de dos segundos. Tenemos hambre; abrimos un paquete de sopa instantánea, le ponemos agua y va al horno de microondas, y en menos de dos minutos, tenemos comida caliente. ¡Cuán difícil sería para nosotros depender de una lámpara de gasolina para iluminar la habitación; tener que caminar a la biblioteca pública para realizar una investigación; o cocinar por más de dos horas para tener un platillo que sacie nuestra necesidad de alimentarnos!

Sin embargo, la Palabra de Dios va a invitarnos a esperar. Es más, va a mostrarnos que Dios derrama su bondad sobre aquellos que esperan en Él. Una vez más, la poesía bíblica va a brindarnos ejemplos de la fiabilidad de esperar en el Señor. Salmo 22:4 dice: "En ti esperaron nuestros padres; Esperaron, y tú los libraste". Salmo 33:22 expresa: "Sea tu misericordia, oh Jehová, sobre nosotros, Según esperamos en ti". Salmo 46:10 dice: "Estad quietos, y conoced que yo soy Dios; Seré exaltado entre las naciones; enaltecido seré en la tierra". Salmo 104:27 afirma: "Todos ellos esperan en ti, Para que les des su comida a su tiempo".

Un rápido recorrido por la Biblia va a mostrarnos a diversas personas que esperaron en Dios, en su promesa, y cómo esta espera fue bendecida por el Señor, y permitió que se cumpliera su propósito santo en cada una de ellas. Veamos a continuación algunas de estas personas:

a) José en Egipto. La historia de José está llena de altibajos, emociones, traiciones y éxitos. Sería digna de una novela o una película. Nos interesa aquí recuperar su tiempo de espera. José fue vendido por sus hermanos cuando era sólo un adolescente de diecisiete años (Génesis 37:2); y al momento de interpretar el sueño de Faraón, que fue el hecho que lo hizo saltar a la fama nacional, era ya un hombre de 30 años. Es decir, José tuvo que esperar cerca de trece años para ver cumplido el propósito de Dios en su vida. En ese tiempo, fue vendido, menospreciado, traicionado, olvidado y vejado; pero Dios estaba con él (Génesis 39:23).
b) Moisés en Madián. El gran libertador y legislador, Moisés, no tuvo una vida sencilla. Su existencia comenzó a verse afectada a partir de su empatía con el pueblo de Israel. Su huida a Madián cambió su perspectiva; y sólo después de cuarenta años alejado de Egipto (Hechos 7:30), volvería para cumplir con el gran propósito divino: liberar a su pueblo. Moisés tendría ochenta años (Éxodo 7:7) cuando comenzaría a tener relevancia para la vida presente y futura del pueblo de Israel.
c) Ana al querer ser madre. El libro de I Samuel nos presenta el corazón desgarrado de una mujer que no podía tener hijos; que era atormentada por su enemiga; que era discriminada por sus vecinos; y que sentía enorme tristeza en su corazón. Su oración a Dios fue específica: le pidió un hijo varón (I Samuel 1:11). Al pasar el tiempo designado por el Señor, esta mujer vio su petición respondida (I Samuel 1:20).
d) Los discípulos en Jerusalén. Una de las últimas instrucciones que el Señor Jesús dio a sus discípulos antes de ascender al cielo fue que esperaran la promesa que les había hecho, de enviarles un Consolador (Hechos 1:4). Pudo haber sido una instrucción vaga y ambigua para ellos: ¿cuánto tiempo debían esperar?, ¿qué debían hacer mientras esperaban?, ¿qué señal habría de que la promesa estaría a punto de cumplirse? Jesús no dio detalles, sólo una indicación: esperen. Y así lo hicieron. Esperaron juntos, en armonía (Hechos 2:1); y fueron llenos del poder del Espíritu Santo. Este hecho dio inicio a la iglesia cristiana. ¡Qué importante fue para los discípulos esperar la promesa del Padre!
e) El labrador en Santiago. El apóstol Santiago hizo una exhortación a sus lectores originales; y, por obra y acción del Espíritu Santo, a nosotros también: sean pacientes. Y para ellos puso una imagen perfectamente entendible: el labrador espera el fruto de la tierra,

siembra su semilla; pero debe esperar la lluvia, para que vea el producto de su trabajo (Santiago 5:7). Así también nosotros debemos ser pacientes y esperar fielmente la venida del Señor Jesucristo.

IV. Aceptar la voluntad de Dios (Lamentaciones 3:27-28)

Los versículos 27 y 28 muestran otra de las acciones que debemos realizar en tiempos difíciles: aceptar lo que Dios impuso sobre nosotros. Esto podría parecer un poco distinto a la idea que se había manejado antes; pero no es así. Dios, en su soberanía y sabiduría, en ocasiones, permite que las pruebas lleguen a nuestra vida con distintos propósitos: para fortalecer nuestra fe (1 Pedro 1:7); para que dependamos de Él por completo (2 Corintios 12:9); para construir nuestro carácter (Santiago 1:2-4).

Es necesario, entonces, que pidamos sabiduría al Señor, y aceptemos su voluntad para nosotros siempre; que podamos recibir de Él tanto el bien como el mal (Job 2:10). Cuando no aceptamos lo que Dios dispone para nuestra vida, hay angustia, enojo, ira, frustración, y podríamos incluso pecar al retar a Dios y cuestionar su señorío. Al contrario, cuando con la fortaleza que da el Señor, aceptamos su voluntad para nosotros; hay paz, gozo y esperanza en que, si Dios permitió esa situación, Él también tiene el control sobre todas las cosas, y nos ayudará a salir de ella.

V. Implicaciones prácticas para nosotros hoy (Lamentaciones 3:28-30; Mateo 26:36-46)

¿Cómo podemos nosotros poner en práctica todo lo aprendido? Veamos a nuestro ejemplo en todo: Jesús. A pesar de ser Dios, el Señor Jesucristo no estuvo exento de situaciones complicadas en su vida. Esto nos da una enseñanza tremenda: hay personas que piensan que es pecado sentirse triste, o mostrar alguna emoción negativa. Piensan que, como dice el corito: "No puede estar triste un corazón que alabe a Cristo". Pero la realidad es distinta: podemos estar tristes y seguir a Jesús; una cosa no excluye a la otra, y el mismo Jesús nos da muestra de ello.

Antes de ser entregado a las autoridades para ser azotado y asesinado, Jesús tuvo un tiempo de profunda tristeza y angustia. Veamos lo que Él hizo en esos momentos, y tratemos de imitar su ejemplo. El pasaje que nos muestra su actitud es Mateo 26:36-46. Con base en él, veamos las acciones del Señor:

a) Se rodeó de amigos cercanos (v.37). La soledad puede ser una mala consejera. En tiempos de problemas, rodéese de amigos que puedan ayudarle a sobrellevar su carga, que oren por usted, que le ayuden a salir adelante.
b) Le dio nombre a lo que sentía (v.38). Jesús fue muy claro al decir que estaba "triste". En ocasiones, ni siquiera sabemos cómo nos sentimos; y, al no saberlo, no podemos tratarlo correctamente. Si nombramos las emociones que estamos sintiendo; podremos identificarlas mejor y manejarlas correctamente.
c) Buscó a Dios en oración y aceptó su voluntad (v.39). En sus horas más críticas, Jesús buscó su fortaleza en su relación con el Padre; incluso llegó a pedirle que lo librara de lo que venía, pero dijo también que haría la voluntad divina. Ante tiempos complicados, busquemos a Dios en oración, y confiemos en su voluntad: que es buena, que es lo que a Él le agrada, que es lo perfecto ante sus ojos (Romanos 12:2).
d) Reconoció su condición humana (v.41). Jesús recordó a sus amigos que el cuerpo humano es débil e imperfecto. Esto nos enseña que, aunque queramos hacernos los fuertes, hay ocasiones en que debemos buscar ayuda espiritual, profesional, familiar; porque nuestra condición es débil, somos polvo (Salmo 103:14).

Conclusión

Dios es bueno, exageradamente bueno. Aun en las situaciones más adversas de nuestra vida; Él promete extender su bondad, misericordia y gracia hacia nosotros. Lo único que nos pide es que esperemos en Él, que nuestra fe se fortalezca, y que aprendamos a obedecer su voluntad.

El mejor salvavidas

Hoja de actividad

Versículo para memorizar: "Bueno es Jehová a los que en él esperan, al alma que le busca" Lamentaciones 3:25.

I. Una mirada rápida a nuestro pasaje (Lamentaciones 3:25-30)

Tras una lectura rápida al pasaje de Lamentaciones 3:25-30, ¿cuál es el versículo que más le llena de esperanza? ¿Por qué?

____

____

¿Ha estado alguna vez en una situación tan triste, que pudiese ser comparada con el estado de la nación expuesto en el libro de Lamentaciones? Comparta.

____

II. Reconocer que Dios es bueno (Lamentaciones 3:25)

De los pasajes estudiados, escoja uno para memorizar en la semana. Explique su elección.

____

____

¿De qué manera su fe ha crecido tras leer los textos expuestos en la lección?

____

____

III. Su bondad es para quienes esperan en Él (Lamentaciones 3:26)

De las historias expuestas, ¿cuál le inspira más a esperar en el tiempo de Dios?

____

¿Cuán difícil es para usted esperar? ¿Por qué?

____

IV. Aceptar la voluntad de Dios (Lamentaciones 3:27-28)

¿Tuvo en el pasado, o en el presente, alguna lucha para aceptar la voluntad de Dios? ¿Cómo lo resolvió?

____

¿Hubo alguna vez en su vida en que no obedeció la voluntad de Dios? ¿Cuál fue la consecuencia?

____

V. Implicaciones prácticas para nosotros hoy (Lamentaciones 3:28-30; Mateo 26:36-46)

¿Cómo estos pasos prácticos le ayudarán a enfrentar tiempos difíciles?

____

Conclusión

Dios es bueno, exageradamente bueno. Aun en las situaciones más adversas de nuestra vida; Él promete extender su bondad, misericordia y gracia hacia nosotros. Lo único que nos pide es que esperemos en Él, que nuestra fe se fortalezca, y que aprendamos a obedecer su voluntad.

Esperanza en medio del dolor

Eduardo Velázquez (Argentina)

Pasaje bíblico de estudio: Lamentaciones 3:31-33
Versículo para memorizar: "Si soportáis la disciplina, Dios os trata como a hijos; porque ¿qué hijo es aquel a quien el padre no disciplina?" Hebreos 12:7.
Propósito de la lección: Comprender que, en medio de las pruebas y aflicciones, es posible tener esperanza y confianza en la fidelidad de Dios.

Introducción

Todos pasamos por momentos angustiosos en la vida. Pero, como hijos de Dios, podemos animarnos con la seguridad de que nuestro dolor no es en vano y podemos tener esperanza. Algunas veces, nuestro dolor es para el beneficio eterno de otros; Dios lo usa para revelar la autenticidad de nuestra fe, para que otros puedan verla y ser atraídos a su Hijo (1 Pedro 1:7). Según la manera en que respondemos ante la adversidad, nuestra fe en Cristo se vuelve visible para quienes nos rodean. Los creyentes cobrarán ánimo; y los no creyentes interesados en los asuntos espirituales se abrirán y harán preguntas sobre nuestra fe.

Otras veces, Dios usa las pruebas para enseñarnos a obedecer. La Epístola a los Hebreos nos dice que aun nuestro Salvador aprendió la obediencia por lo que sufrió (5:8). Otro propósito de las dificultades es ampliar la visión y el alcance de nuestro ministerio. El encarcelamiento del apóstol Pablo le permitió ministrar entre los guardias, escribir varias cartas apostólicas y recibir el impulso por extender el evangelio en otros países, lo que resultó en la salvación de muchas personas.

Las dificultades pueden ser la herramienta del Señor para evitar que suceda un problema mayor, como la dolencia de Pablo no identificada que impedía que se volviera orgulloso (2 Corintios 12:7). Cuando la desobediencia amenaza nuestro andar con Dios, Él tomará las medidas necesarias para que volvamos a Él. En su providencia, Dios puede permitir que una necesidad permanezca insatisfecha o que perdamos algo que apreciamos. Su plan es que admitamos y abandonemos cualquier desobediencia y volvamos a Él.

Puede que no sepamos las razones para nuestros sufrimientos; pero la elección más sabia que podemos tomar es confiar en el Padre celestial y desarrollar la seguridad que detrás de ello, Él tiene propósitos. Después de todo, aquel que nos salvó mediante el sacrificio de su Hijo prometió usar nuestro sufrimiento para producir bien (Romanos 8:28). En el capítulo central del libro de Lamentaciones, se habla de la oración, la confianza y la esperanza en medio del sufrimiento.

I. Dios no desecha para siempre (Lamentaciones 3:31-32)

No todo es clamor y llanto en los profetas, como no todos son llamados de atención para el pueblo. Los profetas de Israel tuvieron un papel importante en tiempos de prueba; sobre todo, porque infundieron en el pueblo la esperanza para mantener vivo el anhelo del retorno a su tierra en medio de su cautividad.

Es difícil resumir el propósito del libro de Lamentaciones. Teológicamente, existe aceptación de que la tragedia que experimentaba el pueblo de Judá era un juicio divino justificado, ocasionado por la pecaminosidad del pueblo. Esto está basado en el Antiguo Pacto, que asumía que la desobediencia o infidelidad a Dios de parte del pueblo resultaría en "maldiciones" (Deuteronomio 28:15-68). Estas estaban en contraste con las "bendiciones" que seguirían a la obediencia y fidelidad a Dios (Deuteronomio 28:1-14); por lo que la predicación de juicios del profeta había tenido su base en estas sentencias divinas.

En un sentido, por lo tanto, el libro justifica de hecho la acción de Dios, y muestra que no era debido a su debilidad (comparada con la de otros dioses), que tuvo lugar el exilio. Por el contrario, el triunfo de los enemigos de Judá había sido traído, de hecho, por el Señor mismo.

Por otra parte, el libro expresa también la tremenda dificultad que el pueblo tuvo en aceptar el terrible sufrimiento que siguió a la destrucción de Jerusalén, la matanza de mucha gente y el exilio de la mayoría de los restantes. Después de todo, ¿no era el castigo doloroso y excesivo? ¿Podía ser correcto que Dios se comportase como un enemigo de su propio pueblo? Los poemas expresan libremente agonía y perplejidad; y esto es lo que le da fuerza en cualquier situación donde el pueblo se siente afligido y abandonado.

El asunto más dramático de estos poemas; sin embargo, es que en medio de este espantoso sufrimiento, pueda haber una expresión de esperanza en Dios (Lamentaciones 3:22-26), quien es, por sobre todo, un Dios de amor y compasión.

El sufrimiento soportado por los judíos no iba a ser eterno. En sus sabios juicios, Dios causó dolor; pero también prometió mostrar compasión, y lo haría de acuerdo con la grandeza de sus misericordias. En un tiempo de gran sufrimiento o calamidad, a los creyentes les puede resultar difícil recordar que Dios gobierna sobre todas las cosas en forma directa o permitiendo situaciones para sus propósitos eternos. Sin embargo, la consideración de la soberanía de Dios también debe convertirse en la fuente de esperanza para los hijos del Señor. Con respecto a esta afirmación, la Biblia expresa: "Porque el Señor al que ama, disciplina, Y azota a todo el que recibe por hijo. Si soportáis la disciplina, Dios os trata como a hijos; porque ¿qué hijo es aquel a quien el padre no disciplina?" (Hebreos 12:6-7).

El creyente también puede desarrollar esta espera silenciosa en el Señor, en medio de humillaciones y desprecios; pues el Señor es su fuerza. Su fe debe estar puesta en que Él está obrando; porque, sean cuales sean sus tribulaciones, por más amargos que sean sus experiencias o los conflictos morales por los que deba pasar, Dios no lo rechazará. El Señor no desechará para siempre; se acabarán las lágrimas y el aislamiento a causa del amigo ausente: Dios.

II. Dios no desea hacer daño ni causar sufrimiento a la gente (Lamentaciones 3:33)

Quizá, el profeta Jeremías fue, sobre todos los demás profetas, un varón de dolores y familiarizado con la aflicción. De hecho, es posible que en este capítulo pueda hablar en parte como representante de la nación hebrea; pero es evidente que su lamento tenía una referencia inmediata a él mismo, y que no podemos dejar de considerarlo como un registro de su propia vivencia. En todo caso, el consuelo que expresaba en sus palabras, ya sea que se refirieran a él en su experiencia individual o al pueblo de Dios en su conjunto, es adecuado para todas las personas que estén bajo la presión de cualquier sufrimiento.

En el momento más oscuro de Jeremías, su esperanza se fortaleció con esta seguridad: Dios fue, y es fiel, y seguiría siéndolo. Jeremías vio el juicio de Dios, así como su amor inquebrantable. En el tiempo del juicio, la misericordia de Dios siguió sosteniendo a Jeremías, así como en los tiempos de prosperidad proclamó acerca del juicio de Dios.

Por experiencia personal, Jeremías conocía la fidelidad de Dios. Él prometió que el castigo seguiría a la desobediencia; y sucedió así. Sin embargo, el Señor también prometió restauración y bendiciones futuras; y Jeremías sabía que Él también cumpliría esa promesa. Creer en la fidelidad de Dios día tras día nos hace confiar en sus grandes promesas para el futuro.

Cuando Dios permite o envía sus juicios, no lo hace con agrado; lo hace conforme a su justicia. Su disciplina, aunque cause dolor, no es injusta. Al Señor no le complace afligir a las personas. Él no se deleita en el dolor de sus hijos, ni en la miseria que esto provoca; sin embargo, como un Padre amante e inteligente, usa la vara, no para complacerse a sí mismo, sino para beneficiarles y hacerles volver del error.

El Señor no desechará para siempre a los verdaderamente arrepentidos que han confiado en Él, y sinceramente desean y buscan la reconciliación con Él: aunque por un tiempo parezca alejarse de ellos, sin duda volverá a ellos. Aunque, como un Padre prudente, pueda ver razón para castigar a su pueblo con la aflicción; sin embargo, como un Padre bondadoso y tierno que se compadece de sus hijos en la miseria, según la multitud, la grandeza y abundancia de sus misericordias, tendrá compasión de ellos.

El Señor, muchas veces, permite que todo sea tan oscuro como puede llegar a ser en la vida del creyente; pero es allí que la luz de su presencia y gracia brilla más intensamente. Los grandes héroes de la historia bíblica pasaron grandes aflicciones antes de ser promovidos por Dios para el servicio al cual Él les llamó. La oscuridad espiritual en la Edad Media fue más oscura antes del amanecer de la Reforma. Por otra parte, la gracia y la acción de Dios desarrollan una cierta dulzura que la aflicción produce sobre el carácter del creyente, una suavidad que opaca las asperezas de la naturaleza humana y refina el espíritu más indomable.

Dios no aflige voluntariamente sin razón; frecuentemente, su disciplina es consecuencia de las acciones que le desagradan de las personas afligidas. No envía su disciplina descuidadamente y con placer; ni quiere entristecer a las personas en este mundo, mucho menos a sus propios hijos. De ahí que el juicio sea una acción excepcional en Dios; y el ejercicio de la misericordia y la bondad amorosa es su deleite. El mensaje de Jeremías es claro al afirmar que, aunque la disciplina de Dios cause dolor, siempre tendrá compasión. Ningún creyente debe concebir a un Dios que deja algo desamparado. Esto sería ignorancia de lo que Dios es; imaginando que atender a preocupaciones tan numerosas y diminutas sería un problema para Él, cuando es tan capaz de ordenar todo en el cielo y la tierra, como lo hizo al principio, al crear el universo.

III. Aplicación del mensaje del libro para la iglesia actual

En algunos aspectos, existe una estrecha concordancia en el mensaje del profeta Jeremías, en sus lamentaciones, con la descripción que el Nuevo Testamento hace de la acción divina en el mundo, con estrecha relación a la vida y misión de la iglesia actual.

La condición pecaminosa llevó a la humanidad a una decadencia social y a una crisis de creencia en un Dios personal y de amor, sumiendo a las personas en una degradación moral, tanto personal como social. Y aunque el desarrollo industrial, tecnológico y económico fue en aumento; el mundo experimenta uno de los periodos de más violencia. Sin embargo, el Dios de amor no cambió La acción del Espíritu Santo es plena para convencer al mundo del pecado y sus consecuencias, y guiarlo a tener conciencia del mismo, experimentar el arrepentimiento, y obtener perdón y la salvación en Cristo (Juan 16:8). La responsabilidad de la iglesia es ser luz en el mundo viviendo una vida de santidad y amor, proclamando la verdad del evangelio del Dios de amor y perdón.

El libro de Lamentaciones expresa el sufrimiento soportado por Jeremías en beneficio de Judá. Más profundamente, el sufrimiento de los judíos en el exilio prenunciaba el dolor de Jesucristo en la expiación por todo el pueblo, la más grande demostración del juicio de Dios, como también de su amor salvador. Esta interpretación debiera hacernos precavidos en hallar ejemplos específicos de la gracia divina en Cristo que actúa para interceder por un crecimiento en la santificación de la iglesia.

Por otro lado, esto nos advierte que no importa cuán grandiosos hemos sido en el pasado, nuestro estado puede cambiar si nuestra conducta desagrada a Dios. Siempre hay un precio que pagar cuando pecamos. Podemos tener grandiosos edificios de la iglesia y un gran equipo de adoración que cuenta con cantantes y músicos talentosos; pero si nuestras vidas no son agradables a Dios, podemos esperar ser juzgados.

Dios es soberano; Él puede permitir experiencias difíciles en nuestras vidas e iglesia para transformarnos y ser el tipo de cristianos que Él quiere que seamos. Debemos preocuparnos por el bienestar del pueblo de Dios. Si la iglesia está en crisis, o se está alejando de la sana enseñanza; debemos estar alertas y orar por ella.

Los problemas siempre aparecerán; las personas difíciles siempre van a estar a nuestro lado. El cómo afrontemos estas cosas depende de nosotros. Tenemos la opción de amargarnos, frustrarnos, culpar a otros; podemos romper las relaciones, y esto representa una amenaza, porque deteriora nuestra salud emocional, mental, espiritual y hasta física.

Debemos aceptar la disciplina de Dios voluntariamente, y aprender lo que Él nos quiere enseñar. Esto involucra diversos factores importantes como la meditación en silencio sobre lo que Dios quiere, un arrepentimiento humilde, dominio propio frente a las adversidades, y paciencia confiada dependiendo del Maestro divino para aprender lecciones de amor para la vida.

Estos son tiempos de crisis; pero también de esperanza, de reflexión y de oración. Saldremos mejores de ellos si junto al lamento entramos en nuestro propio interior, nos abrimos mejor a los otros, elevamos a Dios nuestras plegarias y confiamos firmemente en su providencia, su misericordia y su gran amor por nosotros.

Conclusión

Por experiencia personal, Jeremías conocía la fidelidad de Dios y su promesa de que el castigo seguiría a la desobediencia; y sucedió así. Sin embargo, Dios también prometió restauración y bendiciones futuras; por lo que Jeremías confiaba en que Dios también cumpliría esa promesa. En medio de humillaciones y desprecios, hay suficiente fuerza. El Señor tiene un propósito a través de la tribulación. El creyente debe estar convencido de que todo sufrimiento humano viene dentro del conocimiento previo y está bajo el control de Dios.

Esperanza en medio del dolor

Hoja de actividad

Versículo para memorizar: "Si soportáis la disciplina, Dios os trata como a hijos; porque ¿qué hijo es aquel a quien el padre no disciplina?" Hebreos 12:7.

I. Dios no desecha para siempre (Lamentaciones 3:31-32)

Teniendo en cuenta la lección, ¿cuál era la razón de que Dios aplicara castigo al pueblo de Judá?

____

¿Qué propósitos tenía el Señor con la disciplina?

____

II. Dios no desea hacer daño ni causar sufrimiento a la gente (Lamentaciones 3:33)

¿Cuál fue la razón por la que Jeremías pudo soportar el dolor que le causaba la disciplina que atravesaba el pueblo de Dios?

____

____

¿Cuál es su respuesta personal a la disciplina de Dios en su vida?

____

III. Aplicación del mensaje del libro para la iglesia actual

¿Puede mencionar por lo menos dos aplicaciones que tendría el mensaje de Lamentaciones para la iglesia actual? Comparta.

____

____

Comparta otras aplicaciones para su vida personal.

____

____

Conclusión

Por experiencia personal, Jeremías conocía la fidelidad de Dios y su promesa de que el castigo seguiría a la desobediencia; y sucedió así. Sin embargo, Dios también prometió restauración y bendiciones futuras; por lo que Jeremías confiaba en que Dios también cumpliría esa promesa. En medio de humillaciones y desprecios, hay suficiente fuerza. El Señor tiene un propósito a través de la tribulación. El creyente debe estar convencido de que todo sufrimiento humano viene dentro del conocimiento previo y está bajo el control de Dios.

Un ejercicio necesario

Mirelys Correoso Calzadilla (Cuba)

Pasaje bíblico de estudio: Lamentaciones 3:40-41
Versículo para memorizar: "Escudriñemos nuestros caminos, y busquemos, y volvámonos a Jehová" Lamentaciones 3:40.
Propósito de la lección: Comprender la necesidad que tenemos, como cristianos e iglesia, de examinar nuestra conducta con el fin de lograr una edificación espiritual.

Introducción

"Todos los caminos conducen a Roma". Esta es una frase del refranero popular que muchos creen que su origen se basa en el esplendor de esta ciudad y su cultura. Pero realmente nace, porque en el mundo antiguo existía una red de caminos terrestres que contaba con casi 400 vías que se repartían en más de 70 km de longitud que unían a Roma con puntos tan lejanos como la antigua Germania y África.

Los poetas usan el vocablo "camino" para identificar "conducta, decisiones", las que marcarán no sólo el presente de nuestras vidas, sino también nuestro futuro. En la Biblia, el término mencionado pudiera parecer reiterativo; pero más bien, podría sugerirnos la importancia que le da el Señor a nuestras elecciones, a pesar de que contamos con el libre albedrío.

Estamos en presencia de un mundo modernizado como nunca antes, donde nada parece imposible, virtualmente hablando. En donde, dado el relativismo que reina, los conceptos de lo malo y lo bueno están marcados por el estado de opinión del clasificador; no hay patrones para definir qué es lo certero, lo auténtico, el mejor de los caminos. En medio de tanta incertidumbre espiritual, Cristo nos reitera hoy una afirmación que dijera hace más de dos mil años: "… Yo soy el camino, y la verdad, y la vida…" (Juan 14:6).

I. Escudriñar nuestra conducta y regresar (Lamentaciones 3:40)

Pareciera que nuestra vida espiritual marcha de maravillas. Todos los domingos asistimos al templo y adoramos a Dios; confraternizamos con nuestros hermanos; somos parte de un ministerio, y con regularidad trabajamos en él; ayudamos al sostenimiento de la obra de Dios a través de ofrendas; oramos teniendo en cuenta nuestras "necesidades" y, por supuesto, las de otros. Y es que funcionamos de manera armónica, sincronizada, como una máquina; y eso nos trae "paz con Dios y con los hombres".

Pero la Palabra del Señor, nos dice hoy que escudriñemos nuestros caminos, lo que equivale a decir que examinemos nuestra conducta (Lamentaciones 3:40). Según Joan Corominas, el verbo "escudriñar" significa examinar algo con mucha atención, tratando de averiguar las interioridades o los detalles menos manifiestos; indagar meticulosamente (Recuperado de https://desocuparlapieza.files.wordpress.com/2016/02/corominas-joan-breve-diccionario-etimolc3b3gico-de-la-lengua-castellana.pdf, el 29 de octubre de 2022).

Esta acción que nos demanda el Señor está reñida con la conformidad y la quietud. Para poder ponerla en práctica en nuestras vidas, debemos anhelarla ardientemente. Necesitamos tener en nuestros corazones una pobreza de espíritu tal que nos provoque una insatisfacción con nuestro yo; una imperiosa motivación de examinarnos interiormente, pero no con nuestra mirada lastimosa y paternalista, colmada de justificaciones, sino con la lupa del único capaz de hacerlo con la debida justicia y total conocimiento: nuestro Creador. Como mencionó el profeta: "Nada hay tan engañoso y perverso como el corazón humano. ¿Quién es capaz de comprenderlo? Yo, el Señor, que investigo el corazón y conozco a fondo los sentimientos; que doy a cada cual lo que se merece, de acuerdo con sus acciones" (Jeremías 17:9-10 DHH). Nada hay tan engañoso y perverso como el corazón humano.

Esto lo lograremos cuando tomemos tiempos de calidad con Dios, en lo íntimo, y dejemos de tener la oración estereotipada y casi aprendida; cuando vayamos a su presencia sin horarios, porque estamos precisamente ocupando ese tiempo que reservamos para Él. Entonces, el Señor usará su gracia y soberanía sobre nosotros; ineludiblemente, nos encontraremos con nuestro Dios santo, y tendremos sólo dos opciones: seguir cargando con una vida espiritual mediocre, coloreada por la apariencia, que nos conducirá inevitablemente a la muerte espiritual; o rendirnos ante la majestad de Dios reconociendo la necesidad de derrotar todos esos escollos que nos impiden tener una travesía espiritual en Cristo cada vez más excelente.

Al someternos a la segunda opción, asumiendo la desafiante tarea de escudriñar nuestra conducta a través del Espíritu Santo, muchas veces, nos percataremos de que nuestro diario vivir ya no está "tan en armonía con el Señor" como pensábamos. Es allí cuando nos daremos cuenta de que hemos caído en una monotonía espiritual, resistente a todo lo novedoso y sobrenatural que Dios quiere hacer en nosotros. Ese gran alfarero, que es nuestro Padre celestial, desea hasta el último momento hacernos la mejor de las vasijas para cumplir su propósito en nosotros (Salmo 138:8a).

Cuando rebuscamos en nuestro interior con profundidad, para nuestra sorpresa, puede aparecer un ego desconocido, idólatra de muchas cosas que sustituyeron el lugar de Dios en nuestra vida. Muchos cánones de este mundo pueden haber influido y permeado nuestro entendimiento, alejándonos de ser aquella persona que un día vivió su primer amor con Jesús. Entonces, queda al descubierto que ya no somos el mismo cristiano humilde de los primeros tiempos, que no le importaba tener un léxico impresionante para la liturgia del culto; sino que, buscaba el respaldo del Espíritu para cada frase que pronunciaba.

Cuando nos despojamos de ese velo, nos encontramos que ya no tenemos la Biblia resaltada con marcadores y con fechas, recalcando la consumación de una antigua promesa. Ya tampoco traemos a los niños del barrio a la escuela bíblica; porque no tenemos una buena relación con sus padres por ser ellos tan "carnales". Y al hermanito "impertinente" de siempre, finalmente, le "perdonamos"; pero lo mantendremos bien lejos para no "contaminarnos".

Mientras más nos humillemos, para ser confrontados por la santidad del Padre; más imperfectos nos encontraremos, y aflorarán pecados inimaginables. Pero la buena noticia es esta: que si nos arrepentimos; el Señor, por su misericordia, nos perdonará y ayudará a regresar a Él.

Cuando reconozcamos que somos las ovejas del Salmo 23 que necesitamos la guía del buen Pastor, tanto si somos el miembro más nuevo de la congregación, o si somos ancianos de la iglesia, presbíteros o doctores en Teología; sólo entonces, estaremos aptos para volver (Lamentaciones 3:40b). Mientras continuemos creyendo que podremos cambiar con nuestras propias fuerzas, fracasaremos.

"Regresar" es un acto personal y volitivo, sinónimo de humildad y temor a Dios, que nos conducirá, inequívocamente, a la plenitud de Cristo en nosotros; pues traerá reconciliación y edificación espiritual. Constituye el tránsito necesario hacia la santidad, sin la cual nadie verá al Señor (Hebreos 12:14). Asumirlo denota madurez y amor a Dios, a quien queremos agradar por la redención recibida a través de su Hijo.

Es un proceso hermoso aunque doloroso; su belleza estriba en la evidencia manifiesta del fruto que se percibe en quien se somete a Dios, que redunda en bendición para el portador y quienes le rodean. Es maravilloso sentir cómo nos liberamos de todo aquello que obstruye una relación íntima con nuestro Padre y nos convertimos en lo que Él desea para nosotros. Es doloroso; porque el Señor, en su empeño de purificación, usará todo el fuego necesario para pulirnos, cual diamante, para hacer que resplandezcamos en gloria.

II. Elevar nuestro corazón y nuestras manos a Dios (Lamentaciones 3:41)

Escrito está en el libro de Proverbios: "Hay camino que al hombre le parece derecho; Pero su fin es camino de muerte" (14:12). Y es que las personas sin Dios no perciben las cosas que son del Espíritu; ya que deben ser discernidas espiritualmente (1 Corintios 2:14). Mas bendito sea nuestro Dios, que nos coronó con el Consolador; para que nos enseñe todas las cosas y nos guíe hacia toda verdad, la cual nos hace enteramente libres.

El poder volver al Señor siempre es un manifiesto acto de amor y de misericordia del Padre, y su consumación constituye uno de los milagros más extraordinarios que hace con sus hijos todos los días. Pero para ello, es necesario que procuremos incesantemente buscar a nuestro Dios, haciendo uso de las disciplinas espirituales que proveyó para que su pueblo se consolide y permanezca en Él. Lamentaciones 3:41 nos guía a esta acción de levantar los corazones y manos al cielo; se refiere a buscar la pureza delante de Dios y mostrarnos como somos. Si lo hacemos con sinceridad y un corazón humillado; Él nos aprobará o limpiará de nosotros lo que necesite ser limpiado.

Jesús dijo a sus discípulos: "Escudriñad las Escrituras; porque a vosotros os parece que en ellas tenéis la vida eterna..." (Juan 5:39). El Maestro nos demostró cuánto conocía la Palabra y cómo la aplicó en su vida y ministerio aquí en la tierra; por tanto, nosotros debemos no sólo examinarla, sino escribirla en nuestro corazón. Y es, precisamente, ese corazón contrito y humillado, confrontado por esa Palabra viva, el que debe elevarse ante el Padre en busca de perdón y misericordia.

El Señor nos pide que, cuando vayamos a su presencia, desnudemos nuestro corazón tal cual es, mostrando de manera clara todo lo que hay en él. Esto debemos hacerlo con la confianza absoluta de que la fe en Cristo es suficiente para ser purificados y crear en nosotros un espíritu recto y renovado.

Es, precisamente, un clamor lo que demanda Dios de los que extraviaron el camino y quieren volver. Más que una oración, debe ser un ruego, un pedido vehemente y desesperado, del obrar de su misericordia.

Ese clamor debe ser un ejercicio espiritual que nos guíe a buscar más de Dios y a un arrepentimiento genuino, cuando sea necesario. Es, entonces, cuando se producirá en nosotros una necesidad imperiosa de realizar renuncias y nuevos pactos con nuestro Redentor. Esto nos ayudará a despojarnos de todo lo que nos impide que corramos la carrera gloriosa que tenemos por delante, poniendo los ojos en Jesús, el autor y consumador de la fe (Hebreos 12:1-2).

III. Aplicación del mensaje del libro para la iglesia actual

La iglesia, como cuerpo de Cristo, como ese pueblo adquirido por Dios a través de la salvación en Cristo, tiene que aprender a ejercitar de manera continua una autoevaluación de su relación con Dios.

A veces, con el ánimo de "contextualizar el evangelio", el pueblo de Dios no está transitando un camino de acuerdo con las Escrituras. En ocasiones, ponemos más atención en las actividades diarias y olvidamos guardar nuestro tiempo con Dios. La lectura de las Escrituras o nuestro tiempo de hablar con Dios quedan relegados.

En ocasiones, no nos evaluamos ante las predicaciones de la Palabra y dejamos de lado corregir nuestras acciones. También puede ocurrir que estemos tan metidos en nuestras cosas que no atendamos a las necesidades de otros. No estamos atentos a cómo servir a otros en su necesidad. Tampoco nos importa el compartir a otros el mensaje de salvación, quizá porque este no está haciendo efecto en nuestra vida.

En Apocalipsis 2, Cristo, en su mensaje a la iglesia de Éfeso, apreció y reconoció su arduo trabajo; pero le señaló que había perdido su primer amor, por lo que le refirió que debía recordar de dónde había caído, arrepentirse y hacer las primeras obras para poder permanecer. Este mandato que el Señor le manifiesta a la iglesia antes citada es parecido a lo que Dios pedía al pueblo de Israel por medio del profeta. Es válido para todos los tiempos; y no es otra cosa que el proceso de regreso que estamos abordando, resultado de la autoevaluación que debemos hacernos todos.

Conclusión

Es tiempo de ir al Padre celestial y escudriñar nuestra conducta, debiendo ser esto un ejercicio espiritual constante como hijos de Dios. Allí en su presencia, debemos clamar al Espíritu Santo; para que nos evalúe, y si es necesario, limpie de todo pecado y nos muestre cómo regresar a nuestro Señor a fin de tener una vida victoriosa en Jesús.

Un ejercicio necesario

Hoja de actividad

Versículo para memorizar: "Escudriñemos nuestros caminos, y busquemos, y volvámonos a Jehová" Lamentaciones 3:40.

I. Escudriñar nuestra conducta y regresar (Lamentaciones 3:40)

¿Por qué se hace necesario que escudriñemos nuestra conducta siempre?

____

____

Defina qué significa, en la porción bíblica estudiada, el término "regresar". Enumere ejemplos prácticos.

____

____

II. Elevar nuestro corazón y nuestras manos a Dios (Lamentaciones 3:41)

¿Cuán importante cree que puede ser clamar a Dios para volvernos al Señor? Comente.

____

____

Relacione un ejemplo bíblico donde se ponga de manifiesto una conducta de regreso a Dios, luego de haber clamado a Él. Argumente su respuesta según la historia seleccionada.

____

____

III. Aplicación del mensaje del libro para la iglesia actual

Como hijo de Dios, ¿cómo está su condición delante de Él?

____

____

Como miembro del pueblo de Dios, ¿qué considera que puede hacer para ayudar a que sus hermanos en la fe se encuentren saludables espiritualmente?

____

Conclusión

Es tiempo de ir al Padre celestial y escudriñar nuestra conducta, debiendo ser esto un ejercicio espiritual constante como hijos de Dios. Allí en su presencia, debemos clamar al Espíritu Santo; para que nos evalúe, y si es necesario, limpie de todo pecado y nos muestre cómo regresar a nuestro Señor a fin de tener una vida victoriosa en Jesús.

Un destello de esperanza

Marco A. Velasco (Costa Rica)

Pasaje bíblico de estudio: Lamentaciones 4:1-22
Versículo para memorizar: "Se ha cumplido tu castigo, oh hija de Sion..." Lamentaciones 4:22a.
Propósito de la lección: Reflexionar sobre el dolor y sufrimiento humanos causados por la desobediencia a Dios; a fin de arrepentirnos y ayudar a los que sufren.

Introducción

El mundo se duele y sufre. Los últimos años de pandemia y guerra trajeron mucho dolor y sufrimiento. El dolor de otros no nos debería ser extraño. La experiencia a nivel mundial de la pandemia nos permitió ver que nadie está exento del sufrimiento. Hemos visto nuestro propio sufrimiento y el de otros que han enfermado o muerto. ¿Podría alguien decir que es un justo castigo por el pecado?

El evento acontecido en el capítulo de Lamentaciones 4 es muy claro sobre el hecho de que Jehová fue la causa primaria de los eventos desastrosos en Jerusalén, como la destrucción de la ciudad y el templo (v.11). Pero también señalaba a los profetas y sacerdotes como principales responsables de los acontecimientos del lado humano (v.13).

Si bien el sufrimiento de Israel era debido a su desobediencia a la ley de Jehová; el escritor hace una pregunta implícita, si es en verdad justo el castigo que Israel recibió: "¿Por qué te olvidas completamente de nosotros, Y nos abandonas tan largo tiempo?" (5:20). El castigo de Jehová fue tal y tan desmedido, según como lo percibió el profeta, que de hecho termina el libro con estas palabras: "... Te has airado contra nosotros en gran manera" (5:22b). El sufrimiento humano no puede ser permanente, especialmente en circunstancias donde la dignidad humana se ve afectada. La iglesia tiene una función importante en circunstancias donde la dignidad humana es amenazada.

I. Todo se desvanece (Lamentaciones 4:1-10)

Fueron tiempos de una horripilante oscuridad, la época más terrible en la vida de Israel. Me atrevo a decir que los hechos narrados en este capítulo 4, y gran parte del resto del libro de Lamentaciones, son semejantes al Holocausto judío en la II Guerra Mundial en el que murieron, se cree, 6 millones de judíos a manos del partido nazi liderado por Hitler. O bien la destrucción ocasionada por las dos bombas atómicas en Hiroshima y Nagasaki, Japón, también en la II Guerra Mundial.

El versículo 1 comienza con la siguiente expresión: "¡Cómo...!", que también es el título del libro en la Biblia hebrea. El escritor de Lamentaciones inicia describiendo la situación desalentadora de Israel después de su asedio y destrucción devastadora.

El narrador inicia con una expresión de que el oro perdió su brillo; y las piedras del templo, las gemas sagradas, están esparcidas: "¡Cómo se ha ennegrecido el oro!... Las piedras del santuario están esparcidas por las encrucijadas de todas las calles" (v.1). El oro simbolizó el honor y el poder en la vida del pueblo. Ahora, todo eso perdió su brillo y su valía. En nuestro caso, la pandemia nos hizo sentir que la vida misma podía perderse de un día para otro.

En el versículo 2, el oro representa a los hijos de Sion. Preciados y estimados como el oro, ahora no eran más valiosos que "vasijas de barro" (v.2b). En tiempos de devastación ocasionados por guerras y catástrofes naturales, los hijos-niños suelen ser los sectores más vulnerables de la población. Problemas sociales como la prostitución infantil ponen en evidencia la degradación moral del ser humano. El evangelio coloca a los niños como herederos del Reino (Mateo 18:2-3). La iglesia, como instrumento de Dios, debe ser proactiva en la protección infantil.

Los versículos 3 y 4 dicen que las mujeres que sobrevivieron después de la destrucción de Jerusalén fueron comparadas con chacales; porque aun las bestias dan de comer a sus crías, pero estas mujeres y madres no tuvieron ni siquiera corazón, sino que fueron crueles con sus propios hijos (cf. v.10). ¿Por qué? Porque rehusaron compartir su alimento con sus propios niños que morían de hambre y sed. Incluso, las madres habían perdido su más básico instinto de cuidar a sus hijos, y estos murieron. ¿Qué habríamos hecho en su lugar? ¿Cómo tratamos a los sectores más vulnerables de la población como lo son nuestros niños en nuestros propios hogares y países?

Los versículos 5 al 10 describen que la vida de la gente rica de Jerusalén ya no resultaba placentera y cómoda (vv.5,7-8). Sería mejor que hubieran muerto, dijo el escritor; "Porque éstos murieron poco a poco por falta de los frutos de la tierra" (v.9b). La devastación de Jerusalén no muestra más que el hecho de que Jehová fue fiel a sus promesas y cumplió su Palabra de lo que Israel mismo aceptó aquel día: "Pero acontecerá, si no oyeres la voz de Jehová tu Dios, para procurar cumplir todos sus mandamientos y sus estatutos que yo te intimo hoy, que vendrán sobre ti todas estas maldiciones, y te alcanzarán" (Deuteronomio 28:15, cf. vv.16-57).

El pueblo se quejó de que el castigo a Israel fue peor que el castigo infringido a Sodoma (Lamentaciones 4:6); porque esta "fue destruida en un momento, sin que acamparan contra ella compañías" (v.6b).

II. Profetas y sacerdotes perdieron su honor (Lamentaciones 4:11-16)

El versículo 11 muestra la causa humana del castigo de Jerusalén. Todo lo que aconteció, y lo cual es narrado desde el capítulo 1 al capítulo 3. Jehová fue el agente primario de la destrucción de la ciudad: "Cumplió Jehová su enojo, derramó el ardor de su ira; Y encendió en Sion fuego que consumió hasta sus cimientos" (v.11). El pasaje nos permite considerar que los seres humanos también participamos en nuestro propio destino, sea para salvación o destrucción. En este caso, desafortunadamente, fue para destrucción.

A. El versículo 12

Presenta la teología popular de la época sobre Sion, que sostenía que Jerusalén y su reino eran eternos (Salmos 46:5, 48:8): ¡Jerusalén es una ciudad indestructible! Dios cuida de ella. Pero esa creencia resultó vana y sin fundamento. Los profetas como Jeremías anunciaron la destrucción de Jerusalén si continuaba en desobediencia a Dios. Pero esa creencia prevaleció en la mente del pueblo y sus líderes. De la misma manera, los cristianos no tienen garantizada su salud, su empleo y la seguridad de sus propias vidas por las promesas de Dios. Si la pandemia de COVID-19 no es prueba de ello; qué más podría suceder para cambiar esa creencia falsa. Más que nunca es tiempo de preguntarnos: "¿Qué experiencias de la vida nos dieron una falsa seguridad? La riqueza, el poder, un gran salario, la buena salud, etc." Ver la vida cristiana sólo como un asunto de recompensas es no conceptualizar correctamente la gracia. Esta es la gracia que no está fundada en la cruz. Esta gracia sin cruz tiene por devoción al dios del éxito. La gracia, por el contrario, tiene al Dios que ama y sufre por su pueblo y por la humanidad. Es una gracia costosa, porque costó la vida misma de Jesucristo su Hijo. Y se resume en las siguientes palabras: "Jesús te llama a seguirle y a morir". No hay otro llamado al discipulado cristiano. Las promesas bíblicas descansan sobre esta gracia y ninguna a otra. Cualquier otra cosa es idolatría.

B. Los versículos 13 al 16

Expresan que, si bien el castigo vino por mano de Jehová y fue ejecutado por el rey Nabucodonosor; también los profetas y sacerdotes de Israel fueron culpables: "Es por causa de los pecados de sus profetas, y las maldades de sus sacerdotes" (v.13a). Fue por su desobediencia que Dios retiró su protección y trajo este castigo a Jerusalén. Los profetas y sacerdotes "derramaron... la sangre de los justos" (v.13b). Fue una condenación por su participación en un sistema injusto que robó y abusó del pobre, hurtaron sus tierras y en consecuencia, de su sustento para vivir.

De la misma manera, el sistema económico actual es sumamente injusto con la distribución de la riqueza, en el que muy pocos tienen demasiado y muchos tienen muy poco para sobrevivir.

Las acciones de los profetas y sacerdotes fueron tan inmundas a la vista de Dios como un leproso. Derramaron sangre y "fueron contaminados" (v.14a). Por tanto, el vocero en las calles gritaba: "¡Apartaos! ¡Inmundos! les gritaban; ¡Apartaos, apartaos, no toquéis!" (v.15a). La ética económica del reino de Dios tiene una opción preferencial por el pobre (Lucas 4:18-19). Podríamos hacer mucho desde lo personal si cambiamos la forma de pensar que dice así: "¡Si tengo para comprarlo, lo compro!" Y lo cambiamos por esta: "Trabajar todo lo que podemos, guardar todo lo que podemos y dar todo lo que podemos".

En consecuencia, Jehová les quitó su honor a los sacerdotes: "La ira de Jehová los apartó, no los mirará más" (Lamentaciones 4:16a).

III. Buscamos en vano ayuda (Lamentaciones 4:17-22)

El enfoque ahora estaba sobre el pueblo (v.17a). La ayuda que se esperaba ante la invasión posiblemente era la ayuda egipcia que nunca se concretó. De hecho, el rey Josías murió al intentar impedir el paso al poderoso ejército egipcio. Egipto quería mantener a distancia de sus tierras a los asirios y los babilónicos. También, Edom pudo ser esa nación de la que se esperaba la ayuda (vv.21-22). La ayuda esperada nunca llegó; porque esperaban ayuda de la fuente equivocada.

Los dos últimos versículos 21-22 fueron una advertencia a la nación de Edom por aliarse a Babilonia y burlarse de la suerte de Jerusalén en medio de su destrucción. Los edomitas son descendientes de Esaú, hermano de Jacob. Se trata de naciones hermanas en conflicto. Por tanto, Edom debía tomar también de la copa de la ira de

Dios. Por un lado, la hija de Edom será objeto del castigo de Dios, mientras Jerusalén será restaurada.

Desde los pequeños actos hasta aquellos que tienen dimensiones nacionales e internacionales, suele ser común que las personas se burlen del infortunio de otros bajo la idea de que se lo "merecían" (Lamentaciones 4:21a-22b).

Finalmente, el versículo 22 agrega una breve nota de esperanza. El consuelo de Dios viene a Jerusalén por el anuncio del fin de su cautiverio. "El cuarto poema termina con una gran anticipación de un nuevo futuro para Jerusalén" (Bennett, S. Ecclesiastes-Lamentations. A Commentary in the Wesleyan Tradition. EUA: Beacon Hill Press, 2010, p.248).

IV. Aplicación del mensaje a la iglesia actual

Nos parecemos tanto a la gente de Jerusalén de esa época. Esperamos que la medicina correcta nos sane; que la conexión o "palanca" de un amigo con influencias nos ayude a escalar en el ámbito laboral; y también solemos decir: "¡Sé una mujer fuerte, un hombre fuerte!" ¡No! El mensaje de Biblia y de Lamentaciones sigue siendo el mismo para nosotros: "¡Espera en Jehová! ¡Confía en Él!" El Salmo 46:1-4 expresa muy bien qué deberíamos hacer y de quién deberíamos esperar nuestra ayuda.

Lamentaciones 4:18b dice: "Se acercó nuestro fin, se cumplieron nuestros días; porque llegó nuestro fin". No hubo seguridad ni protección para el pueblo; ya que su fin había llegado. Por esto, el tema de las promesas bíblicas no son un cheque personal en blanco. Estas no son garantías absolutas. Cuando cantamos: "Un Dios de milagros" o "Poderoso", estamos en riesgo de cometer el mismo error de Israel. Cuando apelamos a las promesas de Dios, no debemos olvidar que Él es el Dios que hace las promesas. Muchos prefieren las promesas y los milagros antes que al Dios que hace las promesas.

El mensaje de los profetas tiene una doble vista. No hay juicio sin anuncio de esperanza; y tampoco hay esperanza sin advertencia de juicio. Los falsos profetas anunciaron esperanza sin juicio, sólo las promesas de Dios. Ningún pecado queda sin castigo. Israel no estaba preparado. Dios pidió el arrepentimiento de su pueblo; pero Israel no lo hizo.

Es por los que sufren dolor y pérdida de la dignidad humana que nuestras iglesias deben lamentarse, e invocar a Dios y demandar que Él vea; insistir que el mundo que Dios creó sea transformado en un lugar de justicia y vida digna para toda la creación.

Cuando la tragedia golpea a una comunidad, a una familia o individuo, la iglesia y los discípulos de Jesús debemos levantarnos para ofrecer la esperanza y vida abundante. Poder decir: "Por la misericordia de Jehová no hemos sido consumidos, porque nunca decayeron sus misericordias. Nuevas son cada mañana; grande es tu fidelidad. Mi porción es Jehová, dijo mi alma; por tanto, en él esperaré" (Lamentaciones 3:22-24). ¡Hay esperanza! Y la iglesia puede intervenir como instrumento divino en la misión integral.

Conclusión

Si bien el juicio de Dios es una realidad para el libro de Lamentaciones, al mostrarnos el sufrimiento de las personas (culpables o inocentes), nos demanda a ser solidarios con los afligidos. Cuando la tragedia golpea a una comunidad, a una familia o individuo, la iglesia y los discípulos de Jesús debemos levantarnos para ofrecer la esperanza y vida abundante que hay en Jesús.

Un destello de esperanza

Hoja de actividad

Versículo para memorizar: "Se ha cumplido tu castigo, oh hija de Sion..." Lamentaciones 4:22a.

I. Todo se desvanece (Lamentaciones 4:1-10)

El dolor y sufrimiento extremo puede llevar a algunas personas al lamento. ¿Ve cosas comparables en el mundo actual?

____

¿Cuál considera usted que debería ser la respuesta de la iglesia?

____

II. Profetas y sacerdotes perdieron su honor (Lamentaciones 4:11-16)

El descuido por los necesitados era una de las acusaciones a los líderes de Israel; porque "derramaron... la sangre de los justos" (Lamentaciones 4:13b). ¿Cree usted que la iglesia puede hacer algo contra la injusticia?

____

____

¿Cómo sería posible intervenir como iglesia?

____

____

III. Buscamos en vano ayuda (Lamentaciones 4:17-22)

Israel esperó en vano ayuda extranjera. ¿Por qué no vino la ayuda esperada? ¿A quién debemos ir por ayuda primeramente?

____

____

Hay un destello de esperanza en Lamentaciones 4:22a. ¿Podemos llevar hoy este mensaje de esperanza en Jesucristo a las personas? ¿Qué nos impide hacerlo?

____

____

IV. Aplicación del mensaje a la iglesia actual

El mensaje de los profetas tiene una doble vista: no hay juicio sin anuncio de esperanza; y tampoco hay esperanza sin advertencia de juicio. ¿Por qué la iglesia debe mantener ambos aspectos en su mensaje?

____

____

Piense en alguien cercano a usted que hoy necesita escuchar el mensaje de esperanza de Jesucristo. ¿Cómo podría compartirle este mensaje? No deje pasar esta semana sin compartirle el amor y la esperanza en Jesucristo.

____

____

Conclusión

Si bien el juicio de Dios es una realidad para el libro de Lamentaciones, al mostrarnos el sufrimiento de las personas (culpables o inocentes), nos demanda a ser solidarios con los afligidos. Cuando la tragedia golpea a una comunidad, a una familia o individuo, la iglesia y los discípulos de Jesús debemos levantarnos para ofrecer la esperanza y vida abundante que hay en Jesús.

Situación versus condición

Osmel Pozo Serrano (Canádá)

Pasaje bíblico de estudio: Lamentaciones 5:1-22
Versículo para memorizar: "Vuélvenos, oh Jehová, a ti, y nos volveremos; Renueva nuestros días como al principio" Lamentaciones 5:21.
Propósito de la lección: Reflexionar que nuestra situación actual puede ser provocada por nuestra vida anterior; pero que este mundo es pasajero y el reino de Dios es eterno y podemos tener esperanza de ser parte de él.

Introducción

Dios siempre escucha las oraciones de sus hijos. Bien dijo Jesús en su Palabra: "Pidan, y se les dará; busquen, y encontrarán; llamen, y se les abrirá. Porque todo el que pide, recibe; el que busca, encuentra; y al que llama, se le abre" (Mateo 7:7-8 NVI). Dios siempre está atento al clamor de sus hijos a pesar de su condición espiritual.

Nuestra oración se encuentra en el libro de Lamentaciones, el cual fue escrito por el profeta Jeremías aproximadamente en el año 585 a.C. (S.a. Diccionario Bíblico Ilustrado Holman. EUA: Ed. B&H Publishing Group Nashville, 2014, p.2064). "Consta de cinco poemas en forma de endechas o lamentos fúnebres, de los cuales los cuatro primeros forman un acróstico; cada línea empieza con letras sucesivas del alfabeto hebreo" (Nelson, Wilton M. Diccionario Ilustrado de la Biblia. Costa Rica: Editorial Caribe, 1998, p.803). El contexto histórico del libro está basado en la toma de Jerusalén por Nabucodonosor (586 a.C.), y la destrucción de la ciudad, y una condición tributaria (Lamentaciones 1:1).

Según el Diccionario Bíblico Mundo Hispano, "El libro lamenta el asedio y destrucción de Jerusalén y se apena por los sufrimientos de los habitantes durante ese tiempo. Confiesa los pecados para bien del pueblo y sus líderes en una manera conmovedora; reconoce una completa sumisión a la voluntad divina y ruega a Dios mostrar su favor para con el pueblo restaurándolo" (Autores varios. Diccionario Bíblico Mundo Hispano. EUA: Editorial Mundo Hispano, 1992, p.711).

Todo el libro se puede ver como "la oración de un pueblo sufriente", clamando a Dios en su angustia y desesperación. "... La verdadera naturaleza de este poema, como de toda la colección, es una de petición" (Editores varios. Nuevo Comentario Bíblico Siglo Veintiuno, Antiguo Testamento. EUA: Editorial Mundo Hispano, 2003, p.1604).

El análisis de Lamentaciones 5 nos refleja cómo era la condición del pueblo de Israel, cuáles fueron sus inquietudes y cómo podemos aplicar las enseñanzas del texto a nuestras vidas e iglesia.

I. Describen su condición de vida a Dios (Lamentaciones 5:1-19)

Desde el punto de vista de la oración, y haciendo un análisis al texto, podemos encontrar que en la primera parte el escritor describe la condición en que se encontraba su pueblo, tanto física como espiritual. Esta oración comienza con una expresión que encontramos en los pasajes 1:20, 2:20, 3:19 del mismo libro: "Acuérdate, oh Jehová, de lo que nos ha sucedido; Mira, y ve nuestro oprobio" (5:1). Siempre que busquemos en las oraciones, podremos encontrar qué es lo que motivó el clamor o cuál es la causa de la petición.

A. Descripción de su realidad (vv.1-15)

El escritor de Lamentaciones, desde el primer versículo, describe su realidad. ¿Cuál era? Veamos en el texto:

1. Les habían quitado sus propiedades y sus tierras (v.2).
2. Muchas personas habían perdido a alguien, ya sea un padre, una madre o un hijo (v.3).
3. El agua de sus pozos no les pertenecía; ahora tenían que pagar por ella (v.4).
4. Estaban siendo perseguidos por sus enemigos (v.5).
5. Aquellos que antes les habían servido, ahora eran sus señores (v.8).
6. Era todo un desafío llevar comida a la mesa (vv.9-10).
7. Sus mujeres e hijas habían sido violadas en todas las ciudades (v.11).
8. A los líderes de la nación los habían asesinado o eran objeto de burlas (v.12).
9. Muchos jóvenes estaban muriendo por el trabajo forzado al que estaban sometidos (v.14).
10. La alegría de la ciudad se había convertido en luto por todo lo que estaban viviendo (v.15).

B. Reconocimiento de su condición (vv.7,16)

El escritor no sólo revela la situación del pueblo; sino que entre línea nos deja ver su condición espiritual.

1. De manera indirecta. En el versículo 7, ellos reconocieron hasta cierto punto su culpabilidad: "Nuestros padres pecaron..." Aquí se reconoce que todo lo que ellos estaban viviendo era consecuencia del pecado.
   Además dijeron: "... Y nosotros llevamos su castigo" (v.7b). En esta parte, ellos hacían referencia a que estaban siendo castigados por causa de sus padres. David Guzik, en su libro Comentario de la Palabra Duradera, apuntó: "Jeremías citó un proverbio y una queja común de esa época (que se encuentra también en Ez. 18:2 y Jeremías 31: 29-30). Este popular proverbio expresa y promueve una idea bastante divulgada. La idea era que Dios era injusto; injusto en no castigar a los padres como merecían, e injusto en castigar a la presente generación" (Guzik, David. Comentario de la Palabra Duradera. EUA: Ed. Enduring Word, 2015, s.p. Versión digital). Según Jamieson, Fausset y Brown, los judíos estaban diciendo esto "como un alegato para que Dios se compadezca de ellos" (Autores varios. Comentario Exégetico y Explicativo de la Biblia, Tomo I: El Antiguo Testamento. EUA: Casa Bautista de Publicaciones, 2003, p.852).
2. De manera directa. En el versículo 16, el reconocimiento de su condición es directo. Ellos reconocieron que habían caído del lugar de privilegios: "Cayó la corona de nuestra cabeza"; la razón fue sus pecados cometidos: "porque pecamos" (v.16). En esta oración, el escritor no se excluyó; la palabra inclusiva "pecamos" lo hizo parte de la condición del pueblo.

   "El pueblo podría y debería haber estado libre y satisfecho, si solamente hubiese confiado y obedecido al Señor" (Editores varios. Nuevo Comentario Bíblico Siglo Veintiuno, Antiguo Testamento. EUA: Editorial Mundo Hispano, 2003, p.1602).

C. Reconocen la condición permanente del reino de Dios en contraposición con su reino pasajero (v.19)

Es interesante ver cómo en esta oración el escritor reconoce condición transitoria en comparación con la eternidad del reino de Dios.

El trono de Israel había caído bajo la poderosa mano de Nabucodonosor (2 Reyes 25:1-7; Jeremías 39:1-7, 52:3-11). La expresión "Cayó la corona de nuestra cabeza" (Lamentaciones 5:16a) hace clara alusión también a la caída de Jerusalén. Por lo tanto, el reino de Israel no había durado para siempre; sin embargo, el escritor nos habla de la condición duradera del reino de Dios: "Mas tú, Jehová, permanecerás para siempre; Tu trono de generación en generación" (v.19).

II. Esperan respuesta a sus inquietudes (Lamentaciones 5:20-22)

Toda persona que está inmersa en algún problema siempre espera una pronta respuesta a sus inquietudes, sea creyente o no. El sufrimiento en ocasiones nos convierte en personas amargadas o, en muchos casos, nos guía a refugiarnos en Dios. En este caso, podemos encontrar en el texto expresiones de amargura y de confianza en Dios.

A. Pedido desenfocado (v.20)

El versículo 20 comienza con una expresión un tanto equivocada con respecto a Dios. En este punto, le estaban reclamando al Señor su descuido y abandono de su pueblo santo: "¿Por qué te olvidas completamente de nosotros, Y nos abandonas tan largo tiempo?" (v.20). Para ellos Dios se había olvidado de su pueblo; no obstante, ellos se habían olvidado de que Dios había decidido castigarlos por su rebeldía y dureza de corazón (Jeremías 13:9-10). Su situación no procedía del desinterés o abandono de Dios, sino de su propio pecado y alejamiento de Dios (Lamentaciones 4:13).

Según Matthew Henry, en su comentario del libro de Lamentaciones, nos dice que "El pueblo de Dios expresa profunda preocupación por las ruinas del templo, más que por cualquiera otra de sus calamidades" (Henry, Matthew. Comentario de la Biblia. EUA: Editorial UNILIT, 1998, p.677). O sea, su pedido estaba enfocado en su situación y no en su condición.

B. Pedido del obrar de Dios en sus vidas (v.21)

La Palabra dice: "Vuélvenos..." (v.21a). En este pedido, ellos reconocían que necesitaban de Dios. El clamor era que Dios los retornara a la fe. Es un clamor por la restauración. La segunda parte del versículo 21 dice: "Renueva nuestros días como al principio". Según el Diccionario IBALPE, la palabra "renovar" significa "Hacer como de nuevo una cosa, o volverla a su primer estado" (Aldana Félix, Lauro Alonso. Diccionario IBALPE Enciclopédico 2002. S.p.: Ed. Mazatlán, 2002, s.p. Versión electrónica). Los israelitas querían que Dios los restaurara como al principio, al momento cumbre de la nación, a los tiempos de David y Salomón. Por eso, en la oración, se incluye la expresión "... como al principio" (v.21b).

"La oración en el v. 21 hace sonar una nota positiva abarcando a la vez un ruego a ser restaurado no sólo a una relación plena sino también a la posesión de la tierra, y también a un nuevo compromiso de parte del pueblo a un regreso al Señor" (Editores varios. Nuevo Comentario Bíblico Siglo Veintiuno, Antiguo Testamento. EUA: Editorial Mundo Hispano, 2003, p.1604).

C. Percepción distorsionada (v.22)

El escritor dijo: "… nos has desechado; Te has airado contra nosotros en gran manera" (v.22). A veces, el pueblo percibía que Dios lo había desechado y que era un Dios enojadizo. A esa idea el escritor trató de atacarla en Lamentaciones 3:31-32 donde leemos: "Porque el Señor no desecha para siempre…" Su percepción estaba un poco distorsionada por la realidad. Se habían olvidado de que sus propios pecados los habían introducido a ese estado.

Los altibajos emocionales son manifestaciones constantemente presentes en el pueblo de Israel a lo largo de su historia. Puede encontrarse en un mismo texto alabanza y devoción, como desaliento y desánimo; por ejemplo: "¿Por qué te olvidas... de nosotros... Y nos abandonas tan largo tiempo?" (Lamentaciones 5:20), que una expresión de desaliento; pero, al mismo tiempo, se encontrará con una expresión de confianza y entrega: "Vuélvenos, oh Jehová, a ti..." (v.21).

III. Aplicación del mensaje del libro actual

A. Muchas personas se quejan de su situación; pero no de su condición (3:39)

Vivimos en un mundo donde muchas cosas malas están pasando (guerras, pandemias, desastres naturales, etc.). Las quejas están a la orden del día. Pero nunca nos detenemos a pensar que quizá lo que estamos viviendo es producto del pecado del ser humano. Lamentaciones 3:39b nos recuerda que al orar debemos mirar primero nuestra condición: "… Laméntese el hombre en su pecado". Debemos examinarnos y ver si no estamos contribuyendo a la situación actual y reflexionar en qué podemos hacer para comenzar a cambiar nosotros.

B. Debemos estar conscientes de que la mayoría de nuestros problemas se inician en el pecado

El origen de todo lo malo es el pecado. El egoísmo, la ambición, la codicia generan guerra. La gula ("Exceso en la comida o bebida, y apetito desordenado de comer y beber". RAE. Diccionario de la Lengua Española. España: RAE, 2014, p.4631) genera trastornos digestivos y otras enfermedades. El afán genera estrés y otras enfermedades derivadas. En fin, si buscamos más profundamente en las causas de alguna situación negativa, siempre hallaremos al pecado. Al orar a Dios, debemos estar conscientes de esto. El salmista, en el Salmo 32:3, dijo: "Mientras callé, se envejecieron mis huesos En mi gemir todo el día". Pero en el reconocimiento de su condición, también expresó: "Mi pecado te declaré, y no encubrí mi iniquidad. Dije: Confesaré mis transgresiones a Jehová; Y tú perdonaste la maldad de mi pecado" (v.5). Si algo debemos aprender es a estar conscientes de nuestra condición, aun en medio del sufrimiento. Matthew Henry nos refiere en este sentido: "… el único camino verdadero a la paz de conciencia es confesar nuestros pecados para que sean perdonados; declararlos para ser justificados" (Henry, Matthew. Comentario de la Biblia Matthew Henry. EUA: Editorial UNILIT, 1998, p.443).

C. Debemos entender que, a pesar de nuestros pecados, podemos acudir al Dios de misericordia

Lamentaciones 5:1 dice: "Acuérdate, oh Jehová, de lo que nos ha sucedido; Mira, y ve nuestro oprobio". A pesar de todos nuestros pecados, podremos clamar siempre a Dios. Clamar por perdón en primer lugar, clamar por salvación o socorro. Dios es un Dios de misericordia, como también nos presenta en Lamentaciones 3:22 donde leemos: "Por la misericordia de Jehová no hemos sido consumidos, porque nunca decayeron sus misericordias". El mismo escritor nos dice que no es la intención de Dios afligir voluntariamente a las personas (v.33).

"Puede haber esperanza sólo en un regreso al Señor. El libro de Lamentaciones muestra esto en su desenmascaramiento de la falsa confianza del pueblo, que había traído sobre ellos tan deplorable juicio. Y lo muestra, sobre todo, en su conmovedora celebración 3:22-30 del amor y compasión de Dios" (Editores varios. Nuevo Comentario Bíblico Siglo Veintiuno, Antiguo Testamento. EUA: Editorial Mundo Hispano, 2003, p.1604).

Conclusión

Tenemos un Dios que escucha las peticiones de un pueblo afligido y que, en su inmensa misericordia, está dispuesto a tratar con nuestros pecados que pueden ser las causas de nuestros infortunios. Podemos estar seguros de que siempre que vayamos a Él; Él no nos echará fuera.

Situación versus condición

Hoja de actividad

Versículo para memorizar: "Vuélvenos, oh Jehová, a ti, y nos volveremos; Renueva nuestros días como al principio" Lamentaciones 5:21.

I. Describen su condición de vida a Dios (Lamentaciones 5:1-19)

De acuerdo con el pasaje, ¿en qué condiciones se encontraba el pueblo de Israel?

La condición del pueblo era un castigo de Dios a consecuencia de sus pecados. ¿Se encontró alguna vez en una situación así o le recuerda alguna situación parecida?

II. Esperan respuesta a sus inquietudes (Lamentaciones 5:20-22)

Según el texto bíblico, ¿cuál fue el pedido final principal del escritor?

¿Se sintió alguna vez así? ¿Cuál fue la respuesta de Dios para su vida?

III. Aplicación del mensaje del libro para la iglesia actual

¿Cómo podemos aplicar el mensaje de Lamentaciones 5 en nuestra actualidad?

¿Cree usted que Dios escucha nuestras oraciones a pesar de nuestros pecados? ¿Por qué?

Conclusión

Tenemos un Dios que escucha las peticiones de un pueblo afligido y que, en su inmensa misericordia, está dispuesto a tratar con nuestros pecados que pueden ser las causas de nuestros infortunios. Podemos estar seguros de que siempre que vayamos a Él; no nos echará fuera.

Enfrentando a los gigantes

Segundo trimestre

Más que vencedores
El gigante de lo desconocido e incomprensible
Enfrentando la crítica
¡Tengo miedo!
Venciendo la ira
Restaurando relaciones dañadas
Enfrentando el fracaso
Enfrentando nuestro "yo"
Enfrentado la preocupación
El cuadro completo
Frente a la dificultad se necesita poder
Enfrentando el pasado
El último enemigo a vencer

Más que vencedores

Natalia Pesado (EE. UU.)

Pasaje bíblico de estudio: Romanos 8:31-39
Versículo para memorizar: "...ni lo alto, ni lo profundo, ni ninguna otra cosa creada nos podrá separar del amor de Dios, que es en Cristo Jesús Señor nuestro" Romanos 8:39.
Propósito de la lección: Comprender más profundamente la cualidad sustentadora, justificadora y protectora del amor de Dios.

Introducción

En el vasto Imperio romano, "había mucho para leer –decretos imperiales, poesía exquisita, filosofía moral diseñada finamente –y mucho de este material era de primera clase" (Peterson, Eugene H. The Message. China: NavPress, 1995, p.207). El apóstol Pablo se puede considerar como "un obscuro ciudadano romano sin conexiones" (Peterson, Eugene H. The Message. China: NavPress, 1995, p.207). Sin embargo, la carta que Pablo les escribió a los primeros cristianos en la ciudad de Roma nos da acceso a lo que "se ha convertido en un documento primordial de teología cristiana" (Peterson, Eugene H. The Message. China: NavPress, 1995, p.207). En especial, el capítulo 8 del libro de Romanos enseña cómo es la vida que se vive con el Espíritu Santo de Dios: una vida que está llena de paz, de fuerza, de libertad y de esperanza. El autor compara esta clase de vida con la persona que no tiene al Espíritu Santo y la falta de verdadera vitalidad que experimenta por vivir siendo dominada por el pecado.

En la lección de hoy, estudiaremos el pasaje titulado "Más que vencedores", donde Pablo afirmó que el amor de Dios, manifestado en Jesús y en su Espíritu Santo, nos ayuda a vencer toda circunstancia en la vida terrenal, incluyendo la muerte. Veremos que el amor que Dios nos tiene a cada uno de nosotros es tan poderoso que nada lo puede disminuir ni acabar.

I. El amor de Dios nos sustenta (Romanos 8:31-32)

En los versículos 31 y 32 del pasaje de estudio para hoy, Pablo interactúa de primera mano con el lector a través de una pregunta directa: "¿Qué, pues, diremos a esto?" (v.31a). Esta pregunta lleva la atención al versículo anterior, en el cual el escritor acaba de describir la maravillosa trayectoria que cada verdadero cristiano puede llevar, que es la de vivir una vida terrenal que va directamente apuntada a concluir en el mejor destino imaginable para un ser humano: que es el estar en buena comunión con su Creador y Padre celestial.

Pablo comienza asentando la base fundamental para la vida espiritual del ser humano al afirmar que Dios, aunque soberano sobrenatural, está muy interesado en la causa del ser humano. Es revolucionario en medio de tanta maldad que asedia al ser humano para destruirlo, y en medio de muchas otras religiones que pueden considerar a la deidad como el vigilante castigador. En este escrito divino, leemos que "Dios es por nosotros" (v.31a). El sobrecogedor amor de Dios toma el lugar central, y nos ayuda a reconocer que Él está de nuestro lado y listo para defender nuestra causa ante cualquier tribunal acusador. Esta perspectiva describe a un Dios que ama, y que ama de forma activa; su amor es tan real y poderoso que actúa para sustentar a sus criaturas a lo largo de toda la vida.

En el versículo 32, leemos la clave que demuestra el amor de Dios como ninguna otra parte del evangelio; y es la verdad de que Dios no negó ni a su único Hijo, quien es santo y sin mancha, sino que lo entregó por nosotros. Dios entregó a Jesús para una vida terrenal de mucho dolor y sufrimiento, tanto físico como emocional; y lo entregó para una muerte que incluyó la tortura y el abuso. Podemos estar seguros de que Dios tomó esta decisión siendo completamente consciente de cada parte del proceso que Cristo iba a enfrentar. Sin embargo, leemos que la única razón por la que Dios se desprendió de su Hijo fue porque su muerte era por nosotros. Podemos reconocer que fue un intercambio injusto; ¡el ser humano salió ganando con ventaja! Y Dios lo quiso así; quiso que el ser humano pudiera ganar todas las cosas, sobre todo volver a vivir espiritualmente junto a Él. El intercambio devuelve la vida que el pecado destruyó. ¡Gracias a Dios por demostrarnos su amor inmenso y eterno, un amor que nos sustenta en cada segundo de nuestra existencia!

II. El amor de Dios nos justifica (Romanos 8:33-34)

En los siguientes versículos (33 y 34), el apóstol expresó otra vez una pregunta directa al lector. La cuestión es esta: "¿Quién acusará a los escogidos de Dios?" (v.33a), y "¿Quién es el que condenará?" (v.34). Los infinitivos "acusar" y "condenar" llevan la mente directamente a un caso que se sitúa en la corte: se puede sentir inmediatamente el peso de la justicia lista para poner consecuencias; y, fácilmente, se puede imaginar a un juez muy serio, listo para dar un veredicto y la sentencia. En el pasaje bíblico, sin embargo, se entiende que la balanza de la justicia a la que se refiere es el ámbito espiritual, donde los acusados son los seres humanos que cometieron maldades por el pecado en su corazón; la justicia requerida es la justicia divina, la cual es perfecta, y el gran juez es Dios Jehová. No hay en esta corte ninguna preocupación por tener que comprobar la certeza de los reportes; ya que el Juez todo lo conoce. Toda la evidencia es completamente verídica. Y la condena para el nivel demostrado por el daño ocasionado es la pena máxima, la pena de muerte.

Es importante tomar un momento para reflexionar en quién es el acusador en esta imagen de la corte. Y es bastante fácil recordar que el enemigo de las almas humanas es el encargado de llevar a cabo esta tarea: él se dedica diariamente a acusar a las personas con intensos sentimientos de culpas, con recuerdos de cada error y pecado cometido, y con grandes mentiras acerca de las consecuencias. Ejemplos de estas mentiras pueden ser las siguientes: "Nadie te puede perdonar esa decisión", "Esto no se puede olvidar ni sanar jamás", "Ya no eres digno de amor, perdón ni admiración", etc.

Aunque esta realidad del enemigo acusador es difícil de contemplar; la gran verdad se encuentra en la respuesta a las preguntas del apóstol Pablo. Él escribe claramente que "Dios es el que justifica". El infinitivo "justificar" significa tomar la acción para "hacer que una cosa sea admisible o no parezca censurable, inadecuada o inoportuna" (Diccionario Oxford Languages. Recuperado de https://languages.oup.com/google-dictionary-es/, el 02 de junio de 2023). Algunas palabras o frases que ayudan a entender su significado pueden ser "justificar", "absolver", "alinear", "establecer", "disculpar", "vindicar", "dar motivo para garantizar", "autorizar", "asegurar" y "certificar". Sobre todo, en cuanto a una deuda con la justicia, se puede reflexionar en los siguientes sinónimos: "reparar", "compensar", "cumplir", "pagar", "probar" y "justificar" (Diccionario Oxford Languages. Recuperado de https://languages.oup.com/google-dictionary-es/, el 02 de junio de 2023). Es abrumante reconocer que Dios es el que justifica al acusado; es decir, el Señor toma la acción para hacer que el ser humano pueda ser admisible delante de su presencia. ¡El hombre acusado ya no es censurable, inadecuado ni inoportuno; sino que ahora él es perdonado, y su deuda con la justicia queda completamente reparada, compensada, cumplida y pagada!

Pagar la inmensurable deuda del ser humano con el Juez divino no fue algo sencillo. Dios no tomó el récord de las deudas y, simplemente, puso una línea sobre el nombre; todo lo contrario, la deuda fue en efecto pagada. Y la pregunta que sigue sería: ¿cómo pagada, si el ser humano no tiene cómo efectuar ese pago? Pablo también respondió en Romanos 8:34. Dios, el juez justo, por medio de la muerte de Cristo Jesús en la cruz, pagó la deuda con la justicia que el ser humano nunca podía llegar a pagar. Dios mismo dio el pago con la vida de Jesús; y es así que la deuda queda verdaderamente saldada, y perdonado el acusado que había inquirido la deuda.

No hay palabras para expresar el agradecimiento que el acusado siente cuando es perdonado, y el gran amor que surge recíprocamente para con el Salvador. El acusado ya no tiene que morir; sino que puede vivir. Jesús, quién entregó su vida por cada ser humano, "está a la diestra de Dios" (Romanos 8:34b); y aún expresa su amor, ya que "también intercede por nosotros" (Romanos 8:34b). El abogado mejor cualificado del universo tomó el caso del acusado, y presenta todas las evidencias verídicas de que la deuda fue pagada: las evidencias son las heridas de sus manos y sus pies, las lesiones de su espalda, y las marcas de su costado y de su frente. ¡Gracias a Cristo Jesús por demostrarnos el amor poderoso de Dios, un amor activo que nos justifica!

III. El amor de Dios nos protege (Romanos 8:35-39)

La tercera parte del pasaje de estudio para esta lección comienza con una nueva pregunta para el lector. El apóstol Pablo formuló la cuestión: "¿Quién nos apartará del amor de Cristo?" (Romanos 8:35 RVA). La pregunta comienza con el pronombre "Quién", el cual conduce a pensar en una persona y preguntarse cuál sería esa persona; se puede deducir que es el enemigo del alma humana, Satanás (quizá se puede asumir que desea separar al ser humano de Dios, así como él mismo está separado de Dios). El apóstol continúa listando otras situaciones de dolor y sufrimiento difícil que podrían hacer que el ser humano se sienta alejado de Dios, como lo son "Tribulación, o angustia, o persecución, o hambre, o desnudez, o peligro, o espada" (Romanos 8:35). En contraste, Pablo aseguró que, a pesar de estas situaciones tan complejas, el ser humano debe recordar que el amor de Dios nunca faltará, aunque todo lo demás falte. El ser humano debe recordar que el mayor problema ya está resuelto; y es que el alma eterna del hombre no tiene nada qué temer, porque puede refugiarse permanentemente y para siempre en el amor perfecto de Dios.

«El evangelio es un mensaje de triunfo... La vida en el Espíritu Santo ya no es esa oscilación miserable entre la victoria y la derrota que caracteriza la condición del hombre bajo la Ley; es una vida victoriosa. Pablo usa aquí una expresión fuerte y que no puede traducirse. El dice literalmente que somos "excesivamente victoriosos". El gozo de la vida es la señal de la vida en el Espíritu, en la misma manera en la que la pecaminosidad miserable es la marca del legalismo. Es cierto que todo aquel que verdaderamente le pertenece a Cristo nunca deja los gemidos detrás en tanto que viva en la tierra, pero sí deja la quejumbre y la ansiedad. La nota de la victoria es la marca visible de todos aquellos que están unidos al Victorioso» (Greathouse, William M. Diccionario Bíblico Beacon, tomo 8. EUA: CNP, 1969, p.191).

El versículo de Romanos 8:38 continúa diciendo que el apóstol disfruta una certeza de que nada, aun en los aspectos más incontrolables para el ser humano, como lo son "la muerte, ni la vida, ni ángeles, ni principados, ni potestades, ni lo presente, ni lo por venir, ni lo alto, ni lo profundo, ni ninguna otra cosa creada" (vv.38-39) pueden lograr separar el alma del ser humano del amor de Dios. Este acompaña al hombre en la muerte, en la vida, en cualquier ámbito espiritual, más allá del tiempo que rige el universo; y, por si alguna duda quedase, añade "ninguna otra cosa creada" (v.39). El único que no fue creado es Dios; entonces todo lo demás que podamos imaginar o pensar fue creado por Él y queda calificado dentro de esta lista.

Es importante reconocer que «esta seguridad no es automática; necesita abrirse paso entre las fuerzas que se le oponen y que son tanto naturales como sobrenaturales. Poderes demoníacos continuamente arrojan dudas sobre esta persuasión como si fuese una superstición insostenible. "Pero sean cuales fueren los adversarios que nos asaltan a nosotros y a nuestra fe, hay una cosa que no pueden hacer: separarnos de Cristo, oscurecer el amor de Dios que hemos conocido en Cristo, o hacernos dudar de Él. Lo que Pablo nos ha enseñado en estos ocho capítulos no es una teoría hermosa sino la experiencia que ha pasado por la prueba del crisol de fuego, del sufrimiento y de la lucha"» (Greathouse, William M. Comentario Bíblico Beacon, tomo 8. EUA: CNP, 1969, p.191).

¡Qué maravilla es poder tener esto seguro como la base fundamental de la existencia humana! Cuando una persona, aun desde la edad temprana, decide confiar en esta verdad y tomarla como base firme para construir el resto de su vida; va a poder enfrentar con mucha seguridad y paz cualquier situación que se presente. El apóstol dijo que nada "nos podrá separar del amor de Dios, que es en Cristo Jesús Señor nuestro" (Romanos 8:39b). Como resultado, no hay cabida para la depresión, la ansiedad, la confusión ni el desánimo por las circunstancias alrededor; ya sea la muerte personal o de un ser querido, la ruptura de una relación importante, la enfermedad dolorosa o crónica, una guerra o pandemia mundial, o cualquier situación de soledad, como lo pueda ser el encarcelamiento, ya que en todas estas situaciones, la constante que está siempre presente es el infalible amor de Dios. Es una póliza de seguridad contra todo riesgo disponible para todo varón y mujer a lo largo de toda la vida. ¡Gracias a Dios por darnos un amor tan intenso y duradero que nos resguarda seguros ante cualquier circunstancia!

Conclusión

El amor de Dios es tan perfecto que cubre todas las necesidades que pueda tener el ser humano. El pasaje de hoy expresa las cualidades sobrenaturales del amor de Dios, como es la cualidad sustentadora, la cualidad justificadora y la cualidad protectora que permiten vivir una existencia plena, santa y segura. Es importante recordar que el amor de Dios está disponible sin condición en todo momento para cada ser vivo. ¡Gloria a Dios por el gran amor con el que nos ama para siempre, sin importar las circunstancias!

Más que vencedores

Hoja de actividad

Versículo para memorizar: "ni lo alto, ni lo profundo, ni ninguna otra cosa creada nos podrá separar del amor de Dios, que es en Cristo Jesús Señor nuestro" Romanos 8:39.

I. El amor de Dios nos sustenta (Romanos 8:31-32)

¿Podría compartir alguna experiencia en la que usted recibió el sustento de Dios en una circunstancia difícil? Comente.

____

____

¿Cómo podemos enseñar a los más jóvenes a vivir una vida experimentando el amor de Dios? Explique.

____

____

II. El amor de Dios nos justifica (Romanos 8:33-34)

Reflexionando en usted mismo, ¿cómo expresaría lo que siente por el regalo de la justificación que Dios le dio?

____

____

¿Hay algún ejercicio o disciplina que le ayude a contrarrestar las acusaciones del enemigo? Comparta.

____

____

III. El amor de Dios nos protege (Romanos 8:35-39)

¿Cuál es su reacción a la idea de que nada nos puede separar del amor de Dios?

____

____

¿Cómo se evaluaría a usted mismo en el proceso que se lleva de asentar su vida en la verdad de que Dios le ama en todo momento y en cada circunstancia?

____

____

Conclusión

El amor de Dios es tan perfecto que cubre todas las necesidades que pueda tener el ser humano. El pasaje de hoy expresa las cualidades sobrenaturales del amor de Dios, como es la cualidad sustentadora, la cualidad justificadora y la cualidad protectora que permiten vivir una existencia plena, santa y segura. Es importante recordar que el amor de Dios está disponible sin condición en todo momento para cada ser vivo. ¡Gloria a Dios por el gran amor con el que nos ama para siempre, sin importar las circunstancias!

El gigante de lo desconocido e incomprensible

Lección 15

Zeida Lynch (EE. UU.)

Pasajes bíblicos de estudio: Génesis 37, 39, 40, 50
Versículo para memorizar: "Vosotros pensasteis mal contra mí, mas Dios lo encaminó a bien..." Génesis 50:20a.
Propósito de la lección: Reflexionar sobre la vida de José y determinar las características que tuvo durante las situaciones difíciles de su vida y poder aplicarlas a nuestras vidas.

Introducción

La palabra "gigante", muchas veces, puede ser sinónimo de "imposible". Representa algo superior a nuestras fuerzas, algo inalcanzable; y, muchas veces, desconocido y, por lo tanto, difícil de entender.

En la Biblia, encontramos algunas referencias a gigantes. Cuando los israelitas, después de cruzar el desierto escapando de Egipto, fueron a reconocer la tierra que Dios les prometió encontraron gigantes. El reporte de los 10 espías fue tan desalentador que la congregación renegó contra Dios; olvidaron todo lo que Él había hecho por ellos; y quisieron regresar a Egipto, donde habían sido esclavos. A pesar de las palabras de Josué y Caleb, animándolos a confiar en Dios, pues su presencia estaba con ellos; los israelitas se rebelaron contra el Señor (Números 14:9). Las consecuencias para el pueblo de Israel fueron desastrosas. Vagaron en el desierto por cuarenta años; y toda esa generación, con excepción de Josué y Caleb, no pudieron entrar a poseer la tierra prometida (Números 13, 14).

Otro ejemplo muy conocido es el del gigante Goliat. 1 Samuel 17:4 nos dice que medía casi tres metros (NVI). Este gigante desafiaba al pueblo de Israel, que estaba muy atemorizado de enfrentarle. Sin embargo, un jovencito llamado David confiaba que Dios lo libraría; porque le había rescatado del león y del oso (1 Samuel 17:37). Así fue como David se enfrentó al gigante Goliat y lo venció. David, en todo momento, atribuyó el éxito a Dios.

En estos dos ejemplos, podemos ver que el ser humano puede elegir cómo ve a los gigantes: en sus propias fuerzas, como el pueblo de Israel; o, en las fuerzas que vienen de Dios, como David.

I. Situaciones desconocidas e incomprensibles (Génesis 37:1-36, 39:1-23, 40:1-23)

En la vida, enfrentamos situaciones que nos toman por sorpresa; pueden ser enfermedades, la pérdida de un trabajo, la muerte de un ser querido, problemas interpersonales, la lista puede ser muy larga. También, pueden ser situaciones cotidianas, como ir a la oficina equivocada, llegar tarde a un lugar o escoger el producto equivocado; y que traen consecuencias no agradables. Son situaciones que no podemos entender; a veces, traen consecuencias y, muchas veces, no podemos enfrentarlas.

Hay algunas interpretaciones de la Biblia que infieren que en el cielo entenderemos mejor algunas cosas. Incluso, algunos himnos mencionan eso. Pero, en realidad, el entender lo desconocido e incomprensible siempre tiene algo de misterio. Estas circunstancias pueden robarnos el gozo; porque nos llenan de preocupación, de temor, de incertidumbre; también, pueden llenarnos de duda respecto a nuestra relación con Dios, a su fidelidad. Esto puede abrir la puerta a la tentación, y dejarnos vulnerables para caer en pecado.

Veamos algunas circunstancias desconocidas e incomprensibles que atravesó José, hijo de Jacob.

A. La envidia (Génesis 37:1-11)

José era el undécimo hijo de Jacob, e hijo de su esposa favorita Raquel. También, era el preferido de su padre (v.3). José era un joven de 17 años, y tenía sueños. Estos sueños, sabemos, venían de Dios; porque se cumplieron después de muchos años. Tal vez, José no era muy prudente al contar sus sueños; pero sus hermanos eran responsables por la envidia que sentían hacia él, y eran hostiles en su trato hacia su hermano José. Nosotros también podemos ser objeto de envidia dentro de la familia, del lugar de estudios o trabajo, y aun dentro del ministerio. La envidia puede ser la causa por la que recibimos malos tratos, haciéndonos sentir inseguros y temerosos.

B. La traición (Génesis 37:12-36)

La envidia no es buena consejera. Los hermanos de José quisieron matarlo y engañar a su padre diciendo que fue muerto por una bestia (v.20). Gracias a la intervención del hermano mayor, quien quiso evitar su muerte, José fue arrojado a una cisterna (v.24). Pero, más tarde en el día, fue vendido a unos mercaderes por 20 piezas de plata (v.28). Sus hermanos regresaron y engañaron a su padre, cerrando toda esperanza de que José pudiera ser buscado.

La traición se puede dar de muchas maneras. Pero es más dolorosa cuando viene de alguien cercano y en quien confiamos. La traición puede ser la manifestación de la envidia, o celos, o ira. Nuevamente, no somos responsables por la traición de las personas. Aunque, muchas veces, esa traición afecte nuestra vida en muchas áreas.

C. La calumnia (Génesis 39:1-23)

Los mercaderes vendieron a José a un varón egipcio, quien lo puso a cargo de todo en su casa. La esposa de su jefe "puso sus ojos en José"; y quiso tener relaciones íntimas con él. José huyó, y no cayó en pecado. Sin embargo, su jefe se enojó y lo puso en prisión.

La calumnia es una acusación que infiere que hicimos algo mal sin haberlo hecho. José huyó de la tentación; pero enfrentó las consecuencias de la calumnia de la esposa de su jefe. José no entendía lo que pasaba; y, por su posición de esclavo, no tenía derecho a defenderse. El trasfondo de esa calumnia era que José mantuvo su integridad al no ceder al acoso de la mujer. Ella se vengó de José utilizando su poder. Aunque hagamos lo correcto, no siempre veremos el correcto actuar de los otros.

D. El olvido (Génesis 40:1-23)

En la cárcel, José tuvo dos compañeros: un panadero y un copero, ambos servían al Faraón. Un día, ambos soñaron; y José interpretó los sueños, augurando al panadero la muerte y al copero la reposición a su labor. José pidió al copero que interceda por él cuando se encontrara frente al Faraón; pues era inocente (v.14). Pero el copero se olvidó por dos años.

El olvido, la falta de reconocimiento pueden ser motivo de tristeza y dolor. En especial, cuando se ha tratado a la persona con consideración y se le ha brindado ayuda.

Estas circunstancias que José enfrentó pudieron ser gigantes en su vida. No entendía, ni conocía la razón de esos ataques. Cuando situaciones así ocurren en la vida del ser humano, no sólo afectan sus emociones, tristeza, enojo, resentimiento, entre otros; también, afectan su salud, e incluso, mucho más afectan su salud mental; y, por supuesto, también afectan el lado espiritual, la duda respecto al amor de Dios y a sus promesas pueden llevar a la persona a alejarse de Él completamente. Existen historias de personas que frente a situaciones difíciles renegaron de su fe y se apartaron de Dios.

En el siguiente punto, veamos las actitudes que José tomó en medio de esas circunstancias difíciles.

II. Actitudes frente a las situaciones desconocidas e incomprensibles

Estos acontecimientos en la vida de José eran muy tristes; y, en el momento, no tenían explicación. Parecía como que todo iba empeorando en su vida. Por eso, es importante revisar las actitudes que él tuvo en medio de todo ello.

A. Relación profunda con Dios

Desde joven, José tenía una relación profunda con Dios. Él le revelaba sueños que, aunque no los entendía en su momento, se cumplirían más adelante.

Cuando estuvo como esclavo, dice Génesis 39:2-6 que Jehová estaba con él y prosperaba todo lo que hacía, así como también le daba gracia ante los demás. De igual manera, cuando José estuvo en la cárcel, Dios le extendió misericordia, le dio gracia ante el jefe de la cárcel y prosperaba todo lo que hacía (Génesis 39:21,23). Dios cuidaba de José. No lo dejó solo durante este tiempo de crisis. La fidelidad de Dios para con sus hijos es real.

José, por otro lado, era fiel a Dios. Huyó de la tentación, reconoció que no era apropiado ceder a las insinuaciones de la esposa de su jefe, y prefirió enfrentar las consecuencias del rechazo y la cárcel antes que fallarle a Dios.

También, atribuía a Dios la interpretación de los sueños y le daba la honra. Cuando estuvo en la cárcel, o cuando estuvo frente al Faraón, reconoció que era Dios quien le daba la sabiduría para interpretar los sueños: "Respondió José a Faraón, diciendo: No está en mí; Dios será el que dé respuesta propicia a Faraón" (Génesis 41:16).

Podemos apreciar que José, en medio de las circunstancias difíciles que pasaba, no dejaba que la amargura o la duda de la fidelidad de Dios a su vida entraran a su corazón.

Se conoce que en la época de José las familias narraban sus experiencias con Dios y las pasaban de generación a generación. El conocimiento de José respecto a Dios y las promesas de Él a su familia lo aprendió en su casa, durante sus primeros 17 años. La promesa de la tierra prometida a su bisabuelo Abraham, su abuelo Isaac y su padre Jacob era importante en la vida de José. Por fe, él confió que Jehová cumpliría su promesa a Jacob; y que regresaría a su pueblo a la tierra prometida. Por eso, pidió a su familia, antes de morir, que cuando eso suceda, llevaran sus huesos a ser enterrados en la tierra que Dios prometió a sus antepasados (Génesis 50:24-25). José confiaba que Dios cumpliría su promesa.

B. Seguir haciendo lo correcto

José demostró ser un buen trabajador cuando estuvo como esclavo en la casa de Potifar (Génesis 39:4); también ser una persona de confianza cuando estuvo en la cárcel (Génesis 39:23); y, finalmente, una persona muy hábil cuando fue gobernador de Egipto (Génesis 41:37-40).

Estas actitudes de José nos indican que él vivía lo mejor que podía dentro de las circunstancias difíciles por las que atravesaba. José sobresalía en lo que hacía, aunque no entendía por qué su vida había tomado ese rumbo; trabajaba con esmero, era una persona confiable, se interesaba por otros (Génesis 40:6-7). Esas actitudes de José nos indican que él no quedó atrapado en el pasado, en la amargura, en el desasosiego. José vivió cada etapa dando lo mejor de sí. Podemos decir que este estilo de vida era consecuencia de su relación con Dios. En Él, encontraba las fuerzas para no dejarse vencer y seguir cada día dando lo mejor de sí.

Cuando situaciones difíciles se presentan, no se puede vislumbrar el futuro y es más fácil encerrarse en la posición de víctima o dejarse vencer por la adversidad. José nos da el ejemplo contrario, seguir hacia adelante con la ayuda de Dios.

C. Un corazón perdonador

Después de muchos años, y debido a la falta de alimentos, los hermanos de José tuvieron que ir a Egipto en busca de los mismos. Los hermanos de José no se imaginaban que la persona que estaba a cargo de la distribución de los alimentos era el hermano a quienes ellos habían tratado mal y habían vendido a unos mercaderes hacía muchos años atrás.

La presentación de los hermanos de José frente a él era el cumplimiento de los sueños; sueños que José tuvo cuando era jovencito, y por lo cual, sólo recibía burla de parte de sus hermanos. Esta era una oportunidad para José de vengarse del mal que le habían hecho sus hermanos, de reclamarles por todo el sufrimiento e injusticias que recibió como consecuencia de su maldad. Mas, por el contrario, José mostró compasión y gracia para con ellos. Él optó por perdonar, por ayudar y por reconocer que, en medio de todas las circunstancias que le tocó vivir, Dios las utilizó para preservar la vida de toda su familia: "Ahora, pues, no os entristezcáis, ni os pese de haberme vendido acá; porque para preservación de vida me envió Dios delante de vosotros" (Génesis 45:5).

Y cuando después de la muerte de su padre, sus hermanos con temor se acercaron pensando que José los desampararía, él reafirmó su perdón diciendo: "Vosotros pensasteis mal contra mí, mas Dios lo encaminó a bien, para hacer lo que vemos hoy, para mantener en vida a mucho pueblo" (Génesis 50:20).

El perdonar es un acto liberador para la persona que lo hace. Es similar a cerrar un círculo y dejar en manos de Dios a las personas que nos hicieron daño.

Podemos decir que esta actitud de José refleja la relación íntima que tenía con Dios. Es necesario de ayuda divina para poder perdonar y ayudar al ofensor.

III. Aplicación a la vida diaria

En algún momento de nuestra vida, nos enfrentaremos al gigante de lo desconocido e incomprensible. Circunstancias que afectarán nuestra vida, familia, trabajo, ministerio. Esas circunstancias difíciles pueden convertirse en gigantes que amenacen nuestra tranquilidad y el desarrollo de nuestra vida.

Según lo que hemos estudiado de la vida de José, podemos ver tres actitudes:una relación profunda con Dios, seguir haciendo lo correcto y un corazón perdonador.

José, después de muchos años, pudo entender que todas las malas experiencias que vivió fueron como una escalera para que él pudiera ser instrumento de bendición y preservación de su familia. El ser vendido como esclavo lo llevó a Egipto; el ser acusado injustamente en la casa de Potifar lo llevó a la cárcel donde conoció al copero del rey; el olvido del copero del rey le permitió presentarse ante Faraón en el momento preciso para interpretar el sueño y, por ello, llegó a ser gobernador de Egipto. Gracias a esa posición, pudo ayudar a su familia con alimentos y cuidados. Aunque José no podía ver el cuadro completo; siguió confiando en Dios y dando lo mejor de sí en cada etapa.

Aprender a confiar en Dios, creer que nada nos puede separar de su amor, aceptar que en medio de todo Dios está obrando para nuestro bien, nos hará más que vencedores (Romanos 8:28-39).

La vida cristiana no es solamente ir a la iglesia y hacer buenas obras. La vida cristiana se vive cada día y en medio de toda circunstancia. Nuestro objetivo debe ser llegar a ser como Cristo; y, para ello, debemos dejar que Dios nos moldee. Es en medio de circunstancias difíciles donde podemos conocerle mejor y crecer espiritualmente.

Conclusión

Cuando enfrentamos situaciones difíciles de entender, busquemos más de Dios, confiemos en sus promesas y creamos que Él usará esas circunstancias para seguir moldeándonos y alcanzar a otros con nuestro testimonio.

El gigante de lo desconocido e incomprensible

Lección 15

Hoja de actividad

Versículo para memorizar: "Vosotros pensasteis mal contra mí, mas Dios lo encaminó a bien..." Génesis 50:20a.

I. Situaciones desconocidas e incomprensibles (Génesis 37:1-36, 39:1-23, 40:1-23)

Mencione las cuatro situaciones difíciles e incomprensibles por las que atravesó José.

____

____

Recuerde alguna situación difícil que atravesó y compártala en su clase.

____

____

II. Actitudes frente a las situaciones desconocidas e incomprensibles

¿Cuáles fueron las actitudes de José frente a las circunstancias que tuvo que vivir?

____

____

De esas actitudes, ¿cuál es la que más le impactó? ¿Por qué?

____

____

III. Aplicación a la vida diaria

Explique cómo la confianza en el amor de Dios puede ayudarle a vencer al gigante de lo desconocido e incomprensible.

____

____

Escriba dos ideas sobre cómo puede enfrentar circunstancias difíciles en su vida.

____

____

Conclusión

Cuando enfrentamos situaciones difíciles de entender, busquemos más de Dios, confiemos en sus promesas y creamos que Él usará esas circunstancias para seguir moldeándonos y alcanzar a otros con nuestro testimonio.

Enfrentando la crítica

Dorothy Bullón (Costa Rica)

Pasajes bíblicos de estudio: Números 12; Efesios 5:1-2
Versículos para memorizar: "Sed, pues, imitadores de Dios como hijos amados. Y andad en amor, como también Cristo nos amó, y se entregó a sí mismo por nosotros, ofrenda y sacrificio a Dios en olor fragante" Efesios 5:1-2.
Propósito de la lección: Conocer cómo enfrentar la crítica mirando el ejemplo de Moisés.

Introducción

Uno de los grandes "gigantes" que tenemos que enfrentar tiene que ver con la crítica. ¿Quién de nosotros no fue criticado injustamente? Yo sí, y duele. ¿Quién de nosotros nunca criticó a nuestros superiores, al gobierno, a nuestros padres o hijos, o a nuestros colegas? Santiago tuvo razón al decir que "... la lengua es un miembro pequeño, pero se jacta de grandes cosas. He aquí, ¡cuán grande bosque enciende un pequeño fuego!" (Santiago 3:5).

Los dos grandes líderes que encontramos en la Biblia, Moisés y el apóstol Pablo, tuvieron que enfrentar duras críticas. Moisés tuvo que dirigir un pueblo que permanentemente se andaba quejando, como veremos en el incidente siguiente. Seis semanas después de sacar al pueblo de Egipto y cruzar milagrosamente el Mar Rojo, el pueblo se quejó ante Moisés: "Ojalá hubiéramos muerto por mano de Jehová en la tierra de Egipto, cuando nos sentábamos a las ollas de carne, cuando comíamos pan hasta saciarnos; pues nos habéis sacado a este desierto para matar de hambre a toda esta multitud" (Éxodo 16:3b).

Pablo tuvo que enfrentar la crítica de los judaizantes que cuestionaron su autoridad como apóstol. En II Corintios 11 está dedicado a su propia defensa. Tanto Moisés como Pablo se mantuvieron fieles al Señor aun cuando estaban siendo atacados por los demás.

El caso que debemos analizar tiene que ver con tres hermanos, Aarón, Moisés y María, y las consecuencias que sufrieron. En esta clase, vamos a observar que no toda crítica destruye. La crítica constructiva nos ayuda a identificar un problema y ofrece soluciones. Efesios 4:15 nos anima a seguir "la verdad en amor". Pero primero, examinemos la historia de estos tres hermanos, y cómo Dios respondió.

I. María y Aarón cuestionan la autoridad de Moisés como profeta (Números 12)

A. Presentación de María, Moisés y Aarón

En primer lugar, debemos entender quiénes fueron estos tres hermanos. Éxodo 2:1-10 narra cómo los padres de Moisés pusieron a su bebé (Moisés) en un canastillo de junco, en el río Nilo. La hija del Faraón lo encontró y tuvo compasión del pequeño Moisés (v.6); y la hermana del niño, probablemente María, propuso traer una nodriza hebrea para amamantar al bebé (v.7), y trajo a su madre a la princesa. Así que, en sus primeros años, Moisés tuvo la influencia cercana de su madre. I Crónicas 6:3 cuenta que "Los hijos de Amram fueron Aarón, Moisés y María" (DHH). Después de cruzar el Mar Rojo, Éxodo 15:20-21 narra que "la profetisa María, hermana de Aarón, tomó una pandereta, y todas las mujeres la siguieron, bailando y tocando panderetas, mientras ella les cantaba..." (DHH). De estos pasajes, podemos deducir que María era hermana mayor de Moisés; y fue reconocida por su liderazgo espiritual en el pueblo. Números 20:1 narra la muerte de María.

Ahora, vamos a ver algo de la historia del hermano mayor, Aarón. Cuando Dios llamó a Moisés en la zarza ardiente, él se sintió incapaz de llevar adelante la tarea. En Éxodo 4:13-14, leemos: "Moisés insistió: –¡Ay, Señor, por favor, envía a alguna otra persona! Entonces el Señor se enojó con Moisés, y le dijo: –¡Pues ahí está tu hermano Aarón, el levita! Yo sé que él habla muy bien..." (DHH). Aarón y Moisés fueron juntos a enfrentar al Faraón. Al principio, Aarón tomó la batuta; pero, poco a poco, Moisés cobró coraje, y juntos presentaron los castigos de Dios al pueblo egipcio en forma de 10 plagas, celebraron la primera Pascua y salieron de Egipto. Aarón fue nombrado por Dios el primer sumo sacerdote; y sus hijos formaron un clan de sacerdotes. Éxodo 7:7 cuenta algo muy curioso: "Moisés tenía ochenta años, y Aarón ochenta y tres, cuando hablaron con el faraón" (DHH). Ahora, tenemos un dato importante para el contexto de la situación que vamos a examinar en Números 12. María era la mayor por unos 8 ó más años, y todos ellos eran ancianos. Cada uno de estos hermanos tenía un rol que jugar: Moisés como el mediador entre Dios y el pueblo; Aarón como sacerdote; y María como profetisa.

B. La queja de Aarón y María (vv.1-2)

Números 12:1 dice: "María y Aarón hablaron contra Moisés a causa de la mujer cusita que había tomado; porque él había tomado mujer cusita". Al salir escapando de Egipto, Moisés se quedó en Madián, en casa de Jetro, trabajando como pastor de ovejas. Se casó con Séfora, la hija de Jetro; y tuvieron dos hijos, Gersón y Eliezer (Éxodo 2:21-22). Pasaron muchos años, y Moisés ya con ochenta años enfrentaba al Faraón, junto con su hermano. Después de algunos incidentes, no sabemos más de Séfora. Lo más probable es que ya había muerto. Entonces, ¿quién era "la cusita"? La versión Dios Habla Hoy la llama "una mujer etiope" (Números 12:1 DHH). No tenemos su nombre, solamente que era esposa de Moisés (probablemente su segunda esposa). Personas de muchas razas salieron de Egipto con los hebreos; entre ellos, personas de lugares como Cus. Moisés, como hombre de Dios, tenía derecho de buscar una compañera, aunque sea de una raza diferente. No se menciona hijos en este caso.

Da la impresión de que quien levantó la queja fue María, y Aarón la siguió; ya que ella fue la persona a quien Dios castigó más adelante. En Números 12:2, amplían la queja: "¿Solamente por Moisés ha hablado Jehová? ¿No ha hablado también por nosotros?" Aquí salía a luz la razón de fondo: ellos cuestionaban el rol de mediador que tenía Moisés. Lo de la esposa etíope parecía ser solamente un pretexto.

C. El Señor responde (vv.3-16)

La segunda parte del versículo 2 dice: "… Y lo oyó Jehová". Moisés siempre llevaba al Señor las quejas del pueblo acerca de Dios mismo; pero cuando la crítica era acerca de su propia persona, se calló. Moisés no reaccionó, esperó al Señor. El versículo 3 es un lindo elogio a este gran líder: "Y aquel varón Moisés era muy manso, más que todos los hombres que había sobre la tierra". Aquí hay una lección para nosotros cuando tenemos que enfrentar la crítica: mejor no reaccionar, orar y esperar.

Dios convocó a Moisés, Aarón y María a la tienda de reunión, donde descendió en una columna de nube; y llamó a Aarón y María a dar un paso adelante. Dios defendió a Moisés: "Él es el más fiel de todos mis siervos, y con él hablo cara a cara y en un lenguaje claro. Y si él me ve cara a cara, ¿cómo se atreven ustedes a hablar mal de él?" (vv.7b-8 DHH).

Dios castigó a María con una enfermedad de piel, como la lepra. Aarón reconoció su pecado, e intercedió con Moisés por la hermana mayor. Moisés oró al Señor por sanidad; pero ella tuvo que vivir afuera del campamento por una semana. Después, regresó sana y, probablemente, más humilde.

D. Lecciones de este incidente sobre la crítica

- La crítica del matrimonio mixto era un pretexto para cuestionar la autoridad espiritual de Moisés.
- Aarón no defendió a Moisés, e implícitamente fue parte de la crítica. Cuando escuchamos chismes o críticas tras las espaldas de otra persona, y nos callamos, estamos participando.
- Criticar injustamente es un pecado. Implica falta de amor y verdad. Aarón lo expresó claramente: "Y dijo Aarón a Moisés: ¡Ah! señor mío, no pongas ahora sobre nosotros este pecado; porque locamente hemos actuado, y hemos pecado" (v.11).

II. La crítica en la Biblia

A. Algunos proverbios sabios sobre la crítica

- Proverbio 18:13 dice: "Es una necedad y una vergüenza responder antes de escuchar" (DHH).
- Proverbio 29:20 dice: "¿Ves a un hombre precipitado en sus palabras? Más esperanza hay para el necio que para él" (NBLA).
- Proverbio 15:1 dice: "La blanda respuesta quita la ira; Mas la palabra áspera hace subir el furor".
- Proverbio 28:23 dice: "El que reprende al hombre, hallará después mayor gracia Que el que lisonjea con la lengua".

B. Jesús y la crítica

- En la Parábola del fariseo y el publicano (Lucas 18:11-14), el fariseo se consideraba un verdadero judío; porque no era "como los otros hombres, ladrones, injustos, adúlteros, ni aun como este publicano" (v.11). Mientras que el publicano levantó un sencillo y sincero grito: "Dios, sé propicio a mí, pecador" (v.13). En otro momento, Jesús se invitó a la casa de Zaqueo, el jefe de publicanos. Después de esta visita, Zaqueo era un hombre cambiado. Jesús no juzgaba su oficio; pero percibió sus necesidades como persona. No juzgaba a la gente por lo que se veía afuera. Así que ministró a leprosos, mujeres de mal vivir, publicanos, una mujer con un flujo de sangre, un sordomudo, entre otros. Jesús enseñó que, si no queremos ser juzgados, no debemos juzgar a otros (Mateo 7:1-5).
- Mateo 18:15 demuestra cómo dar una crítica constructiva: "Por tanto, si tu hermano peca contra ti, ve y repréndele estando tú y él solos; si te oyere, has ganado a tu hermano".
- En Mateo 7:12, tenemos la Regla de oro que incluye cómo empleamos la lengua: "Así pues, hagan ustedes con los demás como quieran que los demás hagan con ustedes; porque en eso se resumen la ley y los profetas" (DHH).

C. San Pablo y la crítica

- 2 Timoteo 2:24-25 dice: "Porque el siervo del Señor no debe ser contencioso, sino amable para con todos, apto para enseñar, sufrido; que con mansedumbre corrija a los que se oponen, por si quizá Dios les conceda que se arrepientan para conocer la verdad".

- I Corintios 13:4-7 dice: "El amor es sufrido, es benigno; el amor no tiene envidia, el amor no es jactancioso, no se envanece; no hace nada indebido, no busca lo suyo, no se irrita, no guarda rencor; no se goza de la injusticia, mas se goza de la verdad. Todo lo sufre, todo lo cree, todo lo espera, todo lo soporta".
- Colosenses 3:13 expresa: "soportándoos unos a otros, y perdonándoos unos a otros si alguno tuviere queja contra otro. De la manera que Cristo os perdonó, así también hacedlo vosotros".
- Gálatas 5:15 dice: "Pero si os mordéis y os coméis unos a otros, mirad que también no os consumáis unos a otros".
- Filipenses 2:14-16 expresa: "Haced todo sin murmuraciones y contiendas, para que seáis irreprensibles y sencillos, hijos de Dios sin mancha en medio de una generación maligna y perversa, en medio de la cual resplandecéis como luminares en el mundo; asidos de la palabra de vida, para que en el día de Cristo yo pueda gloriarme de que no he corrido en vano, ni en vano he trabajado".

III. La crítica constructiva y la crítica destructiva

Sara Sanchis, en la página web de Psicología en línea, define claramente estos conceptos: «La crítica constructiva es aquella crítica a partir de la cual "se construye" algo nuevo y bueno... Las críticas constructivas tienen la finalidad de reducir o eliminar la conducta errónea e impulsar una nueva respuesta que elimine los efectos nocivos de la anterior y genere algo nuevo y bueno para todos. Estas críticas se realizan siempre de manera respetuosa, haciendo uso de la comunicación asertiva y con la intención final de fortalecer y fomentar el crecimiento de la persona» (Recuperado de https://www.psicologia-online.com/diferencias-entre-la-critica-constructiva-y-destructiva-6834.html, el 07 de julio de 2023).

Por el contrario, «Las críticas destructivas son correcciones que "destruyen" internamente a la persona a la que van dirigidas. Este tipo de crítica se realiza de manera impulsiva, sin filtros, irrespetuosamente y, aunque en muchas ocasiones puede darse sin apenas tomar conciencia del daño provocado, a veces también se puede realizar con una clara intención de ofender. La mayor parte de la población tiende a realizar críticas destructivas porque, en general, no hemos sido educados en la emisión de críticas constructivas" (Recuperado de https://www.psicologia-online.com/diferencias-entre-la-critica-constructiva-y-destructiva-6834.html, el 07 de julio de 2023).

Vamos a pensar en algunos ejemplos en el contexto de una familia. En el caso de que uno tiene un hijo muy desordenado; y como madre o padre, queremos que su cuarto sea ejemplar, uno puede decir: "Tú siempre botas las cosas por todos lados. ¿Cuándo vas a aprender a ser ordenado?" ¿Cuál será el efecto sobre el chico?... Sin embargo, haciendo uso de la crítica constructiva, uno puede decir: "Tu cuarto está un poco desorganizado; pero yo creo que, si trabajamos los dos juntos, podemos arreglarlo en un dos por tres. ¿Te parece?"

La crítica de María y Aarón a Moisés era destructiva. La implicación era que hizo algo malo al casarse con la cusita, y que esto invalidó su ministerio; o que María podía hacerlo mejor que él, ya que ella tenía también el don de profecía. La meta principal en cualquier relación cristiana debe ser ayudarse unos a otros a crecer en Cristo (Efesios 4:14-16). Esto significa que las críticas deben estar dirigidas a edificar, no a derribar (2 Corintios 13:10). Entonces, cuando hable, considere en oración cómo es que sus palabras pueden ser medios de gracia constructivos que ayuden a otros a madurar en Cristo (Efesios 4:29). Debemos pensar antes de hablar, y ser humildes. Nuestras palabras deben ser suaves y amorosas.

Cuando recibimos críticas, debemos tomarlas como oportunidades para crecer, con humildad y gratitud. Si nos sentimos heridos; tratar de entender el porqué de la crítica y, si es necesario, tener perdón en nuestro corazón si nos han ofendido.

Conclusión

En resumen, de Efesios 5:1-2 podemos aprender dos claras órdenes: imitar a Dios y andar en amor. Aprendamos a recibir crítica con gracia; y cuando sintamos que alguna cosa en otra persona podría ser corregida, buscar comunicarse en forma amorosa y positiva, construyendo.

Enfrentando la crítica

Hoja de actividad

Versículos para memorizar: "Sed, pues, imitadores de Dios como hijos amados. Y andad en amor, como también Cristo nos amó, y se entregó a sí mismo por nosotros, ofrenda y sacrificio a Dios en olor fragante" Efesios 5:1-2.

I. María y Aarón cuestionan la autoridad de Moisés como profeta (Números 12)

¿Cuáles fueron las dos críticas de Aarón y María hacia Moisés?

___

___

¿Cómo definiría la palabra "crítica"?

___

___

II. La crítica en la Biblia

¿Qué nos dicen Mateo 18:15 y Mateo 7:12 que podemos aplicar al uso de la crítica?

___

___

¿Cómo lo puedo aplicar hoy?

___

___

III. La crítica constructiva y la crítica destructiva

Defina lo que es la crítica constructiva y dé un ejemplo.

___

Defina lo que es la crítica destructiva y dé un ejemplo.

___

___

Conclusión

En resumen, de Efesios 5:1-2 podemos aprender dos claras órdenes: imitar a Dios y andar en amor. Aprendamos a recibir crítica con gracia; y cuando sintamos que alguna cosa en otra persona podría ser corregida, buscar comunicarse en forma amorosa y positiva, construyendo.

¡Tengo miedo!

Josué Villatoro (México)

Pasajes bíblicos de estudio: I Samuel 17:4,11,24, 18:7-10, 21:12-14; Salmo 56:3; Mateo 1:20; Marcos 5:36; Lucas 1:13; Hechos 18:9, 27:24
Versículo para memorizar: "En el día que temo, Yo en ti confío" Salmo 56:3.
Propósito de la lección: Entender que tener miedo no es un pecado; sino un aspecto natural de la vida humana. En medio de ello, a quienes confiamos en el Señor, Él nos da la fortaleza mediante su Palabra para enfrentarlo, vencerlo y dar testimonio de ello.

Introducción

Danna, mi esposa, es una mujer muy valiente. Es atrevida, determinada, aventurera, le gusta la emoción y la adrenalina. Además, es una persona resiliente, que sale adelante aun en las situaciones más adversas; y que supo hacer frente a las dificultades que se le presentaron. Pero todo cambia cuando aparece una rana. Un animal indefenso, que no pica, que no muerde, que no representa amenaza alguna para la vida humana, que está simplemente ahí, existiendo, sentada en medio del estacionamiento. Este animalito es capaz de poner de cabeza a la mujer más valiente que conozco: no puede seguir caminando, suelta todo lo que trae en su mano, vuelve al auto para no salir hasta tener completa certeza de que no hay ranas a un kilómetro a la redonda; y entra corriendo como si viniera un ejército de ellas para comerla.

¿Cuál es la respuesta a esta bochornosa situación? El miedo. Mi esposa tiene miedo a las ranas. Ese miedo la transforma, la bloquea, la hace tomar decisiones extrañas, y la saca de sus casillas por completo. ¿Conoce usted a alguien así? Estoy seguro de que sí, aunque quizá no sean las ranas lo que le cause temor. Los miedos son totalmente variados. Yo conozco personas que sienten miedo al estar en un lugar muy alto; otros, que entran en choque al subirse a un avión; otros, que tiemblan al ver una aguja; e, incluso, tengo un familiar cercano que le tiene miedo a las plumas de cualquier ave, así es, no al ave, a las plumas.

¿Qué es esta sensación que nos paraliza?, ¿cómo funciona?, ¿por qué la sentimos?, ¿cómo es que llega a apoderarse de nosotros? Pero, más importante, ¿qué dice Dios respecto al miedo?, ¿está permitido que los cristianos lo experimenten?, ¿qué podemos hacer ante él? Esta lección intentará responder estas y otras preguntas.

I. ¿Cómo funciona el miedo? (I Samuel 17:11,24)

El miedo es uno de los aspectos más básicos de la vida humana. Todos lo tenemos. Todos lo enfrentamos. Todos hemos sido presa de él más de una ocasión en la vida. El miedo es una emoción humana, respuesta a un elemento que trae inestabilidad a nuestra vida, y cuyo desenlace no conocemos. Por ejemplo, están aquellos que tienen miedo a las alturas: la inestabilidad de no estar en suelo firme, y de no saber si podrían caer desde donde están; otros tienen miedo a subir a un avión: la inestabilidad de ir en un medio de transporte desconocido, y no saber si cuenta con todas las medidas de seguridad apropiadas; algunos más, tienen miedo a tomar una decisión sobre el trabajo, los estudios o la vida amorosa: la inestabilidad de un cambio significativo en la vida, y el desconocimiento de cómo esto podría terminar.

Si hablamos de lo que ocurre en nuestro cuerpo; el miedo provoca que nuestro corazón se acelere, que comencemos a sudar de manera copiosa, que las pupilas de nuestros ojos se dilaten. Además, a nivel cerebral, existe liberación de las hormonas cortisol, la llamada hormona del estrés, y adrenalina, cuya liberación nos permite reaccionar rápidamente de maneras en que no podríamos hacerlo en situaciones normales: correr, brincar, gritar. Todas estas son reacciones normales que nuestro cuerpo, creado perfectamente por Dios, realiza al sentirse amenazado por algo. ¡Y eso es bueno! Si no tuviéramos esa capacidad de reacción ante una amenaza; quizá estaríamos muertos.

El problema es que, en ocasiones, esa reacción se vuelve exagerada. Vemos amenazas en todos lados, sentimos temor de todas las cosas, creamos situaciones imaginarias, y sentimos que nuestra vida está en peligro constante. Ese miedo exagerado pone al cuerpo en un estado de emergencia continua, hace que todo el tiempo se liberen las hormonas mencionadas; y esto puede traer consecuencias serias a nuestro cuerpo: úlceras estomacales, traumas psicológicos, desórdenes mentales, entre otros.

Imaginar permanentemente un peligro hace que el cortisol se libere continuamente, se consuma todo el azúcar del cuerpo, e incluso baje el nivel de respuesta inmunológica.

Si eso uno lo arrastra todo el tiempo; se puede enfermar más rápido. En el cerebro, también hay repercusiones: todo ese cortisol aumenta el tamaño de la amígdala, y disminuye las de otras regiones que son importantes para suprimir el miedo. Si esta situación sigue durante mucho tiempo; puede causar cambios en la conformación del cerebro y en la respuesta fisiológica ante el miedo (Recuperado de https://www.gaceta.unam.mx/el-miedo-respuesta-de-sobrevivenciahumana/#:~:text=El%20miedo%20genera%20respuestas%20fisiológicas,hormonas%20como%20cortisol%20y%20adrenalina, el 19 de julio de 2023).

Podemos encontrar todas estas reacciones en los miembros del ejército de Israel ante el gigante Goliat. Guerreros profesionales, acostumbrados a la batalla, con amplio recorrido en enfrentamientos y con experiencia en combate, quedaban mudos y turbados al ver al guerrero filisteo, y escuchar sus amenazas. Era tal el miedo que, a pesar de que no estaban pegados a Goliat, al escucharlo, huían y se escondían (1 Samuel 17:11,24). Goliat representaba una amenaza para la vida de todos los soldados israelitas; sus cuerpos eran víctimas de los cambios producidos por el temor, lo que los paralizaba y dejaba sin capacidad de reacción. Eso es justamente el miedo, un gigante que nos paraliza.

II. ¿Qué dice la Biblia sobre el miedo? (1 Samuel 21:12-14; Salmo 56:3)

Muchas personas opinan que los cristianos no deben sentir temor. Existen algunos que, incluso, al aconsejar a alguien, dicen: "No tengas miedo". Sin embargo, la Biblia dice algo distinto. En el libro de los Salmos, encontramos la siguiente declaración: "En el día que temo, Yo en ti confío" (56:3). Vea cómo comienza: "En el día que temo", en el momento en que siento temor. Es interesante notar que estas palabras son exclamadas por el mismo David. Así es, el muchacho que venció al gigante, el que no sintió temor, el que con valentía fue a enfrentar a Goliat; ahora, poco tiempo después, decía que tenía miedo.

Unos cuantos meses atrás, David había matado al gigante filisteo, y se había vuelto tremendamente popular en Israel; incluso, su popularidad era más alta que la del rey Saúl (1 Samuel 18:7). Esto provocó los celos de Saúl (18:8-9), quien, a partir de entonces, poseído por un espíritu malo (18:10), intentó matar a David. Desde ese día, David comenzó a huir de Saúl, para preservar su vida. Esta huida lo llevó hasta la ciudad de Gat, de la cual Goliat era oriundo (1 Samuel 17:4), quizá con la intención de pasar desapercibido y prestar sus servicios como guerrero anónimo, pensando que nadie iría a buscarlo allí. Sin embargo, la gente del lugar lo reconoció, y lo denunciaron ante el rey Aquis. Esto provocó un enorme temor en David (1 Samuel 21:12), tanto fue así que, el que antes se había puesto al frente del ejército israelita, que increpó al gigante y lo mató de manera decidida, ahora se hacía pasar por loco, y hasta dejaba que su saliva chorreara por su rostro (21:13), para que no le hicieran nada.

Este es el contexto del Salmo 56. David, el valiente, tenía miedo. David, el decidido, sentía temor. David, el determinado, se hacía pasar por loco. Sin embargo, en medio del temor, en medio del riesgo que sentía ante su vida, David dijo: "Yo en ti confío [Señor]". Y este es justamente un primer principio que debemos recuperar: está bien tener miedo, es normal sentirlo, es parte de nuestra naturaleza humana; pero, al sentir temor, al enfrentarnos ante un miedo que quiera paralizarnos, nuestra fe debe movernos a confiar en aquel que nos ama, y ha prometido estar con nosotros todos los días, hasta el fin del mundo: nuestro Señor Jesucristo (Mateo 28:20).

Sin embargo, a pesar de que el miedo es una emoción normal en nuestra vida, la Palabra del Señor nos invita a poner nuestra confianza en nuestro Padre. Dios, quien nos creó de manera perfecta, no va a quitar de nosotros ciertas reacciones que Él mismo diseñó; es decir, no va a hacer que dejemos de sentir miedo en determinados momentos de nuestra vida, pero sí va a fortalecernos con el poder de su Palabra, va a llenarnos de su presencia, y nos da su Espíritu que nos guía y fortalece. Toda la Biblia, de tapa a tapa, está llena de promesas de Dios que nos permiten confiar en Él, en los momentos en que el miedo viene a nosotros. Vea lo que dicen los siguientes pasajes bíblicos respecto al miedo:

Deuteronomio 31:7-8 expresa: "Y llamó Moisés a Josué, y le dijo en presencia de todo Israel: Esfuérzate y anímate; porque tú entrarás con este pueblo a la tierra que juró Jehová a sus padres que les daría, y tú se la harás heredar. Y Jehová va delante de ti; él estará contigo, no te dejará, ni te desamparará; *no temas ni te intimides*" (énfasis añadido).

Josué 1:9 dice: "Mira que te mando que te esfuerces y seas valiente; *no temas ni desmayes"*, porque Jehová tu Dios estará contigo en dondequiera que vayas" (énfasis añadido).

Salmo 118:6-9 expresa: "Jehová está conmigo; *no temeré"* Lo que me pueda hacer el hombre. Jehová está conmigo entre los que me ayudan; Por tanto, yo veré mi deseo en los que me aborrecen. Mejor es confiar en Jehová Que confiar en el hombre. Mejor es confiar en Jehová Que confiar en príncipes" (énfasis añadido).

Isaías 41:10 dice: *"No temas, porque yo estoy contigo;* no desmayes, porque yo soy tu Dios que te esfuerzo; siempre te ayudaré, siempre te sustentaré con la diestra de mi justicia" (énfasis añadido).

Juan 14:27 expresa: "La paz os dejo, mi paz os doy; yo no os la doy como el mundo la da. No se turbe vuestro corazón, *ni tenga miedo"* (énfasis añadido).

Romanos 8:15 dice: "Pues no habéis recibido el espíritu de esclavitud *para estar otra vez en temor,* sino que habéis recibido el espíritu de adopción, por el cual clamamos: ¡Abba, Padre!" (énfasis añadido).

Filipenses 4:6-7 dice: *"Por nada estéis afanosos,* sino sean conocidas vuestras peticiones delante de Dios en toda oración y ruego, con acción de gracias. Y la paz de Dios, que sobrepasa todo entendimiento, guardará vuestros corazones y vuestros pensamientos en Cristo Jesús" (énfasis añadido).

I Juan 4:18 expresa: "En el amor no hay temor, sino que *el perfecto amor echa fuera el temor;* porque el temor lleva en sí castigo. De donde el que teme, no ha sido perfeccionado en el amor" (énfasis añadido).

III. ¿Cómo podemos aplicar esos principios a nuestra vida? (Hechos 18:9, 27:24)

Estoy seguro de que usted tiene miedo acerca de algo. Piénselo con detenimiento por un par de minutos; ¿qué es aquello que trae una sensación de inseguridad a su vida?, ¿qué situación le paraliza, no le permite avanzar, impide su crecimiento en fe y en amor hacia el Señor? Quizá usted tuvo algunas sensaciones extrañas en su cuerpo en las últimas semanas; y eso le produce miedo de padecer alguna enfermedad grave. Quizá sus hijos están saliéndose de su control; y eso le produce miedo de que se alejen de usted o se vayan de la casa. Quizá su negocio no está yendo tan bien como antes; y eso le produce miedo de que falte provisión en casa. Quizá está frente a una decisión importante; y eso le produce miedo de las consecuencias negativas que pueda traer a su vida. Quizá tiene una deuda económica que está siendo difícil de pagar; y eso le causa miedo de perder su patrimonio. Quizá algún familiar está pasando por un proceso de enfermedad; y eso le causa miedo de que fallezca y le pierda en esta vida.

La lista podría extenderse mucho más; pero, si usted está enfrentándose a un miedo como estos, o a algún otro que no fue mencionado aquí, lo primero que debe saber es que no está pecando contra Dios. Tener miedo es normal, es parte de la experiencia humana; Dios nos creó así. Pero lo que no puede permitir es que ese miedo le domine por completo, le paralice, le robe la paz, la alegría, la bendición de vivir, le aleje de Dios y de la iglesia, y le haga negar su fe.

Al contrario, tome su miedo, y haga lo que hizo David: cuando siento temor, pongo mi confianza en el Señor. ¿Siente miedo? Está bien. Dígaselo al Señor, vaya a la Biblia, lea los pasajes que hemos puesto aquí, ore, confiese al Señor su temor, busque a hermanos de la iglesia, a su pastor, hable con ellos. ¡No está mal tener miedo! Confiese su sentir a sus hermanos; pida que oren con usted, por usted. Vaya a casa; y en lugar de alimentar sus pensamientos con miedo, aliméntelos con la bendita Palabra de Dios.

En muchas ocasiones, los miedos que sentimos son infundados, vienen de suposiciones nuestras, de heridas emocionales que no sanaron, de recordar episodios tristes en nuestra vida. Si ese fuera el caso; entregue al Señor sus pensamientos, pídale en oración que le ayude a sanar eso, y busque ayuda profesional, como terapia psicológica (de preferencia, con un psicólogo cristiano), que le permita vencer ese pasado, y superar ese miedo.

El miedo es un gigante que nos dice que no podremos hacer nada, que nos presentará los peores escenarios posibles, que nos hará sentir pequeños, insignificantes; sin embargo, el Señor está con nosotros, nuestro refugio es el Dios de Jacob (Salmo 46:11).

Conclusión

El miedo es una emoción humana natural; y nosotros, los cristianos, todavía podemos experimentarlo, y con frecuencia. Sin embargo, la Palabra de Dios nos invita a poner nuestra confianza entera en nuestro Padre, quien nos ama, nos cuida, nos protege de todo mal, y nos ofrece su gracia constante para salir adelante de cualquier situación.

¡Tengo miedo!

Hoja de actividad

Versículo para memorizar: "En el día que temo, Yo en ti confío" Salmo 56:3.

I. ¿Cómo funciona el miedo? (1 Samuel 17:11,24)

¿A qué le tiene miedo? Reflexione en aspectos que le preocupan sobremanera, y que traen sensación de inseguridad a su vida.

___

___

¿Conoce a alguna persona que esté experimentando en su salud los estragos de un miedo exagerado? A la luz de lo estudiado, ¿qué consejos le daría?

___

___

II. ¿Qué dice la Biblia sobre el miedo? (1 Samuel 21:12-14; Salmo 56:3)

¿Qué le hace pensar el hecho de que David, pocos meses después de mostrar enorme valentía, luego sintiera un profundo temor?

___

___

De los pasajes estudiados, ¿cuál trae mayor seguridad y crecimiento en fe a su vida? ¿Por qué?

___

___

III. ¿Cómo podemos aplicar esos principios a nuestra vida? (Hechos 18:9, 27:24)

Si tuviera que aconsejar a una persona que viene a usted diciendo que siente profundo temor sobre algo; ¿qué le diría?

___

___

¿Está bien que los cristianos sientan miedo? ¿Por qué?

___

___

Conclusión

El miedo es una emoción humana natural; y nosotros, los cristianos, todavía podemos experimentarlo, y con frecuencia. Sin embargo, la Palabra de Dios nos invita a poner nuestra confianza entera en nuestro Padre, quien nos ama, nos cuida, nos protege de todo mal, y nos ofrece su gracia constante para salir adelante de cualquier situación.

Venciendo la ira

Joel Castro (España)

Pasaje bíblico de estudio: Efesios 4:26-27
Versículo para memorizar: "... todo hombre sea pronto para oír, tardo para hablar, tardo para airarse" Santiago 1:19.
Propósito de la lección: Reflexionar y ser consciente de que nuestra batalla contra la ira se lleva a cabo desde nuestro interior; y la única manera de vencerla es a través del Espíritu.

Introducción

Hablar de la ira es tocar un asunto que compete a toda la humanidad. Unos más que otros pueden lidiar con este sentimiento. La Biblia nos relata la historia de cómo un pequeño pastor pudo vencer a un gigante que medía tres o cuatro veces más que él (1 Samuel 17). En esta historia, también se encuentra el personaje de un rey cuya característica era de un hombre fuerte, poderoso y bien armado, que podía haber luchado contra aquel gigante; sin embargo, a pesar de su mucha fortaleza física, se resistió y fue acobardado. Tras él, una nación se echaba a perder por sus malas decisiones. De manera figurativa, se puede entender la diferencia que hay entre dos personas que luchan contra un gigante. El primero, que era el rey Saúl, de personalidad fuerte, dominante e impulsiva; pero que cobardemente cayó en la desesperación, vencido por su gigante interior más que el gigante exterior. Así es la ira, un gigante que quema interiormente hasta vencerle y dejarle en la vergüenza. El segundo personaje, que fue David, demuestra una personalidad estratégica, voluntariosa y analítica, que confió interiormente en la fuerza divina para vencer al gigante. Quien reconoce el poder de Dios en su vida podrá vencer al gigante de la ira. A continuación, algunas declaraciones bíblicas y científicas sobre la ira.

I. La ira y sus consecuencias

La ira o el enojo es un sentimiento que como tal se refleja de muchas maneras en todas las relaciones humanas, entre esposos, entre padres e hijos, entre compañeros de trabajo y también entre hermanos de la iglesia, etc. Dios le confirió de esta emoción al individuo como parte de su carácter para su supervivencia. Pero si la persona no sabe controlar su ira; puede verse en graves problemas.

Según la ciencia de la psicología, la ira es «un estado emocional caracterizado por sentimientos de enojo o enfado y que tiene una intensidad variable. La ira es el primer peldaño en el continuo "ira-hostilidad-agresividad"» (Guía Informativa UPC. Rápido pero no furioso: Pautas para el manejo de la ira. Perú: Laureate, s.a., p.3). Como afirma esta definición, la ira tiene intensidades que son fases que, a mayor arraigo, puede generar descontrol, rabia y violencia.

Muchas personas, por falta de autocontrol, caen en la maraña de la ira; y no tienen reparos en demostrarla por cualquier molestia o incomodidad. Se enojan fácilmente; por ejemplo, si el bus sale atrasado, si hace mucho calor o mucho frío, si la comida no tiene la temperatura que desea, si su equipo favorito no gana, si le cobraron de más en un recibo, etc. Cuando las personas no son capaces de tolerar cualquier experiencia de frustración, la irritación se intensifica y llega a tener conductas déspotas y agresivas.

La ira generó muchas consecuencias fatales y hasta mortales. Dividió familias; las parejas irreflexivas que no se toleran se separan o se divorcian; los hijos que en una discusión intensa se agreden; el jefe déspota que trata verbalmente mal a su trabajador, haciendo perder beneficio y trabajo. Conozco el caso de un hombre que, en su ira, reaccionó con lo que tenía en su mano; y tenía un martillo que lo usó violentamente golpeándole en la frente de su prójimo ocasionándole una gran herida. El resultado más extremo de la ira son los asesinatos o suicidios. En este sentido, es triste el panorama en nuestra sociedad cuando escuchamos casos de decesos entre parejas o esposos.

También se comprobó que la ira, como emoción fuerte, ocasiona enfermedades físicas como la colitis, los problemas cardiacos, la presión alta, etc. Tim Lahaye nos cuenta la siguiente historia: «Un psicólogo me dijo que el 97% de los pacientes que lo consultaban por úlcera de estómago, padecen esa enfermedad debido al enojo. Tanto así que una de las primeras preguntas que ese especialista les formula a los pacientes ulcerosos es: "¿Contra quién está furioso?" Luego comentaba el psicólogo: "Generalmente se ponen furiosos conmigo luego de esa pregunta'» (Lahaye, Tim. Temperamentos controlados por el Espíritu. EUA: Unilit, 1990, p.93). Está claro que dar lugar a la ira trae múltiples problemas emocionales, físicos y espirituales.

II. La ira en la Biblia

A. Casos de ira

La Biblia recopila muchos casos de personas iracundas. Veamos estas tres historias:

1. El primer asesinato fraterno de la historia humana lo ejecutó Caín contra su hermano Abel (Génesis 4). Los celos y la envidia alimentaron la ira de Caín; y, como consecuencia, usó de su astucia para asesinar a su hermano Abel. La ira puede trabajar en el interior de la persona incitándole a la venganza. Lamentablemente, Caín permitió que la ira planificara la muerte de su hermano.

2. Los hermanos de José fueron enceguecidos con el odio; y, airados, vendieron a su hermano a los ismaelitas (Génesis 37). Aquí, la ira trajo desolación a Jacob por la perversidad de los hijos mayores. La ira es una emoción que, según su intensidad, hace que el individuo cometa crueldades sin importar si es su familia o no.

3. Los gobernantes injustos movidos por su ira fueron contra el profeta de Dios y le azotaron sin compasión (Jeremías 37:11-15). Jeremías experimentó muchas atrocidades de sus autoridades civiles por cumplir con su llamado. Existen personas que cuando llegan al poder abusan de su autoridad; y, en su ira, ocasionan daños a sus semejantes. La ira bloquea la razón y hace que el iracundo actúe agresivamente sin escuchar razones. ¿Cuántas personas, en vez de escuchar y analizar la situación, actúan en ira, movidas por su prejuicio pecaminoso?

Y podríamos ver más casos de personas iracundas, como el de Saúl que insultó a su hijo (1 Samuel 20:30); o cuando quiso matar a David (1 Samuel 19); Nabal que no tuvo reparos de actuar mal contra su rey y, por ende, fue herido de muerte (1 Samuel 25); Jonás que se enojó contra Dios por una calabacera (Jonás 4); o aquellos hombres religiosos y sectarios que asesinaron a Esteban por ser un seguidor de Jesús (Hechos 7:54-60).

B. Reflexiones sobre la ira

Dios conoce muy bien los corazones; y, por eso, quiere que el humano entienda los males y consecuencias de la ira. Reflexione con las siguientes citas bíblicas, y permita que Dios trate con su gigante.

1. "El que fácilmente se enoja hará locuras..." (Proverbio 14:17). Toda la humanidad se mueve por sus emociones; y algunos más que otros pueden ser manipulados por su ira que les hará hacer, como dice este versículo, "locuras". Esto es porque fácilmente salen de sus casillas y actúan negativamente. Por ejemplo, un joven que en su enojo da puñetes sobre la pared y termina haciéndose daño la mano hasta sangrar. O alguien que, en su enojo, dice muchas barbaridades contra los que supuestamente los quiere mucho. Hay personas que llevan el enojo como marca en su carácter; estos siempre encuentran una razón para enojarse. Quien fácilmente se enoja queda retratado por sus actos tontos y ridículos; y estará expuesto al menosprecio de los demás.

2. "El hombre iracundo promueve contiendas..." (Proverbio 15:18). Una persona iracunda siempre quiere arreglar sus problemas de manera furiosa, irritable y violenta. Por ejemplo, dos conductores en la calle, que tuvieron un percance por cualquier distracción o malentendido; pero, en vez de arreglar el problema con el diálogo y la comprensión, estos llevados por su ira acaban en peleas violentas. O aquellos padres que, por sobreproteger a sus hijos, cualquier cosa que escuchen de ellos lo malentienden; y, en sus prejuicios, se enfurecen contra otros.

Juan y Jacobo eran personas iracundas, les llamaban "hijos del trueno" por su carácter fuerte y vehemente. En una oportunidad, cuando vieron que los samaritanos les rechazaron, pidieron a Jesús que haga descender fuego del cielo y queme a los habitantes de Samaria (Lucas 9:54). Si de ellos dependiera, lo hubieran hecho.

El iracundo necesita que el Espíritu Santo controle su vida. Sólo el Espíritu Santo traerá longanimidad al carácter del hijo de Dios; y así será capaz de apagar fuegos de violencia. Jesús dijo que son "Bienaventurados los pacificadores" (Mateo 5:9), no los contenciosos.

3. "El de grande ira llevará la pena; Y si usa de violencias, añadirá nuevos males" (Proverbio 19:19). El versículo hace una connotación: "grande ira"; esto se refiere a una ira dominante, vehemente y arbitraria que, como resultado, traerá muchos males. La versión Vulgata dice: "Quien es impaciente lo pasará mal; y si usa de violencias, añadirá nuevos males". Y tristemente, la ira cuando es ingobernable llevará a la violencia. Alguien dijo que la ira tiene dos parientes: el orgullo y resentimiento, estos son dos males añadidos cuando el enojo se hace un hábito. En una persona extrovertida, la ira engendra orgullo, altivez y soberbia; pero, en las personas introvertidas, la ira engendra odio, resentimiento y antipatía.

4. "El hombre iracundo levanta contiendas, Y el furioso muchas veces peca" (Proverbio 29:22). Tanto "iracundo" como "furioso" denotan lo mismo; pero el autor lo usa para dar mayor intensidad en el ardor de la ira. Dos hermanos que explotan no sólo se hablan ásperamente; sino siguen hasta herirse con sus palabras. Luego, viene el chisme, la calumnia y otros males alrededor de la familia. Bien dijo Santiago que un pequeño fuego enciende un grande bosque (Santiago 3:5). La ira abre paso a la irritación, violencia y toda obra pecaminosa. El apóstol Pedro aconseja a los esposos a vivir mutuamente con sabiduría; para que el enojo no sea un estorbo en sus oraciones (1 Pedro 3:7). Jesús ordenó "amar al prójimo", cualquier disgusto puede ser tratado mejor con el dominio propio. La vida espiritual es muy frágil; el primer mandamiento de "amar a Dios" depende del segundo que es "amar al prójimo". No se puede cumplir uno sin el otro. El pecado es un obstáculo ante Dios; lo mejor es arreglarlo para hallar bendición. Mire el siguiente versículo.

5. "Airaos, pero no pequéis; no se ponga el sol sobre vuestro enojo, ni deis lugar al diablo" (Efesios 4:26-27). Como seres emocionales, sólo necesitamos a otra persona para manifestar nuestra sensibilidad o dureza. Una vez oí que el 99.9% de discusiones siempre acaban en peleas. Sé que es una exageración; pero el carácter es frágil para quienes se dejan manipular por sus emociones, y no tienen firmeza de hacer un alto para no llegar a las ofensas. Con la expresión: "ni deis lugar al diablo", el apóstol Pablo quiso que entienda dos cosas: primero, detectar al enemigo en el altercado. El propósito del diablo es dividir y alejarle de los que más quiere. El resentimiento, el odio y las ofensas no son de Dios; sino del diablo. Y, en segundo lugar, usted elige. Dependerá de usted permitir o no el dar lugar a sus artimañas; es decir, cuando vea que su ira o enojo le está llevando al rencor y la indiferencia, entonces está permitiendo que el diablo ocupe su corazón. Pablo exhortó a los gálatas a no dar lugar a las obras de la carne (Gálatas 5:20-21). El psicólogo Tim Lahaye afirma: "Hay quienes no se consideran iracundos porque no saben los distintos disfraces tras los cuales se oculta la ira. La siguiente tabla describe 16 variantes de la ira: amargura, malicia, gritería, envidia, resentimiento, intolerancia, crítica, venganza, ira, odio, disensiones, celos, agresión, habladurías, sarcasmo e implacabilidad" (Lahaye, Tim. Temperamentos controlados por el Espíritu. EUA: Unilit, 1990, p.87). Lo que afirma Tim es que hay muchas maneras de actuar en ira. El diablo estará detrás de cada discusión siempre para motivarle a caer en sus redes perversas y maliciosas.

III. La ira en su vida diaria

Como la ira es una emoción que puede desencadenar diferentes acciones perversas, es importante que sepa controlarla. El propósito de esta lección no es dejar de airarse, porque siempre habrá disgustos; pero sí quiero que suba un peldaño en su madurez espiritual y pueda controlar su emoción. Para ello, practique estos dos consejos:

Primero, ante la astucia del diablo para manipular sus emociones, la carta de Santiago hace una exhortación: "Someteos, pues, a Dios; resistid al diablo, y huirá de vosotros" (Santiago 4:7). Dos cosas importantes en la disciplina espiritual: someterse y resistir al diablo. Se somete a Dios a través de la disciplina espiritual, orando, leyendo la Biblia, congregándose, etc. Entonces, hallará poder para resistir al diablo y vencer toda obra carnal. Esto es a diario; porque el tentador volverá y querrá hacerle caer, pero usted siga fortaleciéndose en el poder de su fuerza cada día.

Segundo, para no dejarse vencer por la ira, Jesús envió a su Espíritu Santo para administrar dominio propio a su ser. Sólo un corazón en comunión con Dios, humillado ante su presencia y clamando por la llenura de su Espíritu va actuar con templanza y dominio propio (Gálatas 5:22-23; 2 Timoteo 1:7). Sólo el dominio propio hará que su temperamento no sea gobernado por su ira.

Conclusión

La ira es parte de sus emociones, y es muy dañina cuando se le da rienda suelta. Por eso, es necesario el poder de Jesús en su corazón para actuar con sabiduría. Según el versículo para memorizar, Santiago no niega la existencia de la ira; sino que le exhorta a ser tardo para airarse, es decir, si es mejor no lo haga. Recuerde, es su decisión. No sea esclavo de sus emociones; encomiéndelas a Dios en oración, y actúe en su poder.

Venciendo la ira

Hoja de actividad

Versículo para memorizar: "... todo hombre sea pronto para oír, tardo para hablar, tardo para airarse" Santiago 1:19.

I. La ira y sus consecuencias

Según su propia concepción y trato con este sentimiento, ¿cómo define a la ira?

____

____

Del 1 al 10, evalúe su manejo del enojo en su vida diaria (encierre el número en un círculo). Considerar que 1 es "casi nada controlado", y 10 es "totalmente controlado". Medite.

1 2 3 4 5 7 8 9 10

Anote cuáles son las consecuencias de la ira.

____

____

II. La ira en la Biblia

Además de los casos de ira expuestos en la clase, ¿qué casos más puede añadir?

____

____

¿Cómo entiende Efesios 4:26-27?

____

____

III. La ira en su vida diaria

¿Cómo controla el enojo en su vida?

____

____

¿Cuáles consejos les daría a sus semejantes para que controlen la ira?

____

____

Conclusión

La ira es parte de sus emociones, y es muy dañina cuando se le da rienda suelta. Por eso, es necesario el poder de Jesús en su corazón para actuar con sabiduría. Según el versículo para memorizar, Santiago no niega la existencia de la ira; sino que le exhorta a ser tardo para airarse, es decir, si es mejor no lo haga. Recuerde, es su decisión. No sea esclavo de sus emociones; encomiéndelas a Dios en oración, y actúe en su poder.

Lección 19

Restaurando relaciones dañadas

Eudo Prado (Colombia)

Pasaje bíblico de estudio: Génesis 50:15-26
Versículo para memorizar: "Y les respondió José: No temáis; ¿acaso estoy yo en lugar de Dios" Génesis 50:19.
Propósito de la lección: Comprender el proceso necesario para restaurar las relaciones dañadas.

Introducción

Cuando escuchamos la palabra "perdón", muchos de nosotros comenzamos a recordar cosas difíciles de nuestro pasado o presente, reviviendo situaciones que todavía nos hacen estremecer. Tenemos muchas preocupaciones reales sobre el proceso para restaurar las relaciones dañadas. Probablemente, la pregunta más grande que nos hacemos es esta: ¿cómo perdono?

Aun hoy como cristianos, hay cierta resistencia a obedecer sin restricciones el mandato de Dios a perdonar. En esta lección, aprenderemos cómo podemos restaurar definitivamente las relaciones dañadas. Para ello, estudiaremos el momento crucial de la reconciliación de José, hijo de Jacob, con sus hermanos.

I. Corazones liberados de la culpa (Génesis 50:15-19)

En la esfera de las relaciones personales, se presentan muchas situaciones críticas. Actitudes como la infidelidad conyugal, el maltrato y abuso, y diversas formas de injusticia, generan resentimientos y dañan perdurablemente las relaciones. Uno de los efectos más dañinos que surgen de estos conflictos es la culpa.

A. ¿Qué es la culpa?

En los primeros cinco versículos de este pasaje (vv.15-19), vemos que los hermanos de José, aun cuando ya él les había ofrecido su perdón y dado muestras firmes de su interés en restaurar las relaciones (Génesis 45), estaban llenos de temor por las posibles represalias que José pudiera tomar contra ellos después de la muerte de su padre. Dicho temor reflejaba en cierta forma la culpa que aún los aguijoneaba.

Como condición psicológica, la culpa impide la restauración plena de las relaciones. «La culpa es un sentimiento que surge de la conciencia de haber transgredido una obligación moral. Condición necesaria para que aparezca la culpa es que percibamos que nuestra acción discrepa de la acción 'correcta', 'moral' o 'ética'» (Szentmártoni, Mihály. Manual de Psicología Pastoral. España: Ediciones Sígueme, 2003, p.108). Este era el sentimiento que embargaba el corazón de los hermanos de José, y les llevaba a temer lo peor de él. Por ello, vinieron suplicándole el perdón, invocando una supuesta última voluntad de Jacob. Vemos que, en este episodio, José lloró nuevamente (v.17 cf. Génesis 43:30, 45:2), lo que nos demuestra que percibió con profundo dolor las expectativas equivocadas de sus hermanos.

"José se afligió profundamente por el conocimiento de esta actitud de sus hermanos. Les dió las seguridades más firmes de su perdón, y con esto dió a conocer un rasgo hermoso de su propio carácter piadoso, y también apareció como tipo eminente del Salvador" (Jamieson, Fausset y Brown. Comentario Exegético y Explicativo de la Biblia, tomo I. EUA: CBP, vigésima edición 2003, p.60).

Con base en esta enseñanza, observamos que lo favorable del sentimiento de culpa es que produce en nosotros la necesidad de perdón. Es de agradecer a Dios por este mecanismo que dispuso en nuestro ser interior; para que, a través de su gracia y la obediencia personal a sus mandamientos, podamos ser conducidos a su voluntad.

B. Liberamos de la culpa a través del perdón

Todo el proceso que José había vivido le enseñó a ver más allá de las circunstancias y a buscar siempre la voluntad de Dios en cada paso de su vida. Por otra parte, esperaba confiadamente el cumplimiento de los anuncios divinos que había recibido a través de sus sueños (37:5-11). En este sentido, se puede decir que su corazón estaba lleno de paz.

«Cuán lejos estaba José de pensar en una retribución y venganza, es evidente por el modo en que recibió su petición (ver. 17): 'José lloró mientras hablaban', ante el hecho de que ellos pudieran atribuirle algo tan malo; y cuando ellos se presentaron, y se echaron a sus pies como siervos, les dijo (ver. 19): 'No temáis; ¿acaso estoy yo en lugar de Dios?'» (Friedrich, C. y Delitzsch, F. Comentario al Texto

Hebreo del Antiguo Testamento: Pentateuco e Históricos. España: Editorial CLIE, 2008, p. 173).

De este modo, se dispuso José con sabias palabras a sacar de la prisión de la culpa a sus hermanos, liberándolos por medio de una actitud amorosa y piadosa.

El ejemplo de José nos hace pensar en la importancia de tomar la iniciativa para ofrecer incondicionalmente el perdón a aquellos que nos ofendieron. Ese deber cristiano de dar el primer paso para la restauración de las relaciones dañadas es una cosa con la cual luchamos cuando simplemente no queremos perdonar. Por ello, debemos recordar los sabios consejos que nos da la Palabra de Dios sobre cuál debe ser nuestra disposición hacia las personas que nos ofenden. Entre estos, se encuentra primero el hecho de que debemos obedecer el llamado que nos hace nuestro Salvador a ser pacificadores (Mateo 5:9,21-26); y, por tanto, comprender que una actitud semejante corresponde a uno de los principales deberes cristianos.

En cuanto al deber de perdonar, afortunadamente, la Palabra de Dios indica lo siguiente: "Si es posible, en cuanto dependa de vosotros, estad en paz con todos los hombres..." El problema estaría si dijera: "en cuanto dependa de los demás"; pero, en su lugar, dice que depende de nosotros (Romanos 12:18-21).

Por otra parte, la forma como Dios nos perdonó en Cristo es nuestro modelo a seguir en el proceso para restaurar las relaciones dañadas (Romanos 5:8). Es decir, nuestra experiencia personal de salvación nos muestra cuál es el camino a seguir. En la justificación, nuestro Señor Jesucristo nos libró de la culpa y el temor que implicaba nuestra condición de pecado; y hoy, podemos tener paz con Dios y, por tanto, en nuestro espíritu (Romanos 5:1).

El salmista lo expresó de la siguiente manera: "¡Oh, qué alegría para aquellos a quienes se les perdona la desobediencia, a quienes se les cubre su pecado! Sí, ¡qué alegría para aquellos a quienes el SEÑOR les borró la culpa de su cuenta, los que llevan una vida de total transparencia!" (Salmo 32:1-2 NTV).

Al mismo tiempo, como consecuencia de nuestra transformación en Cristo, fuimos capacitados por el Espíritu Santo para amar y perdonar a otros como Cristo lo hizo con nosotros.

II. El consuelo profundo del perdón (Génesis 50:20-21)

Prosiguiendo con el desarrollo del pasaje de estudio, nos enfocaremos a continuación en los versículos 20 y 21, donde se nos enseña cómo el perdón trae sanidad al corazón enfermo, tanto del que perdona como del que es perdonado.

A. El consuelo comienza en Dios

Los padecimientos de José a causa de la maldad de sus hermanos fueron numerosos. Por ello, era totalmente lógico, como hemos visto en la parte anterior de la lección, que sus hermanos temieran una implacable venganza de su parte; pues estaban plenamente conscientes del inmenso daño que le habían causado. Pero esta era sólo una suposición infundada.

De acuerdo con el versículo 20, el sufrimiento de José se originó en la libre decisión de sus hermanos, debido a la maldad reinante en el corazón de ellos. Sin embargo, él también comprendió que fue Dios, trabajando con un propósito más amplio, quien tornó en bien aquellas terribles circunstancias. Es decir, a través del cuidado de Dios, ya José experimentó en sí mismo un profundo consuelo que le capacitó para consolar a su vez los corazones de sus hermanos.

Pablo dice que el consuelo nace de Dios, y somos consolados para consolar. Él lo explica así: "Él nos consuela en todas nuestras dificultades para que nosotros podamos consolar a otros. Cuando otros pasen por dificultades, podremos ofrecerles el mismo consuelo que Dios nos ha dado a nosotros" (2 Corintios 1:4 NTV). Podemos decir que jamás podremos estar capacitados para perdonar a quienes nos ofendieron y, de este modo, poder restaurar las relaciones dañadas, si primero no hemos bebido de la fuente del consuelo y la paz que es nuestro Señor Jesucristo (Juan 14:27, 16:33). Es solamente viniendo a Él con nuestro corazón herido, y poniendo nuestras cargas en sus amorosas manos, como podemos alcanzar victoria sobre el desasosiego que producen las preocupaciones, el rencor y la amargura de espíritu (Mateo 11:28; 1 Pedro 5:6-7).

B. El perdón permite un nuevo comienzo

José invitó a continuación a sus hermanos a seguir adelante y restaurar su relación fraterna, haciendo a un lado la desconfianza, y enfocarse en vivir el futuro en un clima de armonía familiar, donde él les tendería la mano por medio de su generosidad (Génesis 50:21).

Esta parte de la lección nos muestra la necesidad de enfocarse en la reconciliación y en el futuro, y no en el pasado, cuando se trata de la restauración de las relaciones dañadas. El perdón juega un papel importante para proporcionarnos la paz y estabilidad necesarias para seguir adelante. Pero este debe concretarse en acciones que demuestren efectivamente el desarraigo de cualquier sentimiento negativo. Esta disposición misericordiosa para ofrecer el perdón sin restricciones es evidencia de la obra de Cristo en nuestra vida (Colosenses 3:12-14).

Un ejemplo importante lo encontramos cuando Pablo perdonó al ofensor en 2 Corintios 2:5-11, e instruyó también a la iglesia a perdonar y consolar a aquel que los había ofendido, señalándoles que Satanás gana ventaja sobre nosotros cuando por falta de perdón impedimos la restauración de las relaciones dañadas.

III. Generaciones bendecidas por el perdón (Génesis 50:22-26)

La última parte del pasaje, los versículos 22 al 26, nos muestra que los efectos de la restauración de las relaciones trascienden por generaciones.

A. Una bendición abundante

José pudo disfrutar en su propia vida, y en la de su familia nuclear y extendida, los beneficios del perdón y la reconciliación. Él recibió esa bendición con creces hasta la tercera generación de sus descendientes (vv.22-23). El escritor bíblico usa un hermoso hebraísmo para significar la plenitud de las relaciones familiares, cuando dice que también los hijos de Maquir, hijo de Manasés, "fueron criados sobre las rodillas de José" (v.23). Hebraísmo es un modo de expresión propio de los hebreos en las Escrituras. Existen varios tipos. En este caso, se trata de un "modismo de filiación" (Véase: Martínez, José. Hermenéutica Bíblica. España: Editorial CLIE, 1984, p.146).

Podemos observar que las bendiciones generacionales de la paz y prosperidad pueden ser estorbadas por el pecado del resentimiento. Pero sucede lo contrario, produciéndonos el bien, cuando determinamos firmemente arreglar los entuertos que nuestras malas decisiones del pasado ocasionaron.

Nuestra renuencia a aceptar la voluntad de Dios para tomar la iniciativa en restaurar la armonía en las relaciones rotas, muchas veces, se debe al temor de que pueda repetirse la misma historia y nuestra confianza pueda ser traicionada nuevamente. Pero es importante recordar que perdonar a otros no es una opción para el cristiano; sino un mandato de Dios, e incluye la posibilidad de hacerlo cuantas veces sea necesario (Mateo 18:21-22).

Cuando los hermanos de José vinieron y se postraron delante de él (Génesis 50:18), lo hicieron no ya por el hecho de que fuera el gobernante de Egipto; sino humillándose, en un reconocimiento personal de su pecado.

Se puede afirmar, entonces, que fue en ese momento cuando la restauración de la relación de José con sus hermanos se concretó firmemente. Esto, a su vez, determinó la consecuente cohesión de la familia primigenia de Israel; y significó su establecimiento y futuro desarrollo como pueblo de Dios.

B. Una bendición perdurable

Vemos cómo la restauración de las relaciones dañadas puede traer bendición y permitir el cumplimiento del propósito que Dios tiene no sólo en los individuos; sino también en sus familias y comunidades.

Podemos apreciar que José vivió una vida longeva de ciento diez años, a pesar de que a la edad de diecisiete años sus hermanos conspiraron para matarle. Porque, efectivamente, esa era su intención cuando el escritor bíblico dijo que "... le echaron en la cisterna; pero la cisterna estaba vacía, no había en ella agua" (Génesis 37:24). Esto nos enseña que nuestra vida no se terminará cuando el enemigo lo decida; sino hasta tanto Dios haya cumplido su propósito en nosotros.

Esto último lo podemos mirar en la parte final del pasaje cuando José, confiando plenamente en el propósito de Dios hasta los últimos días de su vida, dio instrucciones a sus hermanos acerca de llevar sus huesos a la tierra prometida. "... Con un acto de fe por parte del agonizante José; y después de su muerte, a consecuencia de sus instrucciones, el cofre con sus huesos se convirtió en una firme exhortación a Israel, para que volviera sus ojos de Egipto a Canaán, la tierra prometida a sus padres, y para que esperara, con una fe paciente, el cumplimiento de la promesa" (Friedrich, C. y Delitzsch, F. Comentario al Texto Hebreo del Antiguo Testamento: Pentateuco e Históricos. España: Editorial CLIE, 2008, p.173). El libro de Hebreos da cuenta también de este hermoso acto de fe de José (Hebreos 11:22).

La restauración de las relaciones dañadas comienza con el hecho de asumir el perdón como un mandato divino. El perdón no es opcional, sino un deber cristiano. Su principal motivo es nuestra relación con Dios: "Porque si perdonáis a los hombres sus ofensas, os perdonará también a vosotros vuestro Padre celestial; mas si no perdonáis a los hombres sus ofensas, tampoco vuestro Padre os perdonará vuestras ofensas" (Mateo 6:14-15). Además, el perdón también está condicionado: "soportándoos unos a otros, y perdonándoos unos a otros si alguno tuviere queja contra otro. De la manera que Cristo os perdonó, así también hacedlo vosotros" (Colosenses 3:13).

Conclusión

El llamado de la Palabra de Dios es, entonces, a permitir que el propósito de Dios se cumpla, asumiendo cuando sea necesario la actitud de ofrecer el perdón y la misericordia incondicionalmente a quienes nos hicieron daño en el pasado.

Restaurando relaciones dañadas

Hoja de actividad

Versículo para memorizar: "Y les respondió José: No temáis; ¿acaso estoy yo en lugar de Dios" Génesis 50:19.

I. Corazones liberados de la culpa (Génesis 50:15-19)

¿Por qué el sentimiento de culpa se compara a una prisión?

____

____

¿En qué sentido la forma como Dios nos perdonó en Cristo es nuestro modelo a seguir?

____

____

II. El consuelo profundo del perdón (Génesis 50:20-21)

¿Cómo recibió José consuelo de los sufrimientos ocasionados por sus hermanos?

____

____

¿De qué forma el perdón hace posible un nuevo comienzo en las relaciones?

____

____

III. Generaciones bendecidas por el perdón (Génesis 50:22-26)

¿En cuál pasaje del Nuevo Testamento podemos basar que el perdonar a otros no es una opción, sino un mandato de Dios? Comente.

____

____

¿Cómo evidenció José que confiaba plenamente en el propósito de Dios hasta el final de sus días?

____

____

Conclusión

El llamado de la Palabra de Dios es, entonces, a permitir que el propósito de Dios se cumpla, asumiendo cuando sea necesario la actitud de ofrecer el perdón y la misericordia incondicionalmente a quienes nos hicieron daño en el pasado.

Enfrentando el fracaso

Loysbel Pérez Salazar (EE. UU.)

Pasajes bíblicos de estudio: Génesis 37:18-28, 39:20, 45:7-8; Josué 6:20-21, 8:18-28; Mateo 14:28-31; Marcos 14:26-31,66-72; Lucas 5:1-7; Juan 3:18, 21:15-19; Romanos 8:28
Versículo para memorizar: "Y sabemos que a los que aman a Dios, todas las cosas les ayudan a bien, esto es, a los que conforme a su propósito son llamados" Romanos 8:28.
Propósito de la lección: Aprender a enfrentar el fracaso desde la perspectiva bíblica.

Introducción

Es difícil pasar por la vida sin experimentar el fracaso; aunque resulta complejo determinar en cada vivencia si se debe considerar ello como un fracaso o no. Los conceptos individuales de fracaso son muy variados en sí mismos; y la conceptualización psicológica, social y eclesial, en la mayoría de las ocasiones, está muy alejada de la realidad bíblica. Nos resulta difícil interpretar el fracaso; porque, en las diferentes áreas de la vida, existen muchas interrogantes que nos hacen revaluar el concepto en sí mismo. Analicemos algunas interrogantes: ¿podemos decir que un pastor es un fracasado ministerialmente por tener un determinado número de miembros en la iglesia?; ¿qué cantidad de miembros o asistentes es la que podemos considerar para definirlo como exitoso o fracasado? ¿El fracaso se mide en términos numéricos? ¿Tiene que ver el fracaso con índices económicos personales? ¿Pudiéramos decir que todos los pobres son personas fracasadas? ¿La muerte y la enfermedad son un fracaso? ¿Cómo una persona puede categorizarse como fracasada? ¿Cuáles son los medidores para determinar el fracaso? ¿Podemos afirmar que Jesús fue un fracasado? ¿Existe el fracaso? ¿Cómo podemos enfrentarlo?

Analicemos juntos este tema para dar respuestas a estas interrogantes y ayudarnos a encontrar lo que la Biblia nos enseña al respecto.

I. Conceptualizando el fracaso

Para poder entender este tema, es muy importante conceptualizarlo. Hoy, con una sociedad posmoderna, es mucho más difícil hacerlo; debido a que los conceptos varían dependiendo de los criterios personales. En el caso del tema del fracaso, está muy ligado a los conceptos de éxito, que es el antónimo.

A. ¿Qué es el fracaso?

"En el lenguaje cotidiano, entendemos el fracaso como lo contrario del éxito, esto es, como sinónimo de derrota, ruina o caída. De hecho, la primera acepción que ofrece el diccionario de la Real Academia Española apunta al "resultado adverso de una empresa o negocio", es decir, que el fracaso es aquello que sale irremediablemente mal en cualquier ámbito. Por lo tanto, definir el fracaso puede ser tan complejo y difícil como definir el éxito, ya que su sentido depende en gran medida del contexto" (Recuperado de https://concepto.de/fracaso/#ixzz820A0duol, el 11 de julio de 2023).

B. Fracaso vs. éxito

Si percibimos la realidad social; todos aspiran a ser exitosos, y los estándares de éxito serían estos: obtener títulos académicos, graduarse, ser campeón mundial, jugar en las mejores ligas del mundo, tener casas muy costosas, carros, dinero, libertad financiera, ser popular, que otros los admiren, que les reconozcan el trabajo, crear, innovar, etc. ¿Y los que nunca logran esto podemos decir que son fracasados?

Desde la plataforma eclesial, muchos tienen conceptos de éxito muy parecidos a lo social: es usted un bendecido (exitoso) si alcanzó títulos académicos, tiene templo lujoso, dinero, alto número de miembros en la iglesia, popularidad, un cargo prominente en la denominación, cantante, etc. ¿Y los que no logran esto son fracasados? ¿Y los que lograron estas cosas son exitosos? Nada de lo citado está mal; simplemente, es parte de lo que Dios le permitió a uno y, en muchos casos, con un grado de esfuerzo humano, pero resultan bendición de acuerdo con la actitud hacia ellas.

En el plano individual, el perder el trabajo, el divorcio matrimonial, la insuficiente superación personal, la enfermedad crónica, la muerte de un ser querido, ¿podríamos considerarlos como fracasos? La respuesta es sí, sólo si estamos caminando fuera de la voluntad de Dios.

El fracaso es estar fuera de la voluntad de Dios; porque todo lo que nos ocurre dentro de su voluntad, cumpliéndola, es un proceso, no es fracaso. Si Dios no está con usted; va a fracasar, aunque social y eclesialmente logre todo. El mayor fracasado en esta vida es una persona que no recibió a Cristo en su corazón y que está caminando conforme a sus propios deleites (Juan 3:18).

¿Puede un cristiano sentirse fracasado? Sí. Si se salió del propósito de Dios para su vida, y está desobedeciendo a la Palabra de Dios.

II. Personajes bíblicos enfrentando el fracaso (Génesis 37:18-28; Josué 6:20-21, 8:18-28; Mateo 14:28-31; Marcos 14:26-31)

Tenemos la Biblia llena de ejemplos que nos enseñan sobre el fracaso, no desde un salón de clases; sino desde sus propias experiencias diarias con Dios.

A. José

Al observar la vida de José, hijo de Jacob, a simple vista, encontramos muchos fracasos:

- El pozo (Génesis 37:18-28): arrojado en un pozo por sus hermanos, sin túnica y vendido para una tierra extranjera. El muchacho de los sueños, de los propósitos, ahora estaba en un lugar que no tenía nada que ver con lo que Dios le había prometido.
- La cárcel (Génesis 39:20): ¿por qué este hombre justo tenía que estar en una cárcel, sin cometer pecado alguno; sólo por la injusticia humana? Otro fracaso desde el punto de vista social en la vida de José.

¿Podemos decir que el pozo y la cárcel fueron un fracaso para José? No, sólo fueron parte del propósito de Dios, del proceso que Él tenía con este joven. Al mismo tiempo, ¿podemos afirmar que el palacio fue el lugar de éxito? No. Era el proceso de Dios con él; para que fuera el móvil de la ayuda de Dios a su familia y su pueblo (Génesis 45:7-8).

Cuando caminamos en la voluntad de Dios, conforme al propósito divino, vamos a pasar por lugares que revelan un aparente fracaso; pero que son parte del proceso de Dios. Lugares que, en la Escritura, representan fracasos, períodos de prueba; pero fueron victorias espirituales que Dios dio. Aunque no tenga túnica, aunque esté en el pozo, aunque le menosprecien; Dios está con usted. Eso no es un fracaso; es una victoria.

Cuando nos encontramos en situaciones que pensamos que fracasamos, no cambiemos nuestra fidelidad a Dios por cosas efímeras; mantengámonos creyendo en todo lo que Dios tiene para nosotros. Sigamos adelante, que Dios conoce por lo que estamos pasando; y nos dará la victoria.

B. Josué y su derrota en Hai

Hay creyentes que no entienden que muchos de los fracasos que vivieron en sus vidas es literalmente por pecado, por no obedecer lo que Dios dijo. Este fue el caso de la vida de este gran líder que fue Josué. Cuando el pueblo de Israel fue a tomar la ciudad de Jericó, Dios le dijo claramente que no sacaran nada de esa ciudad (Josué 6:17-19); y Dios le dio la victoria, y el pueblo conquistó fácilmente la ciudad de Jericó a son de bocina y dando vueltas a la ciudad (Josué 6:20-21).

Inspeccionaron la ciudad de Hai y llevaron pocos hombres; porque era fácil de conquistar. Sin embargo, lo fácil se convirtió en una derrota que Josué sufrió amargamente, un fracaso total la toma de Hai (Josué 7:3-5); y el corazón destrozado al extremo para este líder que cuestionó a Dios por el fracaso (Josué 7:6-9). Dios le dijo las causas del fracaso y lo que debía hacer. La causa: el pecado de Acán, lo que debía hacer: sacar a Acán y toda su familia, y circuncidar al pueblo; y Josué obedeció las palabras (Josué 7:12-26). Y volvieron a tomar a Hai, y obtuvieron la victoria (Josué 8:18-28).

Josué sacó hermosas lecciones de este fracaso que son igualmente válidas para la iglesia:

- Si la presencia de Dios no está con usted; va a fracasar.
- Si no obedece las palabras de Dios; va a fracasar.
- Si comete pecado; va a fracasar.

Examine su vida y verá cómo muchos de los fracasos fueron por estas tres causas. Mire la vida de personas que no conocen a Dios; y verá que estas causas son también el centro de sus fracasos.

C. Ejemplo de Pedro (Mateo 14:28-31; Marcos 14:26-31,66-72; Lucas 5:1-7; Juan 21:15-19)

Hablar de Pedro nos trae varias imágenes de fracaso a nuestra mente:

- Este es el Pedro fracasado que encontró Jesús al regresar sin pescado después de pescar toda la noche. Pero cuando el Maestro dio la palabra, recogieron varias barcas llenas de pescado (Lucas 5:1-7). Este Pedro sabe que cuando lo hizo solo, fracasó; pero cuando Jesús lo envió, obtuvo victoria.
- Este es el Pedro que le pidió a Jesús caminar hacia Él sobre las aguas; y después se hundió, le faltó la fe, fracasó delante de todos, y Jesús tuvo que auxiliarlo (Mateo 14:28-31). Dios admira la gente que camina hacia Él sin temor; que sale de la barca, de la zona de confort, sólo porque Jesús dio una palabra, aunque en el intento parezca que fracasan.

- Este es el Pedro que, después de afirmar fuertemente que no negaría a Jesús, lo negó (Marcos 14:31,68). Desde su intimidad, se tuvo que sentir mal, fracasado; no logró lo que el Maestro esperaba, porque lo negó. Pero es interesante que aun cuando Jesús supo de su negación, Él no lo dejó como un fracasado; le pidió que cuidara lo más preciado, que era su iglesia; le pidió cumpliera la misión si Pedro lo amaba realmente (Juan 21:15-19).

A pesar de nuestros fracasos, Dios siempre nos levanta y nos dice: "Vuelve a intentarlo, te voy a dar algo mejor". Este hombre que fracasó varias veces, que negó a Jesús, después, fue capaz de dar su vida por Él y convertirse en uno de los mártires de la iglesia, y de los escritores de su Palabra.

III. ¿Cómo superar el fracaso y vivir la voluntad de Dios? (Romanos 8:28)

A. Todo lo que le sucede obra para bien; no es un fracaso

Si entendió lo que significa vivir en Dios; el fracaso que pueda vivir, aunque sea difícil y le cueste superarlo, es algo que está obrando para su bien. Entonces, habría que revaluar si realmente fue un fracaso. Le votaron del trabajo; el dinero no le alcanzó; suspendió el examen; no pudo llegar al lugar que esperaba; le traicionó la familia, los hermanos de la iglesia; le diagnosticaron una enfermedad fuerte; todo eso, y mucho más, está obrando para bien. Dios tiene el control y sabe qué es lo mejor para usted. Sólo es un problema de entendimiento, de saber que Dios quiere lo mejor para su vida; aunque esté viviendo la peor crisis.

B. Su propósito en la tierra es superior a sus circunstancias (Jesús y su muerte)

Fue difícil para Jesús vivir momentos duros, al punto de sudar como gotas de sangre; de decirle al Padre: "pasa de mí esta copa". Pero siempre entendió que la voluntad de Dios era superior a lo que vivía (Lucas 22:41-44). Por un momento, si observamos el escenario de su vida; pareciera que fue un total fracaso:

- No tenía ni dónde recostar la cabeza (Mateo 8:20).
- No tuvo lujos; nació en un pesebre (Lucas 2:7). Trabajó carpintería toda su vida (Mateo 13:55).
- Caminó mucho para cumplir la misión (Mateo 9:35).
- Lo menospreciaron, injuriaron cosas malas de Él (Isaías 53:3).
- Dos de sus discípulos lo traicionaron y lo negaron.
- El pueblo que alimentó le dio la espalda, y lo mandó a crucificar (Lucas 23:21).
- La iglesia que tuvo eran unos pocos hombres y mujeres; y su templo, el camino, los montes, las barcas, las casas.
- La cruz fue el escenario de mayor aparente fracaso; porque lo humillaron y le dieron latigazos, y finalmente, murió como un criminal. Sin embargo, su muerte es la que trajo vida a la humanidad; y el aparente mayor fracaso humano se convirtió en la oportunidad de resucitar y demostrar la victoria sobre la muerte.

Estas lecciones de vida nos dicen que su propósito de salvación fue cumplido por encima de todo lo que vivió. Cuando descubrimos y entendemos nuestro propósito en la tierra, disfrutamos los aparentes fracasos que transcurren en nuestras vidas. Si estamos caminando en la voluntad de Dios; todo lo que vivimos tributa a lo que Dios está haciendo en y a través de nosotros. Siga sirviendo a pesar de lo que viva, siga amando, siga venciendo al mal haciendo el bien.

C. Camine en el potencial que Dios puso en usted

Dios puso un potencial glorioso en nosotros. No somos igual a nadie; no tenemos que imitar, ni ser como nadie; simplemente, caminar en ese potencial. La única manera que va a sentirse bien y realizado es cumpliendo con lo que Dios puso en usted. Pudiera fracasar muchas veces; pero es parte de su entrenamiento. No deje de alcanzar lo que Dios le colocó por delante por temor al fracaso. Vuelva a intentarlo una y otra vez hasta que Dios le dé la victoria. No es tiempo de estar pasivos; sino de desarrollar lo que tenemos en Dios.

Conclusión

No es un fracasado por no tener las finanzas anheladas, o estar pasando por una enfermedad fuerte ahora, o por sufrir una separación familiar, o por planes frustrados, o si el crecimiento ministerial no es el esperado, o si hay cosas que está sufriendo. Es un fracasado si está fuera de la voluntad de Dios y tendrá éxito sólo si Dios está con usted, y Él es su Señor. Porque todo lo que logre o haga en la tierra es porque Dios lo permitió y está obrando para su bien.

Enfrentando el fracaso

Hoja de actividad

Versículo para memorizar: "Y sabemos que a los que aman a Dios, todas las cosas les ayudan a bien, esto es, a los que conforme a su propósito son llamados" Romanos 8:28.

I. Conceptualizando el fracaso

Redacte su propia definición de fracaso y de éxito.

____

____

¿Qué nos habla la Palabra de Dios acerca del fracaso?

____

____

II. Personajes bíblicos enfrentando el fracaso (Génesis 37:18-28; Josué 6:20-21, 8:18-28; Mateo 14:28-31)

¿Con cuál personaje se siente más identificado: José, Josué o Pedro? ¿Por qué?

____

____

¿Qué retos le dejan estas historias?

____

____

III. ¿Cómo superar el fracaso y vivir la voluntad de Dios? (Romanos 8:28)

¿Se considera un fracasado? ¿Cómo puede superar el fracaso y vivir la voluntad de Dios?

____

____

¿Cómo puede ayudar a otros que tienen una perspectiva errada acerca del fracaso?

____

____

Conclusión

No es un fracasado por no tener las finanzas anheladas, o estar pasando por una enfermedad fuerte ahora, o por sufrir una separación familiar, o por planes frustrados, o si el crecimiento ministerial no es el esperado, o si hay cosas que está sufriendo. Es un fracasado si está fuera de la voluntad de Dios y tendrá éxito sólo si Dios está con usted, y Él es su Señor. Porque todo lo que logre o haga en la tierra es porque Dios lo permitió y está obrando para su bien.

Enfrentando nuestro "yo"

Eduardo Velázquez (Argentina)

Pasajes bíblicos de estudio: Romanos 7:14-25; Gálatas 5:22-23; Filipenses 2:12-13
Versículo para memorizar: "Con Cristo estoy juntamente crucificado, y ya no vivo yo, mas vive Cristo en mí; y lo que ahora vivo en la carne, lo vivo en la fe del Hijo de Dios, el cual me amó y se entregó a sí mismo por mí" Gálatas 2:20.
Propósito de la lección: Comprender que una profunda vida de santidad refleja una vida de amor y servicio a los demás como un antídoto contra el egoísmo.

Introducción

Los puntos de vista de hoy en día sobre el "yo" son en general confusos. Las ciencias tienen una cantidad de perspectivas y opiniones al respecto. En general, ellas enseñan la importancia de que uno tenga una actitud positiva acerca de sí mismo. La Biblia, por otra parte, aborda el tema desde el punto de vista de Dios y, especialmente, desde la condición de una humanidad caída. Aunque resulta difícil definir el "yo", como también resulta complejo definir el alma, el ser o la belleza; sí podemos ver claramente en las Escrituras dónde se manifestó por primera vez, cómo ocurrió y cuál es el resultado eterno. Podemos ver también que el "yo" no sólo define a una persona, como distinta a todas las demás; sino que también define al ser humano como distinto a Dios. Uno de los entendimientos que nos ofrece la Biblia por "yo" es al hombre separado y actuando independientemente de Dios.

Sin embargo, la Biblia no queda sólo con el diagnóstico del problema de la humanidad; sino muestra la salida y el remedio en Cristo, que mediante una vida nacida de nuevo y santificada enteramente es transformada para vivir una vida de amor con una respuesta integral a las necesidades del ser humano.

I. Definición del "yo" (Romanos 7:22-25)

Existen diferentes formas de acercarse al significado o definición del "yo"; debido a que lo que se conoce normalmente con este término tiene variados acercamientos desde las ciencias y disciplinas que abordan el tema, incluyendo la teología desde una perspectiva bíblica. El concepto común del "yo" tiene que ver con "ego", término que proviene del griego y significa "yo"; y hace alusión al exceso de valoración que alguien tiene de sí mismo y que se refleja en falta de modestia, arrogancia, presunción o soberbia. En la psicología y la filosofía, "ego" se adoptó para designar la conciencia del individuo, entendida esta como su capacidad para percibir la realidad. El ego no es necesariamente malo; porque es parte de nuestra personalidad y da sentido de identidad, organiza las ideas, las formas de percibir el mundo y las experiencias. El problema está cuando empieza a producir sufrimiento propio y el de otros.

En un sentido bíblico, no existe un término específico para describir el "yo", como lo hace la filosofía o la psicología. Sin embargo, encontramos expresiones, especialmente en el Nuevo Testamento, que pueden equivaler a este, tales como "hombre interior" en Romanos 7:22, y "viejo hombre" en Romanos 6:6. Sin embargo, a diferencia de la psicología en donde el "yo" es exclusivamente externo; en el Nuevo Testamento, el "yo", en forma objetiva, es toda la persona, el ser integral o total, tanto interno como externo.

En el contexto teológico, el "yo" se refiere a la esencia misma de la persona, la característica que la hace un ser individual o diferente a otras personas. Hay muchos factores que se relacionan con el significado de ese "yo", que a su vez también determinan su lado positivo o negativo. Es el "yo" el que permanece constante en una persona a través de las diferentes condiciones que pueden desarrollarlo o destruirlo.

El concepto de "morir al yo" se encuentra en todo el Nuevo Testamento; y expresa la verdadera esencia de la vida cristiana, en la que tomamos nuestra cruz y seguimos a Cristo. Morir a uno mismo es parte de lo que es nacer de nuevo; el viejo hombre muere y el nuevo viene a la vida (Juan 3:3-7). Los cristianos no sólo nacemos de nuevo cuando llegamos a la salvación; sino que también seguimos muriendo a nosotros mismos como parte del proceso de santificación. Como tal, morir a sí mismos es un acontecimiento que ocurre una sola vez y es un proceso de toda la vida. Morir al "yo" nunca se describe en las Escrituras como algo opcional en la vida cristiana. Es la realidad del nuevo nacimiento.

En la profunda reflexión de sí mismo, en Romanos 7:14-25, Pablo describió el conflicto entre su mente y carne; y comparó la mente con su "yo" u "hombre interior" (v.22), y la carne con sus "miembros", claramente refiriéndose a los externos (v.23). Significativamente, se identifican ambas, la mente y la carne como "yo" o "mí" (vv.18,25). Debemos tener en cuenta que cuando Pablo escribió: "Con Cristo estoy juntamente crucificado, y ya no vivo yo" (Gálatas 2:20), él no quiso decir que el yo realmente muere (como se entiende hoy); si así fuera, la persona dejaría de existir. Puntualmente, el "yo", que es crucificado con Cristo, muere en un sentido teológico; esto significa que participamos por fe en la muerte de Cristo en la cruz. El "yo" esencial no muere o deja de existir, ni tampoco podemos crucificarnos a nosotros mismos; la expresión "morir con Cristo" es una metáfora, y la mejor manera de entenderla es como "morir al yo".

II. La santificación como respuesta al dominio del "yo" (Gálatas 5:22-23)

Tanto su significado original como el uso bíblico de la palabra "santificación" apuntan al hecho de la purificación. Esta limpieza está diseñada para tratar con el pecado heredado en el corazón del creyente. El pecado debe ser tratado profundamente, crucificado y purificado en la vida del creyente.

La provisión de Dios para esta realidad humana es la plenitud del Espíritu, que produce el fruto de una vida de amor práctico. La vida de santidad no es una vida monótona, rígida y pasiva. Es importante destacar la elección que Pablo hizo del término "fruto", en contraste con el término "obras". El fruto es algo que es producido por un poder que el ser humano no posee. El ser humano no puede producir fruto. Pablo no dejó dudas con respecto a los resultados prácticos de la presencia del Espíritu Santo, al escribir en su carta a los gálatas: "Mas el fruto del Espíritu es amor, gozo, paz, paciencia, benignidad, bondad, fe, mansedumbre, templanza..." (Gálatas 5:22-23). La lista de estas virtudes en la vida del santificado que rindió su vida a Cristo refleja las características de alguien que ya no vive para sí mismo, es decir, para el "yo"; sino en una entrega a Dios y al prójimo, lejos de cualquier actitud egoísta.

La doctrina de la santidad exalta la pureza de un Dios soberano que, en su amor y misericordia, imparte su propia naturaleza al ser humano. De modo que la esencia de la santidad es el disfrute de Dios y su presencia en nuestras vidas.

La vida de santidad y su fruto es la respuesta de Dios al dominio del "yo" en la vida del creyente, y del ser humano en general. Esta trae a la vida virtudes que hacen al hijo de Dios un testimonio de la gracia de su gracia.

Haciendo un recuento de las virtudes que el Espíritu de Dios imparte a nuestras vidas, podemos destacar a la alegría espiritual o gozo como resultado de la fe en Dios y el cambio de corazón, a causa de la salvación en Cristo, por la reconciliación con Él y por ser recibidos como hijos. Asimismo, somos dotados de la virtud de soportar las ofensas inmerecidas infligidas por otros, y aceptar con tranquilidad los ataques inesperados del ser humano o la naturaleza produciendo una forma de dominio propio que sólo es posible con la gracia de Dios y la ayuda del Espíritu Santo. Además, la santidad produce un carácter firme; pero esta fortaleza de carácter está revestida de gentileza, opuesta de la arrogancia, el orgullo, el egocentrismo y la autoexaltación. Sin embargo, esto no significa un comportamiento lleno de disculpas ni una timidez paralizante. Y esto sólo es posible donde hay fortaleza. La verdadera mansedumbre sólo es posible donde hay fortaleza divina. Jesús era manso y humilde de corazón (Mateo 11:29); pero Él nunca evadió asuntos ni evitó la evaluación adecuada de su persona y su obra.

III. Santidad práctica en la vida diaria (Filipenses 2:12-13)

Las experiencias con Dios que conducen a la santidad tienen su objetivo en el crecimiento en pureza del corazón y dinamismo. Esta es una vida de vitalidad espiritual, conducta ejemplar y de impacto en compartir el evangelio con otros. Cuando Pablo amonestó a los filipenses, diciendo: "... ocupaos en vuestra salvación con temor y temblor..." (Filipenses 2:12-13), les estaba recordando que lo que Dios hizo, y aun entonces, continuaba haciendo en ellos por gracia, habría de traducirse en las prácticas de una vida diaria.

Los santificados deben ser y actuar como santos. Es más, la responsabilidad de hacerlo descansa en ellos. Aunque la gracia que obra en el corazón es suficiente para capacitar al creyente para llevarlo a cabo; no es un mecanismo automático de causa y efecto. Si la experiencia ha de ser validada por la ética, si la fe ha de traducirse en un practicar diario y de semejanza a Cristo; debe haber la aceptación de responsabilidad, y debe darse atención sistemática deliberada a esta tarea.

Aunque el Espíritu mismo es el don de Dios; el Espíritu también concede dones a los cristianos. Estos son favores o capacidades especiales para la ejecución de funciones necesarias a la vida y a la misión de la iglesia. Se les llama dones para el servicio. En el avance de la iglesia primitiva, se concedieron muchos de estos dones como confirmaciones divinas de la verdad del evangelio.

La santidad práctica en la vida diaria requiere del amor de Dios en los corazones. El amor, si es verdaderamente cristiano, se asemejará al de Dios en su orientación por redimir. Nosotros también veremos las multitudes como las vio Jesús, no sólo como gente que tiene hambre; sino como ovejas que no tienen pastor, que necesitan ser enseñadas sobre muchas cosas (Marcos 6:34). Nuestros intereses principales serán las necesidades integrales de las personas. Cuando amamos a la gente, los vemos como Dios los ve; y nuestro amor para ellos está modelado por nuestro amor a Dios y traducido en un interés por su bienestar integral. De ello, surge una dimensión esencial en la perspectiva de la santidad en nuestra tradición wesleyana; esta es la santidad en las relaciones interpersonales y sociales. Cuando Juan Wesley dijo que no conocía ninguna santidad, sino la santidad social; estaba desestimando un cristianismo desvinculado de las realidades integrales de las personas, contraria a las ideas de su tiempo que enseñaban que la santidad era posible sólo cuando se estaba aislado, con total concentración en la relación del alma con Dios. Esto, en la perspectiva de Wesley, era una desviación del cristianismo; pues se apartaba completamente del énfasis social de la Biblia. La santidad era posible en medio de la vida cotidiana, incluyendo el hogar, el mercado y la fábrica; de hecho, la santidad que no era practicada en los asuntos normales de la vida era una ilusión.

La santidad social asume que el amor cristiano es más que una justicia legal mínima; implica interés práctico en la persona total y en las estructuras sociales que afectan a la persona. Wesley recaudó dinero para los pobres, encontró empleos para los desempleados, proveyó medicina para los enfermos, comenzó escuelas para los analfabetos y ayudó a conseguir préstamos para los destituidos. También se opuso a sistemas malévolos, como la institución de la esclavitud, sin descartar que su mayor energía ha sido utilizada en la evangelización de sus contemporáneos. Esto refleja su punto de vista realista de la pecaminosidad humana, que no provee ninguna base para confiar sólo en la reforma social aparte de la influencia santificadora del evangelio.

Conclusión

La Biblia revela que la santidad es el estilo de vida que se contrapone a una vida egoísta que reclama la atención hacia uno mismo. El fruto del Espíritu Santo se traduce en un estilo de vida marcado por el amor.

Enfrentando nuestro "yo"

Hoja de actividad

Versículo para memorizar: "Con Cristo estoy juntamente crucificado, y ya no vivo yo, mas vive Cristo en mí; y lo que ahora vivo en la carne, lo vivo en la fe del Hijo de Dios, el cual me amó y se entregó a sí mismo por mí" Gálatas 2:20.

I. Definición del "yo" (Romanos 7:22-25)

¿Cuál es la definición del "yo" desde un punto de vista bíblico?

____

____

¿Qué expresa el Nuevo Testamento en cuanto al concepto de morir al "yo"?

____

____

II. La santificación como respuesta al dominio del "yo" (Gálatas 5:22-23)

¿Cuál es el efecto que produce la santificación sobre el dominio del "yo"?

____

____

Mencione tres aspectos en donde la santidad afecta su "yo" en la vida diaria.

____

____

III. Santidad práctica en la vida diaria (Filipenses 2:12-13)

¿Cuáles son las dos dimensiones donde la santidad afecta la vida del creyente?

____

____

Escriba en sus propias palabras lo que entiende por santidad social y cómo puede hacerla práctica.

____

____

Conclusión

La Biblia revela que la santidad es el estilo de vida que se contrapone a una vida egoísta que reclama la atención hacia uno mismo. El fruto del Espíritu Santo se traduce en un estilo de vida marcado por el amor.

Enfrentando la preocupación

Marco Rocha (Argentina)

Pasaje bíblico de estudio: Mateo 6:25-34
Versículo para memorizar: "Mas buscad primeramente el reino de Dios y su justicia, y todas estas cosas os serán añadidas" Mateo 6:33.
Propósito de la lección: Conocer las enseñanzas de Jesús sobre cómo enfrentar la preocupación, y aplicarlas en nuestra vida cotidiana.

Introducción

En el Sermón del Monte, Jesús no sólo agrupó una serie de enseñanzas que tenían como propósito que sus seguidores pudieran vivir en plenitud; sino que también ofreció poderosas armas para hacer frente a algunos de los gigantes que atemorizaban a quienes lo escuchaban atentamente, y que continúan hoy en nuestros días buscando dañar a los cristianos de todo el mundo. Y uno de ellos es el gigante de la preocupación o ansiedad.

Lea con la clase Mateo 6:25-34; y, luego, divida la clase en grupos pequeños para que elaboren una lista de por lo menos cinco cosas que preocupan o provocan ansiedad en las personas, en nuestros días. Después, pida que cada grupo elija un estudiante que comparta la lista de su grupo con el resto de la clase mientras usted escribe las que considere más relevantes en la pizarra. Una vez que todos los grupos hayan sido representados, elabore una pequeña reflexión sobre la importancia de abordar este tema y lo bendecidos que somos al contar con las enseñanzas de Jesús para salir victoriosos.

I. La preocupación

Quienes seguían a Jesús y estaban atentos a sus enseñanzas también disfrutaban de su presencia y manifestaciones de su poder y autoridad. Pero aun así, esto no los eximía de padecer las dificultades de la vida, ni de enfrentar desafíos que atentaban contra su estabilidad emocional y espiritual. Jesús sabía muy bien que esto era así; por eso, dedicó el tiempo necesario para guiar a su pueblo a la hora de enfrentar a este gigante. En nuestros días, la situación del pueblo de Dios respecto a este desafío es la misma; porque tampoco hoy estamos exentos de las dificultades e imprevistos de la vida, pero así como el gigante de la preocupación no cambió, tampoco cambiaron las enseñanzas de Jesús para que podamos derrotarlo. Por tanto, se hace imprescindible que todo creyente comprometido en seguir a Jesús, y ser cada día más como Él, primero comprenda en qué consiste la preocupación o ansiedad, y por qué es importante abordar esta problemática en nuestros días.

En segundo lugar, que conozca en profundidad las enseñanzas de Jesús respecto a la preocupación y ansiedad, y las integre en su vida como armas para vencer a este gigante. Y por último, aplique dichas enseñanzas en su vida cotidiana de tal manera que pueda salir triunfador frente a este gigante, que no es tal cuando lo enfrentamos con la sabiduría divina en el nombre de nuestro Señor Jesucristo.

Para abordar el tema de la preocupación, primero necesitamos comprender su significado y efectos en nuestra vida. La versión de la Biblia, edición Reina Valera 1960, traduce el versículo de Mateo 6:25 de la siguiente manera: "Por tanto os digo: No os afanéis por vuestra vida, qué habéis de comer o qué habéis de beber; ni por vuestro cuerpo, qué habéis de vestir"; y la Biblia de las Américas de 1997 comienza la traducción del mismo pasaje así: "Por eso os digo, no os preocupéis por vuestra vida..." (LBLA), lo cual nos ayuda a comprender más exactamente el término "afán". Por tanto, afanarse por algo significa "preocuparse, asumir un estado de inquietud o temor producido por una situación que pareciera nos terminará superando". No necesariamente significa que ya estemos involucrados de manera concreta en una situación de conflicto de la cual estamos desesperados por salir; sino que el tan sólo pensar en la posibilidad de que ese gigante se vuelva real en nuestras vidas nos provoca ansiedad y temor.

En el Sermón del Monte, Jesús presenta la preocupación como una forma de incredulidad que debemos a toda costa evitar; porque niega el cuidado de nuestro Padre celestial. Es en la preocupación, incluso por aquello que aún no ha sucedido realmente, que el gigante de la incredulidad tienta al creyente a desviar su mirada de su Señor para enfocarse en la carencia y la dificultad. La preocupación se engrandece ante quienes ceden a la tentación de dejar de confiar en su Señor y Salvador, como se afirma en el Diccionario Teológico Beacon: «Se ha dicho correctamente: un hombre tiene el derecho de creer como "debe" creer, con el propósito de vivir como "debería" vivir. Por esto la fe es una actitud correcta y escritural hacia Dios, y la incredulidad es lo opuesto» (Taylor, Grider y Taylor. Diccionario Teológico Beacon. EUA: CNP, 2010, p.357). De allí, la importancia de considerar el tema de la preocupación como uno de los ataques más certeros contra la fe de los creyentes en todo el mundo. Lo fue para los atentos oyentes de Jesús en el Sermón del Monte, y lo es hoy para quienes cotidianamente enfrentamos todo tipo de adversidades. Por eso, no basta sólo con reconocer que la preocupación es una realidad que busca impulsarnos hacia la ansiedad y la incertidumbre; sino que debemos encontrar en ella una oportunidad para encontrarnos con nuestro Salvador, quien con tierno amor nos busca para guiarnos y darnos las armas que necesitamos para salir victoriosos. El gigante que se agranda frente a la incredulidad se hace muy pequeño cuando tiene enfrente a un fiel seguidor de Jesús que pone toda su confianza en su Señor y aplica sabiamente sus enseñanzas.

II. Enseñanzas de Jesús acerca de la preocupación

En las enseñanzas de Jesús a sus discípulos, Él "les impartía el significado de su vida, lo que esperaba de ellos y de quienes lo siguieran, y hasta qué punto el servicio de Dios y al hombre denotaría su consagración... Y es el sermón del monte, esencialmente una descripción de la vida a la que Dios nos llama" (Taylor, William. Así vivió Jesucristo. EUA: CNP, 1982, p.54). Es en este contexto que Jesús, una vez más, no nos deja solos ante el gigante de la preocupación; sino que nos capacita para enfrentarlo y salir victoriosos. En primer lugar, nos guía a la verdad enseñándonos sobre la necesidad de establecer prioridades; la vida vale mucho más que aquello por lo que nos preocupamos. La enseñanza de Jesús no se debe interpretar como el descuido de las necesidades básicas de la vida, como el vestir o el comer; sino como una advertencia contra la excesiva preocupación por lo que sucederá mañana, algo que no está en nuestras manos, sino en la voluntad de Dios. El Señor nos enseña que si el Creador está atento a las necesidades de sus criaturas y las cuida con amor fraternal; ¿cuánto más lo hará con nosotros? Así que no nos pertenece a nosotros darles una entidad mayor a cuestiones temporales en las que al preocuparnos sólo encontraremos ansiedad y temor. Al contrario, desechando toda incredulidad, reconozcamos el cuidado de nuestro buen Pastor que dijo que estaría "con... [nosotros] todos los días, hasta el fin..." (Mateo 28:20). Admitamos que nada ganamos con darle lugar al gigante de la preocupación; y que como dijo el salmista: "En tu mano están mis tiempos..." (Salmo 31:15).

Purkiser dice al respecto: "El cristianismo no nos promete inmunidad contra la vida, sino la capacidad de vivir la vida de acuerdo a la voluntad de Dios. El cristiano, si ha de crecer hasta la estatura de Cristo debe aprender a usar creativamente los conflictos con que la vida lo confronta" (Purkiser, W. T. Explorando nuestra fe cristiana. EUA: CNP, 1994, p.528).

De esta manera, podremos ver en las adversidades de la vida no un motivo de preocupación; sino una oportunidad para experimentar una fe y confianza inquebrantables.

Esta enseñanza nos invita a no distraernos con aquello que nos causa preocupación y ansiedad, como las cosas materiales; sino a ocuparnos en buscar el reino de Dios y su justicia, sabiendo que todo lo demás nos será añadido (Mateo 6:33). Primero, debemos buscar el reino de Dios y su justicia para nosotros mismos, teniendo en cuenta que el reino de Dios es justicia. "En segundo lugar, debemos buscar el reino de Dios y su justicia para otros. Es decir, que nuestra principal preocupación como discípulos de Cristo debe ser la salvación de las almas y la edificación de su iglesia. Si ponemos estas cosas primero, Él ha prometido suplir nuestras necesidades materiales" (Earle, Ralphe. Comentario Bíblico Beacon, tomo VI. EUA: CNP, 1992, p.88).

Entonces, Jesús nos enseña también acerca de las prioridades de la vida. Poner en primer lugar el reino de Dios tiene como añadidura todas aquellas cosas que el Señor sabe que necesitamos para vivir; sólo hace falta que aprendamos a descansar en su voluntad, sabiendo y reconociendo su cuidado, y ocupándonos de lo realmente importante: ser ciudadanos fieles de su Reino.

III. Enfrentando la preocupación en la vida diaria

En este punto, abordaremos tres ejemplos prácticos sobre cómo enfrentar la preocupación en la vida cotidiana, afirmándonos en las enseñanzas de Jesús, nuestro gran Maestro.

El primer ejemplo práctico lo encontramos en el auge del materialismo, actitud por la cual somos tentados a darles excesivo valor a las cosas materiales. El materialismo hace que las personas se obsesionen con poseer cosas materiales; y, detrás, se oculta el pensamiento del mundo. "No hay nada intrínsecamente malo en tener un buen automóvil, vivir en una casa cómoda o vestir a la moda, a menos que estas posesiones nos posean a nosotros; a menos que el procurar estas cosas nos impida buscar una relación más profunda con el Señor. Ese es el verdadero peligro. El materialismo es enemigo de la fe" (Toler, Stan y Linda. El ciclo de la mayordomía victoriosa. EUA: CNP, 2005, p.32). Como aprendimos en esta lección, no se trata de despreocuparse por lo material; sino de tener en claro que nuestra prioridad como hijos de Dios es buscar el reino de Dios y su justicia, ya que lo verdaderamente importante es lo eterno y no lo temporal. I Juan 2:15-16 nos advierte al respecto: "No améis al mundo ni las cosas que están en el mundo. Si alguno ama al mundo, el amor del Padre no está en él, porque nada de lo que hay en el mundo –los deseos de la carne, los deseos de los ojos y la vanagloria de la vida– proviene del Padre, sino del mundo" (RVR95). Tener una actitud conforme a las enseñanzas de Jesús, respecto a nuestra relación con los bienes materiales, nos ayudará a evitar caer en la preocupación y ansiedad.

El segundo ejemplo lo encontramos a la hora de querer enfrentar las dificultades con nuestras propias fuerzas. Asumir los desafíos de la vida creyendo que tenemos la autosuficiencia como para enfrentarlos y superarlos por nuestra propia cuenta es motivo de preocupación y ansiedad, y atentan contra nuestra confianza en el Señor y su voluntad. Vivir asumiéndonos como los únicos responsables de lograr el éxito en todo lo que hacemos, incluso en el servicio cristiano y la predicación del evangelio, no considera a Dios como el soberano de un reino donde nuestro rol es ser ciudadanos. "La base del conflicto (y abismo) entre Dios y la humanidad es el problema de la voluntad, y se manifiesta en actos de pecado. El problema fundamental es del señorío. O me someto a todo lo que implica la soberanía de Dios, o me engaño creyendo que soy mi propio señor. En esta área, como en otras, la obediencia parcial es desobediencia" (Spaite, Daniel. Bomba de tiempo en la iglesia. EUA: CNP, 2015, p.47). Cuando reconocemos que Cristo es el Señor, entonces podemos concentrar nuestras fuerzas en servirle y obedecerle, evitando así caer en la tentación de enfrentar las dificultades sólo con nuestras propias fuerzas.

El tercer ejemplo se encuentra en la manera que llevamos adelante las relaciones interpersonales, una de las mayores causas de preocupación en la vida de las personas en la actualidad. La búsqueda del reino de Dios y su justicia no es sólo una acción individual; sino que, en el contexto del Sermón del Monte, también tiene como fin al prójimo. No hay ciudadanos solitarios en el reino de Dios; sino varones y mujeres que experimentan, tal como afirma el apóstol Pablo en Colosenses 3:14, las primicias de una comunión santa, unidos por el vínculo del amor, y donde el resultado es una vida armoniosa en su relación con Dios y con el prójimo. Cuando enfrentemos la tentación de la preocupación por causa de las aflicciones en las relaciones con otros, traigamos a la memoria el principio de la búsqueda del reino de Dios y su justicia; para que virtudes como el perdón y el amor al prójimo sean una realidad que, de otra manera, muy probablemente no se podrían experimentar.

Por tal motivo, es importante saber que, aunque la preocupación tiene efectos devastadores para la vida del creyente, nuestro Señor nos enseñó cómo derrotarla.

Conclusión

Uno de los gigantes que atentan contra la vida de los hijos de Dios es la preocupación. Jesús nos enseñó que la preocupación puede conducirnos a la incredulidad; ya que, en muchas ocasiones, impide confiar en la soberanía de Dios. En la vida cotidiana, por ejemplo, podemos encontrar ejemplos prácticos a la hora de enfrentar el materialismo, la autosuficiencia y los conflictos en las relaciones interpersonales.

Enfrentando la preocupación

Hoja de actividad

Versículo para memorizar: "Mas buscad primeramente el reino de Dios y su justicia, y todas estas cosas os serán añadidas" Mateo 6:33.

I. La preocupación

¿Por qué es importante abordar el tema de la preocupación?

____

____

¿Cuáles son los efectos de la preocupación en la vida del creyente?

____

____

II. Enseñanzas de Jesús acerca de la preocupación

¿Qué enseñó Jesús acerca de la preocupación?

____

____

¿De qué maneras los cristianos buscamos el reino de Dios y su justicia? Mencione por lo menos un ejemplo.

____

____

III. Enfrentando la preocupación en la vida diaria

¿Cuál de los ejemplos prácticos sobre cómo enfrentar la preocupación en la vida cotidiana le parece más desafiante? ¿Por qué?

____

____

Mencione otro ejemplo práctico que no se haya presentado en la lección y al que también podríamos aplicar las enseñanzas de Jesús para salir victoriosos.

____

____

Conclusión

Uno de los gigantes que atentan contra la vida de los hijos de Dios es la preocupación. Jesús nos enseñó que la preocupación puede conducirnos a la incredulidad; ya que, en muchas ocasiones, impide confiar en la soberanía de Dios. En la vida cotidiana, por ejemplo, podemos encontrar ejemplos prácticos a la hora de enfrentar el materialismo, la autosuficiencia y los conflictos en las relaciones interpersonales.

El cuadro completo

Verónica Rocchetti (Argentina)

Pasaje bíblico de estudio: Romanos 8:28-39
Versículo para memorizar: "Y sabemos que a los que aman a Dios, todas las cosas les ayudan a bien, esto es, a los que conforme a su propósito son llamados" Romanos 8:28.
Propósito de la lección: Reconocer las tragedias como consecuencias de vivir en un mundo de pecado, y poder enfrentarlas con éxito y salir victoriosos en nuestra vida diaria.

Introducción

"¿Por qué a la gente buena le pasan cosas malas?"... Todos, en algún momento, hicimos esa pregunta. Muchas veces, nos encontramos también intimidados con gente inconversa que cuestiona aun la existencia de Dios: "Si Dios existiera; no permitiría que la gente inocente sufra, ni que los niños se mueran de hambre". Lamentablemente, no sólo encontramos este cuestionamiento en personas no creyentes; sino también en algunos creyentes.

Algunos nuevos movimientos teológicos instan a los feligreses a confesar victoria, sanidad y bienestar; a perseguir sus sueños; y a dudar de la fe de quienes atraviesan diversas pruebas. Muchos son heridos y abandonan el camino cristiano al no recibir las peticiones realizadas. Otros permanecen frustrados al no recibir la respuesta positiva a su situación. Se crean así, creyentes débiles que no pueden afrontar las distintas tragedias de la vida.

Como nazarenos, nosotros conocemos la tragedia de cerca. Si lo desea, puede leer la noticia siguiendo el siguiente enlace: http://www.cubadebate.cu/noticias/2018/05/21/diez-matrimonios-pastorales-perdieron-la-vida-en-la-tragedia-humanamente-no-existe-consuelo/ (Consultado el 19 de julio de 2023).

El 18 de mayo de 2018, perdieron la vida 110 personas en un accidente aéreo donde se estrelló un Boeing 737-200 arrendado por una empresa cubana. En ese vuelo, fallecieron diez matrimonios pastorales que, con ocho meses de anticipación, habían planificado ir a una conferencia nacional que los llevaría a la capital cubana a participar en un evento. Esta fue una muy triste tragedia que nos atravesó como denominación. Los hijos perdieron a sus padres; y las iglesias, a sus pastores. Nuestras condolencias para todos ellos.

Puede comenzar la clase con estas preguntas y dar unos diez minutos para el debate: "¿Era necesaria esta tragedia? ¿Dónde estaba Dios? ¿Por qué lo permitió?"

I. Ejemplos y definición de tragedias que ocurren en la vida diaria

En literatura, el término "tragedia" hace referencia a las obras teatrales de carácter grave y solemne originadas en la Grecia antigua donde, a diferencia de la comedia, se representa lo terrible de la existencia humana y la fatalidad del destino. Su origen se remonta al siglo VI a.C.; y parece estar relacionado con prácticas religiosas. Primero, los rituales de sacrificio de un macho cabrío, de donde viene la palabra *τραγῳδία* (tragoidía): trágos significa 'macho cabrío', y ádein significa 'oda' (Recuperado de https://blog.lengua-e.com/2008/etimologia-de-tragedia/, el 19 de julio de 2023).

Uno de los máximos representantes de este género en la Grecia clásica fue Homero, autor de La odisea, Edipo rey, etc. A fines del 1500, aparece William Shakespeare en Inglaterra, con obras como Hamlet (1601), o Romeo y Julieta (1595), Otelo (1603-1604), etc. Obviamente, los protagonistas de estas obras estaban signados por la fatalidad y la muerte de sus seres cercanos, e incluso, la de ellos mismos. Nunca una tragedia tuvo un buen final. Hay un destino vaticinado que debe cumplirse a cualquier precio.

Este término es utilizado por la psicología y por el común de la gente que denomina también "tragedia" a distintos sucesos catastróficos, como fenómenos naturales destructivos, terremotos, tornados, huracanes, así como incendios e inundaciones; además, a los accidentes de consecuencias fatales, para los seres humanos y sus bienes, como a muchas otras situaciones de injusticia que contemplan fatalidad, como las guerras.

Todas estas situaciones tienen en común que son inesperadas. Son graves y rompen con el bienestar de la persona y su grupo o entorno; y hacen que todo cambie. El ritmo de la vida se detiene; ya nada es como se lo conoció. Estos eventos traumáticos descolocan a la persona y la obligan a rearmarse para enfrentar la nueva situación y seguir con su vida.

En Romanos 8:35b, Pablo realizó una lista: "¿Tribulación, o angustia, o persecución, o hambre, o desnudez, o peligro, o espada?" En la Biblia, podemos encontrar distintos personajes que atravesaron por alguna de ellas, como por ejemplo: Job, José, la viuda de Sarepta, Lázaro, la iglesia primitiva, etc.

II. La tragedia como consecuencia de vivir en un mundo de pecado (Romanos 8:28-39)

En la película de Universal Pictures de 2003, "Todopoderoso", el personaje principal, Bruce Nolan, interpretado por Jim Carrey, dice: "Dios es un niño malo sentado junto a un hormiguero con una lupa, y yo soy la hormiga. Podría arreglar mi vida en cinco minutos si Él quisiera. Pero prefiere quemarme las antenas y ver cómo me retuerzo".

Podemos volver a las preguntas disparadoras: ¿por qué a la gente buena le ocurren cosas malas? ¿Por qué Dios permite el mal? ¿Qué opina de la expresión de la película mencionada anteriormente? Retome la dirección de la clase y explique:

A. El origen del mal

"Las Sagradas Escrituras sostienen que ni en un sentido positivo ni negativo puede ser Dios el autor de lo malo. Los dos factores básicos que explican el origen del pecado en la familia humana son: La existencia previa del mal en la persona de Satanás, que tentó al hombre para que pecara; y el libre albedrío del hombre en presencia de dos alternativas morales" (Wiley, Orton y Culbertson, Paul. Introducción a la Teología cristiana. EUA: CNP, 1969, p.191).

Entonces, a partir de la caída del primer ser humano, la muerte entró en nuestro mundo con todos los males que le siguieron (Romanos 5:12-14,17-18). Por lo tanto, todos los seres humanos nacieron con una pena de muerte; y, además, traen una naturaleza depravada o pecado innato: "He aquí, en maldad he sido formado, Y en pecado me concibió mi madre" (Salmo 51:5).

B. Definición de "mal"

El Diccionario Teológico Beacon define "El mal como lo opuesto al bien"; y agrega: «La Biblia comúnmente usa "mal" como sinónimo de pecado, como "el temor de Jehová es aborrecer el mal" (Proverbios 8:13). Seguidamente se mencionan una lista de algunos males: "soberbia y la arrogancia, el mal camino, y la boca perversa". De estos males personales de espíritu y de conducta surgen los males sociales que plagan a la humanidad» (Taylor, R. Diccionario Teológico Beacon. EUA: CNP, 2010, p.146).

C. Tipos de mal

Frank Moore, en su libro "Teología en la cafetería", divide al mal en dos categorías: "El mal natural abarca las fuerzas destructivas de la naturaleza, como los tornados, los terremotos y huracanes, o la fuerza destructiva de las enfermedades como el cáncer, la diabetes y las enfermedades cardíacas. El mal moral comprende los resultados de las malas decisiones que toma la gente, como las guerras, los crímenes y los accidentes por conducir bajo el efecto de bebidas alcohólicas". Más adelante, agrega: «"el mal sistematizado" que se crea a partir de que nos rebelamos contra Dios, nos alejamos de él y comenzamos a vivir a nuestra manera creando sistemas de vida que no lo honran. Estas malas prácticas con el tiempo nos parecen aceptables y aún normales. La mayoría las hace. Ese es el sistema que gobierna al "Mundo". Detrás de todas estas malas decisiones se encuentra Satanás» (Moore, Frank. Teología en la cafetería. EUA: CNP, 2009, p.75).

D. ¿Por qué Dios no elimina el mal?

A veces, ante determinadas malas noticias, nos gustaría que Dios destruya todo lo malo del mundo. Si así lo hiciera; mucha gente perecería, como ocurrió con el arca de Noé. Él "es paciente para con nosotros, no queriendo que ninguno perezca, sino que todos procedan al arrepentimiento" (2 Pedro 3:9b). Todavía estamos en un tiempo de gracia.

Como por el libre albedrío, se toman buenas decisiones, y también malas, que dañan al prójimo y a nosotros mismos. Entonces, esta libertad es como un cuchillo de doble filo: puede pervertir todo lo bueno que Dios creó y transformarlo en algo malo. Dios nos creó con capacidad de elegir, y no se interpondrá en ella; aunque le duela.

III. Aplicación en la vida diaria

A. ¿Cómo puede en su vida salir victorioso de estas tragedias?

1. **Crea que todo lo va a ayudar para bien.** La Palabra de Dios dice en Romanos 8:28 que "a los que aman a Dios, todas las cosas les ayudan a bien". Según el original, no dice el texto que las circunstancias externas mejorarán; sino que nuestro interior será transformado en algo bueno.

   Ante las tragedias, tenemos por lo menos dos opciones: maldecir a Dios, apartarnos, rendirnos y caer en el más profundo pozo depresivo o incluso llegar al suicidio; o aprender de ellas, y transformar el mal en bien. Hoy se habla del término "resiliencia" como la capacidad de superar circunstancias traumáticas y adaptarse a las nuevas circunstancias. Sin lugar a dudas, este texto habla de ello y mucho más.

   No nos gusta sufrir; pero el dolor hay que atravesarlo, como las etapas de un duelo: negación, ira, negociación, dolor emocional o depresión y aceptación. Es completamente normal pasar por ellas y no es pecado. Cada persona tendrá su tiempo de permanencia en cada una. Lo anormal sería negarlas o quedarse instalado en alguna de ellas, dejando de amar a Dios, que es el único condicionante para que sean de bendición.

2. **Observe el cuadro desde una perspectiva eterna.** Nuestro paso por esta tierra tan sólo es la punta del iceberg de nuestra vida. A diferencia de los incrédulos, los cristianos tenemos "esperanza". Romanos 8 dice que: Dios nos "conoció" y "predestinó" (v.29), nos "justificó" y "glorificó" (v.30), está con nosotros (v.31) y Jesús intercede por nosotros (v.34). Por eso, aunque por un breve tiempo, comparado con la eternidad, nos toque atravesar por distintas circunstancias adversas (vv.35-39); nada nos separará del amor de Dios. Esa es la esperanza que nos mantiene en pie.
3. **Observe el cuadro completo.** Sí. Los sucesos aislados pueden ser malos; pero el resultado final no lo será, "somos más que vencedores" (v.37).

   Dios permite que la naturaleza siga su ciclo y al entrar en erupción un volcán, las personas mueren, porque sus viviendas están en lugares de riesgos; cuando las lluvias se desatan, y las calles se inundan; la gente se ve afectada por la mala urbanización o descuido de las autoridades en no crear los puentes o hacer los arreglos necesarios para que no ocurran; muchas veces por malgastar los recursos y no hacer bien las cosas. No se interpone en el libre albedrío de las personas que hacen maldad. Le permite al diablo que desate el caos. Sin embargo, no permite que el mal triunfe.

B. Consejos prácticos

1. Buscar el consuelo de Dios en oración y en su Palabra.
2. No dejar de congregarse. Buscar ayuda en la iglesia, como una comunidad terapéutica. Si tiene que ir a llorar a la iglesia; ¡vaya! ¡Qué mejor lugar para que sus lágrimas sean derramadas y para recibir el amor del cuerpo de Cristo!
3. Buscar ayuda profesional si es necesario.
4. Transformar el dolor en acciones de bien hacia otros.

Bárbara Johnson (1927-2007) sufrió la muerte de dos de sus tres hijos. Su marido tuvo un grave accidente que le costó meses de recuperación; y, por último, su tercer hijo no le habló durante años por haber elegido un estilo de vida homosexual, a pesar de haberse criado en un ambiente cristiano. Bárbara, junto a su esposo, crearon el "Ministerios Espátula", organización diseñada para ayudar a padres con hijos que eligieron ese estilo de vida. Además, escribió un montón de libros que fueron "superventas"; el más conocido: "Ponte una flor en el pelo y sé feliz: El dolor es inevitable, pero el sentirse miserable es opcional" (1990).

Hay miles de organizaciones creadas a partir del dolor que son de consuelo tanto para los damnificados como a personas que atraviesan por distintas situaciones dolorosas. El dar a otros saca del pozo de la depresión y ayuda a la recuperación.

5. ¿Cómo acompañar al afligido?

Muchas veces, cuando alguien atraviesa por una dura circunstancia, sufrimos del "síndrome de los amigos de Job": hablamos de más, culpamos a la persona y queremos defender a Dios.

Si alguien está atravesando una tragedia, y usted quiere acompañarlo; no se ponga como defensor de Dios. Si no sabe qué decir; guarde silencio y simplemente permanezca a disposición del que sufre. Hágale saber que está para él incondicionalmente. Abrácelo. Como iglesia, estamos puestos y dotados de paciencia para salvar a otros. Somos sus embajadores. "Señor, ayúdame a encender una luz en lugar de maldecir la oscuridad" (Moore, Frank. Teología en la cafetería. EUA: CNP, 2009, p.78).

En mi iglesia local, funciona un grupo de tejedoras que realizan mantas para personas que sufrieron la tragedia de perder todo en un incendio. Para ello, utilizan lana que sacan de abrigos de lana donados.

Cualquiera que haya visto el estado de esas prendas se preguntaría por qué no las tiraron de una vez. Cualquiera que vea los pequeños cuadraditos de tejido, no entendería para qué servirían más que para tapar a una muñequita. Cualquiera que vea los cuadraditos de atrás no entendería tantos nudos y restos de lana por esconder. Sin embargo, los que pudieron ver más allá se dedicaron a unir los pedacitos, a quitar los hilos desprolijos de su interior y a crear algo nuevo. Así, ahora esa ropa que ya no servía forma parte de algo mayor que bendice a otros: una manta que cubrirá la necesidad de alguien.

Quizá su vida ahora está atravesada por una tragedia, sienta que ya no sirve para nada, le duela y sienta que está deshecho como esos abrigos que parece que ya no sirven. Quizá no entienda los hechos aislados; pero, con el paso del tiempo, y en las manos del Maestro, cobrarán un nuevo significado. Nada le apartará de su amor. Deje que Él una sus pedazos para hacer algo nuevo. Confíe. Hay victoria en Cristo.

Conclusión

El mal entró al mundo a partir del pecado. Muchas veces, no se entiende el porqué Dios permite que ocurran ciertas tragedias. Sin embargo, debemos aprender a ver más allá de las circunstancias y saber que ese sufrimiento es momentáneo y que el mal no triunfará.

Ante las tragedias, se tienen dos opciones: apartarse del camino de la fe, o dejar que ellas obren para bien en nuestro interior, sabiendo que nada puede apartarnos del amor de Dios, y que saldremos fortalecidos de las mismas.

El cuadro completo

Hoja de actividad

Versículo para memorizar: "Y sabemos que a los que aman a Dios, todas las cosas les ayudan a bien, esto es, a los que conforme a su propósito son llamados" Romanos 8:28.

I. Ejemplos y definición de tragedias que ocurren en la vida diaria

Defina con sus palabras el término "tragedia".

____

____

Mencione ejemplos bíblicos de distintos personajes que atravesaron por tragedias y cómo Dios los ayudó.

____

____

II. La tragedia como consecuencia de vivir en un mundo de pecado (Romanos 8:28-39)

¿Cómo definiría "mal"?

____

____

¿Conoce alguna práctica que antes estaba considerada mala y hoy es vista como normal? ¿Cómo impacta esa práctica negativamente en la sociedad originando tragedias?

____

____

III. Aplicación en la vida diaria

Explique cómo aplicaría a su vida personal el pasaje de Romanos 8:28.

____

____

¿Conoce a alguien que haya transformado su dolor en ayuda a su prójimo? Comparta.

____

____

¿Cómo podría usted o la iglesia ayudar a alguien que está atravesando por una tragedia?

____

____

Conclusión

El mal entró al mundo a partir del pecado. Muchas veces, no se entiende el porqué Dios permite que ocurran ciertas tragedias. Sin embargo, debemos aprender a ver más allá de las circunstancias y saber que ese sufrimiento es momentáneo y que el mal no triunfará.

Ante la tragedia, se tienen dos opciones: apartarse del camino de la fe, o dejar que ellas obren para bien en nuestro interior, sabiendo que nada puede apartarnos del amor de Dios, y que saldremos fortalecidos de las mismas.

Frente a la dificultad, se necesita poder

José Barrientos (Guatemala)

Pasajes bíblicos de estudio: Mateo 28:20; Lucas 4:36, 9:1, 24:49; Juan 17:11; Hechos 1:8, 4:33, 6:8; Romanos 1:16, 4:21; I Corintios 1:18, 4:7, 6:14, 10:4
Versículo para memorizar: "Y Dios, que levantó al Señor, también a nosotros nos levantará con su poder" I Corintios 6:14.
Propósito de la lección: Comprender que el Espíritu Santo sigue siendo la fuente de poder frente a la dificultad para quien ha nacido de nuevo en Cristo.

Introducción

Una de las premisas de la Iglesia del Nazareno, registrada en la misión de Discipulado Nazareno Internacional, dice: "... ser y hacer discípulos semejantes a Cristo..." En esta lección, recordaremos que esa misma misión tenía la iglesia primitiva; y nos dejó como ejemplo su caminar victorioso a partir del derramamiento del Espíritu Santo, el cual fue prometido por Jesucristo, como recurso indispensable para poder ser sus testigos. Su instrucción a los discípulos fue que no se fueran de Jerusalén hasta ser investidos por el Espíritu Santo, quien les daría poder para testificar. Veremos que esa promesa y ese poder siguen vigentes para la iglesia de Cristo.

La iglesia contemporánea vive situaciones difíciles, tanto en su condición física, derivada de limitaciones diversas, como en su condición espiritual, expuesta a presiones y seducciones, ante las que se necesita el poder para enfrentar esas situaciones difíciles. En la actualidad, hay acciones deliberadas destinadas a destruir instituciones esenciales para el desarrollo personal y social: la iglesia cristiana y la familia, derivadas de intereses perversos. Esto plantea situaciones difíciles que sólo pueden superarse con el poder del Espíritu Santo.

I. El poder viene de nuestro Dios

A. Jesús mostró el modelo (Lucas 4:34,36, 9:1)

La vida del Señor Jesús durante su ministerio en la tierra estuvo marcada por enfrentar situaciones difíciles. Tanto que la gran mayoría de ellas requería de milagros para obtener solución. Debido a esa condición sobrenatural, las obras del Señor Jesús en la tierra no podían pasar desapercibidas. En el capítulo de Lucas 4, se describe el inicio del ministerio de Jesús y cómo se hizo tan aceleradamente notorio, debido a que realizó acciones que resolvían situaciones que se mostraban sumamente difíciles. Una de las primeras manifestaciones del poder de Dios que obraba en Jesús a través del Espíritu Santo sucedió cuando Él se encontraba en una sinagoga, y un hombre que tenía un demonio inmundo desafió al Señor Jesús llamándole "Jesús nazareno" (v.34). Hay que recordar que llamarle "nazareno" pretendía desacreditar a Jesús por su origen; ya que Nazaret era una localidad sin ningún reconocimiento social, un lugar "insignificante". Jesús reprendió al demonio y le ordenó salir del hombre. Esto impresionó a los presentes; y el resultado se registra en Lucas 4:36, el cual describe que estaban maravillados y se preguntaban entre sí: "¿Qué palabra es ésta, que con autoridad y poder manda a los espíritus inmundos, y salen?" Esta muestra del poder de Dios para resolver situaciones difíciles fue más allá. En Lucas 9:1, se relata una de las acciones que describiría el modelo con el que Dios llevaría adelante su misión reconciliadora en la tierra, a través de hombres y mujeres. El poder milagroso mostrado por Jesús sería puesto al alcance de sus discípulos. El modelo está en la siguiente expresión: "les dio poder" (Lucas 9:1). Esto deja claro que quien tiene el poder y la autoridad es quien lo da. Como suele decirse: "Nadie puede dar lo que no tiene". El Señor Jesús había dejado indicado el modelo de Dios para quienes habrían de creer en Él.

B. ¿Y al irse Jesús? (Mateo 14:22-33; Lucas 24:49; Juan 17:11)

La experiencia de los discípulos de Jesús, en especial la de los doce apóstoles, los había llevado a sentirse plenamente cómodos con la presencia del Maestro. De hecho, caminó sobre las aguas para alcanzarlos en medio de un mar azotado por una tormenta (Mateo 14:22-33). Sin embargo, aunque sus discípulos preferían ignorar el asunto de su partida, Jesús sistemáticamente hablaba de ello. Eso significaba para los doce apóstoles quedarse solos. Pero Jesús se anticipó a tales preocupaciones. Primero, hizo una oración intercesora por sus discípulos. Él iba a la cruz y lo sabía; y, con eso, finalizaría su misión en la tierra, pero sus discípulos permanecerían. Por eso, realizó una preciosa oración intercesora con énfasis: "a los que me has dado, guárdalos en tu nombre" (Juan 17:11). Segundo, el modelo que ya había mostrado quedaría establecido para quienes creyeran en Él y guardaran sus mandamientos. Jesús, entonces, preparando las condiciones para su partida, anunció a sus discípulos que la promesa del Padre sobre el Espíritu Santo sería efectiva en ellos (Lucas 24:49).

C. De incertidumbre a certeza plena (Hechos 1:8, 2)

Las últimas palabras de Jesús a sus discípulos, durante su permanencia en la tierra, tenían un doble sabor: por un lado, era quedarse solos en medio de una tierra hostil; por otro, era el cumplimiento de una promesa antigua. Para los discípulos no era claro lo que el Señor les dijo sobre la venida del Espíritu Santo (Hechos 1:8). El Espíritu de Dios hasta entonces había obrado de manera específica y aislada. Lo que sí tenían claro era que recién su Maestro fue crucificado en un madero y, aunque resucitado, ya no estaba con ellos; mientras tanto, las autoridades religiosas permanecían en desagrado con los seguidores de Jesús. El cuadro, entonces, muestra una verdadera situación difícil que los discípulos estaban enfrentando, y que requería de un suceso excepcional para poder superarla. Esa condición se transformaría mediante el estruendo de un viento que venía del cielo y que llenó toda la casa (Hechos 2). ¡El Espíritu Santo había venido sobre ellos!, podrían enfrentar situaciones difíciles. El poder que tenían vino de Dios.

II. El poder en la vida de la iglesia

A. Una disposición renovada para testificar (Hechos 4:33, 6:8)

Una vez que los ciento veinte discípulos fueron llenos del Espíritu Santo, aquel poder que ellos habían visto obrar en Jesús, ahora estaba en ellos. Desde aquel día de Pentecostés, la Palabra describe que ellos daban testimonio de una forma muy especial: "... con gran poder..." (Hechos 4:33). Aquella incertidumbre que los apóstoles tuvieron, que los hacía frágiles frente a las situaciones difíciles que vivían tras la partida del Maestro, ahora se tornó en poder. El mismo día en que fueron llenos del Espíritu Santo, y debido a la forma tan estruendosa y visible del suceso, de una forma sobrenatural se vieron estimulados a superar el temor y a proclamar a la multitud sorprendida las grandes maravillas de Dios. Las manifestaciones personales fueron ampliándose entre los creyentes. La Palabra relata acerca de uno cuya prominencia fue significativa, aunque breve; ya que también vino a ser el primer mártir de la iglesia cristiana naciente: "Y Esteban, lleno de gracia y de poder, hacía grandes prodigios y señales entre el pueblo" (Hechos 6:8). Había, pues, entre los creyentes, una disposición renovada a testificar, surgida de la llenura del Espíritu Santo, de quien recibieron poder, y por quien pudieron superar aquella situación difícil en que se vieron luego de la partida del Maestro. Efectivamente, ¡no estaban solos!

B. El crecimiento no eliminó la oposición (Hechos 9:1-31; Romanos 1:16, 4:21)

La iglesia de Cristo siguió su camino como Dios lo había previsto, nada la detuvo; por el contrario, las incorporaciones de nuevos creyentes vinieron de forma diversa, no sólo judíos, también gentiles. Aunque hubo nuevas formas de oposición; el poder del Espíritu Santo siguió convenciendo de pecado. Una dura prueba para la iglesia naciente había sido la muerte de Esteban, de una forma sumamente dolorosa, una muestra del poder que el príncipe de este mundo conservaba. Pero uno de los acérrimos perseguidores de la iglesia cristiana, Saulo de Tarso, tendría un encuentro con el Señor Jesús y no podría resistir su poder transformador (Hechos 9:1-31). Tras su conversión, vino a ser conocido como el "apóstol Pablo" (Hechos 13:9). A pesar de tales avances, las manifestaciones de rechazo y menosprecio hacia los seguidores de ese nuevo "Camino" habrían de mantenerse. La burla por ser creyentes, de lo que se consideraba una falsedad para hacerlos caer, era frecuente. El apóstol Pablo no aceptaría tal burla, e inspirado por el Espíritu Santo ofrecería a los seguidores de Jesús uno de los pensamientos que habría de fortalecerles su fe y su capacidad para sobreponerse a las situaciones difíciles: "Porque no me avergüenzo del evangelio, porque es poder de Dios..." (Romanos 1:16). Dios también inspiraría a la iglesia a través de su Palabra. Pese a la situación difícil que atravesaban, Pablo inspirado por el Espíritu volvió a alentar a la iglesia a través de su testimonio (Romanos 4:21).

C. El poder para enfrentar situaciones difíciles (1 Corintios 1:18, 6:14)

El entorno de la iglesia primitiva, entonces, presentó oposición desde el inicio; pero la iglesia estuvo dispuesta a testificar. La presencia del Espíritu Santo llenando de poder las vidas de quienes se afirmaban en su fe era manifiesto. El testimonio que comunicaban estaba impregnado por las enseñanzas de Jesús. Habían desafiado al pueblo judío, el cual no era ignorante de los mandatos divinos; sin embargo, llevar esa enseñanza a los gentiles se tornaba mucho más desconcertante. En 1 Corintios, el apóstol Pablo hizo referencia a esta característica del testimonio de los cristianos; y describió la diferencia en la forma de verlo para quien no era un creyente y para el creyente. Indicó que "... la palabra de la cruz es locura a los que se pierden; pero a los que se salvan, esto es, a nosotros, es poder de Dios" (1 Corintios 1:18). La vida de la iglesia primitiva estaba marcada por el poder de Dios, lo que les permitía llevar adelante su misión en medio de las situaciones difíciles que se les presentaran; mientras que para los no creyentes era locura. Ser creyentes significaba reconocer la condición de pecado y aceptar la salvación que es por la sangre de Jesús. Esa sí que fue una situación difícil; pero no para Dios. El apóstol Pablo recordó a la iglesia y la alentó diciendo: "Y Dios, que levantó al Señor, también a nosotros nos levantará con su poder" (1 Corintios 6:14). ¡Qué mensaje de confianza para enfrentar situaciones difíciles!

III. Aplicación a la vida diaria

A. Expuestos a situaciones difíciles

La condición de naturaleza caída que caracteriza la vida en esta tierra preserva la constante posibilidad de experimentar situaciones difíciles. Las personas están expuestas a las enfermedades, carencias de diverso tipo y situaciones de riesgo. La sociedad, por su parte, se deteriora ante la pérdida del valor y respeto de la vida, la degradación moral, el descrédito a las instancias gubernamentales, que son algunas de las descripciones que se leen y escuchan en los diferentes medios de comunicación. La iglesia, integrada por personas de esa misma sociedad, no es ajena a tales afecciones. A todo lo anterior, se suman aspectos que de manera directa buscan afectar a la iglesia, como las conductas y preferencias que son contrarias a la perspectiva bíblica, y que se pretende que la iglesia las acepte, ya sea por complacencia o por imposición legal. Tanto los pastores como los laicos se ven constantemente expuestos a presentar defensa de la fe que obra en sus vidas. La iglesia cristiana, distinguida por el nuevo nacimiento y la fe bíblica, está expuesta a situaciones difíciles de diversa naturaleza que se presentan en el mundo contemporáneo.

B. La promesa de Jesús sigue vigente

Cuando el Señor Jesús oró de forma intercesora, visualizó la iglesia en los tiempos futuros; y al considerar que estarían en el mundo, pidió al Padre que los guardara del mundo. Jesús sabía que estaríamos en la tierra en este tiempo, y conocía lo difícil que sería. Y cuando hizo la promesa a sus discípulos acerca del Espíritu Santo, también incluyó a aquellos que habrían de creer en la palabra de sus discípulos: usted y yo. El Señor Jesús también evidenció lo extendido de la vigencia de su promesa de enviar al Espíritu Santo, cuando dijo: "... yo estoy con vosotros todos los días, hasta el fin del mundo..." (Mateo 28:20). De manera que podemos confiar plenamente que, a través del Espíritu Santo, Él está con nosotros, como lo estuvo con la iglesia primitiva.

C. Dios nos da el poder para vencer situaciones difíciles

Consideremos, entonces, los dos aspectos arriba descritos. Por un lado, como cristianos, no dejaremos de estar expuestos a las consecuencias de la naturaleza caída de esta tierra y la humanidad y, con ello, expuestos a situaciones difíciles; pero, por otro, ese poder que el Señor Jesús prometió está a nuestro alcance para ayudarnos a vencer. Nuestra vida es integral; de la misma manera como experimentamos la presencia de Dios, cuando nos congregamos en el templo, igual debemos experimentarla en cualquier lugar donde nos encontremos. Su poder nos asistirá igual para dar testimonio y enfrentar las situaciones difíciles en nuestro hogar, en los centros de estudios o en los lugares de trabajo. En medio de tales condiciones, el poder de Dios provisto a través del Espíritu Santo, estará a nuestro alcance y nos asistirá también; y, de manera especial, para testificar y cumplir el plan de salvación consumado por el Señor Jesucristo en la cruz del Calvario.

Conclusión

La promesa de Jesús sobre recibir poder al venir el Espíritu Santo sobre sus discípulos sigue vigente para quienes le aman, guardan sus mandamientos y esperan su venida. En la espera, Dios nos da el poder para vencer las situaciones difíciles a través del Espíritu Santo; y nos ayuda a ser testigos de su amor, y a sobreponernos a las situaciones difíciles que enfrentemos en nuestra vida individual, familiar, estudiantil y laboral.

Frente a la dificultad, se necesita poder

Hoja de actividad

Versículo para memorizar: "Y Dios, que levantó al Señor, también a nosotros nos levantará con su poder" I Corintios 6:14.

I. El poder viene de nuestro Dios (Mateo 14:22-33; Lucas 4:34,36, 9:1, 24:49; Juan 17:11; Hechos 1:8, 2)

¿Qué fue lo que generó admiración de los actos de Jesús; y por qué? (Lucas 4:36).

____

____

¿Por qué los discípulos de Jesús tuvieron autoridad sobre demonios y para sanar enfermedades? (Lucas 9:1).

____

____

II. El poder en la vida de la iglesia

¿Por qué estamos siempre expuestos a enfrentar situaciones difíciles en esta tierra?

____

____

¿De dónde vino el poder a la iglesia para enfrentar situaciones difíciles? (1 Corintios 6:14).

____

____

III. Aplicación a la vida diaria

¿Cree que la promesa de Jesús sobre el Espíritu Santo está vigente? Explique.

____

____

¿En cuáles áreas de nuestra vida podemos experimentar el poder de Dios? Comente.

____

____

Conclusión

La promesa de Jesús sobre recibir poder al venir el Espíritu Santo sobre sus discípulos sigue vigente para quienes le aman, guardan sus mandamientos y esperan su venida. En la espera, Dios nos da el poder para vencer las situaciones difíciles a través del Espíritu Santo; y nos ayuda a ser testigos de su amor, y a sobreponernos a las situaciones difíciles que enfrentemos en nuestra vida individual, familiar, estudiantil y laboral.

Enfrentando el pasado

Lección 25

Mary de Prado (Colombia)

Pasaje bíblico de estudio: Génesis 45
Versículo para memorizar: "Entonces dijo José a sus hermanos: Acercaos ahora a mí. Y ellos se acercaron. Y él dijo: Yo soy José vuestro hermano, el que vendisteis para Egipto" Génesis 45:4.
Propósito de la lección: Aprender cómo enfrentar apropiadamente el pasado con la ayuda de Dios.

Introducción

La conocida ley de "causa y efecto" indica que toda acción trae consigo una consecuencia. La causa produce un efecto. Aplicándolo a la vida personal, se puede decir que todo lo que hayamos vivido en el pasado repercute de algún modo en nuestro presente.

En el caso de la vida de José, narrada en los últimos capítulos del libro de Génesis, la traición por parte de sus hermanos, con el consecuente dolor que ello le produjo por muchos años, indudablemente, afectó su vida en muchos aspectos. Pero Dios ayudó a José a enfrentar con entereza el pasado y salir victorioso frente al mal. De esta historia, podemos aprender cómo enfrentar apropiadamente el pasado con la ayuda de Dios.

I. Manejando positivamente los efectos del pasado (Génesis 45:1-8)

Después de haber atravesado por un inmenso dolor, debido a los maltratos de la esclavitud, los rigores de la prisión y tantas situaciones más, vemos que las convicciones espirituales, pureza personal y obediencia a los mandamientos de Dios, características de la vida de José, en conjunción con la gracia y providencia divina, le fortalecieron para que todas esas situaciones pasadas no arruinaran su presente y futuro.

A. Cerrando con gozo un capítulo difícil (vv.1-4)

Cuando se presentaron sus hermanos delante de José, a él le invadieron emociones muy intensas. El hecho del reencuentro trajo a su mente experiencias dolorosas y, tal vez, otras muy gratificantes del pasado.

En esta primera parte de la lección, por medio de los versículos 1 al 4, estudiaremos la actitud de José como ejemplo de lo que significa cerrar apropiadamente capítulos difíciles de nuestro pasado.

Es natural que un pasado donde sufrimos injusticias ocasione en nuestro corazón sentimientos de tristeza y pesar. Con frecuencia, suele producir un profundo estado de angustia o desasosiego y, en algunos casos, un sentimiento de venganza. Pero, sin duda, este no fue el caso de José. Parece ser que el rencor o cualquier otro mal sentimiento no anidaron en su corazón; sino que más bien fue lleno de bondad y perdón. Desde luego, sí vivió emociones muy intensas en el reencuentro con su familia; pero más bien, se debía al gozo de la reconciliación. Así que, podemos pensar que las siguientes expresiones en estos versículos: "No podía ya José contenerse delante de todos los que estaban al lado suyo, y clamó: Haced salir de mi presencia a todos... Entonces se dio a llorar a gritos" (vv.1-2a), no describen sino su alegría por el reencuentro con sus hermanos y el desahogo de poder dar por culminada la triste experiencia de separación con su familia (Génesis 43:29-31).

"Al mandar la salida de todos para que no hubiera testigos de esta escena final, actuó como amigo real y cariñoso de sus hermanos; su conducta fue dictada por motivos de suprema prudencia, la de impedir que las anteriores iniquidades de sus hermanos fuesen conocidas por miembros de su casa y entre el pueblo de Egipto" (Jamieson, Fausset y Brown. Comentario Exegético y Explicativo de la Santa Biblia, tomo I, EUA: CBP, vigésima edición 2003, p.56).

Esto es, precisamente, lo que nos enseña la Palabra de Dios que debe ser la actitud del cristiano frente a las ofensas recibidas. Siempre mantener la disposición de ser pacificadores, y estar dispuestos a tomar la iniciativa para el perdón y la reconciliación (Romanos 12:18-19; Efesios 4:31-32; 1 Pedro 4:8).

B. Viendo el pasado a la luz de la gracia divina (vv.5-8)

¿Por qué José pudo recibir a sus hermanos y hacerles el bien, a pesar de todo el sufrimiento que le ocasionaron? Está claro que el principal motivo fue su plena confianza en el propósito benevolente de Dios a través de las circunstancias.

Recordemos que José experimentó por más de veinte años momentos duros a causa de la mala acción de sus hermanos. Mas a pesar de todo, la gracia de Dios obró a favor de José y de quienes se relacionaron con él (Génesis 39:5). José había comprendido esta gran verdad, y testificó de ello al darse a conocer a sus hermanos: "... porque para preservación de vida me envió Dios delante de vosotros" (45:5). En los versículos 5 al 8 del pasaje, podemos ver cómo José comprendió que todas sus situaciones fueron usadas por el Señor; no simplemente para beneficiarle a él, sino para mostrar su bondad hacia su pueblo.

Dios siempre estuvo con José en medio de todo lo malo que le sucedió, manifestándole su gracia y siéndole propicio en todo cuanto hacía (Génesis 39:3,21-23). Todas sus aflicciones pasadas confluyeron finalmente para bendición, debido a que José decidió serle fiel a Dios. Puesto que él confrontó sus aflicciones con fidelidad y sacrificio, mirando el propósito de Dios detrás de todo, fue bendecido en gran manera (41:52).

Por otra parte, el sufrimiento atravesado por José contribuyó en gran manera a su crecimiento personal y espiritual. El José que conocieron sus hermanos en su reencuentro en Egipto ya no era el mismo que conocieron en su niñez y adolescencia. Para este momento, tenía más de treinta años y era un hombre con vasta experiencia y variados conocimientos, además de haberse convertido en un gobernante poderoso (45:8).

A veces, solemos renegar de nuestro pasado por la infinidad de situaciones adversas que hemos atravesado; pero si miramos con ojos espirituales, podemos ver que la misericordia de Dios ha estado presente aun en los momentos más difíciles, hilvanando su proyecto de vida para nosotros (Jeremías 29:11; Romanos 8:28).

II. Dejando atrás el pasado y comenzando de nuevo (Génesis 45:9-28)

Hoy en día, una disposición como la que tuvo José para superar eventos adversos y traumáticos como, por ejemplo, las crisis familiares profundas o rupturas de relaciones, se le llama resiliencia. La resiliencia es la capacidad de adaptarse a las situaciones adversas, obteniendo resultados positivos.

Pero en un hijo de Dios, esta disposición no se fundamenta en el esfuerzo meramente natural; sino en abrazar el propósito que Dios tiene para nosotros viendo más allá de las circunstancias. A esta confianza, que capacita nuestra voluntad para seguir el camino trazado por Dios a través de los sufrimientos temporales, es a lo que la Biblia llama fe. Tenemos un ejemplo fehaciente en la vida de Moisés, quien a pesar de la pérdida y el sufrimiento que significó abandonar Egipto, tuvo esa fortaleza para comenzar de nuevo; porque "... se sostuvo como viendo al Invisible" (Hebreos 11:27).

José pudo dejar atrás su pasado y comenzar de nuevo, debido a su plena confianza en el propósito de Dios con su vida. Él decidió superar las aflicciones y aprovechar las oportunidades para seguir adelante sin olvidar su pasado; y, al mismo tiempo, reconocer que Dios estaba obrando en medio de todo para encaminar a bien su presente (Génesis 41:51-52).

A. Sanando las heridas de las relaciones (vv.9-15)

En esta siguiente parte del pasaje, los versículos 9 al 15, vemos a José actuando de una manera sabia. Él no dejó que el espíritu de venganza tomará control de su vida, y se sobrepuso para perdonar a quienes le causaron tanto dolor. José pudo experimentar plenamente la libertad que produce la restauración de las relaciones significativas.

La dura experiencia que había pasado, en alguna manera, había forjado un carácter duro y severo; pero, al mismo tiempo, sazonado con el amor y la gracia de Dios.

El Señor, quien es el que transforma el carácter de las personas por el poder de su amor, sacó lo mejor de José en medio de su aflicción. De este modo, todo cuanto había planeado en contra de sus hermanos (si en algún momento lo hizo), cedió ante sus sentimientos de hermano (v.15). "La severidad del magistrado aquí cede ante los sentimientos del hombre y del hermano" (Jamieson, Fausset y Brown. Comentario Exegético y Explicativo de la Santa Biblia, tomo I. EUA: CBP, vigésima edición 2003, p.58). En otras palabras, aquí se cumple lo que dice la Palabra de Dios: "... la misericordia triunfa sobre el juicio" (Santiago 2:13).

José fue sabio para conducir a sus hermanos a la reflexión y al arrepentimiento, logrando de este modo que ellos pudieran ser confrontados con el grave pecado que habían cometido contra él y pudieran alcanzar la libertad espiritual (Génesis 42-44).

Esto es, precisamente, lo que el Nuevo Testamento nos enseña acerca de cuál debe ser nuestra actitud hacia quienes nos hicieron daño. Sí, es nuestro deber la exhortación en el caso de nuestros hermanos; pero hay que hacerlo en privado y en espíritu de humildad. Así que, debemos abstenernos de condenarlos o tratarlos sin misericordia; sino más bien, ser pacientes y perdonadores con ellos, conforme Cristo nos trató a nosotros (Mateo 18:15-22; Gálatas 6:1-2; Colosenses 3:13).

B. Devolviendo el bien en lugar del mal recibido (vv.16-28)

La última parte de nuestro pasaje de estudio, los versículos 16 al 28, nos habla elocuentemente del corazón bondadoso de José para retribuir con bien el mal que había recibido de parte de sus hermanos.

Vemos aquí cómo les proveyó generosamente para todas sus necesidades en el camino de regreso a la tierra de Canaán y su posterior mudanza a Egipto con Jacob su padre y sus respectivas familias.

Pero también es importante destacar de la última sección del pasaje (vv.25-28), cómo la generosidad de José y los bienes enviados desde Egipto a su padre fueron el factor que propició el restablecimiento de la armonía plena de la familia. "De esta manera, el signo enviado por José es lo que hace que su padre crea en las palabras de sus hijos: Indirectamente, por tanto, es José quien restaura en su padre la confianza en sus otros hijos, confianza quebrantada antaño, cuando éstos le informaron de la desaparición de su hermano de la manera que conocemos" (Wénin, André. La Historia de José (Génesis 37-50). España: Editorial Verbo Divino, 2006, p.24).

Este es, sin duda, un claro precedente del Antiguo Testamento sobre lo que significa el sentir y la acción del cristiano. La Palabra de Dios nos instruye de la siguiente manera: "No paguen mal por mal. No respondan con insultos cuando la gente los insulte. Por el contrario, contesten con una bendición. A esto los ha llamado Dios, y él les concederá su bendición" (1 Pedro 3:9 NTV).

El cristiano nunca debe abrigar sentimientos de odio hacia aquellos que le hacen daño u ofenden; sino seguir el ejemplo de Cristo, "quien cuando le maldecían, no respondía con maldición; cuando padecía, no amenazaba, sino encomendaba la causa al que juzga justamente" (1 Pedro 2:23).

III. Otras aplicaciones para hoy

A. El hogar como preparación para la vida

Está claro que el trasfondo de la vida familiar, especialmente el amor de Jacob hacia José y su relación filial tan estrecha, fue uno de los elementos que ocasionó la rivalidad de sus hermanos hacia él. Pero más allá de esto, podemos mirar cómo ese trato paterno contribuyó en gran manera a su preparación para enfrentar los desafíos que la vida le presentó posteriormente, y especialmente para poder asumir la restauración de la relación con sus hermanos. Se puede decir que fue el hijo más consentido; pero también el más obediente, y quien gozaba de la máxima confianza de su padre (Génesis 37:1-4).

Vemos que José no fue un joven ocioso mientras estuvo en el hogar paterno; sino que ayudaba responsablemente con sus quehaceres a la economía y vida familiar. A pesar de su juventud, su padre le encargó una especie de mayordomía o supervisión de los bienes familiares. Este ejercicio de administración responsable de la vida hogareña, acompañado de enseñanzas como la bondad y la integridad, indudablemente, constituyeron su primera formación para las grandes tareas que luego le fueron encomendadas por Dios.

Vemos aquí la importancia de la solidez del hogar paterno como formador del carácter y los principios fundamentales de la vida moral de la persona.

B. Poner el amor a Dios y su voluntad en primer lugar

Además de esto, es de destacar la disposición de José para la obediencia a Dios por encima de sus propios intereses. Siempre estuvo sujeto a la voluntad de Dios, y plenamente consciente de que tenía una responsabilidad moral frente al Señor y sus mandamientos (Génesis 39:7-9).

Como hijos de Dios, siempre debemos poner por delante la voluntad de Dios para nuestra vida, siendo necesario para ello no dejar que las emociones y las pasiones naturales tomen control sobre la razón y el testimonio cristiano; sino procurar siempre una conducta acorde a sus mandamientos (Romanos 12:2; 1 Pedro 1:14-15).

Mas esta disposición de obediencia, surge en primer lugar del amor profundo a Dios. José es un claro ejemplo del amor a Dios por sobre todas las cosas, siendo en este sentido figura de Cristo en cuanto a su amor al Padre. Vemos este parecido en lo siguiente: "José menciona a su padre cinco veces en este capítulo. Esto revela su similitud a Cristo además del perdón que extendió hacia sus hermanos. Fue el amor del Señor para Su Padre y Su deseo de hacer Su voluntad que le trajeron al mundo para redimir a la humanidad caída. El amor de José para Jacob es solamente una sombra débil de ese amor" (MacDonald, William. Comentario Bíblico de William MacDonald: Antiguo y Nuevo Testamento. España: Editorial CLIE, 2004, p.40).

Indudablemente, esta preciosa historia bíblica nos deja innumerables enseñanzas para la vida cristiana práctica hoy.

Conclusión

Todos somos propensos a ser afectados por las situaciones difíciles que hemos atravesado en el pasado. Pero a la luz de la Palabra de Dios, podemos aprender que el pasado no tiene por qué condicionar nuestro presente. Con la ayuda de Dios, podemos enfrentar el pasado apropiadamente y disfrutar de la libertad espiritual y gozo abundante en el día de hoy.

Enfrentando el pasado

Hoja de actividad

Versículo para memorizar: "Entonces dijo José a sus hermanos: Acercaos ahora a mí. Y ellos se acercaron. Y él dijo: Yo soy José vuestro hermano, el que vendisteis para Egipto" Génesis 45:4.

I. Manejando positivamente los efectos del pasado (Génesis 45:1-8)

¿A qué se debía el llanto de José en el reencuentro con sus hermanos?

___

___

¿Cómo vio José la obra de Dios en su vida a través de las circunstancias difíciles de su pasado?

___

___

II. Dejando atrás el pasado y comenzando de nuevo (Génesis 45:9-28)

A la luz del ejemplo de José, ¿cuál debe ser nuestra actitud hacia quienes nos han hecho daño en el pasado?

___

___

¿De qué forma debemos proceder los cristianos para sanar las relaciones dañadas?

___

___

III. Otras aplicaciones para hoy

¿Qué nos enseña el trasfondo familiar de José sobre la importancia del hogar como formador del carácter moral?

___

___

¿De dónde nace la disposición para obedecer a Dios y poner su voluntad en primer lugar de acuerdo con la enseñanza de la vida de José?

___

___

Conclusión

Todos somos propensos a ser afectados por las situaciones difíciles que hemos atravesado en el pasado. Pero a la luz de la Palabra de Dios, podemos aprender que el pasado no tiene por qué condicionar nuestro presente. Con la ayuda de Dios, podemos enfrentar el pasado apropiadamente y disfrutar de la libertad espiritual y gozo abundante en el día de hoy.

El último enemigo a vencer

Leticia Cano (Guatemala)

Pasajes bíblicos de estudio: Génesis 2:17; Salmo 23:4; Ezequiel 33:11; Lucas 15:32; Hechos 3:19, 17:30; Romanos 5:12, 6:23; 1 Corintios 15:1-51; Efesios 2:1,5; 1 Timoteo 5:6
Versículo para memorizar: "Aunque ande en valle de sombra de muerte, No temeré mal alguno, porque tú estarás conmigo; Tu vara y tu cayado me infundirán aliento" Salmo 23:4.
Propósito de la lección: Comprender que la muerte es una realidad en la vida del ser humano, y Dios, quien tiene promesa de vida eterna a quienes confían en Jesucristo como Señor y Salvador.

Introducción

¿Quién está listo para morir? La experiencia de la muerte es inexplicable; pero real, triste y dolorosa. Apareció en la historia como consecuencia de la desobediencia a Dios, de nuestros primeros padres, Adán y Eva. Desde entonces, todas las personas la experimentan; pero (con pocas excepciones) nadie la desea.

I. Camino a comprender la muerte

La mortalidad consiste en la cualidad de ser mortal. La Real Academia Española define la muerte como "1. f. Cesación o término de la vida. 2. f. En el pensamiento tradicional, separación del cuerpo y el alma" (Recuperado de https://dle.rae.es/muerte?m=form, el 06 de julio de 2023).

Mortalidad es la condición inevitable de todo ser vivo, a partir de la caída del ser humano en pecado. Es la ley natural que aprendimos en la escuela: todo ser vivo nace, crece, se reproduce y muere. Aunque aceptamos de buen gusto tres cuartos del proceso; nos resistimos a aceptar la última parte.

A través del tiempo, grandes filósofos y pensadores vertieron su opinión respecto a la muerte. Pero aunque las diferentes ramas del saber humano tengan un criterio con o sin fundamento sobre la muerte; los cristianos basamos nuestras convicciones en las Sagradas Escrituras, es decir, la Biblia, por lo cual entendemos los 39 libros del Antiguo Testamento y 27 del Nuevo Testamento. De acuerdo con nuestro Manual de gobierno, "no se debe imponer como Artículo de Fe ninguna enseñanza que no esté en ellas" (Manual de la Iglesia del Nazareno, 2017-2021. EUA: CNP, 2018, p.23).

A. La muerte física

Implica el fin de todas las funciones mentales y corporales del individuo, y la separación definitiva de las personas que le rodean. Todo esto puede suceder por causas naturales (como enfermedades) o accidentales. Al morir, se experimenta la extinción de toda la conciencia y también del aliento de vida.

De acuerdo con la Biblia, la muerte entró a nuestra vida como consecuencia directa del pecado (Génesis 2:17; Romanos 5:12). El pecado nos hizo vulnerables a sufrir daños físicos, mentales, morales y espirituales, incluyendo la realidad ineludible de morir.

En la historia bíblica, encontramos cómo fueron disminuyendo drásticamente los años de vida de las personas: Adán 930 años, Matusalén 969 años, Noé 950 años (Génesis 5:5,27, 9:28-29); pero en el libro de Salmos, hay un cambio drástico, pues dice que nuestra edad promedio oscila entre 70 y 80 años, y también asegura que pronto pasan y volamos (Salmo 90:10).

B. Muerte espiritual

Quebrantar voluntariamente la ley de Dios para nuestra vida provocó la separación de nuestro Creador. Además de la muerte física, el pecado también produjo la muerte espiritual (Lucas 15:32; Romanos 6:23; Efesios 2:1,5; 1 Timoteo 5:6). Por lo cual, aun estando vivos físicamente, muchos están muertos espiritualmente, al vivir en pecado, ajenos a la voluntad de Dios. Eso incluye a muchas personas religiosas que no tienen una relación personal con Dios, y otros muchos que profesan creencias erradas y que creen y adoran falsas deidades, pero no al único Dios verdadero.

C. La muerte segunda

La muerte física es la primera muerte. Pero la separación eterna de Dios es la muerte segunda. De acuerdo con la Biblia, la muerte segunda se experimenta cuando alguien es lanzado al lago que arde con fuego y azufre (Apocalipsis 20:14).

La frase "muerte segunda" es desconocida para muchos que profesan el cristianismo. Este es un tema del que casi no se lee, no se habla, no se enseña y no se predica. Pero cuando toca enfrentar la muerte de una persona cercana o la propia, hasta entonces, tal vez algunos comienzan a reflexionar respecto a qué pasará después de la muerte. Otros se hacen falsas ilusiones pensando que automáticamente todos irán a un lugar mejor del que tenían terrenalmente. Pero Dios es bueno, santo y justo; por lo cual, tiene toda la potestad para determinar que los malos irán a un lugar de tormento, de la misma manera que un juez justo envía a un delincuente a la cárcel. Sin embargo, la persona que decide caminar en santidad y obediencia a la voluntad de Dios tiene la promesa divina de que no sufrirá la muerte segunda (Apocalipsis 2:11).

Las diferentes religiones tienen distintas creencias sobre lo que sucede después de la muerte, tales como la reencarnación en otro ser vivo, o la purga temporal en un lugar no ubicado. Dichas creencias son falsas; porque si fueran verdaderas, no habría sido necesaria la muerte expiatoria del santo Hijo de Dios, el Señor Jesucristo, ya que el ser humano podría salvarse a sí mismo.

El fundamento irrefutable del cristianismo es únicamente la Biblia. De acuerdo con ella, cada ser humano morirá una sola vez y después enfrentará el juicio (Hebreos 9:27). Por tanto, no hay retorno para enmendar lo que no se hizo bien. Eso es una falacia; pues, aunque casi todos los seres humanos experimentaremos la muerte física (1 Corintios 15:51; 1 Tesalonicenses 4:15), la Palabra de Dios nos advierte que todos los malvados que practicaron continuamente el pecado y que osaron no arrepentirse, ni buscar el perdón divino, sufrirán la muerte segunda, que es la separación eterna de Dios, caracterizada por un horrendo sufrimiento que nunca acabará (Apocalipsis 21:8). No habrá otra oportunidad. No hay nada que el individuo pueda hacer por sí mismo luego de morir; tampoco sus parientes vivos o muertos pueden hacer algo por él, solamente esperar el juicio de Dios. En mi niñez, me enseñaron que mi madre, que había fallecido, me cuidaba y que los santos que habían muerto también lo hacían. En mi edad adulta, al llegar al conocimiento del evangelio y estudiar la Biblia, descubrí que eso es una total mentira. Quienes han muerto no pueden hacer nada por sí mismos ni por los demás.

La mayoría de las personas viven con liviandad, indiferentes hacia Dios, confiando en sí mismas, como si nunca fueran a morir. Hay decisiones de importancia trascendental; pero la decisión más importante de todas es dónde pasaremos la eternidad, y debemos tomarla mientras estemos vivos. No hay muchos lugares, sólo existen dos opciones: la gloriosa eternidad con Dios (Juan 14:6) o la terrible eternidad sin Él.

D. Muerte esperada o inesperada

1. Muerte esperada. Es la extinción inexorable de la vida, en algunos casos las personas llegan a la vejez en buenas condiciones, y su vida se va extinguiendo poco a poco hasta que llega el final esperado. En otras ocasiones suele ser lenta, agobiante. Aunque puede haber esfuerzos médicos y científicos; sabemos que el final llegará y nada podrá evitarlo, excepto un milagro. El enfermo y su familia saben, y quizá esperan el momento de la separación final, especialmente, si hay sufrimiento de por medio, como en el caso de una enfermedad terminal. También hay sociedades en conflicto que por la guerra o la delincuencia las personas sufren el peligro latente de la muerte.

Asimismo, existe la muerte esperada para aquellos que llevan una vida desordenada, practicando diversos tipos de delitos, drogas y otros comportamientos nocivos que eventualmente les traerán la muerte.

2. Muerte inesperada. Es el cese repentino del aliento de vida, generalmente de forma accidental, quizá violenta. También puede ser causada por un desastre natural. Es impactante, traumática. Golpea con ímpetu la mente, las emociones y nos deja en estado de choque, experimentando negación y mucha dificultad para superar esa separación.

Hay personas que han experimentado encuentros muy cercanos con la muerte. Unos han compartido una agradable experiencia de lo que parece haber sido el cielo, mientras que otros han experimentado una horrible e indescriptible tortura de lo que parece ser el infierno.

Esperada o inesperada, el ser humano debe enfrentar la muerte tarde o temprano.

II. Tragedia y esperanza

A. Tragedia

Generalmente, la muerte representa una tragedia, aunque para algunos resulta un alivio del sufrimiento físico o moral, como en el caso de quienes tienen una enfermedad terminal muy dolorosa, o de quienes llevan una vida desenfrenada que ocasiona mucho sufrimiento a sus parientes cercanos o a la sociedad.

Morir en pecado es la peor tragedia de la cual no hay retorno ni esperanza alguna, sólo "una horrenda expectación de juicio, y de hervor de fuego que ha de devorar a los adversarios" (Hebreos 10:26-27).

En la Parábola del rico y Lázaro, encontramos enseñanzas importantes acerca de la imposibilidad de cambiar la condición después de morir (Lucas 16:19-31). Para Lázaro, morir fue un alivio de sus penas; mientras que para aquel rico, morir fue su gran tragedia.

B. Esperanza

En la Biblia, encontramos cómo Job, en medio de sufrimiento físico extremo, pudo afirmar sus convicciones diciendo: "Yo sé que mi Redentor vive, Y al fin se levantará sobre el polvo; Y después de desecha esta mi piel, En mi carne he de ver a Dios" (Job 19:25-26). La esperanza del justo está solamente en Dios.

También hay esperanza para el pecador; porque Dios no desea la muerte del malvado, el Señor desea que se arrepienta y se aparte de su mal camino, para que viva (Ezequiel 33:11; Hechos 3:19, 17:30). Así que cada día de vida es una oportunidad para volverse hacia Dios, y no una licencia para continuar pecando. Por su gran amor por la humanidad, Dios envió a su santo Hijo para que todas las personas que crean en Él, no se pierdan en la condenación y el sufrimiento perdurable; sino tengan vida eterna en su presencia (Juan 3:16).

Juan 17:3 dice: "Y ésta es la vida eterna: que te conozcan a ti, el único Dios verdadero, y a Jesucristo, a quien has enviado".

Hay quienes piensan que la muerte repentina es lo mejor, y que la muerte lenta es terrible. Sin embargo, el Señor tiene propósitos de gracia dando oportunidad al justo para dar testimonio de su fe, y al malo para arrepentirse.

Únicamente en Dios, encontramos esperanza de una vida diferente en esta tierra, y la promesa confiable de vida eterna por la fe en el Señor Jesucristo.

Si la muerte es tragedia o esperanza; depende de la elección que cada uno haya hecho en vida. Dios, a través del profeta Daniel, advirtió: "Y muchos de los que duermen en el polvo de la tierra serán despertados, unos para vida eterna, y otros para vergüenza y confusión perpetua" (Daniel 12:2).

Así que la muerte no tiene que representar tragedia, si decidimos volvernos a Dios con un corazón contrito y humillado, si confiamos nuestra vida en las manos de Dios y vivimos dentro de su voluntad. Así, la muerte será solamente una transición para estar en la presencia de Dios.

En los libros poéticos, encontramos la sólida esperanza de los que han decidido confiar en Dios y vivir conforme a su voluntad (Salmos 17:15, 71:20).

III. Nuestra perspectiva de la muerte

Hace más de veinte años, en el altar de la iglesia, mi padre oró así: "Señor, si por algo no te he pedido perdón; hoy te pido que me perdones". Al levantarse del altar, dijo: "Si Dios quiere disponer de mí, estoy listo". Cuatro días después, falleció. Aunque nuestro corazón se quedó dolido por su muerte; hasta hoy, esa confesión suya nos dio paz y esperanza.

Cuando llegamos a reconocer a Jesucristo como nuestro Señor y Salvador, nuestra perspectiva es diferente. Ya no pensamos únicamente en aquí y ahora; sino nuestra cosmovisión es transformada por la luz de la Palabra de Dios, y nos percatamos de que hay vida en abundancia para el hijo de Dios aun después de la muerte.

Ahora, sabemos que nuestro vivir es Cristo y el morir es ganancia (Filipenses 1:21); que el regalo de Dios es vida eterna para quienes creen en Él. Sí, que Dios nos ha dado vida eterna, y esa vida está en su Hijo (Juan 3:36). También sabemos lo opuesto: el que no cree en Jesucristo, el Hijo de Dios, ya ha sido condenado.

Lo más probable es que muchos experimentemos la muerte física. Pero morir confiando en el Señor Jesucristo, nos brinda paz y esperanza, también seguridad en la promesa divina de que no sufriremos la segunda muerte; sino que participaremos en la primera resurrección (Apocalipsis 20:6). Por tanto, vivir para agradar a Dios vale más que todas las riquezas y placeres del mundo.

Las Sagradas Escrituras nos aseguran que el Señor Jesucristo, quien ya venció la muerte, ha de reinar hasta que todos sus enemigos sean puestos debajo de sus pies, y que el último enemigo que será destruido es la muerte; y nosotros seremos resucitados en su venida. ¡Gloria a Dios, por esa esperanza bendita! (1 Corintios 15:22-26). Podemos cantar con seguridad: "Venció la muerte con poder, Y al cielo se exaltó; Confiar en El es mi placer, Morir no temo yo" (Himno 107: "En la Cruz") (Gracia y Devoción. Himnario para las Iglesias Evangélicas. EUA: CNP y Lillenas Publising Co., 1992, p.82).

¿Qué podemos decirle a quien hoy mismo están enfrentando la amenaza de muerte por cualquier razón?

En primer lugar, que reconozca que fuera de Dios no hay ninguna esperanza. Luego, que reconozca que la vida no termina con la muerte física. Por último, le invitamos a tomar la mejor decisión de su vida, que es entregarle su corazón a Dios en sincero arrepentimiento de sus pecados y rendir su vida a Él. Debe confiar plenamente en que el sacrificio del Señor Jesucristo cubrió el pago por el perdón de sus pecados y también el acceso a la vida eterna.

Si usted tiene cerca a un familiar o allegado que quizá está próximo a morir; acompáñelo en consejería y oración para ponerse a cuentas con Dios y con su prójimo de manera que pueda partir a la eternidad sin temor.

Si usted ha perdido a un ser amado, y su corazón atribulado se desgarra de dolor; busque en el altar de gracia el oportuno socorro del Señor (Hebreos 4:16).

Conclusión

La muerte es una realidad inevitable para todo ser humano con la excepción de los que serán llevados al cielo en el arrebatamiento de la iglesia. Pero ya no es un enemigo al que debemos temer; porque Jesús lo venció en su resurrección, y finalmente lo vencerá en el día final. Vivamos cada día agradando a Dios y confiando en Él; para que cuando la muerte toque a la puerta, el morir sea ganancia. Porque si vivimos y morimos para Dios; nuestro despertar en la eternidad será para bendición que durará para siempre en presencia del Señor.

El último enemigo a vencer

Hoja de actividad

Versículo para memorizar: "Aunque ande en valle de sombra de muerte, No temeré mal alguno, porque tú estarás conmigo; Tu vara y tu cayado me infundirán aliento" Salmo 23:4.

Sugerencia: el maestro puede organizar grupos pequeños de discusión, para que compartir sea más enriquecedor; y, luego, un representante de cada grupo puede exponer sus respuestas.

I. Camino a comprender la muerte

¿Por qué sufrimos la muerte?

____

____

¿Qué tipos de muerte hay?

____

____

II. Tragedia y esperanza

¿Para quiénes la muerte es una tragedia, y por qué?

____

____

¿Para quiénes la muerte es causa de esperanza, y por qué?

____

____

III. Nuestra perspectiva de la muerte

Si usted muriera hoy, ¿en dónde pasaría la eternidad? ¿Por qué?

____

____

¿Cómo puedo guiar una persona no cristiana para enfrentar la muerte?

____

____

Conclusión

La muerte es una realidad inevitable para todo ser humano con la excepción de los que serán llevados al cielo en el arrebatamiento de la iglesia. Pero ya no es un enemigo al que debemos temer; porque Jesús lo venció en su resurrección, y finalmente lo vencerá en el día final. Vivamos cada día agradando a Dios y confiando en Él; para que cuando la muerte toque a la puerta, el morir sea ganancia. Porque si vivimos y morimos para Dios; nuestro despertar en la eternidad será para bendición que durará para siempre en presencia del Señor.

Conociéndonos en amor

Tercer trimestre

Introducción a las epístolas del apóstol Juan
Hijos de luz
Salvador, Abogado y amigo
Tres exhortaciones paternales
¿Quién es el anticristo?
Nuestra relación con el pecado
El amor entre hermanos
Dios es amor
Los verdaderos hijos de Dios
¿Por qué puedo confiar en Dios?
La verdad y el amor en la vida cristiana
La conducta de los líderes
Alerta y exhortación a los creyentes

Lección 27 Introducción a las epístolas del apóstol Juan

Dorothy Bullón (Costa Rica)

Pasajes bíblicos de estudio: I Juan 1:7, 2:9-11, 4:16
Versículo para memorizar: "Estas cosas os he escrito a vosotros que creéis en el nombre del Hijo de Dios, para que sepáis que tenéis vida eterna, y para que creáis en el nombre del Hijo de Dios" I Juan 5:13.
Propósito de la lección: Descubrir quién escribió estas epístolas, a quiénes fueron dirigidas y con qué propósito, para sacar una enseñanza para nosotros hoy.

Introducción

Todos estamos conscientes de la importancia de las relaciones que tengamos. En I Juan, el autor animó a sus lectores a tener relaciones reales: en primer lugar, con Dios, y luego, con los demás. Una de las palabras claves de la epístola es "amor", el amor de Dios para nosotros, y nuestro amor a Dios, a todos los hermanos y a nuestro prójimo. William Greathouse dice que "la perfección cristiana es el amor perfecto. Como nuestro Padre celestial ama y hace bien tanto a sus enemigos como sus amigos, en la misma manera, nosotros también somos llamados a seguir a Jesús manifestando el mismo amor incondicional" (Greathouse, William. Wholeness in Christ: Toward a Biblical Theology of Holiness. EUA: Beacon Hill Press, 1990, p.191). El amor perfecto es la esencia de la santidad.

I. Contexto histórico general de la primera epístola de Juan

A. El autor

Ninguno de los libros del Nuevo Testamento que se atribuyen al apóstol Juan (el evangelio, las tres cartas y el Apocalipsis) tienen en su texto una referencia a su autoría. No son como las cartas de Pablo que muchas veces comienzan con una clara mención de su autor (Romanos 1:1). Sin embargo, la mayoría de los eruditos evangélicos atribuyen las tres epístolas al discípulo Juan, hijo de Zebedeo.

1. La evidencia externa: lo que los líderes de la iglesia primitiva pensaron respecto a su autoría, por Juan, es bastante fuerte. El teólogo John Stott, en su Comentario sobre las Epístolas de Juan, cita a varios padres de la iglesia atribuyendo la carta a Juan; por ejemplo, menciona: "Ireneo (130-200 d.C.) dice que la primera y segunda epístolas son claramente atribuidas a Juan quien era 'el discípulo del Señor' y el autor del cuarto evangelio" (Stott, John. Epistles of John. Gran Bretaña: Intervarsity Press, 1979, p.14).
2. La evidencia interna: es lo que el texto mismo indica o revela acerca del escritor. Si Juan escribió el Evangelio de Juan; escribió también esta epístola, pues sigue el estilo del evangelio mencionado. "El autor tiene el mismo gusto por los contrastes - luz y oscuridad, vida y muerte, amor y odio, verdad y mentiras" (Stott, John. Epistles of John. Gran Bretaña: Intervarsity Press, 1979, p.17).
3. El autor fue testigo ocular: Juan anduvo con Jesús en los años de su ministerio en Palestina. La carta comienza afirmando esto en I Juan 1:1-2. En este pasaje, la mención del "Verbo" sugiere que el autor es el mismo que escribió el prólogo del Evangelio de Juan.

B. Los lectores y fecha de la carta

Hay bastante evidencia de los padres de la iglesia de que las cartas de Juan fueron escritas para cristianos en Asia Menor, tal vez, las mismas iglesias que recibieron las cartas en Apocalipsis (Stott, John. Epistles of John. Gran Bretaña: Intervarsity Press, 1979, p.46). Un ejemplo lo encontramos en Ireneo: "Después Juan, el discípulo del Señor, el que se había recostado sobre su pecho, escribió el evangelio residiendo en Éfeso de Asia" (Adv, Haer. III, 1,2 p.7, citado en https://mercaba.org/JM/Cursos/Juan/Intro/Autor.htm. Recuperado el 01 de diciembre de 2022).

La tradición de la iglesia afirma que Juan el apóstol vivió más que los demás discípulos. En el libro de Apocalipsis, se percibe que la iglesia estaba bajo una persecución imperial, y el mismo escritor se encontraba preso en la isla de Patmos. Se cree que esta persecución en Asia Menor tuvo lugar bajo el emperador Domiciano (81-96 d.C.). Esta carta probablemente fue escrita por Juan, "el anciano", a sus "hijitos" (I Juan 2:1, 12, etc.) en los últimos años del primer siglo.

C. La ocasión

Juan estaba preocupado por la falsa enseñanza que estaba circulando en las iglesias de Asia Menor. I Juan 2:26

dice: "Os he escrito esto sobre los que os engañan" (ver tambien 3:7). Había falsos profetas (4:1); y hasta hubo anticristos (2:18).

Los gnósticos, especialmente la doctrina del docetismo, estaban afectando a las iglesias. El docetismo era "una herejía cristiana primitiva que promovía una falsa visión de la humanidad de Jesús. La palabra docetismo viene del griego dokein, que significa "parecer"; para el docetismo, Jesucristo sólo parecía tener un cuerpo humano como el nuestro" (Recuperado de https://www.gotquestions.org/Espanol/docetismo.html, el 01 de diciembre de 2022).

Estos falsos maestros negaban la encarnación de Jesús. Según ellos, Jesús no era humano; porque no tenía un cuerpo humano. Su humanidad era una ilusión; ya que Jesús era exclusivamente divino. Esta negación de la verdadera encarnación significaba que Jesús en realidad no sufrió en la cruz; y, por lo tanto, no se levantó de los muertos.

Uno de los problemas con esta doctrina errónea era la falta de ética cristiana. "La autorrevelación de Dios es ética, y no puede haber compañerismo con Él sin justicia... Juan no se anda con rodeos. Los falsos maestros afirmaban...'conocer a Dios' y 'estar en la luz,' mientras vivían en la injusticia y falta de caridad" (Stott, John. Epistles of John. Gran Bretaña: Intervarsity Press, 1979, pp.43-44). Esta epístola está llena de oraciones positivas: "Dios es luz" (1 Juan 1:5) y "Dios es amor" (4:8,16). "Contra el error cristológico, el indiferentismo moral y el desamor arrogante... Juan hace énfasis en tres marcas del cristianismo auténtico: la creencia en Jesús como el Cristo hecho carne, la obediencia a los mandamientos de Dios, y el amor fraterno" (Stott, John. Epistles of John. Gran Bretaña: Intervarsity Press, 1979, pp.49-50).

D. Breve introducción a la segunda y tercera epístolas de Juan

Son los dos documentos más cortos del Nuevo Testamento. Revelan el contexto del cristiano o líder que viajaba por el Imperio Romano haciendo misión. Juan, o el anciano, dio instrucciones acerca de a quiénes se debe dar una calurosa bienvenida como pueblo de Dios y a quiénes era juicioso negarles la hospitalidad. Si las personas anuncian fielmente la doctrina de Cristo (2 Juan 7), y si no están buscando enriquecerse (3 Juan 7); deberían ser recibidas y ayudadas en su viaje. Ambas cartas tienen que ver, entonces, con la verdad cristiana y el amor relacionado a la hospitalidad.

II. Mensaje general de la primera carta (1 Juan 1:7, 2:9-11, 4:16)

En esta sección, es útil presentar un bosquejo de todo el libro como guía para las próximas clases. En esta ocasión, se presenta el plan desarrollado por Luciano Jaramillo en su comentario sobre las epístolas de Juan (Ed. Padilla, René. Comentario Bíblico Contemporáneo. Argentina: Ediciones Kairós, 2019, pp.1652-1660).

A. La palabra de vida (1:1-4)

Estos cuatro primeros versículos hacen eco del prólogo del Evangelio de Juan. En estos versículos, Juan se presentó como un testigo ocular de la venida real de Jesús, el Verbo de Dios, al mundo. Testificó que lo "tocó" a Jesús, negando el docetismo. El mensaje que quiso comunicar a los hermanos es que Jesús, y todo lo que creemos acerca de Él, es una verdad aunténtica y eterna, y trae comunión y alegría.

B. Caminar en la luz, porque Dios es luz (1:5-2:17)

La primera parte, 1:5 al 2:2, tiene que ver con cómo recibir la liberación del pecado. Es esencial confesar nuestros pecados (v.9); y sabemos que tenemos un fiel defensor en Cristo (2:1). El versículo 1:7 anuncia: "pero si andamos en luz, como él está en luz, tenemos comunión unos con otros, y la sangre de Jesucristo su Hijo nos limpia de todo pecado".

La segunda parte, 2:3-11, es una invitación a obedecer el gran mandamiento sobre el amor. 1 Juan 2:9-11 declara: "El que dice que está en la luz, y aborrece a su hermano, está todavía en tinieblas. El que ama a su hermano, permanece en la luz, y en él no hay tropiezo. Pero el que aborrece a su hermano está en tinieblas, y anda en tinieblas, y no sabe a dónde va, porque las tinieblas le han cegado los ojos".

Los versículos 11 al 17 representan una invitación a padres y jóvenes a seguir la verdadera fe, y no la del mundo y la oscuridad.

C. Creer en Jesús, porque somos hijos de Dios (2:18-3:24)

Deben cuidarse de anticristos (2:18-19). Los anticristos, en este contexto, eran los falsos profetas y maestros que estaban engañando a los hermanos, negando la encarnación de Jesucristo. Encontramos un nuevo énfasis en la liberación del pecado, en 3:1-10; y de los versículos 11 al 24, un nuevo énfasis en el mandato del amor: "Y éste es su mandamiento: Que creamos en el nombre de su Hijo Jesucristo, y nos amemos unos a otros como nos lo ha mandado" (v.23).

D. Vivir en amor, porque Dios es amor (4:1-5:12)

Cristo es el Espíritu de verdad (4:1-6): "Hijitos, vosotrosn sois de Dios, y los habéis vencido; porque mayor es el que está en vosotros, que el que está en el mundo" (v.4). El amor es la señal de nuestra comunión con Dios (4:7-21). La base del amor cristiano es el amor de Dios. Como 4:16 dice: "Y nosotros hemos conocido y creído el amor que Dios tiene para con nosotros. Dios es amor; y el que permanece en amor, permanece en Dios, y Dios en él".

El amor y la fe vencen al mundo (5:1-12). Jaramillo sintetiza: "Juan resume los tres temas centrales de su carta: fe, amor y obediencia" (Ed. Padilla, René. Comentario Bíblico Contemporáneo. Argentina: Ediciones Kairós, 2019, p.1657); la fe en el Cristo encarnado, el amor de Dios y nuestra respuesta de ser obedientes a los mandamientos.

E. Epílogo: confiar plenamente en Dios (5:13-21)

Juan repitió el propósito de su carta: "Estas cosas os he escrito a vosotros que creéis en el nombre del Hijo de Dios, para que sepáis que tenéis vida eterna, y para que creáis en el nombre del Hijo de Dios" (v.13). El propósito de Juan era que sus lectores pudieran oír; oyendo, podrían creer; creyendo, podrían vivir; y viviendo, podrían estar seguros en su conocimiento de su salvación.

III. Aplicación del mensaje general de las cartas juaninas para la iglesia actual

¿Quiénes son los verdaderos 'cristianos' hoy? John Stott sugiere que podamos aplicar tres pruebas cardinales. Estas tres pruebas se relacionan la una con la otra; porque la fe, el amor y la santidad son todos obras del Espíritu Santo (Stott, John. Epistles of John. Gran Bretaña: Intervarsity Press, 1979, p.53).

A. La primera prueba es teólogica

Juan dijo que, o confesamos a Jesús como el Hijo de Dios que ha venido en la carne, o prestamos nuestro apoyo al anticristo que lo niega. ¿Realmente creemos que Jesús es el Hijo de Dios? ¿Creemos en el nacimiento virginal de Jesús? ¿Creemos que Jesús hizo milagros y maravillas sanando enfermos; que caminó sobre las aguas; que libró a los endemoniados? ¿Creemos que Jesús realmente resucitó de la muerte? ¿O preferimos creer que Jesús fue un maestro humano que vivió una vida intachable dejando sólo un modelo a seguir? Muchos cristianos liberales no responden afirmativamente a estas preguntas. Claro, como estudiantes nazarenos, nosotros creemos con confianza. ¿Pero qué están creyendo los jóvenes de su congregación que reciben influencias del colegio secundario, de la universidad, o de sus amigos?

B. La segunda prueba es moral

¿Estamos guardando todos los mandamientos de Dios? ¿Seguimos pecando, aunque sabemos que Dios es luz y el pecado pertenece al mundo y a la oscuridad? Si decimos que amamos a Dios y no vivimos en la luz; cualquier experiencia mística que decimos tener puede invalidarse. ¿Siempre decimos la verdad? ¿Somos auténticos? ¿Representamos ser la luz y la sal en nuestros barrios?

C. La tercera prueba es social

La carta dice que Dios es amor y que todo amor viene de Dios. ¿Guardamos algún rencor por algo que creemos que alguien hizo en nuestra contra? ¿Discriminamos a los que son diferentes a nosotros por ser ellos más pobres, o de otra nación, o color o género? ¿Hablamos mal de la gente a sus espaldas? ¿Amamos de verdad a todos los miembros de nuestra familia? ¿Y a los hermanos en la iglesia? ¿Y a los vecinos? ¿Somos ociosos? ¿Cómo es nuestra ética de trabajo? ¿Llegamos a tiempo siempre?

Las cartas de Juan reúnen poderosamente los tres aspectos de la vida cristiana auténtica, cualquiera que sea su expresión cultural: doctrina verdadera (mente), amor desinteresado (corazón) y acción obediente (voluntad).

Conclusión

La primacía del amor se mantiene en todo el Nuevo Testamento. Sin embargo, en ninguna parte se describe el amor tan claramente como central para la vida cristiana, como en las cartas de Juan. El veinte por ciento de las referencias del Nuevo Testamento al "amor" se encuentran en las tres epístolas de Juan. Según él, el amor no es simplemente un rasgo de la vida cristiana; es algo absolutamente esencial a ella: "El que no ama, no ha conocido a Dios; porque Dios es amor" (1 Juan 4:8). En resumidas palabras, el amor perfecto nos lleva a la santidad.

Lección 27

Introducción a las epístolas del apóstol Juan

Hoja de actividad

Versículo para memorizar: "Estas cosas os he escrito a vosotros que creéis en el nombre del Hijo de Dios, para que sepáis que tenéis vida eterna, y para que creáis en el nombre del Hijo de Dios" I Juan 5:13.

I. Contexto histórico general de la Primera Epístola de Juan

¿Cómo sabemos que fue el apóstol Juan quien escribió esta carta?

___

¿Qué es el docetismo?

___

II. Mensaje general de la primera carta (I Juan 1:7, 2:9-11, 4:16)

¿Cuáles son los aspectos centrales de esta carta?

___

___

¿Cuáles son las tres pruebas cardinales que podemos aplicar a nuestra vida?

___

___

III. Aplicación del mensaje general de las cartas juaninas para la iglesia actual

Describa la perfección cristiana y su relación con la doctrina de santidad.

___

___

¿Cuáles son las tres pruebas que demuestran que somos verdaderos cristianos, sugeridas por el Dr. John Stott?

___

___

Conclusión

La primacía del amor se mantiene en todo el Nuevo Testamento. Sin embargo, en ninguna parte se describe el amor tan claramente como central para la vida cristiana, como en las cartas de Juan. El veinte por ciento de las referencias del Nuevo Testamento al "amor" se encuentran en las tres epístolas de Juan. Según él, el amor no es simplemente un rasgo de la vida cristiana; es algo absolutamente esencial a ella: "El que no ama, no ha conocido a Dios; porque Dios es amor" (I Juan 4:8). En resumidas palabras, el amor perfecto nos lleva a la santidad.

Hijos de luz

A. Denis Espinoza S. (Nicaragua)

Pasaje bíblico de estudio: I Juan 1:5-10
Versículo para memorizar: "pero si andamos en luz, como él está en luz, tenemos comunión unos con otros, y la sangre de Jesucristo su Hijo nos limpia de todo pecado" I Juan 1:7.
Propósito de la lección: Comprender el privilegio y la responsabilidad de ser hijos de luz.

Introducción

El apóstol Juan, en esta su primera carta, gustó de usar contrastes o términos y expresiones paradójicas con el fin de acentuar el mensaje que se propuso transmitir. Es así que leemos declaraciones como "hijos de Dios" e "hijos del diablo" (3:10); "Todo espíritu que confiesa que Jesucristo ha venido en carne, es de Dios; y todo espíritu que no confiesa que Jesucristo ha venido en carne, no es de Dios" (4:2-3); "Espíritu de Dios" y "espíritu del anticristo" (4:2-3); "espíritu de verdad" y "espíritu de error" (4:6); "vosotros sois de Dios... Ellos son del mundo" (4:4-5); "el que conoce a Dios, nos oye; el que no es de Dios, no nos oye" (4:6); "Todo aquel que ama, es nacido de Dios, y conoce a Dios. El que no ama, no ha conocido a Dios" (4:7-8). La última expresión de contraste que quiero mencionar es "luz" y "tinieblas". De ello, hablaremos en esta lección.

I. Dios es luz (I Juan 1:5)

La luz "Es aquello que penetra la oscuridad y la disipa" (S.a. Diccionario Bíblico Conciso Holman. EUA: Broadman & Holman Publisher, 2001, p.419).

Con este lenguaje metafórico, el apóstol Juan describió parte de la naturaleza de Dios en cuanto es luz que penetra en la vida oscura del ser humano y la transforma en luz.

A. Creyentes de todos los tiempos lo han sabido

Los personajes bíblicos siempre estuvieron conscientes de quién es Dios; pues lo conocieron personalmente y le escucharon, y así caminaron de su mano como la luz y el origen de la misma. El rey David declaró: "Jehová es mi luz y mi salvación" (Salmo 27:1); expresó también: "... Alza sobre nosotros, oh Jehová, la luz de tu rostro" (Salmo 4:6). Job, en medio de su sufrimiento, pudo afirmar un bonito recuerdo: "A cuya luz yo caminaba en la oscuridad" (Job 29:3). El profeta Miqueas afirmó: "Jehová será mi luz" (Miqueas 7:8). El apóstol Pablo enseñó que Dios "habita en luz inaccesible" (1 Timoteo 6:16). Para Santiago Dios es el "Padre de las luces" (Santiago 1:17). El apóstol Pedro les dijo a los primeros cristianos que Dios los "llamó de las tinieblas a su luz admirable" (1 Pedro 2:9).

B. El mensaje

El mensaje verdadero y poderoso frente al engaño y el error de los falsos profetas y falsos maestros que deambulaban en las iglesias del Asia Menor, incluyendo Éfeso.

El apóstol Juan, al igual que los otros apóstoles, escuchó y recibió el mensaje que el Espíritu Santo quiso comunicarle a él, a la iglesia y a la humanidad en general.

No se trataba de un mensaje emanado de los falsos profetas o de los falsos maestros, o de agorero o adivino, o de alucinación de seudolíderes trasnochados que pretendían tener una nueva revelación. Tampoco era producto de las imaginaciones o de las discusiones filosóficas interminables, las cuales siembran confusión en los oyentes. No, Juan dijo: "que hemos oído de él" (1 Juan 1:5). La fuente auténtica y genuina del mensaje es Dios mismo. Posiblemente, Juan haya tenido en mente su experiencia en el monte de la transfiguración como lo registró el apóstol Pedro (2 Pedro 1:16-18).

Dada la fidelidad de los apóstoles en la transmisión del mensaje, la iglesia de todos los tiempos, tanto en su expresión universal como local, puede confiar en el mensaje que ellos oyeron, recibieron y transmitieron.

C. Mensaje con dos grandes verdades

Clara referencia al Padre eterno. "La suma total de todas las enseñanzas de Cristo, se expresa aquí en las palabras Dios es luz, como también en las palabras Dios es amor. (4:8,16). Su naturaleza es luz, santidad pura, y él es la fuente de toda luz material y espiritual" (Binney, Amós y Steele, Daniel. El Comentario Popular, Tomo II del Nuevo Testamento, Primera de Juan. EUA: CNP, 1962, p.448).

Pero el Hijo, miembro de la Trinidad, quien también es Dios, es luz. Es el título que, en sentido muy estricto, le corresponde exclusivamente a Él. Leamos algunas de sus declaraciones: "Yo soy la luz del mundo" (Juan 8:12); "Entre tanto que estoy en el mundo, luz soy del mundo" (Juan 9:5); "Yo, la luz, he venido al mundo" (Juan 12:46); y el evangelista Juan lo llamó "Aquella luz verdadera, que alumbra a todo hombre" (Juan 1:9).

Podemos estar muy seguros de que en Dios no ha existido, ni existe, ni existirá ninguna obra de tinieblas. Entiéndase por obra de tinieblas lo siguiente: la ausencia de la luz. El pecado, en cualquiera de sus manifestaciones: la iniquidad, la maldad, la mentira, el engaño, el error, la injusticia, las malas intenciones, la falta de transparencia, entre otras. Nada de esto hay en Dios; porque Él es santo, justo, verdadero, bueno y fiel.

II. El llamado a cada creyente a andar en la luz (1 Juan 1:6-10)

Hay un vehemente llamado en las Sagradas Escrituras; para que los discípulos de Jesucristo anden en la luz del Señor día por día, que se libren de las obras de tinieblas. El apóstol Pablo lo dijo así: "Desechemos, pues, las obras de las tinieblas, y vistámonos las armas de la luz" (Romanos 13:12). Seguidamente, desafió a los creyentes en Cristo a caminar de día; y mencionó algunas obras de las tinieblas: "Andemos como de día, honestamente; no en glotonerías y borracheras, no en lujurias y lascivias, no en contiendas y envidia" (Romanos 13:13).

A. Sin dualidad

No se puede andar en luz y tinieblas a la vez. Ya dijimos que Dios es luz. Pues bien, si los cristianos testifican que están en comunión con Él y, sin embargo, andan en tinieblas; entonces son mentirosos, y no están practicando la verdad (cf. 1 Juan 1:6). Las personas que viven sin Cristo aman la oscuridad y rechazan la luz. Con respecto a esto, el evangelista Juan escribió lo siguiente: "y los hombres amaron más las tinieblas que la luz, porque sus obras eran malas" (Juan 3:19); nos dijo también que "todo aquel que hace lo malo, aborrece la luz" (Juan 3:20); nos enseña de igual manera que quien practica el mal no se acerca a la luz, para que sus obras no sean reprendidas.

Las tinieblas y la luz tienen propósitos extremadamente opuestos, irreconciliables. Mientras aquellas persiguen oscurecer el entendimiento y el corazón humano, guiar a las personas con engaños artificiosos a la perdición y a vivir vidas impuras; la luz procura dar a conocer la revelación de Dios, implantar pureza en el corazón y guiar el entendimiento hacia el conocimiento personal de Dios.

"Es apropiado, entonces, definir la luz como la comprensión espiritual que recibe una persona al aceptar la palabra de Dios reveladora. Su continua aceptación (andar en la luz) es su salvación. Puesto que solo Cristo es la luz de la vida, tener a Cristo en el corazón equivale a tener luz, y no tener a Cristo equivale a vivir en tinieblas (Jn 1:12; 3:19-21)" (Taylor, Grider y Taylor. Diccionario Teológico Beacon. EUA: CNP, 1984, p.409).

Implicaciones de andar en la luz:

1. Seguir a Jesús. Somos discípulos del Señor Jesús al andar en comunión con Él y seguir sus santas pisadas; no nos enredamos, ni equivocamos el camino correcto por el cual andar. La promesa de Jesús es clara y contundente: "... el que me sigue, no andará en tinieblas, sino que tendrá la luz de la vida" (Juan 8:12).

Se trata de andar en la luz siempre, pase lo que pase, en medio de luchas y pruebas. La meta del cristiano debe ser mantenerse firme y fiel desde el momento en el cual recibió a Jesús hasta que el Señor regrese, o hasta cuando le toque pasar a la eternidad con Jesucristo.

2. Sin retroceso. Los cristianos estamos llamados a marchar firmes hacia adelante "puestos los ojos en Jesús, el autor y consumador de la fe..." (Hebreos 12:2). Necesitamos estar convencidos de que si retrocedemos desagradaríamos al Señor. Él lo dice así: "Y si [el justo] retrocediere, no agradará a mi alma" (Hebreos 10:38). Es asunto de tomar una firme determinación de caminar de frente con el Señor. El escritor de la Epístola a los Hebreos tuvo una fuerte convicción en ese sentido. Él escribió: "Pero nosotros no somos de los que retroceden..." (Hebreos 10:39).

3. En victoria. Ya no se vive bajo el dominio y la opresión del pecado en cualquiera de sus manifestaciones. El mundo y sus disoluciones ya no nos gobiernan. Como dijo Juan en 1 Juan 5:4. Los versículos de 1 Juan 1:7,9 nos enseñan algunos de los resultados de andar en la luz: lo primero es que tenemos comunión entre nosotros, o sea que tenemos unidad y amor; lo segundo es que tenemos perdón y limpieza. La segunda parte del versículo 7 dice: "y la sangre de Jesucristo su Hijo nos limpia de todo pecado"; y el versículo 9 señala: "él es es fiel y justo para perdonar nuestros pecados, y limpiarnos de toda maldad". Así que, perdón y limpieza son resultados de andar en la luz del Señor, todo como producto de la sangre de nuestro Redentor.

III. Siendo luz en el mundo hoy

A. Todo un desafío

El Señor Jesús dice que somos la luz del mundo (Mateo 5:14). Esa declaración nos compromete y desafía a vivir en consonancia con lo que somos. Debemos estar conscientes de que somos luz, no por cuenta propia, sino que es el producto o resultado de la gracia y el poder de Dios en nuestras vidas.

Jesús nos enseña que Él nos ha puesto aquí para influenciar sanamente con el poder de su evangelio. Como la luz que somos, no podemos ni debemos ocultarnos. Los cristianos somos como la ciudad asentada sobre un monte o como la lámpara puesta en un candelero para alumbrar (Mateo 5:14-15).

Esta luz es para que los demás sean iluminados y atraídos por su ejemplo. A los discípulos de Jesucristo se les llama a vivir vidas buenas, nuevas, transformadas; a fin de proclamar el señorío de Cristo.

Ser luz, como lo dice Jesús, tiene dos propósitos: primero, que se "vean vuestras buenas obras"; y segundo, que "glorifiquen a vuestro Padre" (Mateo 5:16).

Es el testimonio práctico de la vida de los hijos de Dios. En todos los aspectos, el cristiano no deja dudas ni ambigüedades con relación a quién es él y su estilo de vida. El varón y la mujer de Dios son personas que practican las cosas correctas, ya sea en los negocios, en la relación laboral, en el colegio, en la universidad, en la comunidad, en la familia, en la iglesia... En dondequiera que esté, su vida debe ser diáfana como el cristal; pues no tenemos nada que ocultar o esconder.

B. Sin asociarse con los agentes de tinieblas

Resulta fácil involucrarse en las obras de maldad; pues hay muchas invitaciones a pecar. Las falsas doctrinas y las falsas prácticas están a la orden del día. La corrupción en el uso del dinero nos puede atrapar. Participar en negocios sucios con apariencia de piedad puede ser una fuerte tentación. Todo ello, y mucho más, son obras que promueven y empujan los agentes de tinieblas .

En nuestra calidad de hijos de luz, vamos a irradiar la luz del Señor para iluminar las vidas de otras personas que necesitan encontrarse con Jesús y aprender andar en su luz. Pablo dijo que nosotros resplandecemos "como luminares en el mundo" (Filipenses 2:15).

Veamos algunas áreas de la vida en las cuales podemos iluminar:

1. En la familia. Cada persona que integra una familia debe protegerla ante el flagelo del divorcio, el aborto, la violencia intrafamiliar, la desintegración familiar, el irrespeto a los padres, los vicios, etc. Situaciones como estas y muchas otras obras de las tinieblas requieren las acciones de los cristianos que ayuden a resolverlas.

2. En la iglesia. Hay situaciones contra las cuales debemos proteger e iluminar a la iglesia misma. Podrían ser falsas doctrinas, falsos profetas, falsos maestros, falsas prácticas, los resentimientos, la falta de perdón y reconciliación, entre otras.

3. En la comunidad. Sí, ahí en donde vivimos, en donde está establecida y ministra la iglesia. La gente que nos rodea y las autoridades que nos rigen deben saber que pueden contar con nosotros cuando nos necesiten. Ser luz entre ellos implica acompañarles en sus lutos y alegrías, en situaciones de emergencia ocasionadas por los fenómenos naturales y por conflictos político-sociales.

Conclusión

Ser hijos de luz, y no de las tinieblas, es el bendito privilegio que tenemos todos quienes hemos recibido a Jesucristo y vamos tras sus pisadas. Sin Cristo, estuvimos viviendo en la densa oscuridad del pecado; pero ahora en la luz, vemos claramente la grandeza del amor y el poder de Dios.

Hijos de luz

Hoja de actividad

Versículo para memorizar: "pero si andamos en luz, como él está en luz, tenemos comunión unos con otros, y la sangre de Jesucristo su Hijo nos limpia de todo pecado" I Juan 1:7.

I. Dios es luz (I Juan 1:5)

Si Dios es luz; ¿por qué el mundo y algunos creyentes andan en tinieblas?

____

____

¿Qué significa para usted que en Dios no haya tinieblas?

____

____

II. El llamado a cada creyente a andar en la luz (I Juan 1:6-10)

¿Qué entiende usted por "andar en la luz"?

____

____

Explique este texto: "… y la sangre de Jesucristo su Hijo nos limpia de todo pecado" (v.7b).

____

____

III. Siendo luz en el mundo hoy

¿De qué maneras podemos irradiar a Jesucristo en el mundo hoy?

____

____

¿Cómo podemos brillar con la luz de Cristo en la comunidad?

____

____

Conclusión

Ser hijos de luz, y no de las tinieblas, es el bendito privilegio que tenemos todos quienes hemos recibido a Jesucristo y vamos tras sus pisadas. Hemos decidido por la gracia de Dios andar en la luz, lo que equivale a dejar la vida de tinieblas.

Sin Cristo, estuvimos viviendo en la densa oscuridad del pecado; pero ahora en la luz, vemos claramente la grandeza del amor y el poder de Dios.

Salvador, Abogado y Amigo

Francisco Borralles (México)

Pasaje bíblico de estudio: I Juan 2:1-6
Versículo para memorizar: "Hijitos míos, estas cosas os escribo para que no pequéis; y si alguno hubiere pecado, abogado tenemos para con el Padre, a Jesucristo el justo" I Juan 2:1.
Propósito de la lección: Conocer que, dentro de las prerrogativas de Dios para sus hijos en Jesucristo, el Señor mismo nos provee de un abogado y amigo.

Introducción

¿Cuál es la ofrenda más hermosa que podemos darle a nuestro Dios? ¡Nuestra vida entera ya le pertenece!; todos los recursos de los cuales disponemos los hemos recibido directamente de Él, por lo tanto, son suyos. En consecuencia, si deseamos tener una mejor ofrenda a nuestro Hacedor; es obvio que únicamente podemos presentarnos delante de Él y rendirle todo nuestro ser. Es, entonces, que con honestidad y humildad, reconocemos la necesidad de contar con alguien que esté a nuestro favor, alguien que nos represente y que interceda por nosotros al llegar ante el gran trono del Señor.

La Palabra de Dios deja en claro que Él, en su infinita sabiduría y misericordia, ha proveyó para sus hijos la forma perfecta de llegar ante su presencia. Es decir, es nuestro mismo Dios quien nos ha dado un abogado celestial, a Jesucristo el justo, quien es y será para nosotros Salvador, abogado y amigo.

I. Cristo es el abogado (I Juan 2:1-2)

Toda carta, todo comunicado, mensaje o publicación tienen, y deben tener, un propósito, el cual será mejor en tanto esté mejor definido. Y en el inicio de este segundo capítulo de la epístola de estudio, el apóstol Juan fue muy específico al señalar lo siguiente: "estas cosas os escribo para que no pequéis" (v.1). En la misma carta, el apóstol Juan dejó entendido que el pecado es algo presente (al menos de forma ocasional) en la vida del cristiano (1:8); sin embargo, al indicar esto: "os escribo para que no pequéis" (2:1), también quiso establecer que no debemos tomar a la ligera el asunto del pecado cotidiano y quizá involuntario.

La voluntad de Dios para nosotros la encontramos en el imperativo "para que no pequéis", de donde deducimos que el pecado no es inevitable. Dios no ha decretado que tenemos que pecar; pues, en Cristo Jesús, tenemos todos los recursos espirituales para la victoria.

Asimismo, el apóstol Juan también dijo: "y si alguno hubiere pecado" (v.1). Por medio de esta declaración, reconocemos la posibilidad y aun la probabilidad de que alguien, siendo cristiano, teniendo una comunión real con Dios el Padre a través de Cristo Jesús, pudiera quebrantar el mandato de Dios cometiendo pecado. La Santa Palabra de nuestro Dios nos enseña que en esa situación tenemos un abogado (nuestro Señor y Salvador Jesucristo) por medio de quien podemos presentarnos ante nuestro justo y buen Dios.

Por lo tanto, reconozcamos que Dios en su infinita bondad y sabiduría proveyó para sus hijos un defensor y mediador, sin el cual estaríamos desprovistos de su gracia y su perdón. Esto no debe significar que "tengamos licencia para pecar", no; sino que, en todo momento, podemos acercarnos confiadamente al trono de la gracia para alcanzar misericordia (Hebreos 4:16).

A continuación, establezcamos algunas condiciones con las cuales hacer válida esta maravillosa bendición para nuestra vida espiritual.

A. ¿Qué es un abogado y cuál es su función?

La intención al plantear y responder esta pregunta es la de ilustrar a los eventuales o posibles clientes (del abogado) que se cuestionan: "¿Quién es ese profesional que nos está defendiendo en este importante procedimiento que tiene entre manos?"; y "¿está suficientemente capacitado para ello?"

En sentido estricto, ser abogado supone estar licenciado o graduado en derecho. Ello habilita a esa persona a ejercer como tal en los juzgados y tribunales. Su función final será la de defender a los particulares en los procedimientos judiciales; velar por sus derechos e intereses; e informarles durante todo el proceso.

Por lo tanto, las funciones específicas del abogado como tal son las siguientes: la defensa letrada en los procedimientos judiciales; defender los derechos e intereses de un particular; es el que redacta todos los escritos correspondientes; el que habla en el juicio; y el que negocia con la parte contraria (Recuperado de https://abogadosgaia.es/que-es-funciones-abogado/, el 16 de enero de 2023).

B. Jesucristo, nuestro abogado y fortaleza

En nuestra vida diaria, es normal que de pronto encontremos un sinnúmero de situaciones desordenadas e intolerables que tienen como efecto alterar nuestra percepción, nuestras emociones y condicionar una respuesta negativa de parte nuestra. En ocasiones, intentamos ayudar o aportar algo positivo; pero solamente conseguimos empeorar las cosas. Otras veces, estamos seguros de lo que es correcto; mas, por diferentes motivos, terminamos haciendo algo que no debemos, nos encontramos en una situación en la que hemos hecho lo incorrecto y de alguna manera terminamos pecando.

A partir de ese momento, tenemos a alguien que, a causa de nuestro pecado, nos acusa delante de nuestro Padre celestial, solicitando el correspondiente castigo por nuestra falta (Apocalipsis 12:10). Más aun, en el momento en que nos encontramos en este conflicto judicial, el amor de nuestro Dios se manifiesta más allá de lo que podemos comprender, haciéndose indudable que nuestra relación personal con el Rey de reyes nos otorga el privilegio de que Él esté de nuestro lado, dándonos no solamente su defensa como abogado, sino además su apoyo moral como Consolador y amigo (cf. Juan 14:16).

II. Guardando sus mandamientos, indicando que el amor se perfeccionó (1 Juan 2:3-5)

Detengámonos un momento para analizar la cuestión de quién puede contar con el privilegio de tener a su favor a un Abogado celestial infalible.

A. El derecho a ser hijos de Dios

El versículo 2 de nuestro pasaje de estudio establece que Jesucristo es la propiciación por los pecados de todo el mundo. Es decir, su sangre derramada en la cruz pagó el precio por el pecado de todo ser humano. Pero todos quienes gozamos de tener una relación personal con Jesucristo sabemos que eso no sería posible sin haberle recibido a Él como Salvador, y a su Palabra como norma de vida. Y en el mismo texto, se establece que aquel que le rechaza será juzgado de acuerdo con esa misma Palabra. En Hechos 3:19, encontramos la imperativa exhortación: "arrepentíos y convertíos, para que sean borrados vuestros pecados; para que vengan de la presencia del Señor tiempos de refrigerio [para sus hijos]".

A partir de este momento, podemos apropiarnos de la maravillosa declaración que encontramos en Juan 1:12 que dice así: "a todos los que le recibieron, a los que creen en su nombre, les dio potestad de ser hechos hijos de Dios". Si, entonces, nosotros como seres humanos imperfectos e inclinados al pecado reconocemos a Jesús como nuestro Salvador; Dios nos reconoce como sus hijos, y podemos estar seguros de que aplica para nosotros la hermosa y amorosa cláusula: "Hijitos míos… si alguno hubiere pecado, abogado tenemos para con el Padre, a Jesucristo el justo" (1 Juan 2:1).

B. Correspondamos al amor del Padre

Permítanme referirles una anécdota acerca de un adolescente, casi niño, estudiante de educación media básica que en ese tiempo sentía un deseo ferviente por jugar al fútbol, para lo cual, consideraba tener las habilidades apropiadas; por lo que ya había sido invitado a unirse a un equipo de la liga local de su pueblo. Pero se encontró con la situación de que el horario de los entrenamientos coincidía con el tiempo en que su señor padre requería de su apoyo (atendiendo el negocio familiar), mientras él tomaba tiempo para sus alimentos de mediodía. Así que, este niño decidió por sí mismo apartar sus deseos de ser un astro en el deporte; rehusó unirse al equipo de fútbol; y se enfocó en prestarle a su padre el apoyo que le solicitaba.

¿Y qué pide Dios de nosotros? Recibamos la respuesta de su misma Palabra: "Oh hombre, él te ha declarado lo que es bueno, y qué pide Jehová de ti: solamente hacer justicia, y amar misericordia, y humillarte ante tu Dios" (Miqueas 6:8).

Puesto que Dios ha provisto para nosotros salvación del pecado, nos dio el derecho a ser hijos suyos, e incluso nos provee de un abogado para cuando nos desviamos de sus mandamientos; se convierte en un compromiso básico de nuestra parte corresponderle en amor y con amor, humillarnos en obediencia a Él reconociendo su sabiduría infinita. Esta es la mejor manera de demostrar que le conocemos y tenemos una relación con nuestro Señor y Rey; ya que, de lo contrario, nos hacemos mentirosos y su presencia no es con nosotros.

La perfección del amor de Dios se demuestra en la vida de sus hijos al poner en práctica su Palabra; y, de esta manera, se evidencia que estamos en comunión con Él (1 Juan 2:4-5).

III. Andar como Él anduvo (1 Juan 2:6)

Puesto que el amor de Dios se ha perfeccionado en nosotros, sus hijos; debe haber evidencias en nuestra vida que demuestren esa obra de Dios, que pongan de manifiesto ante las demás personas lo que nuestro Señor hizo por y para nosotros, y que reflejen ese amor.

Cuando Dios inunda los corazones de sus hijos con su amor, Él hace este amor tan verdadero para nosotros que podemos hacer lo imposible, no con nuestras propias fuerzas, sino como una consecuencia del derramamiento del amor de Dios a través de nosotros.

I Juan 2:6 enseña que "el que afirma que permanece en él debe vivir como él vivió" (NVI). Esto, evidentemente, es un gran compromiso para todo aquel que afirma estar en Cristo (tener una comunión real con Él). Por lo tanto, analicemos algunas implicaciones que tiene esta importante declaración.

En Mateo 22:34-40, encontramos que los fariseos se juntaron; y, a manera de una desafiante prueba, le preguntaron a nuestro Señor: "Maestro, ¿cuál es el gran mandamiento en la ley?" (v.36). Las palabras que Jesús respondió nos dan un paradigma claro de lo que como hijos de Dios debemos experimentar cada día, y en todos los aspectos de nuestra vida. Dicha respuesta fue esta: "... Amarás al Señor tu Dios con todo tu corazón, y con toda tu alma, y con toda tu mente" (v.37). La palabra "corazón" se usa en la Biblia para incluir el intelecto, la voluntad, las emociones y la conciencia. Este mandamiento significa, amar a Dios con todo nuestro ser. Este amor representa una conducta en la que nuestro Dios sea considerado como el ser más importante y trascendente para nuestra existencia; de tal manera que el anhelo de la comunión en Él sea la fuerza predominante en nosotros. Por lo tanto, en cada momento de nuestro diario vivir, debemos hacer un esfuerzo real por obedecerle, hacer su voluntad, y dar la honra y la gloria debida a su nombre.

Es evidente que, como modelo de vida, no solamente podemos decir que es un compromiso muy grande. Incluso, no se exageraría al decir que es el modelo o compromiso de vida más grande al que el ser humano pueda anhelar; y, por lo tanto, existe la probabilidad de que al tomar este modelo como ejemplo para nuestro diario vivir, no podríamos lograrlo si lo hacemos con nuestras propias fuerzas o recursos. Ante este panorama, nuevamente recurrimos a la Palabra de Dios para encontrar el mensaje de nuestro Señor a través del profeta Ezequiel, quien nos declaró que el Señor nos dará un corazón nuevo y pondrá su Espíritu en nosotros para andar en sus estatutos, guardar sus preceptos y ponerlos por obra (Ezequiel 36:24-27).

La perfección del amor de Dios en nuestra vida se manifestará cada día si le buscamos con todo nuestro ser, le amamos y le anhelamos por encima de todo. Lo anterior será una muestra del amor de Dios para las personas que conviven cotidianamente con nosotros, las cuales serán impactadas y permeadas por ese amor instándolas a buscar y anhelar en sí mismas esa comunión perfecta y amorosa.

El mismo apóstol Pablo, en Romanos 8, expresó que nosotros no vivimos según la carne; sino de acuerdo con el Espíritu de Dios. Y si por la comunión con el Espíritu que mora en nosotros rechazamos toda obra de la carne (las pasiones e impulsos que tienden a alejarnos de nuestra comunión); entonces, somos guiados por el Espíritu Santo de Dios, nuestra conducta será la de verdaderos hijos del Padre celestial, y podremos decir y evidenciar que andamos como Él anduvo (I Juan 2:6).

Conclusión

A través de esta lección, establecimos que tenemos un abogado para presentarnos delante de Dios; la Palabra nos enseña también que debemos renunciar a todo deseo mundano y vivir justa y piadosamente, esperando la plena manifestación de nuestro Salvador Jesucristo, quien con su misma sangre tiene el poder para redimirnos de toda iniquidad y purificarnos; para que formemos parte de su pueblo.

Salvador, Abogado y Amigo

Hoja de actividad

Versículo para memorizar: "Hijitos míos, estas cosas os escribo para que no pequéis; y si alguno hubiere pecado, abogado tenemos para con el Padre, a Jesucristo el justo" I Juan 2:1.

I. Cristo es el abogado (I Juan 2:1-2)

Mencione al menos tres cualidades que usted desearía encontrar en la persona de un abogado.

____

Considerando las cualidades mencionadas en el punto anterior, mencione cuáles podemos encontrar en la persona de nuestro Señor Jesucristo. Busque y cite el versículo bíblico que fundamente su respuesta.

Cualidad de Jesucristo	Cita bíblica

II. Guardando sus mandamientos, indicando que el amor se perfeccionó (I Juan 2:3-5)

Comparta una evidencia o testimonio de cómo se perfeccionó el amor de Dios en su persona.

____

Mencione ideas acerca de los diferentes respaldos (apoyos, fortalezas) que Jesucristo provee para nosotros, además de su función como abogado.

____

____

III. Andar como Él anduvo (I Juan 2:6)

Recuerde una situación (laboral, familiar, legal, etc.) en donde fue evidente la intervención de Jesucristo como abogado. ¿Cómo se manifestó esa intervención?; y, finalmente, ¿cómo se resolvió?

____

____

Exprese con sus propias palabras cómo se aplica el texto de Romanos 8:1 de acuerdo con nuestra experiencia de vida cristiana.

____

____

Conclusión

A través de esta lección, establecimos que tenemos un abogado para presentarnos delante de Dios; la Palabra nos enseña también que debemos renunciar a todo deseo mundano y vivir justa y piadosamente, esperando la plena manifestación de nuestro Salvador Jesucristo, quien con su misma sangre tiene el poder para redimirnos de toda iniquidad y purificarnos; para que formemos parte de su pueblo.

Tres exhortaciones paternales

Jessica Nogales (España)

Pasaje bíblico de estudio: I Juan 2:9-17
Versículo para memorizar: "Sed, pues, imitadores de Dios como hijos amados" Efesios 5:1.
Propósito de la lección: Poner de manifiesto las exhortaciones juaninas y su fiel práctica; para que todo cristiano logre ser un verdadero hijo de Dios.

Introducción

El vínculo cristiano es un vínculo familiar. Todo aquel que recibe a Cristo en su corazón se constituye por la gracia de Él en un hijo de Dios (Juan 1:12-13); y, de esta manera, viene a pertenecer a la familia cristiana, la familia de Dios, y como hijos, hermanos unos a otros.

Dios es el autor de la familia. Él quiso que su amor, su comprensión y su paz reinasen en la familia terrenal; pero el pecado le hizo mucho daño. Sin embargo, a través del sacrificio de Cristo, pudo formar paralelamente una familia espiritual que es la iglesia, su cuerpo y su redil. Dentro de esta familia, Dios, como Padre espiritual, desea que sus hijos no sólo le agraden; sino también vivan en comunión entre unos y otros. Por ello, dejó un manual que es la Palabra de Dios, donde están las instrucciones a seguir.

En la presente lección, el apóstol Juan, en su primera epístola, compartió tres exhortaciones que el Padre celestial hizo a sus hijos, la iglesia; de lo contrario, el amor del Padre no está en ellos. Tome atención a las siguientes demandas:

I. Ame a su hermano (I Juan 2:9-11)

Esta exhortación, que apunta al amor hacia su hermano, es clave en su relación con Dios. Jesús fue y es modelo del verdadero amor. Su vida se denomina "el amor práctico". Cada una de sus acciones fue motivada por un amor caracterizado en el servicio, la comprensión, la cooperación y el sacrificio. Jesús predicó el amor con su vida práctica. Por lo tanto, Él espera que sus seguidores, sus discípulos, y todo aquel que dice ser hijo de Dios hagan lo mismo; así lo demandó al final de la Parábola del buen samaritano: "Ve, y haz tú lo mismo" (Lucas 10:37).

Bajo el verdadero significado del amor revelado en Jesús, la iglesia del tiempo de Juan estaba pasando por una crisis espiritual de comunión. Muchos testificaban teóricamente que andaban en la luz de Cristo; pero, en la práctica, no manifestaban el verdadero testimonio del amor de Dios.

Juan, en su primera epístola, puso el dedo en la llaga; y les demandó lo mismo que a la iglesia actual. Porque muchos cantan de memoria del amor de Dios; pero no viven en ese amor. Muchos predican bonito del amor; pero no practican sus demandas. Estas actitudes no son congruentes si se quiere la comunión con Dios.

La luz que un día vino al mundo en la vida de Jesús (Juan 1:4, 8:12) es la luz que alumbró perdón en medio del odio, y paz en medio del conflicto. Por lo tanto, para Juan el cristiano que dice tener la luz de Cristo lo debe manifestar amando incondicionalmente a su hermano.

A continuación, el apóstol enumeró cuatro evidencias del corazón que no ama:

Primero, quien no ama aborrece a su hermano (1 Juan 2:9). El mismo contraste que hay entre la luz y las tinieblas, Juan lo aplicó entre el amor y el odio. La luz y las tinieblas no pueden convivir, son de naturalezas diferentes. En la creación, Dios separó la luz de las tinieblas (Génesis 1:4); y Pablo más tarde dijo: "... ¿Cómo puede la luz vivir con las tinieblas?" (2 Corintios 6:14 NTV). Tristemente, el primer asesinato descrito en Génesis 4 reveló que las tinieblas ocuparon el corazón de Caín motivándole a matar a su hermano Abel. La naturaleza de las tinieblas es satánica, divide y elimina la comunión. Como hijos de Dios, somos llamados a vivir en la luz de Cristo, o sea, en el amor de Él. Deje a un lado las rencillas, el odio y cualquier forma de venganza; estas acciones sólo revelan que su corazón está en tinieblas, por más que su boca exprese lo contrario.

Segundo, quien no ama está y anda en tinieblas (1 Juan 2:11). Este mundo vive, anda y habita en tinieblas; y la razón es porque "el mundo entero está bajo el maligno" (1 Juan 5:19). Las tinieblas del odio y el rencor rondan la vida del hijo de Dios tentándole a practicar un amor egoísta, como lo hace la sociedad maligna. Jesús no se dejó moldear por el mundo; aun cuando sus acciones incondicionales fueron reprochadas por los religiosos de su tiempo, Él hizo la diferencia. El amor de Dios se basa en la decisión y elección de actuar conforme a la luz de

Cristo, y no bajo meros sentimientos. Pablo dijo: "Porque en otro tiempo erais tinieblas, mas ahora sois luz en el Señor; andad como hijos de luz" (Efesios 5:8).

Tercero, quien no ama es tropiezo para su hermano (1 Juan 2:10). Jesús demandó a sus hijos a tener cuidado de ser tropiezo para otros (Mateo 18:6). Amar conforme Dios quiere implica perdonar, aun hacerlo hasta setenta veces siete. Un corazón que ama pasa por alto la rivalidad, los rencores y la venganza, con tal de no ser de tropiezo para su hermano (1 Corintios 13:4-7).

Cuarto, quien no ama está enceguecido por las tinieblas (1 Juan 2:11). Las tinieblas tienen sus tentáculos que fácilmente pueden envolver y engañar al hijo de Dios en su propia justificación. El amor de Dios tiene una visión diferente al mundo; y quien no está en comunión con Dios tendrá los cristales de sus ojos empañados, y pronto caerá en la visión de la carnalidad despreciando y marginando a otros.

Amar a su hermano no es una opción; sino un mandato dentro de la familia de Dios y una elección para alegrar el corazón de Él.

II. Viva un crecimiento espiritual progresivo (1 Juan 2:12-14)

En los versículos de este punto, Juan nos habló acerca del crecimiento hacia la madurez espiritual; para ello, puso énfasis en tres etapas dentro del desarrollo espiritual.

A. "hijitos" (vv.12-13)

Esta es la primera de las etapas en la vida cristiana, y se caracteriza por dos razones:

1. "... porque vuestros pecados os han sido perdonados por su nombre" (v.12). La puerta de entrada a la familia espiritual y cristiana es a través del perdón de pecados. El nuevo nacimiento debe ser una experiencia real en todo hijo de Dios (Juan 3:3). Esta etapa es muy bella por su transición de lo viejo a lo nuevo; hay una nueva vida de comunión con Dios dentro de su iglesia. Esta es la etapa del "primer amor" (Apocalipsis 2:4), donde existe un deseo profundo de servir en gratitud por la maravillosa experiencia de ser salvos por su gracia.
2. "... porque han conocido al Padre..." (1 Juan 2:14 DHH). ¡Qué hermoso! El mismo apóstol en su evangelio afirmó que sólo Jesús es el puente hacia el Padre eterno (Juan 14:6). Por eso, cada creyente que nació de nuevo da fe que encontró un Padre sobrenatural que le da protección y provisión. Ser llamados "hijitos" es la expresión más cálida y amorosa de un Padre que transmite confianza y estabilidad; a la vez, el papel paternal demanda del hijo dependencia y necesidad de instrucción en la nueva vida espiritual.

B. "Os he escrito a vosotros, jóvenes" (v.14)

A medida que el hijo de Dios va creciendo, entra en la juventud, una nueva etapa que se caracteriza por su energía y empuje de fortaleza espiritual; por eso, el apóstol Juan describió a esta etapa de tres maneras: "... Os he escrito a vosotros, jóvenes, porque..."

1. "... sois fuertes" (v.14c).
2. "... la palabra de Dios permanece en vosotros" (v.14d).
3. "... habéis vencido al maligno" (v.14e).

Aquí, el apóstol equiparó esta etapa con la edad juvenil, una etapa de frescura, atrevimiento y esfuerzo. En el campo de la vida espiritual, les animó a sus lectores y a la iglesia en general a vencer con osadía todo ataque del enemigo manteniendo su fuerza en el poder de Dios y en su Palabra, que es el alimento que nutre la vida espiritual. Jesús, en el desierto, pudo vencer al maligno; porque se fortaleció en oración y en la Palabra de Dios (Mateo 4:1-11).

En la historia de la iglesia, el papel de los jóvenes, tanto física como espiritualmente, fue crucial para su crecimiento y expansión. El mismo apóstol Juan era de los más jovencitos del círculo de los doce. Pero una vez que el Espíritu Santo se derramó en el Pentecostés, Juan junto a Pedro participó activamente en el desarrollo de la iglesia. Por eso, al final de sus días, Juan escribió estas palabras de ánimo; para que los cristianos sigan valientemente adelante, cual Josué cuando le tocó llevar al pueblo de Israel a la toma de la tierra prometida. Hasta ahora retumban estas palabras (Josué 1:9).

C. "Os escribo a vosotros, padres" (vv.13-14)

En esta tercera etapa de la madurez espiritual, el apóstol Juan, tanto en los versículos 13 como 14, habló de los padres que tienen el conocimiento suficiente del "que es desde el principio". En este nivel de crecimiento, la relación de todo hijo de Dios es profunda, verdadera y fundamentada en la Palabra de Dios.

Pablo, al escribir a los filipenses, les dijo que había perdido todo privilegio del judaísmo por dos razones: "... las he estimado como pérdida por amor de Cristo" y "estimo todas las cosas como pérdida por la excelencia del conocimiento de Cristo Jesús, mi Señor..." (Filipenses 3:7-8). De la misma manera, usted podrá lograr este nivel cuando alcance la incomparable grandeza del conocimiento de Jesús. Esto es más que hacerlo cognitivamente; es vivir como Él vivió. También por esto pidió Pablo por los hermanos de Colosas (Colosenses 1:10).

III. No amen el mundo ni lo que hay en él (1 Juan 2:15-17)

En la Biblia, el término "mundo" tiene tres significados, y dependerá del contexto en que está escrito. En Juan 3:16, "mundo" se refiere a la humanidad. En Romanos

1:20, "mundo" significa la tierra. Pero, en esta tercera exhortación, "mundo" tiene que ver con la naturaleza pecaminosa que le rodea al hijo de Dios. Juan le señaló a la iglesia que debe tener en cuenta tres medios influyentes y muy tentadores que hay en la sociedad mundanal:

A. "los deseos de la carne"

El mundo se ve muy atractivo a través de los deseos de la carne, que son aquellas prácticas pecaminosas y comunes como la embriaguez, la fornicación, el adulterio y cosas semejantes; el apóstol Pablo lo llamó a todo ello "obras de la carne" (Gálatas 5:19-21). Muchas de estas prácticas son hasta legales para el gobierno civil; por eso, se vuelven tan normales. El hijo de Dios nació del Espíritu; por ello, ahora buscará agradarle a Dios con su cuerpo: "¿O ignoráis que vuestro cuerpo es templo del Espíritu Santo?..." (1 Corintios 6:19). Aun cuando, "Todas las cosas me son lícitas... no todas convienen..." (1 Corintios 6:12). Jesús demanda de sus discípulos que oren mucho; porque "la carne es débil" (Mateo 26:41).

B. "los deseos de los ojos"

Esta área es más específica dentro de la carnalidad o mundanalidad (Lucas 11:34). A través de sus ojos, usted arroja luz o tinieblas a su interior, a su mente e imaginación. Hoy en día, la lujuria, el erotismo y todo sexo ilícito viene a través de la publicidad, la literatura y el entretenimiento. El celular no sólo hipnotiza a sus usuarios, también está dividiendo familias, y peor aún, aleja de Dios a los creyentes. El diablo es muy astuto; el primer pecado apeló a los deseos de los ojos (Génesis 3:6). También nuestro Señor Jesús fue invitado a obedecer a los deseos de sus ojos (Mateo 4:8-9); pero Él nos enseñó a poner mejor nuestra mirada en Dios.

C. "la vanagloria de la vida"

El mundo de todos los tiempos tiene este ingrediente pecaminoso donde se cree que aquí, en esta tierra, está el verdadero disfrute de las cosas. El rey Salomón obtuvo tanta riqueza, tanto en lo material como de conocimiento; y, al final de sus días, llegó a decir: "... vanidad de vanidades, todo es vanidad" (Eclesiastés 1:2).

El mundo vanaglorioso de hoy es el mundo de los likes ("me gusta"), los posteos (publicaciones) y de redes sociales. También el diablo y nuestros pensamientos hacen creer que sólo en el trabajo está la verdadera ganancia; que en las comidas, está la verdadera satisfacción; que en la acumulación de estudios, están todos los honores; o, que en acumular bienes materiales, está el verdadero ahorro e inversión. Esta filosofía de "gloria terrenal" no debe desviarnos del propósito espiritual que tenemos en este mundo como discípulos de Cristo. Todo lo que se obtiene en este mundo no es ni siquiera comparable con lo que Cristo prometió a su iglesia.

Para Juan había dos cosas muy claras: "... Si alguno ama al mundo, el amor del Padre no está en él" (1 Juan 2:15); y que "lo que hay en el mundo [pecaminoso]... no proviene del Padre..." (v.16). En otras palabras, quien se acomoda o vive según los placeres pecaminosos de este mundo niega a Dios como Padre. Y quizá obtenga ganancias de este mundo; sin embargo, "el mundo pasa, y sus deseos; pero el que hace la voluntad de Dios permanece para siempre" (v.17).

Conclusión

Ser un verdadero hijo de Dios implica obedecer fielmente estas tres exhortaciones. Porque para Dios el prójimo es importante, su crecimiento espiritual es necesario, y saber andar como un ciudadano del Reino en este mundo es la mayor alegría que usted puede darle a Dios, como Padre. Por eso, como dice el versículo para memorizar: "Sed, pues, imitadores de Dios como hijos amados" (Efesios 5:1).

Tres exhortaciones paternales

Hoja de actividad

Versículo para memorizar: "Sed, pues, imitadores de Dios como hijos amados" Efesios 5:1.

I. Ame a su hermano (1 Juan 2:9-11)

Según el apóstol Juan, ¿cuáles son las evidencias de la falta de amor?

Según su opinión, ¿la iglesia actual carece de amor? ¿Qué debería hacer para cumplir la demanda del Señor Jesús?

II. Viva un crecimiento espiritual progresivo (1 Juan 2:12-14)

¿En qué etapa de su crecimiento espiritual se encuentra; y cómo notó su desarrollo espiritual?

¿Cuál fue la mayor lucha (en cualquier área) que tuvo usted para su crecimiento espiritual?

III. No amen el mundo ni lo que hay en él (1 Juan 2:15-17)

¿Cuáles tentaciones del mundo, según su contexto, son las más difíciles para la iglesia actual?

A la luz de 1 Corintios 6:12, ¿qué acciones son lícitas, pero están en contra de los principios de Dios?

Conclusión

Ser un verdadero hijo de Dios implica obedecer fielmente estas tres exhortaciones. Porque para Dios el prójimo es importante, su crecimiento espiritual es necesario, y saber andar como un ciudadano del Reino en este mundo es la mayor alegría que usted puede darle a Dios, como Padre. Por eso, como dice el versículo para memorizar: "Sed, pues, imitadores de Dios como hijos amados" (Efesios 5:1).

¿Quién es el anticristo?

Pedro Nolberto Salinas Huaches (Perú)

Pasajes bíblicos de estudio: I Juan 2:18-27, 4:1-6
Versículo para memorizar: "Todo aquel que niega al Hijo, tampoco tiene al Padre. El que confiesa al Hijo, tiene también al Padre" I Juan 2:23.
Propósito de la lección: Comprender el significado de la unción en el Nuevo Pacto, y cómo esta nos ayuda a identificar a los anticristos y a permanecer en Cristo.

Introducción

La iglesia de Juan estuvo afrontando una crisis seria, que finalmente llevó a la ruptura de la comunidad. Muchos se fueron e incitaban a otros a salirse. Juan tuvo que escribir para orientar y cuidar el rebaño del Señor Jesús; para que no se apartasen de la fe verdadera que fue testificada por aquellos que vieron, oyeron y tocaron respecto al Verbo de vida (1 Juan 1:1-2).

Juan quería que verdaderamente puedan tener comunión con Dios, tal como ellos, los testigos apostólicos, la tenían.

I. Los anticristos (1 Juan 2:18-19,22-23)

A. Están en el presente (v.18)

Cuando escuchamos la palabra "anticristo", pensamos en aquel personaje que en el final de los tiempos será un gobernante mundial que se levantará contra Cristo y su iglesia. Este, pues, sería la bestia identificada con el 666, la famosa marca de esta.

A Juan no le preocupaba esa imagen del anticristo; él vio un peligro mucho mayor que ya estaba presente: ellos eran (y son) los anticristos que habían surgido ya, y esta es una señal del "último tiempo" (v.18) o de la "hora final" (v.18 NVI). En este sentido, el apóstol Juan enmarcó su enseñanza en un contexto escatológico.

La venida del Mesías cambió el orden de la historia; desde la primera venida hasta la Segunda Venida, estamos viviendo en los últimos días (Marshall, H. Las cartas de Juan. Argentina: Nueva Creación, 1991, p.145). Con Jesús, se inauguró el último periodo de la historia. Pero parece que Juan se estaba refiriendo a la etapa final de este periodo.

La palabra "anticristo" tiene el prefijo "anti-", que indica a una persona "contraria" o "en contra" de Cristo. Los anticristos estuvieron presentes desde los primeros albores de la comunidad cristiana, hace poco menos de 2,000 años, y aún hoy. Los anticristos son una realidad presente, y son un verdadero peligro para la iglesia actual.

B. No son parte de Cristo y su iglesia (v.19)

En el versículo 19, Juan indicó quiénes eran estos anticristos. Lo sorprendente es que habían sido parte de la comunidad; pero, finalmente, terminaron negando la fe y apartándose. Dice que "Salieron", esto implica un acto voluntario. Nadie los expulsó ni los apartó de la comunidad; ellos salieron voluntariamente. A su vez, este mismo acto sirvió para desenmascarar su propia naturaleza que, aunque estuvieron con nosotros, no eran de los nuestros.

¿Acaso su confesión de fe no fue genuina? Juan no dijo nada de eso al respecto; pero sí dijo que, si hubieran sido de nosotros, habrían permanecido con nosotros. Esto significa que se hubieran mantenido en la misma fe acerca de Cristo, de la comunidad juanina, transmitida por los testigos a quienes el Señor llamó (Marcos 3:13-19), los apóstoles, y por supuesto, más adelante también al apóstol Pablo (1 Corintios 15:8-10).

Puede ser que la confesión de fe de los que salieron fue aparente; pero puede que también hayan renunciado a su fe acerca de Cristo (2 Juan 8-9). El punto es que no permanecieron; y el que no permanece en la enseñanza apostólica acerca de Cristo no puede ser de Cristo ni de su iglesia.

C. Se oponen a Cristo (vv.22-23)

A Juan no sólo le preocupaba el surgimiento de un gobernante mundial que se opondrá a Cristo y su iglesia; también le preocupaba los que ahora se estaban mostrando contrarios a Cristo al apartarse de la comunidad que vivía y proclamaba el mensaje de Cristo tal como fue entregado desde el principio (v.24). Estos son los anticristos. "Con la definición de Juan, cualquiera que se confiese seguidor de Cristo, pero enseñe una cristología que no esté de acuerdo con la tradición apostólica es, sin duda, un anticristo…" (Jobes, K. H. Comentario exegético-práctico del Nuevo Testamento. España: Publicaciones Andamio, 2021, p.128).

Los que se fueron negaban que Jesús es el Cristo (v.23); pero ¿por qué esta "sencilla" afirmación puede causar una revolución tan grande? Porque atenta contra el corazón del mensaje cristiano, la encarnación del Hijo de Dios, el Mesías. Después de la resurrección y la ascensión de Jesús, el Mesías empezó a asumir un nuevo significado. La iglesia cristiana fue creciendo, y el mensaje se extendió a los gentiles. Ahora, Cristo ya no era sólo identificado como el Mesías judío; sino como el Hijo preexistente de Dios. De esta manera, se dio énfasis a su naturaleza divina.

Juan tenía que ser claro y establecer que negar al Hijo es no tener al Padre; pero confesar al Hijo es tener al Padre (v.23). No podemos afirmar que tenemos comunión con Dios negando al Hijo, o creyendo cosas equivocadas acerca de Él. Negar a Cristo tal y como nos fue revelado es sencillamente vivir engañados y separados de Dios y, finalmente, perdidos eternamente. Este es el gran peligro de los anticristos.

Es por ello que Juan quería que la comunidad permanezca en lo que había recibido desde el principio (la enseñanza apostólica); para, de este modo, tener comunión con Dios y verdaderamente permanecer en el Hijo y en el Padre (v.24). Sólo así podemos estar seguros de que tenemos vida eterna; porque esa es su promesa (v.25).

II. Los que son de Cristo (1 Juan 2:20-21,26-27)

A. Tienen la unción del Santo (v.20)

Juan, introdujo el papel trascendental del Espíritu Santo para tener comunión con el Hijo y con el Padre. Les dijo: "vosotros", los que permanecen en la comunidad de fe, tienen la unción del Santo (v.20). La palabra "unción" aquí indica aquello con que se es ungido, no el acto de ungir; y con lo que fuimos ungidos es con el Espíritu Santo.

En el Antiguo Pacto, la manera habitual de ungir era con aceite; pero cuando vino el Mesías, se dio el cumplimiento de Isaías 61:1, cuando Jesús fue ungido en su bautismo, ya no con aceite, sino con el Espíritu Santo (Hechos 10:38). Así también hoy que nosotros somos de Cristo fuimos ungidos con el Espíritu Santo, y lo tenemos en nuestras vidas. Pablo también afirmó esta verdad (Romanos 8:9).

Juan dijo que esta unción es del Santo; aquí puede hacer referencia tanto a Dios Padre, como al Hijo (Marcos 1:24). Es posible que haga referencia más específica a Cristo; porque, en la teología juanina, es el Cristo resucitado quien da el Espíritu (Juan 20:22). Ahora, la unción del Espíritu no es un privilegio de unos pocos; sino de todos los que están en Cristo.

B. Tienen conocimiento de Dios (v.20)

El resultado inherente de la unción del Espíritu es el conocimiento de Dios en Cristo. El versículo 20b dice: "... y conocéis todas las cosas". Este se traduce mejor como "todos vosotros lo sabéis" (Morris, L. Nuevo comentario bíblico siglo XXI. Colombia: Editorial Mundo Hispano, 2019, p.1451); o "todos vosotros conocéis" (Marshall, H. Las cartas de Juan. Argentina: Nueva Creación, 1991, p.152).

De esta manera, el conocimiento de Dios no es propiedad de alguien, del cual todos dependen, o de un grupo selecto de iluminados; es posible en todos aquellos que están en Cristo, a través de su Espíritu. Todos podemos acercarnos a Dios y conocerlo; porque su Espíritu habita en nosotros.

C. Conocen la verdad (v.21)

Juan escribía; porque conocían la verdad, y estaba interesado en que permanecieran en esa verdad que recibieron.

El Espíritu Santo es enviado para enseñar e interpretar la verdad sobre el Hijo; y esta verdad es la que nos fue transmitida por el testimonio apostólico. El Espíritu no se puede contradecir; sino que hará claro lo que Dios habló por el Hijo y que leemos en las Escrituras, pues es esa verdad la que nos lleva a la comunión con el Hijo y el Padre y la vida eterna.

Jesús prometió a sus discípulos que el Espíritu los guiaría a toda verdad (Juan 16:13); y así fue. Después de la resurrección, cuando les fue dado el Espíritu, comprendieron la verdad acerca de Dios en Cristo. De este modo, hablaron siendo inspirados por el Espíritu Santo (2 Pedro 1:21). No hay otra verdad que la del testimonio de los que oyeron, vieron y tocaron (1 Juan 1:1-3); y el Espíritu no hablará otra verdad más que la que fue conservada en las Escrituras.

En 1 Juan 2:21b, dice que "ninguna mentira procede de la verdad". El Espíritu Santo es el Espíritu de la verdad (Juan 14:17). No podemos seguir las enseñanzas de los anticristos pasados y modernos que pretenden decirnos que sus enseñanzas sólo son aspectos diferentes de la verdad, maneras diferentes de ver las cosas, o incluso nuevas iluminaciones del Espíritu para acercarnos a la verdad de Cristo. Siempre habrá una diferencia entre la verdad y la mentira, y no meros aspectos de la verdad. No podemos agregar nada nuevo a lo ya revelado; sólo podemos profundizar en esas verdades e interiorizarlas haciéndolas parte de nosotros por el Espíritu Santo.

D. Permanecen en la enseñanza del Espíritu (vv.26-27)

El versículo 27 parece un tanto polémico y contradictorio; porque pareciera que nos está diciendo que no necesitamos de maestros humanos que nos enseñen la verdad acerca de Cristo. Si fuera así; ¿por qué Juan les escribió, si no tenían necesidad? ¿Es innecesaria la instrucción en nuestras iglesias locales? Las palabras de Juan están dadas en el contexto de los anticristos que pretendían engañarlos; ellos nada tenían qué enseñarles, porque ya conocían la verdad acerca de Cristo, que les fue dada desde el principio.

Los secesionistas (los que se fueron), en el contexto de las cartas de Juan, parece que se atribuían autoridad diciendo que hablaban inspirados por el Espíritu, y que este les había impartido una nueva verdad espiritual que abiertamente era contradictoria con la enseñanza apostólica acerca de Jesucristo. No hay contradicción entre la Palabra y el Espíritu. El Espíritu siempre nos impulsará a la verdad que Él mismo inspiró desde los inicios de la fe cristiana, a través de sus apóstoles. ¡Hay que permanecer en ella!

III. Reconociendo a los que no son de Cristo (1 Juan 4:1-6)

A. Hay que probarlos (v.1)

Existe una necesidad de estar atentos y descubrir a aquellos que no son de Cristo; pues hay muchos falsos profetas que salieron por el mundo (v.4). Si no sabemos identificarlos; puede que seamos engañados, y caigamos en los lazos del error. Para Juan no había otra manera más que probándolos.

Juan dijo: "probad los espíritus si son de Dios" (v.1). Con esto, dio a entender que existe un impulso motivador del comportamiento humano que puede ser del Espíritu de Dios, al que lo identifica con el Espíritu de verdad, o del espíritu del anticristo, al que lo identifica con el espíritu de error, que es del mundo.

No hay que creer a todo aquel que diga hablar inspirado por el Espíritu.

B. La prueba doctrinal (vv.2-3)

La prueba que planteó Juan es doctrinal o teológica. Hoy parece que ya no nos importa lo que se diga; si lo que se dice conecta con mis emociones, así sean afirmaciones erróneas o heréticas. La verdad del evangelio, como nos fue dado por el testimonio apostólico, ya no mueve nuestro corazón para ver el gran amor y majestad de Dios en Cristo.

Juan sentó la base y fue al corazón del mensaje evangélico para reconocer al que habla inspirado por el Espíritu de Dios. Este tiene que confesar que Jesucristo vino en carne (v.2); y, por tanto, lo contrario también es cierto: todo el que no confiesa que Jesucristo vino en carne no es de Dios, sino del anticristo (v.3). ¿Y qué significa eso de que vino en la carne? Está haciendo referencia a la humanidad de Jesús. Es la doctrina de la encarnación, que Dios se hizo hombre en Jesús. Es trascendental reconocer la encarnación de Jesucristo para tener un verdadero conocimiento de Dios.

El gnosticismo pensaba que la materia era mala y el espíritu, bueno; por tanto, la divinidad nunca pudo haberse encarnado, ya que el cuerpo era malo, era la cárcel del espíritu. El hombre se tenía que liberar de la materia mala, a través de una gnosis que era impartida por un iluminado. El docetismo fue otra herejía; afirmaba que Jesús en realidad no tenía un cuerpo, sólo aparentaba tener uno, sólo era una apariencia. También el cerintianismo (por Cerinto) afirmaba que Jesús, el hombre, era totalmente diferente al Cristo preexistente. Él descendió sobre Jesús en el bautismo; pero le dejó antes de la crucifixión (Stott, J. Las cartas de Juan. Argentina: Ediciones Certeza, 1974, pp.49-52). Así, a través de la historia, y aún hoy, se distorsiona la verdad acerca de Jesucristo, el Dios hecho hombre.

El Verbo se hizo carne para revelar a Dios; en Él estaba la revelación máxima del Padre. «Por tanto, la confesión de que Jesucristo "ha venido" en carne no solo reconoce simplemente que Jesús era un personaje histórico, sino que expresa la importancia redentora de su encarnación, muerte y resurrección en favor de la raza humana» (Jobes, K. H. Comentario exegético-práctico del Nuevo Testamento. España: Publicaciones Andamio, 2021, p.184).

C. Observar quién los oye (vv.4-6)

En los versículos del 4 al 6, Juan dio una interesante razón para reconocer a los anticristos que, a veces, pasa desapercibida. Nos invita a prestar atención de lo que hablan y quién los oye (v.5). ¿Dónde es que su mensaje impacta y tiene adherentes? Es en el mundo. El mundo es el ámbito en el que Dios no gobierna; sino las tinieblas. Por eso, "El mundo reconoce a los suyos y escucha un mensaje que se origina en su propio círculo" (Stott, J. Las cartas de Juan. Argentina: Ediciones Certeza, 1974, p.171).

Conclusión

Dios anhela que podamos tener comunión con Él; pero no podemos desarrollar esta comunión si negamos al Hijo tal y como nos fue revelado en Cristo y trasmitido por el testimonio apostólico. El Espíritu Santo, que recibimos de parte de Dios nos conduce a Cristo para reconocerlo tal como Él es, y lo que su vida, muerte y resurrección conquistó para nosotros.

¿Quién es el anticristo?

Hoja de actividad

Versículo para memorizar: "Todo aquel que niega al Hijo, tampoco tiene al Padre. El que confiesa al Hijo, tiene también al Padre" I Juan 2:23.

I. Los anticristos (I Juan 2:18-19,22-23)

¿Cuáles eran los anticristos que le preocupaban a Juan?

¿Por qué son tan peligrosos estos anticristos y sus enseñanzas?

II. Los que son de Cristo (I Juan 2:20-21,26-27)

¿Cuál es el papel del Espíritu Santo respecto a los anticristos y sus enseñanzas?

¿Puede el Espíritu aportar una nueva verdad a lo ya revelado? ¿Por qué?

III. Reconociendo a los que no son de Cristo (I Juan 4:1-6)

¿Podemos confiar en todos aquellos que dicen hablar inspirados por el Espíritu? ¿Por qué?

¿Cuál es la prueba que propuso Juan para descubrir a los anticristos? Explique.

Conclusión

Dios anhela que podamos tener comunión con Él; pero no podemos desarrollar esta comunión si negamos al Hijo tal y como nos fue revelado en Cristo y trasmitido por el testimonio apostólico. El Espíritu Santo, que recibimos de parte de Dios nos conduce a Cristo para reconocerlo tal como Él es, y lo que su vida, muerte y resurrección conquistó para nosotros.

Nuestra relación con el pecado

Efraín Muñoz Núñez (EE. UU.)

Pasaje bíblico de estudio: I Juan 3:1-9
Versículo para memorizar: "El que practica el pecado es del diablo; porque el diablo peca desde el principio. Para esto apareció el Hijo de Dios, para deshacer las obras del diablo" I Juan 3:8.
Propósito de la lección: Comprender que Dios es santo, y nos llamó a vivir en santidad.

Introducción

Como seres espirituales, tenemos la capacidad de relacionarnos con muchos mundos a la vez; por ejemplo: el mundo físico, el mundo espiritual, el mundo de la filosofía o de las ideas, etc. Y es así que tendemos a responsabilizar a las cosas externas por nuestra decadencia moral, nuestra falta de fe; atribuimos a esas cosas que están fuera de nosotros todas nuestras frustraciones y nuestra falta de carácter. Así vamos por la vida achacándoles a los demás lo que realmente está dentro de nosotros: el pecado. Es importante que permitamos que el Espíritu Santo hable a nuestros corazones; para tomar la decisión de restablecer esa comunión con el Padre, renunciando a cualquier forma de pecado que aún pudiera existir en nuestras vidas.

I. La identidad de hijos fue posible por el amor del Padre (I Juan 3:1-3)

Juan inició esta sección de su carta con una expresión extraordinaria y maravillosa, con el objetivo de llamar la atención a sus destinatarios originales. Así pues, la palabra "Mirad" es más que un imperativo; es una expresión de suma admiración y alegría.

Para entender el hecho de que Dios les llamó "sus hijos", era necesario comprender todas las implicaciones de esta nueva realidad. Dios, por su profundo amor y misericordia hacia la humanidad, hizo todo, hasta lo que para el ser humano era imposible, con el fin de cambiar el rumbo que estaba ya anunciado: la muerte eterna.

De esta manera, el ser humano puede ser restituido a esa comunión con el Padre que existía antes de la rebelión de Adán y Eva. Dios envió a su Hijo para morir por nuestros pecados (Romanos 6:23); y, por el poder del Espíritu, nos hizo nacer de nuevo, como lo señala Santiago 1:18. Así pues, todo aquel que se arrepiente de sus pecados y por la fe recibe a Cristo como su Salvador pasa de las tinieblas (muerte) a la luz (vida); y, por ello, el Padre lo adopta y lo llama "hijo".

A. El mundo nos rechaza (v.1b)

De la misma forma en que a Jesús no le reconocieron como el Hijo de Dios, y recibió desprecio, rechazo y persecución, hoy muchos cristianos son tratados de esa manera.

La razón principal de esta actitud contra Cristo y hacia los hijos de Dios es la falta del conocimiento sobre la identidad de la persona de Jesús (el Mesías) y su obra redentora. Podríamos decir que el problema es el pecado; ya que la realidad del mismo sigue siendo muerte y tinieblas, y en ese estado, nadie puede percibir la luz del evangelio. Sólo hasta que las personas reconozcan la obra salvífica de Cristo y procedan al arrepentimiento de sus pecados podrán cambiar su forma de pensar.

B. Como hijos de Dios, aún estamos en proceso (v.2)

En la afirmación de este versículo 2, podemos ver de forma categórica el hecho de que si ya somos hijos de Dios, aún falta que seamos lo que debemos ser. Esto significa que, mientras estamos en este mundo, estamos siendo formados a la imagen de Cristo, quien es nuestro modelo a seguir. Lo que Juan quiso decir es que todo hijo de Dios es llamado a ser formado por medio del discipulado. Esto no significa un discipulado que dura un determinado tiempo, o para completar cierto conocimiento de la Palabra de Dios; más bien, es un discipulado de por vida, hasta que el Señor regrese, hasta entonces seremos lo que debemos ser (v.2b). El apóstol Pablo nos confirmó este proceso de renovación espiritual en su epístola a los Romanos (12:1-2) también; y, de manera más dramática, lo repitió en Gálatas 4:19, en donde el apóstol utilizó la analogía de un embarazo, en el cual, un nuevo ser se gesta hasta llegar a ser formado, listo para una nueva vida.

II. Concepto de pecado y obra de Cristo (I Juan 3:4-5)

Vivimos en un tiempo y sociedad en donde los mismos creyentes tienen problemas para identificar lo que es pecado y lo que no es. Entonces, es necesario asegurarnos sobre el tema. Algunos significados de pecado son: transgresión de la ley, injusticia, maldad y muchos más; por consiguiente, diremos que "pecado", "actual o personal es la violación voluntaria de una ley conocida de Dios cometida por una persona moralmente responsable" (Manual de la Iglesia del Nazareno, 2017-2021. EUA: CNP, 2018, p.23).

La primera vez que el ser humano pecó fue en el jardín de Edén, donde observamos que el pecado tuvo que ver con obedecer a la "serpiente" (Satanás), antes que al mandato de Dios (Génesis 3:1-7). Si nos detenemos a leer cuidadosamente este pasaje; nos daremos cuenta de que hay elementos que no necesariamente significan pecado. Por ejemplo: Eva le dijo a la "serpiente" que la orden de Dios, aparte de no comer, era no "tocar el fruto" (Génesis 3:3b). Pero, de acuerdo con la Escritura, esto no era verdad; ya que lo único que Dios sí les dijo era que no comieran (Génesis 2:16-17). La orden nunca fue no tocar, no acercarse o no mirar; sino no comer.

Analizando estos hechos, podríamos decir que, cuando Dios daba una orden a su pueblo, los religiosos por su parte le añadían otras prohibiciones, las cuales Dios no había mencionado u ordenado. Así pues, nos damos cuenta de que hoy en día prevalecen estas cuestiones extraescriturales. De Jesús, podemos tomar ejemplos muy puntuales acerca de este asunto; para lo cual consideremos los siguientes pasajes: Marcos 7:1-5 y Lucas 14:3-6. Observemos bien estas historias en la versión Reina Valera revisión 1960 (RVR60); y nos daremos cuenta de que se utiliza la palabra "tradición", y no ley de Dios o Escrituras.

A. La ley (v.4b)

Cuando Juan dijo que el pecado es infracción de la ley, nos preguntamos a cuál ley se refería. La respuesta yace en las mismas palabras de Jesús (Mateo 5:17). Luego, Jesús añadió en el siguiente versículo que toda la Escritura se cumplirá de tal manera que hasta el más mínimo detalle se llevará a cabo (v.18). Lo que encontramos en las palabras de Jesús es que la ley es la voluntad de Dios, quien es el Soberano; y que no existe nadie en este mundo que tenga el poder para dictarnos un nuevo mandamiento. Pero ya sabemos que, en cuestiones de religión, el ser humano, casi siempre, inventó más prohibiciones, creyendo que por las obras humanas que aparentan piedad podrán acercarlo más a Dios; pero esto no es más que mera autosuficiencia y carnalidad.

El concepto que debemos tener de pecado es la transgresión de la ley (desobedecer a Dios).

B. El Cordero de Dios quita el pecado del mundo (v.5)

I Juan 3:1 dice: "Mirad cuál amor nos ha dado el Padre..." Existe una relación muy íntima entre esta expresión y el Evangelio de Juan (3:16). Dicha relación es el amor de Dios; y podemos encontrar muchos pasajes más que pueden magnificar el gran amor de Dios hacia la humanidad y, sobre todo, hacia sus hijos.

Entonces, veamos juntos el versículo de nuestro estudio: "Y sabéis que él apareció para quitar nuestros pecados..." (I Juan 3:5a). Como ya se mencionó, este versículo también es similar a los que ya vimos; por lo que es importante tomar en cuenta el hecho de que Jesús irrumpió en la historia de la humanidad con la finalidad de manifestar el gran amor del Padre. Esta manifestación del Hijo contrae un sinnúmero de implicaciones reales, las cuales son cuestiones inequívocas de ese gran amor de Dios y del Hijo. Aquí, algunas de ellas: (1) Jesús, al que llamamos Cristo (el Ungido de Dios), se despojó a sí mismo; es decir, renunció a su posición de ser servido a servir, para aparecer en la tierra en forma de un indefenso bebé. (2) De esta manera, hizo su morada entre nosotros. Y, (3) Estando ya en la condición de hombre, se humillo aún más, muriendo por nosotros.

Por otra parte, ya que Jesús fue engendrado por el Espíritu Santo en el vientre de la virgen María; es, por tanto, libre de pecado, quiero decir, nacido sin relación alguna con el pecado. Este hecho significa que Jesús era justo desde el principio de su nacimiento y, más aún, desde la eternidad. Él nunca tendría que pagar con su vida una deuda con el Padre; ya que, Él era (y es) puro y justo por cuenta propia. Pero, por su propia voluntad, pagó la condena que nos tocaba a nosotros.

¿En verdad, Jesús nunca cometió pecado? Recordemos que pecado es desobedecer a Dios; entonces, con este concepto en mente, veamos lo que la misma Biblia nos dice acerca de cómo vivió Jesús: "... sino uno que fue tentado en todo según nuestra semejanza, pero sin pecado" (Hebreos 4:15).

En segundo lugar, si tomamos en cuenta que Dios el Padre es santo y, que por lo tanto, no existe pecado en Él; sin lugar a dudas, y a la luz de esta verdad, revisemos cuidadosamente lo que dice el Evangelio de Juan (5:19). Si Jesús hizo sólo todo lo que el Padre hacía; entonces podemos afirmar que Él vivió sin pecado alguno.

III. Los hijos de Dios no practican el pecado (I Juan 3:6-9)

Sobre la permanencia en Dios, ya el mismo Señor Jesús lo advirtió usando como analogía la relación entre la vid y sus ramas, explicando que solo si permanecemos en Él podremos dar frutos. Jesús nos enseña que el secreto de ser fructíferos para el reino de Dios resulta de esa permanencia; ya que se está conectado a la fuente de la vida verdadera y como consecuencia recibiremos, la vida eterna (Juan 14:4-6). El que permanece en el Señor no debe pecar; porque la naturaleza de Dios es contraria al pecado, a la oscuridad y a la maldad.

A. Dios aborrece el pecado (v.6)

Una de las razones por las que Dios aborrece el pecado es porque es la causa de la separación entre Él y el ser humano. El pecado es esa barrera de contención que impide una relación íntima, cara a cara, entre el Creador y la humanidad. Esta enemistad le duele a Dios en lo más profundo de su ser; pues el ser humano es el único ser viviente que fue creado a su imagen y semejanza (Génesis 1:26). Por tanto, eran el hombre y la mujer los portadores de su carácter santo en toda la creación, de forma explícita. Cuando el pecado entró en la primera pareja, se perdió ese estado de inocencia y de santidad; y así, toda su descendencia fue contaminada. Ahora, Dios nos llama de regreso a esa comunión con Él; es decir, nos llama a una vida de santidad (1 Tesalonicenses 4:7; Hebreos 12:14), una vida de permanencia en su presencia, hasta que Cristo regrese por segunda vez.

B. No se dejen engañar (vv.7-8)

Reiteramos que esta carta fue escrita; porque Juan tenía un celo profundo para que los nuevos creyentes se mantuvieran en la verdad de la Palabra de Dios. Los falsos maestros de ese momento estaban torciendo las Escrituras; diferentes grupos religiosos diluían la doctrina bíblica, permeando negativamente la fe en Cristo y, en particular, el tema del pecado. Esta era una llamada de atención para no dejarse engañar por esas doctrinas humanas y diabólicas. Aunque el pecado es una condición interna, y nadie puede hacer un juicio verdadero acerca de la vida espiritual de los demás; los efectos de esa realidad sí son visibles. Por eso, Juan aclaró que el que hace justicia es justo; pues permanece en Cristo, y el que no, es porque aún permanece en pecado.

C. Para esto apareció Cristo (vv.8b-9)

Nuestro estudio termina con una nota de gloriosa salvación y esperanza para aquellos que le confiaron sus vidas a Dios. El escritor bíblico utilizó una expresión que me parece sorpresiva y, a la vez, sumamente alentadora: "Para esto apareció el Hijo de Dios, para deshacer las obras del diablo" (v.8b). Esta es una verdad contundente y fulminante contra el pecado y contra las obras del diablo. Estas palabras son una losa demoledora y de absoluta victoria contra los enemigos de nuestras almas (el pecado y Satanás). Son palabras que nos animan en momentos de debilidad, nos infunden fuerzas cuando somos tentados a regresar a las prácticas de las tinieblas. Dios nos da la victoria a través de esa permanencia espiritual junto a Él.

Conclusión

Quiero sugerir algunas prácticas espirituales que le ayudarán a mantener esa comunión diaria con el Padre y caminar en santidad: oración diaria, ayuno, lectura reflexiva de la Biblia, la comunión con los santos; también, tomar un tiempo para estar a solas y en silencio es una práctica que le ayudará a conectar consigo mismo, y empezará a escuchar la voz del Espíritu en su corazón.

Nuestra relación con el pecado

Hoja de actividad

Versículo para memorizar: "El que practica el pecado es del diablo; porque el diablo peca desde el principio. Para esto apareció el Hijo de Dios, para deshacer las obras del diablo" I Juan 3:8.

I. La identidad de hijos fue posible por el amor del Padre (I Juan 3:1-3)

¿De qué manera usted da el testimonio de que es hijo de Dios? Comparta.

____

____

¿Cree que es necesario ser parte de un discipulado permanente? (Con discipulado permanente no nos referimos a estudios bíblicos, sino al cuidado y crecimiento de las personas en su relación con Dios). Explique.

____

____

II. Concepto de pecado y obra de Cristo (I Juan 3:4-5)

¿Cómo aplica la definición anterior a su vida diaria?

____

____

III. Los hijos de Dios no practican el pecado (I Juan 3:6-9)

Identifique cuáles son las obras de Satanás; y explique de qué forma Cristo apareció y las deshizo.

____

____

Mencione algunos ejemplos prácticos de cómo se puede permanecer en Cristo.

____

____

____

Conclusión

Quiero sugerir algunas prácticas espirituales que le ayudarán a mantener esa comunión diaria con el Padre y caminar en santidad: oración diaria, ayuno, lectura reflexiva de la Biblia, la comunión con los santos; también, tomar un tiempo para estar a solas y en silencio es una práctica que le ayudará a conectar consigo mismo, y empezará a escuchar la voz del Espíritu en su corazón.

El amor entre hermanos

Eudo Prado (Colombia)

Pasaje bíblico de estudio: I Juan 3:10-18
Versículo para memorizar: "En esto hemos conocido el amor, en que él puso su vida por nosotros; también nosotros debemos poner nuestras vidas por los hermanos" I Juan 3:16.
Propósito de la lección: Comprender el significado práctico del amor entre hermanos para poder practicarlo.

Introducción

En la época actual, se perdió en gran parte el distintivo de la comunión fraternal dentro del pueblo de Dios. Inclusive, en algunas iglesias, quizá procurando eliminar el tinte religioso en la socialización para adaptarse a la cultura actual, se cayó en el desuso de la palabra "hermano". Sin embargo, esta idea en el fondo es muy contraria a lo que nos enseña la Biblia sobre el amor cristiano. El propósito principal en la vida de un verdadero cristiano es practicar las cosas que son importantes para Dios, y el amor fraternal es una de ellas. Estar comprometido con la gente de nuestra iglesia es parte fundamental de la nueva vida en Cristo. Somos seres sociales, diseñados para estar en comunión con otras personas, y no para vivir solitarios. Pero además, el evangelio nos presenta el imperativo del amor mutuo como fruto de la salvación. Somos llamados a pertenecer a una iglesia, una congregación del pueblo de Dios, a quien debemos entregarnos en amor práctico.

I. El amor a los hermanos: una distinción marcada (I Juan 3:10-15)

¿Qué es lo que distingue la vida de un verdadero cristiano? ¿Será acaso algún conocimiento en particular, o la confesión de alguna creencia? ¿Cómo podemos testificar al mundo sobre la realidad de nuestra salvación en Cristo?

En I Juan 3:10-15, nos enseña enfáticamente que la evidencia básica de nuestra relación con Dios, es nuestra relación con los demás.

A. El pecado impide amar

Debemos examinar, en primer lugar, cómo el pecado se constituye en el impedimento principal para que el ser humano pueda amar a otros.

Durante el tiempo en que se escribió la epístola de I Juan, surgieron algunas falsas enseñanzas dentro del cristianismo (I Juan 4:1-3). Estas básicamente procedían de la herejía conocida como gnosticismo, que entre otros errores negaba la encarnación de Cristo. Las controversias doctrinales que se presentaron ocasionaron profundos rompimientos en aquellas primeras comunidades de creyentes. Los falsos maestros adoptaron actitudes muy ajenas al espíritu fraterno. Fue en ese contexto que se hizo presente el mensaje de este libro; y, en particular, la enseñanza sobre el verdadero sentido de la vida cristiana, y el lugar que ocupa dentro de ella el amor a los demás.

El escritor bíblico fue tajante al afirmar que la vida de pecado es prueba de que una persona es hijo del diablo y no de Dios (I Juan 3:10).

Esta exhortación describía claramente la vida de los gnósticos. Ellos afirmaban que el espíritu era puro e independiente del cuerpo. El cuerpo, al contrario, era impuro por naturaleza; y, por tanto, se podían permitir el hecho de practicar todo tipo de pecado sin perder su salvación. Sin embargo, el odio que manifestaban hacia los hermanos, debido a sus encarnizadas rivalidades por las creencias, era un signo inequívoco de la vida dominada por el pecado; y, por tanto, contrario a una verdadera experiencia cristiana.

Para enfatizar aún más su idea, el escritor presentó el ejemplo negativo de Caín (Génesis 4:8) en contraste a la disposición de amor al hermano que caracteriza al cristiano (I Juan 3:12). "La muerte de Abel en manos de Caín evidencia el control de Satanás en vez del de Dios. Caín estaba celoso de la mayor justicia de Abel, y esto lo motivó a asesinar a su hermano (Gn. 4:2-7; cf. Jn 8:40, 42, 44). Frecuentemente nuestro orgullo nos tienta a tener aversión por aquellos que son más justos que nosotros porque hacen que nos sintamos culpables al comparar" (Constable, Thomas L. Notas sobre I Juan. Edición 2003, p.41. Recuperado de https://www.planobiblechapel.org/tcon/notes/spanish/1juan.pdf, el 06 de enero de 2023).

En los versículos que siguen (I Juan 3:13-15), se presenta la terrible condición espiritual de una persona que abriga en su corazón el odio a otras personas. Esta disposición de odio era la que caracterizaba la conducta de los falsos maestros, y que abiertamente, influenciaban a sus seguidores. El apóstol Judas, en su epístola, también hizo mención de este tema (Judas 11). Aquí, tenemos la implicación del juicio inminente de Dios sobre una conducta semejante. Si nuestro corazón está lleno de amargura, odios y resentimientos contra nuestros hermanos; no podemos esperar la complacencia de Dios, sino su castigo.

B. El amor distingue al cristiano

La declaración que encontramos en el versículo 11, nos recuerda el "mandamiento nuevo" del Señor (Juan 13:34-35). Fuimos llamados a amar a nuestros hermanos de la misma forma que Jesús nos amó a nosotros. Él se entregó hasta la muerte para salvarnos. Es por ello que debemos comprender lo siguiente: "Nuestro primer llamado es a tener comunión con Dios (Jn 15:1-5). De esa comunión se desprenden todos nuestros otros vínculos de comunión. No podemos perder de vista que la comunión cristiana es una de las señales evidentes de nuestra filiación divina dentro de un mundo donde prima la desunión y la violencia mutua. Por eso Jesús dijo: «En esto conocerán todos que son Mis discípulos, si se tienen amor los unos a los otros» (Jn 13:35)" (Revista Coalición, N.° 4, abril 2022, p.4. Recuperado de https://media.thegospelcoalition.org/wp-content/uploads/sites/4/2022/03/31200409/RevistaCoalicion04.pdf, el 06 de enero de 2023).

El amor es un distintivo que nos identifica con Cristo, nos distingue como pueblo de Dios, y da a conocer al mundo el poder del evangelio para transformar el carácter y dar propósito a la vida del ser humano.

II. Amando como Cristo (1 Juan 3:16)

Siguiendo el desarrollo de este hermoso pasaje, encontramos el versículo 16, el texto clave de esta lección. En él, se llama la atención al acto supremo de amor, el sacrificio de Cristo, como el referente principal del amor entre los hermanos.

A. El amor se manifestó en la redención

El amor de Dios nos fue dado a conocer en la entrega de nuestro Señor Jesucristo por nosotros. Este amor no tiene parangón con ninguna otra manifestación a través de la historia (Juan 3:16; Romanos 5:8; 1 Juan 4:9). 1 Juan 3:16a dice: "En esto hemos conocido el amor, en que él puso su vida por nosotros..." Este es el amor real que sólo puede conocerse por medio de una verdadera experiencia de salvación en Cristo. Puede decirse, por tanto, que la persona en pecado no conoce totalmente lo que es el verdadero amor; y, por supuesto, tampoco puede manifestarlo. El egoísmo está profundamente arraigado en su voluntad, hasta que sea erradicado por la obra santificadora del Espíritu Santo. No es la religión lo que nos proporciona este amor; sino el poder del Espíritu Santo. Un ejemplo de ello lo encontramos en los judíos del tiempo de Jesús, quienes aunque profesaban vanagloria a través de las innumerables formas de su religión el tener el amor de Dios, conspiraron a la manera de Caín contra el mismo Hijo de Dios, inocente y sin mancha, para matarle (Juan 5:18,42).

B. El amor al hermano es un deber

En la parte final de este versículo de 1 Juan 3:16, se usa un vocabulario jurídico que es muy significativo. "El amor del hermano es un mandamiento, es un deber. El verbo 'deber' (opheilein) desempeña un papel importante..." (Morgen, Michele. Las cartas de Juan. España: Editorial Verbo Divino, 1988, p.33). Por lo tanto, vemos que el amor no es una opción para el creyente; sino el mandato expreso de Jesús al cual debe obediencia. También el apóstol Pablo lo incluyó entre los deberes cristianos (Romanos 12:9-10).

"Que los creyentes deben amarse unos a otros de la manera desprendida que Cristo primero los ha amado es la esencia del 'nuevo mandamiento' según Jesús lo explica en el Evangelio: 'Este mandamiento nuevo les doy: que se amen los unos a los otros. Así como yo los he amado, también ustedes deben amarse los unos a los otros. De este modo todos sabrán que son mis discípulos, si se aman los unos a los otros' (Jn 13:34-35)" (Thielman, Frank. Teología del Nuevo Testamento. EUA: Editorial Vida, 2006, p.614).

Se nos presenta, entonces, el amor no sólo como la disposición de la nueva naturaleza que hemos recibido en Cristo; sino como el esfuerzo consciente del creyente para agradar a Dios por medio de una vida de obediencia a sus mandamientos.

III. Mostrando el amor al hermano hoy (1 Juan 3:17-18)

El llamado principal de este pasaje es que podamos mostrar el amor de Dios hacia nuestros hermanos a través de las acciones. Debemos pasar de la mera retórica a un amor que se demuestra en obras de bondad.

A. El amor es acción a favor de los demás

Cuando amamos a los demás, creamos un ciclo de bien, de servicio y de compasión que inspira a otros a continuar haciendo lo mismo. En ese sentido, es importante que siempre estemos animándonos unos a otros a poner en práctica aquello que aprendimos del Señor y su Palabra sobre la forma cristiana de vivir. Como el escritor de Hebreos dice: "Pensemos en maneras de motivarnos unos a otros a realizar actos de amor y buenas acciones" (Hebreos 10:24 NTV).

No debemos dejar de recordarnos unos a otros la necesidad de poner en práctica el amor cristiano (2 Pedro 1:12).

Precisamente, es importante examinar cómo el amor

a los hermanos es un fruto principal del carácter cristiano. Ante cualquier necesidad, es el amor de Dios lo que nos impulsa como cristianos a involucrarnos de una forma práctica para remediarla. Es contraproducente para el bienestar y salud del cuerpo de Cristo, que es la iglesia, que el creyente vea una determinada necesidad en sus hermanos y se haga "la vista gorda" o se quede de brazos cruzados. Esto es lo que nos enseña el versículo de 1 Juan 3:17 que dice así: "Pero el que tiene bienes de este mundo y ve a su hermano tener necesidad, y cierra contra él su corazón, ¿cómo mora el amor de Dios en él?"

"Los creyentes también demuestran este amor al compartir su riqueza con otros creyentes que necesitan formas prácticas de ayuda. El anciano dice que es imposible que el amor de Dios 'permanezca' o 'esté' en una persona que tiene riqueza del mundo pero cierra sus sentimientos de compasión y rehúsa compartir con un hermano o hermana creyente necesitado (3:17)" (Thielman, Frank. Teología del Nuevo Testamento. EUA: Editorial Vida, 2006, p.614).

Quien está lleno del amor de Cristo, naturalmente, se moverá a compartir para remediar la necesidad de sus hermanos, sin necesidad de coerción o manipulación.

Sin duda, las formas en que podemos hoy en día poner en práctica el amor fraternal son ilimitadas. Basta identificar en nuestro entorno las diversas necesidades que aquejan a las personas y pensar en alguna forma de ayuda posible desde la perspectiva del amor cristiano.

B. Formas prácticas de amar a los hermanos

El versículo final de nuestro pasaje de estudio (v.18) nos ayudará a resumir las enseñanzas de esta importante lección. Puede ser apropiado para ello leerlo en varias de las versiones actuales; de modo que podamos apreciar con una mayor claridad la idea que encierra. Veamos las siguientes:

-Dios Habla Hoy: "Hijitos míos, que nuestro amor no sea solamente de palabra, sino que se demuestre con hechos".

-Nueva Traducción Viviente: "Queridos hijos, que nuestro amor no quede solo en palabras; mostremos la verdad por medio de nuestras acciones".

-Traducción en Lenguaje Actual: "Hijos míos, no debemos limitarnos a decir que amamos, sino que debemos demostrarlo por medio de lo que hacemos".

Vemos que la exhortación expresa de este texto es a que podamos pasar de, expresar únicamente nuestro amor a los hermanos a través de las palabras, a manifestarlo en diversas formas prácticas. Muchas veces, somos muy fáciles para prometer ayuda a través de nuestras palabras; pero, a la hora de cumplir, consideramos el sacrificio o el desprendimiento necesario, y no pasamos a la acción. Además de ser el amor la disposición del Espíritu Santo en nuestro corazón, se requiere también un esfuerzo de nuestra parte a la obediencia del nuevo mandamiento del Señor de amarnos unos a otros. Esto no es fácil; porque amar a los hermanos, muchas veces, requiere de sacrificio, pérdida de nuestra comodidad, o entrega de algo que nosotros mismos necesitamos. Es allí donde debemos seguir el ejemplo del Señor (Filipenses 2:5-8).

Hay muchas formas de poner en práctica el amor a los hermanos. Cada buena acción a favor de los demás procede de esa fuente de gracia que fluye del Espíritu Santo en nosotros. Algunas de esas expresiones pueden ser las siguientes:

- Profundizar la comunión con los hermanos (Hechos 2:42; Gálatas 2:9; 1 Juan 1:7).
- Buscar oportunidades de servirles (1 Corintios 16:15; Filipenses 2:30; 3 Juan 5).
- Orar continuamente por otros (Hechos 12:5; 2 Corintios 9:14; Efesios 6:18).
- Acompañar y consolar a los afligidos (Romanos 12:15b; 1 Corintios 12:26; 2 Corintios 1:4, 7:7; Filemón 7).
- Compartir de nuestros bienes para las necesidades de otros (Hechos 20:35; Romanos 12:13; Efesios 4:28).
- Asociarse con los humildes (Romanos 12:16).
- Acompañar a los hermanos en sus logros y alegrías (Romanos 12:15; 1 Corintios 12:26).
- Soportar y perdonar las ofensas de los hermanos (Efesios 4:2; Colosenses 3:13).

Conclusión

No hay virtud ni experiencia más grande en la vida cristiana que el amor. Este amor fluye de esa fuente inagotable de la gracia de Dios que es el Espíritu Santo en nuestro corazón.

El amor que tenemos a nuestros hermanos nos distingue como discípulos del Señor, y muestra al mundo el verdadero significado de la salvación en Cristo.

El amor entre hermanos

Hoja de actividad

Versículo para memorizar: "En esto hemos conocido el amor, en que él puso su vida por nosotros; también nosotros debemos poner nuestras vidas por los hermanos" I Juan 3:16.

I. El amor a los hermanos: una distinción marcada (I Juan 3:10-15)

¿Cuál es la condición espiritual de alguien que no ama a su hermano?

____

____

¿De qué manera el amor nos identifica como discípulos de Jesús?

____

____

II. Amando como Cristo (I Juan 3:16)

¿Qué significa que el amor es un deber cristiano?

____

____

¿Por qué el pecador se encuentra impedido de experimentar el amor de Dios?

____

____

III. Mostrando el amor al hermano hoy (I Juan 3:17-18)

Explique la importancia de compartir para las necesidades de los hermanos como expresión del amor cristiano.

____

____

Mencione algunas formas prácticas de mostrar el amor al hermano hoy.

____

____

Conclusión

No hay virtud ni experiencia más grande en la vida cristiana que el amor. Este amor fluye de esa fuente inagotable de la gracia de Dios que es el Espíritu Santo en nuestro corazón.

El amor que tenemos a nuestros hermanos nos distingue como discípulos del Señor, y muestra al mundo el verdadero significado de la salvación en Cristo.

Dios es amor

Macedonio Daza (Bolivia)

Pasaje bíblico de estudio: I Juan 4:7-21
Versículo para memorizar: "El que no ama, no ha conocido a Dios; porque Dios es amor" I Juan 4:8.
Propósito de la lección: Comprender la esencia de Dios: Él es amor, cuyo atributo ha expresado y compartido con la humanidad; y desea que lo manifestemos, hacia Él y el prójimo.

Introducción

Para comenzar con la lección propuesta, les comparto una escena descrita sobre el apóstol Juan, autor de la epístola: «Se dice que cuando el apóstol hubo llegado a una edad muy avanzada y con dificultad podía ser llevado a la iglesia en los brazos de sus discípulos y estaba muy débil para poder dar exhortaciones largas, solamente decía en sus reuniones lo siguiente: "Hijitos, amaos los unos a los otros". Los discípulos cansados de esa constante repetición de las mismas palabras, le dijeron: "Maestro, ¿por qué siempre dices esto?" Respondió él: "Es el mandamiento del Señor, y si solamente se hace esto, será suficiente"» (Pearlman, Myer. A través de la Biblia. EUA: Ed. Vida, 1952, p.398).

Será de beneficio explorar el tema de los escritos de apóstol Juan, autoridad en este campo.

I. Dios es amor (I Juan 4:7-8)

En los versículos de estudio, el autor dio por sentado la esencia, naturaleza y el carácter de Dios. El amor tiene su origen en Él. Esta afirmación tiene que ver con la experiencia del autor, quien con mucha certeza pudo verter el concepto que declaró: "Dios es amor" (v.8). Siguiendo en ese concepto, y para aclarar mejor, veamos lo que dicen algunos autores: "Dios es amor, no quiere decir que el amor es una de las actividades de Dios, sino que toda su actividad es una actividad de amar" (Kerber, Daniel. Las Cartas de Juan. Colombia: Sociedades Bíblicas Unidas, 2021, p.88).

"En este pasaje encontramos lo que es probablemente la más grande afirmación acerca de Dios en toda la Biblia: que Dios es amor. Es maravilloso descubrir la cantidad de puertas que abre esa sencilla afirmación, y la cantidad de preguntas que contesta" (Barclay, William. Comentario al Nuevo Testamento, vol. 15. España: Ed. CLIE, 1995, p.117).

Después de considerar la afirmación del apóstol Juan y comentarios sobre el pasaje de estudio; a Dios se puede resumir en una sola palabra: "Amor".

A. "... el amor es de Dios..." (v.7), y tiene como origen a Él. El autor de la epístola es conocido como el "apóstol amado" (Juan 21:20), quien experimentó a Dios a través de Jesucristo y recibió ese amor. Él conoció íntimamente a Jesús como para poder exponer con excelencia sobre el tema; dio por sentado que el amor verdadero tiene su fuente en Dios, y de Él fluye hacia la humanidad.

B. "... amémonos unos a otros..." (v.7). La exhortación del amor horizontal, hacia los hermanos, es un amor recíproco, no es un logro humano; sino de origen divino, cuya práctica debe ser la norma de vida de los discípulos de Cristo. El escritor recordó lo que fue registrado sobre el nuevo mandamiento expresado por Jesús en el evangelio (Juan 13:34). Al tener amor los unos a los otros serían conocidos como sus discípulos; el amor debe ser el distintivo y la identidad de los hijos de Dios.

C. El que ama "es nacido de Dios" (v.7). Para ampliar el concepto de nacer, recordemos la conversación que tuvo Jesús con Nicodemo en Juan 3:6. Clarifica Jesús el concepto con la figura del viento; que sopla y se oye su sonido, mas no se sabe de dónde viene, ni a dónde va, sin embargo, se ven los resultados. El nacer de nuevo tiene resultados visibles, hay muestra del fruto de arrepentimiento. El nacido de nuevo, amará a su hermano en el presente; y en el futuro, podrá entrar al reino de Dios.

D. Si amamos a Dios y nos amamos unos a otros; es porque Dios nos mueve a hacerlo. "La santidad es amor; amor puro; amor personal y mutuo entre Dios y el ser humano, y entre humano y humano.... El amor es la fuente del amor de Dios que fluye hacia afuera, desde el ser y que resulta en los frutos del Espíritu" (Bangs, Mildred. Una Teología del Amor. EUA: CNP, 2012, p.156).

E."El que no ama, no ha conocido a Dios..." (1 Juan 4:8). "El amor tiene una doble relación con Dios. Es sólo conociendo a Dios como aprendemos a amar; y es sólo amando como aprendemos a conocer a Dios. El amor procede de Dios y conduce a Dios" (Barclay, William. Comentario al Nuevo Testamento, vol. 15. España: Ed. CLIE, 1995, p.115).

Previo al pasaje de estudio, en capítulos anteriores, el autor hizo alusión sobre el amar al hermano: "El que dice que está en la luz, y aborrece a su hermano, está todavía en tinieblas. El que ama a su hermano, permanece en la luz..." (1 Juan 2:9-10). Algo notorio en lo que el autor enfatizó es la acción, no sólo el decir; sino el hacer. Por tanto, el que ama a su hermano está en la luz; caso contrario, está en las tinieblas. Recordemos las enseñanzas de Jesús en el Sermón del Monte, donde refiere que debemos ser (Mateo 5:14-16). Algunas enseñanzas que sacamos del pasaje: Jesús asigna una figura muy necesaria en la vida, especialmente en la noche oscura que se transita en esta vida; por ello, la luz es imprescindible para ver y transitar. Les indica el lugar donde se debe ubicar la luz; y, por último, el efecto que causa. Si existe el amor entre hermanos; serán un testimonio visible hacia afuera, y glorificarán el nombre de Dios, y muchos lo conocerán a Él.

Veamos otro pasaje relacionado con el amor a los hermanos en 1 Juan 3:14. En el versículo citado, el apóstol dio énfasis en que el amor al hermano es la prueba del nuevo nacimiento. Estar en Dios es vida; la persona que tiene a Dios pasó de la muerte a vida. El amor es el vínculo de comunión que nos liga al Señor y entre hermanos.

II. Dios nos dio la mayor demostración de su amor (1 Juan 4:9-10)

A. Dios demostró su amor al enviar a su Hijo unigénito al mundo

El hecho de que Dios es amor hizo que ejecutara el plan de redención para la humanidad; vino a buscar lo que se perdió. Dios estuvo dispuesto a dar su amor sin ninguna reserva, haciendo un gran sacrificio al entregar a su Hijo. El apóstol Juan repitió lo que está escrito en el evangelio: "Porque de tal manera amó Dios al mundo, que ha dado a su Hijo unigénito, para que todo aquel que en él cree, no se pierda, mas tenga vida eterna" (Juan 3:16). La venida del Hijo de Dios tiene que ver con el amor al mundo, es la universalidad de su alcance. Su único Hijo se dio por la humanidad, un amor que no se merece por ser criaturas desobedientes; pero el amor de Dios sobrepasa todo entendimiento.

B. Para que vivamos en Él y por Él

Barclay dice: "hay una diferencia abismal entre la existencia y la vida. Toda persona tiene existencia, pero no todas tienen vida. Jesús le da a la persona una razón para vivir, le da fuerza para vivir, y le da paz para vivir. Vivir con Cristo convierte la mera existencia en plenitud de vida" (Barclay, William. Comentario al Nuevo Testamento, vol. 15. España: Ed. CLIE, 1995, p.118). Más adelante, el apóstol Juan continuó afirmando sobre la vida en el Hijo: "... que Dios nos ha dado vida eterna; y esta vida está en su Hijo" (1 Juan 5:11); tanto en el evangelio como en la epístola. Para apropiarse de esa vida que ofrece Dios, está el acto de creer. Veamos lo que se registra en el evangelio sobre esta gran verdad: "Pero éstas se han escrito para que creáis que Jesús es el Cristo, el Hijo de Dios, y para que creyendo, tengáis vida en su nombre" (Juan 20:31). Es mucho más contundente escuchar de la misma boca de Jesús: "... yo he venido para que tengan vida, y para que la tengan en abundancia" (Juan 10:10). La vida comienza aquí y ahora; una vida significativa, plena y dichosa es el resultado de la comunión con Dios, que llega a ser el comienzo de una vida plena hacia la eternidad.

C. Restauró la relación perdida con Dios

El Padre celestial envió a su Hijo para que fuese el sacrificio expiatorio por el pecado. La palabra "propiciación" significa apaciguar o conciliar; "por este término se entiende que la muerte de Cristo apaciguó la justicia divina y efectuó la reconciliación entre Dios y el hombre" (Taylor, Richard. Diccionario Teológico Beacon. EUA: CNP, 1995, p.552).

La ira de Dios es propiciada; y la culpa del ser humano, expiada. Dios envió a Cristo como propiciación por nuestros pecados. Por su muerte, hizo posible que el ser humano entrara en una nueva relación de paz y amistad con Dios. Hizo un puente de acceso del ser humano hacia Dios, atravesando la sima abismal que había producido el pecado: "... a fin de que recibiésemos la adopción de hijos. Y por cuanto sois hijos, Dios envió a vuestros corazones el Espíritu de su Hijo, el cual clama: ¡Abba, Padre!" (Gálatas 4:5-6). El ser adoptados como hijos nos hace herederos de la riqueza que ofrece el Padre, que es el Espíritu de su Hijo, el cual hace expresar esa intimidad de la palabra "Padre" (Abba).

III. La perfección del amor de Dios en nosotros (1 Juan 4:11-21)

A. La perfección del amor de Dios se ve en amarnos unos a otros (vv.11-12)

No podemos ver a Dios, porque es Espíritu. Dios invisible sólo es visible en el amor; eso es el efecto de Dios. Es visible en el amor entre sus hijos. A Dios se conoce por el efecto que causa en la persona que lo tiene a Él, revelando de esa manera la semejanza con Dios, haciendo que la naturaleza de Dios cumpla con el propósito de perfeccionar a las personas. Rudd dice: "siendo Dios puro amor, es de esperarse que donde reina el amor hermanable, allí ha de permanecer el Dios de amor..." (Rudd, A. B. Las Epístolas Generales. España: Ed. CLIE, 2006, p.266).

B. La presencia de Dios y el amor en sus hijos (vv.13-16)

La presencia de Dios y la unión con Él se manifiestan a través del Espíritu Santo, quien da testimonio de esa gracia salvadora y santificadora. El apóstol Pablo declaró: "El Espíritu mismo da testimonio a nuestro espíritu, de que somos hijos de Dios" (Romanos 8:16). Los que responden al amor de Dios hacen que el amor sea fuerza activa en sus vidas.

El apóstol, al estar combatiendo a los falsos maestros, dijo que al Dios a quien no han visto es conocido mediante la encarnación; y los que no reconocen a Jesús como Dios no pueden conocerlo. Juan expresó: "... nosotros hemos conocido y creído el amor..." (1 Juan 4:16).

C. La perfección de amor en sus hijos (vv.17-18)

El amor de Dios quitó la culpabilidad de la persona arrepentida; por tanto, es libre del temor al castigo. La diferencia está en ver a Dios sólo como Juez, el cual causa temor, porque es justo y castiga el pecado; pero el Dios de amor nos libera del pecado. Entonces, ya no hay temor; el amor absorbe el temor. Por tanto, un hijo liberado de culpa puede acercarse sin temor a Dios, el Padre.

El amor que despierta en sus hijos se desarrolla y fructifica, de tal manera que con el amor presente, no hay temor; y este amor los lleva a darse por el bienestar del otro. Mientras que el temor hace que se aparte del otro; se aleje por una convicción de culpabilidad.

Rudd dice: "el perfeccionamiento del amor se efectúa solo viviendo en comunión íntima con Dios, la fuente de todo amor. El que cumple con este requisito, llegará a perfeccionarse en el amor, y desde luego desaparecerá todo vestigio de temor..." (Rudd, A. B. Las Epístolas Generales. España: Ed. CLIE, 2006, p.269).

D. El incentivo a amar y la comunión (vv.19-21)

El gran amor de Dios, de entregar a su único Hijo, es el gran incentivo para los suyos; y es de esperarse que correspondan a esa iniciativa.

El amor al hermano, prueba el amor por Dios. No se puede amar a Dios y odiar al hermano. Se muestra el amor a Dios amando al hermano (Juan 13:34, 15:12).

Dios nos ama, por lo tanto, somos exhortados a amarnos unos a otros. Como dice el pasaje de estudio, si uno dice que ama a Dios y aborrece a su hermano; no es nada más que un mentiroso. La manera visible de amar a Dios es amando a los hermanos.

1 Juan 4:21 expresa: "Y nosotros tenemos este mandamiento de él: El que ama a Dios, ame también a su hermano". Este versículo puede ser una referencia del gran mandamiento que resume los Diez Mandamientos, las dos tablas de la ley. El amar a Dios con toda nuestra naturaleza: emocional, volitiva, intelectual y física. Y la segunda, amar al prójimo como a sí mismo.

Conclusión

Cuán importante es experimentar, conocer y comprender que la esencia de Dios es amor. A pesar de la separación del ser humano por causa del pecado; Dios, a través de la encarnación, muerte y resurrección de Cristo, hizo posible restituir la santidad, el amor perfecto que echa fuera el temor, y es implantado en sus hijos; y si ama a Dios, también amará a su hermano.

Dios es amor

Hoja de actividad

Versículo para memorizar: "El que no ama, no ha conocido a Dios; porque Dios es amor" I Juan 4:8.

I. Dios es amor (I Juan 4:7-8)

Explique brevemente el significado de esta afirmación: "Dios es amor" (v.8).

____

____

¿Cómo podemos compartir ese amor en forma práctica?

____

____

II. Dios nos dio la mayor demostración de su amor (I Juan 4:9-10)

Mencione sobre el plan de redención.

____

____

¿Cómo puede explicar el plan de redención en su vida?

____

____

III. La perfección del amor de Dios en nosotros (I Juan 4:11-21)

¿Cómo explicaría estos versículos de I Juan 4:11-21 en sus palabras a otra persona?

____

____

¿Cuáles son los resultados de vivir en las enseñanzas de esos versículos?

____

____

Conclusión

Cuán importante es experimentar, conocer y comprender que la esencia de Dios es amor. A pesar de la separación del ser humano por causa del pecado; Dios, a través de la encarnación, muerte y resurrección de Cristo, hizo posible restituir la santidad, el amor perfecto que echa fuera el temor, y es implantado en sus hijos; y si ama a Dios, también amará a su hermano.

Los verdaderos hijos de Dios

Marco Rocha (Argentina)

Pasaje bíblico de estudio: I Juan 5:1-13
Versículo para memorizar: "Porque todo lo que es nacido de Dios vence al mundo; y ésta es la victoria que ha vencido al mundo, nuestra fe" I Juan 5:4.
Propósito de la lección: Conocer el modelo bíblico del verdadero cristiano con el propósito de reflejarlo en todas las áreas de nuestra vida.

Introducción

Uno de los desafíos más importantes que debían enfrentar los cristianos del primer siglo fueron las doctrinas heréticas que se propagaban rápidamente entre las recientemente conformadas congregaciones. Algunas de ellas mezclaban creencias paganas con la sana doctrina cristiana en un sincretismo que buscaba dañar profundamente la fe de muchos contemporáneos de Juan, el escritor de esta carta. Con la autoridad y el reconocimiento que tenía por parte de los cristianos de su tiempo, Juan estableció una serie de cualidades fundamentales que permitieron a la iglesia diferenciar a los verdaderos cristianos de los falsos.

Doctrinas heréticas del primer siglo que negaban la deidad de Jesucristo quedaban expuestas ante los argumentos presentados por Juan, quien gozaba del reconocimiento a su autoridad por parte de sus contemporáneos. De esta manera, el pasaje es poderoso como defensa de la sana doctrina en un momento crucial para la vida de la iglesia; pero también, para sentar las bases escriturales que guiaron los pasos de los cristianos de todas las eras, y que también en nuestros días nos permite caminar con Cristo sobre fundamentos sólidos, invitándonos a vivir en plenitud la experiencia del andar cristiano.

Lea con la clase I Juan 5:1-13; y luego, dibuje en la pizarra dos columnas. Complete la primera con el aporte de los alumnos con por lo menos 5 a 10 cualidades de un verdadero hijo de Dios; y la segunda, con aquellas que dan cuenta de una falsa cristiandad. Finalice la actividad resaltando los aportes más significativos dados por los alumnos y explicando la necesidad de profundizar en las cualidades que hacen a un verdadero cristiano, cualidades que se expresan por el testimonio del amor, de la fe y de la esperanza en Cristo.

I. El testimonio del amor (I Juan 5:1-3)

Un verdadero hijo de Dios ama también verdaderamente. Juan dejó en claro que estar unidos a Dios es estar unidos a su amor. El cristiano verdadero puede amar profundamente al prójimo; porque, primero, fue amado por Dios y respondió a su amor con fidelidad. Sin dudas, en la vida cristiana, hay muchos obstáculos que se oponen a la manifestación del amor de Dios en los cristianos; sin embargo, también son muchas las oportunidades que el Señor nos presenta para expresar ese amor. El amor nos aleja del pecado; porque amar al Señor es obedecer sus mandamientos. Y también es el amor el que nos permite vivir en plenitud; ya que vivir en obediencia nos fortalece frente a las tentaciones y nos permite vivir con gozo y paz, aunque pasemos por situaciones dolorosas o difíciles de atravesar. "En el ejemplo de Jesús pueden encontrarse algunas sugerencias útiles para superar cualquier tentación, pues Él fue tentado tal como nosotros lo somos, pero no pecó (Hebreos 4:14-16). Estas tentaciones atacaron el corazón mismo de los más altos objetivos de Jesús. Su propósito era vivir para los demás... Todos los reinos de este mundo no valen el precio de nuestra alma" (Marcos 8:36) (Purkiser, W. T. Explorando nuestra fe cristiana. EUA: CNP, 1994, p.527).

En el pensamiento juanino, no es posible separar la experiencia del amor de Dios del amor al prójimo; así como también reconoce el vínculo del amor en los lazos familiares. De allí que el verdadero cristiano sea quien nació de nuevo para amar a Dios, amar a los miembros de su familia de fe y amar a todos quienes Dios, su Padre, ama. Al respecto, son claves las palabras de Cristo en el Evangelio de Juan 15:12-14. Este pasaje nos enseña que la primera manera en que podemos expresar que somos verdaderos cristianos es dar testimonio del amor de Dios en nuestros corazones, y esto trasladarlo a acciones concretas de servicio que tengan como fin bendecir a nuestro prójimo. "Jesús resume con precisión el Decálogo (la base de todos los demás mandamientos, ordenanzas y estatutos del AT) en los mandamientos de amar a Dios (al citar Dt. 6:4-5) y amar al prójimo (al citar Lv. 19:18). Su énfasis radicalmente nuevo es que el amor al prójimo (santidad exterior) es el corolario inherente e inseparable del amor a Dios (santidad interior)" (Taylor, Grider y Taylor. Diccionario Teológico Beacon. EUA: CNP, 2010, p.46). "Parte de la naturaleza de Dios es no sólo amar sino, además, hacer posible llevar ese amor a su realización plena o perfección. La santidad cristiana es el fruto de la relación de amor con Dios. Es lo que Él pretende para cada uno que ha nacido otra vez del Espíritu" (Knight, John. El amor más excelente. EUA: CNP, 2012, p.183).

El mundo hoy necesita ver en la iglesia cada vez más expresiones del amor de Dios en todas las áreas de la vida, en palabra y en acción. Las oportunidades para dar testimonio del amor de Dios no se limitan al trabajo organizado a través de los diferentes ministerios de nuestras congregaciones cristianas; sino que se extienden a ámbitos privados como las relaciones familiares donde, por ejemplo, el perdón y las expresiones de afecto pueden ayudar a resolver los conflictos más difíciles; o en ámbitos públicos, como por ejemplo, en las decisiones que todos los días los cristianos verdaderos deben tomar en los distintos espacios donde se desempeñan (trabajo, escuela, comunidad, etc.), decisiones que reflejen una ética cristiana que sea coherente con su fe en Jesucristo, y den inicio a la acción evangelizadora. "Amar a otros, aun a nuestros enemigos, no es algo tan inalcanzable cuando vemos la actividad de Dios en nosotros. El amor que tenemos por Dios y otros, procede de la presencia de Dios que mora en nosotros. Dios mora en aquellos que lo aman y, de esta manera, su amor se perfecciona en ellos" (Knight, John. El amor más excelente. EUA: CNP, 2012, p.183). Un cristiano verdadero experimenta este amor hacia Dios y hacia su prójimo de manera natural, aunque el origen de ese amor sea sobrenatural por el poder del Espíritu Santo.

II. El testimonio de la fe (I Juan 5:4-10)

El verdadero cristiano, además de dar testimonio del amor de Dios, también da testimonio de su fe en Jesucristo. Es esa fe en el Verbo divino, segunda Persona de la Trinidad y que se encarnó para que caminemos en santidad hacia la eternidad, la que nos dio entrada a una comunidad del Espíritu donde el vínculo es el amor, el propósito común es la esperanza eterna, y donde el testimonio del bautismo y crucifixión de Jesucristo (agua y sangre) dan cuenta de que Él es el Señor de esta comunidad.

Respecto a la doctrina de la Trinidad, afirma Orton Wiley que "está considerada como una de las verdades más sagradas de la iglesia cristiana. Dios el Padre mandó a su Hijo al mundo para que nos redimiera; y Dios el Espíritu Santo aplica la obra redentora a nuestras almas. La Trinidad, por tanto, participa vitalmente en la obra de la salvación, y es desde este aspecto práctico y religioso de la doctrina que debe buscarse la verdad" (Wiley, Orton. Introducción a la Teología Cristiana. EUA: CNP, 2013, p.127).

Algunas de las herejías contemporáneas a Juan, al momento de escribir esta carta, negaban la deidad de Jesucristo; de allí, la importancia de que el apóstol resaltara los fundamentos de esta doctrina. "Una herejía gnóstica de los días de Juan sostenía que Jesús era sólo un hombre sobre el cual descendió el Cristo en el bautismo y del cual Cristo se apartó antes de la cruz. Juan trató de refutar esta enseñanza diciendo que Cristo vino no sólo por agua, sino también por sangre, y da esto como testimonio de la deidad de nuestro Señor" (Harvey, J. S. Comentario Bíblico Beacon. EUA: CNP, 1992, p.413).

Es la fe la que impulsa al cristiano a seguir los pasos de Cristo y ser heredero de su vida, muerte y resurrección. Seguir a Cristo es mucho más que saber o comprender sus enseñanzas; es una decisión de fe que tiene una dimensión individual en cuanto a responsabilidad con Dios y con el prójimo, y una dimensión social respecto a que el cristiano avanza en su camino junto a otros que, en el poder del Espíritu Santo, sirven con gozo en los ámbitos donde se desenvuelven cotidianamente como sal y luz de este mundo. Es importante que notemos que "toda revelación de Dios es una exigencia, y cada revelación es un llamado y una comisión. Es decir, la revelación exige una respuesta. La fe es el nombre que damos a esta respuesta cuando es favorable; la incredulidad o la duda es nuestra forma de denominar la respuesta humana cuando no es favorable… La fe es la respuesta del hombre a la revelación de Dios" (Purkiser, W. T. Explorando nuestra fe cristiana. EUA: CNP, 1994, p.20).

III. El testimonio de la esperanza (I Juan 5:11-13)

Además de una experiencia de amor y fe, el cristiano verdadero vive consciente de que es un ciudadano de la eternidad. Mientras vive, se aferra a Cristo venciendo las tentaciones del mundo con una conducta santa, y enfrentando las dificultades de la vida en el poder del Espíritu Santo. Este mensaje es central para el pensamiento juanino. "Juan nos dice claramente el propósito por el cual escribió esta epístola (v.13). Comparando esto con Juan 20:31 vemos que el evangelio fue escrito para que creyéramos en Jesús como el Hijo de Dios, y así pudiéramos tener vida por El, pero la epístola fue escrita para que supiéramos que tenemos vida eterna. Una es fe para ser salvo, la otra es seguridad de la salvación" (Earle, Ralph. Conozca su Nuevo Testamento. EUA: CNP, 2000, p.242).

El cristiano verdadero deja atrás su vida de pecado y culpa, y se aferra a su Salvador superando las tentaciones, avanzando con una fe que vence al mundo y con la seguridad de que no todo termina aquí y ahora; sino que camina en la vida como un peregrino hacia un lugar mejor. Esta esperanza de la eternidad prometida le permite caminar seguro sabiendo que la vida eterna es un privilegio para quienes creen en Jesucristo para salvación, una promesa en la que puede creer y confiar, y que también es testimonio vivo de que es un hijo de Dios. El verdadero cristiano crece y madura en la esperanza de la eternidad prometida, lo cual repercute en su diario vivir. Por ejemplo, experimenta un anhelo por estudiar más profundamente las Escrituras, orar, evangelizar y glorificar al Señor en todo lo que dice y hace. "... Para el cristiano la muerte es una parte de su disciplina probatoria y es considerada como una base de amistad con Cristo. La muerte física para el cristiano está ahora configurada en una simple separación de esta vida a otra (2 Corintios 5:1,4). Es la puerta por la que se entra a la presencia de Cristo mismo" (Wiley, Orton. Introducción a la Teología Cristiana. EUA: CNP, 2013, p.452).

Con los pies en la tierra, pero con los ojos puestos en la eternidad, el cristiano verdadero se reconoce como responsable de sus decisiones y asume las consecuencias de ellas; y también se ve a sí mismo como ciudadano de un Reino que no es de este mundo, cuyo galardón lo espera más allá de la muerte física. Esta esperanza le impulsa a vivir en plenitud; no se conforma con saber que el futuro será de bienestar y armonía eterna, sino que trabaja diariamente para que las primicias de ese bienestar y armonía se experimenten aquí y ahora. Incluso en contextos de dolor y conflicto, como lo era en los tiempos de la iglesia del primer siglo a quien Juan escribió, el pueblo de Dios camina con la convicción de una esperanza en Cristo que, a diferencia de la efímera esperanza de este mundo, tiene fundamentos eternos.

Conclusión

Concluimos que el cristiano verdadero es alguien que experimentó el amor de Dios en su vida, y responde amando a Dios y al prójimo con acciones concretas que le permiten ser sal y luz en su generación. El cristiano verdadero es una persona de fe, que cree profundamente en Cristo y en sus promesas, y camina junto a otros que, como él, avanzan como comunidad de fe. El cristiano verdadero es alguien impulsado por la esperanza en Cristo, reconociéndose a sí mismo como ciudadano del reino de Dios y actuando en consecuencia en su diario vivir; de tal manera que puede comenzar a experimentar aquí y ahora las primicias de las bendiciones del Señor que lo esperan en la eternidad.

Los verdaderos hijos de Dios

Hoja de actividad

Versículo para memorizar: "Porque todo lo que es nacido de Dios vence al mundo; y ésta es la victoria que ha vencido al mundo, nuestra fe" I Juan 5:4.

I. El testimonio del amor (I Juan 5:1-3)

Escriba tres formas nuevas en que usted pueda expresar su amor en la vida cotidiana.

____

____

¿Qué ejemplo nos dio Jesucristo para vencer las tentaciones?

____

____

II. El testimonio de la fe (I Juan 5:4-10)

¿Conoce en la actualidad alguna herejía que niegue la deidad de Jesucristo? Si es así, descríbala.

____

____

____

¿De qué manera los cristianos manifestamos nuestra fe? Dé por lo menos un ejemplo.

____

____

III. El testimonio de la esperanza (I Juan 5:11-13)

¿En qué consiste la esperanza cristiana?

____

____

¿Cómo se manifiesta la esperanza cristiana en el diario vivir?

____

____

Conclusión

Concluimos que el cristiano verdadero es alguien que experimentó el amor de Dios en su vida, y responde amando a Dios y al prójimo con acciones concretas que le permiten ser sal y luz en su generación. El cristiano verdadero es una persona de fe, que cree profundamente en Cristo y en sus promesas, y camina junto a otros que, como él, avanzan como comunidad de fe. El cristiano verdadero es alguien impulsado por la esperanza en Cristo, reconociéndose a sí mismo como ciudadano del reino de Dios y actuando en consecuencia en su diario vivir; de tal manera que puede comenzar a experimentar aquí y ahora las primicias de las bendiciones del Señor que lo esperan en la eternidad.

¿Por qué puedo confiar en Dios?

Daniel Pesado (EE. UU.)

Pasaje bíblico de estudio: I Juan 5:14-21
Versículo para memorizar: "Pero sabemos que el Hijo de Dios ha venido, y nos ha dado entendimiento para conocer al que es verdadero; y estamos en el verdadero, en su Hijo Jesucristo. Éste es el verdadero Dios, y la vida eterna" I Juan 5:20.
Propósito de la lección: Captar la idea de que Dios usó a los escritores sagrados para darnos evidencias que refuercen la práctica de nuestra confianza en Él.

Introducción

El apóstol Juan fue por su edad y la fecha en que vivió, hasta el final del primer siglo, quien más tuvo ocasión de experimentar y ver hechas realidad, en su vida y en la de sus compañeros, muchas de las grandes promesas de Dios. Lo especial de este discípulo de Jesús es que, sin tener una vida fácil, aun al vivir exiliado, siempre demostró una lealtad y una confianza inquebrantable en su Maestro. Sus cartas reflejan esas experiencias. Son un testimonio poderoso de haber vivido en plenitud una relación íntima con el Maestro de Galilea.

Pero Juan no sólo dio testimonio de la realidad de su relación; sino que además alentó a todos quienes leemos sus cartas a procurar la misma profundidad de experiencia. Conocer algo o a alguien requiere un determinado progreso en la relación. Para obtener los beneficios de la relación, es necesario abrirse, tomar ciertos riesgos al confiar en la disposición del otro en su compromiso de entrega. Juan pareció destacarse entre el resto de los discípulos por ser quien más íntimamente buscó acercarse al Señor. Esta relación fue hecha evidente por la expresión de los evangelios, en que se refieren a Juan como "aquel discípulo a quien Jesús amaba" (Juan 13:23, 21:7; entre otros).

Esta relación tan íntima como duradera permitió a Juan compartir su experiencia de progreso en la gracia. En estos versículos, se hace evidente que los motivos para confiar en Jesús son el fruto del progreso en esa relación.

Y la vida del apóstol, como la de toda persona fiel al Maestro de Galilea, independientemente de habérselo propuesto, o tal vez no, termina cumpliendo una inestimable función pedagógica. Dejar de lado sus enseñanzas haría que nuestra relación con Dios, por medio de su Hijo, se estanque y, quizá, deje de existir. Al considerar estos riesgos, necesitamos prestar atención a las enseñanzas vertidas por Juan en este pasaje.

I. Juan enseñó a pedir a Dios en forma adecuada (I Juan 5:14-15)

El apóstol nos dio claras pruebas de que es posible conocer la voluntad de Dios que, principalmente, se reveló al enviar a su hijo Jesucristo; pues, al hacerlo, todas las promesas de Dios se hicieron realidad. El resultado es evidente; ya que no hay fuente de confianza más poderosa que conocer la voluntad de Dios.

Acercarnos a Dios implica responsabilidad; pues Él conoce nuestras intenciones y conoce el íntimo deseo de nuestro corazón al pedir. Los escritores sagrados siempre nos presentan la forma de acercarnos a Dios. Un claro ejemplo es la forma adecuada de pedir a Dios. La Biblia dice: "Y todo lo que pidáis en oración, creyendo, lo recibiréis" (Mateo 21:22 LBLA); pero también advierte: "Pedís, y no recibís, porque pedís mal, para gastar en vuestros deleites" (Santiago 4:3). Lo que Dios nos muestra en versículos como estos es que Él conoce el corazón del ser humano; y, por esta causa, desea ayudarnos a experimentar plena satisfacción en nuestra relación con Él.

Al anunciarlo en plural, "tenemos" y "nos oye" (I Juan 5:14), también muestra lo inclusivo del propósito de Dios. Todos quienes conocen a Jesucristo comprueban que la voluntad de Dios no sólo es buena, agradable y perfecta (Romanos 12:2); también es real, firme e inmutable y, por ello, pueden confiar plenamente en Él.

Juan enseñó que en todo podemos confiar en Dios (I Juan 5:15). Declaró con firmeza que Dios "nos oye en cualquiera cosa que pidamos" (v.15). Pero esto viene unido del versículo 14 que dice "conforme a su voluntad". Dios nunca contestaría a una oración que no fuera conforme a su voluntad. Él no puede contradecir su propia naturaleza. Y las Escrituras afirman que la voluntad de Dios es buena, agradable y perfecta (Romanos 12:2). Nada que no comparta estas tres cualidades debe ser considerado respuesta de Dios para nosotros.

La convicción del apóstol Juan fue tal, después de haber declarado la fuente de su confianza, que aseguró a los creyentes que el pasado puede ser cubierto por el amor de Dios expresado en paciencia y perdón; el presente descansa en su presencia; y el futuro se halla encomendado a las manos misericordiosas de Dios. Simplemente, se nos revela que para quienes confían en Dios todas las áreas de su vida pueden descansar bajo su atento cuidado.

II. Juan enseñó que somos responsables de cuidarnos mutuamente (1 Juan 5:16-17)

La confianza en Dios también se fortalece al saber que en el cuerpo de Cristo se expresa un cuidado integral y permanente. Aparentemente, muchas veces, el interés por el prójimo parece terminar al ingresar a la congregación. Acercarlo a Cristo parece ser como muchos conciben su misión.

La realidad es que nunca dejamos de ser responsables los unos por los otros. Pablo hizo un enorme esfuerzo por demostrarlo en su carta a los creyentes en Éfeso. La voluntad de Dios también debe ser entendida como su deseo de que "siguiendo la verdad en amor, crezcamos en todo..." (Efesios 4:15). Para hacerse realidad, es necesario que "todo el cuerpo, bien concertado [que "Él hace que... encaje perfectamente", v.16 NTV] y unido... se ayudan mutuamente" (v.16), para recibir "su crecimiento para ir edificándose en amor" (v.16).

Juan nos dijo que, puesto que "él [Dios] nos oye" (1 Juan 5:14), pidamos por nuestros hermanos, y ellos por nosotros, cuando hubieren cometido pecado. Indudablemente, todo pecado nos aparta de Dios, el Autor de la vida; por eso, Pablo declaró que "la paga del pecado es muerte" (Romanos 6:23).

Pero existen diferentes formas en que el pecado es practicado. Muchas personas pecan y disfrutan haciéndolo, hasta manifiestan un evidente grado de satisfacción haciendo lo malo. Esa actitud aparta a la persona de Dios; y, al persistir, se perderá inexorablemente. Esta condición llevará a tal persona a la muerte espiritual; por eso, Juan lo llamó "pecado de muerte" (1 Juan 5:16).

Uno de los pasajes más determinantes para esta enseñanza lo escribió Pablo a la iglesia en Roma. En ese pasaje, advirtió, como lo hizo Juan, una diferencia de actitud con relación al pecado; y describió que hay personas que "no aprobaron tener en cuenta a Dios, [por esta causa] Dios los entregó a una mente reprobada, para hacer cosas que no convienen; estando atestados de toda injusticia, fornicación, perversidad, avaricia, maldad; llenos de envidia, homicidios... aborrecedores de Dios, injuriosos, soberbios, altivos, inventores de males... implacables, sin misericordia; quienes habiendo entendido el juicio de Dios, que los que practican tales cosas son dignos de muerte, no sólo las hacen, sino que también se complacen con los que las practican" (Romanos 1:28-32).

Pero otros pecan en ignorancia, ofenden involuntariamente; y aun otros, teniendo conciencia de su desobediencia, luchan por abandonar esa actitud pecaminosa, desean sinceramente en su corazón no haber ofendido a Dios. Esto es lo que Juan consideró "pecado no de muerte" (1 Juan 5:17); y si oramos por ese hermano, será perdonado y "Dios le dará vida" (v.16).

III. Juan enseñó que Dios guarda a sus hijos (1 Juan 5:18-21)

El apóstol Juan (y los demás escritores), guiados por el Espíritu Santo, escribieron sus cartas dirigidas a nuevos cristianos. Muchos de ellos llegaron del paganismo, y otros fueron judíos conversos. Pero aquellos creyentes no contaban con la tradición de fe cristiana, aun básica, en sus mentes y corazones. Esta fue la razón por el tenor didáctico y hasta repetitivo de algunos aspectos claves de la nueva fe.

Aquí, sin embargo, añadió nuevos aspectos en su enseñanza sobre el pecado que son fundamentales para todo cristiano.

A. El apóstol pronunció una de las sentencias más importantes del Nuevo Testamento (v.18)

Indudablemente, la base de la confianza para toda persona de que su fe es real, efectiva y duradera es el hecho concreto de que Dios cuida de sus hijos. El vínculo que la fe establece entre el creyente y Dios es indestructible: "el maligno lo le toca" (v.18). En la versión Dios habla hoy dice: "Sabemos que el que tiene a Dios como Padre, no sigue pecando, porque el Hijo de Dios lo cuida, y el maligno no lo toca". Mientras nos alejamos del pecado tenemos asegurado el cuidado de Dios

No debe sorprendernos que, el mismo apóstol Juan en su evangelio, incluyera uno de los versículos bíblicos más claros con relación a su cuidado (Juan 10:27-28). El énfasis es que: Jesús afirmó "nadie las arrebatará de mi mano" pues "mis ovejas oyen mi voz... y me siguen".

B. Muchos confiaron en Dios y le encomendaron sus vidas

Moisés dijo a Josué: "Y Jehová es el que va delante de ti; él será contigo, no te dejará, ni te desamparará; no temas, ni te intimides" (Deuteronomio 31:8 RVA). El rey David, en su cántico de liberación, expresó: "Tú eres mi lámpara, oh Jehová; Mi Dios alumbrará mis tinieblas... En cuanto a Dios, perfecto es su camino..." (2 Samuel 22:29,31). Las palabras más importantes son las de Jesús, que entre muchas compartió: "Si alguno me sirve, sígame; y donde yo estuviere, allí también estará mi servidor" (Juan 12:26); y las conocidas: "Yo soy la luz del mundo; el que me sigue, no andará en tinieblas, sino que tendrá la luz de la vida" (Juan 8:12).

Sin duda, Juan había tenido acceso a la lectura de algunos de estos versículos; y, seguramente, recordaba con claridad las palabras de su amado Jesús. Nunca olvidó, aun exiliado en Patmos, que el Maestro nunca dejaría de acompañarlo y guardarlo como prometió.

C. Juan enseñó que Jesús es el Dios verdadero (1 Juan 5:20-21)

Sin duda, el concepto "verdad", o "verdadero", es una de las claves de la epístola. El escritor lo usó tres veces en el versículo 20. Pero, por mucho tiempo, han existido diferentes conceptos sobre la verdad. La verdad en la ciencia se refiere al simple hecho de que lo que se dice puede comprobarse por los hechos.

Juan definió la verdad como todo lo que Dios declara; esa verdad cuenta con su respaldo. Dios demuestra que lo que dice es verdadero al cumplir su promesa y enviar a su hijo Jesucristo, "el verdadero" (v.20), a morir en la cruz y resucitar. Jesús, consciente de quién era y del rol desempeñado en el plan de Dios, declaró de sí mismo (seguramente, Juan presenció ese momento clave): "Yo soy... la verdad" (Juan 14:6).

Conclusión

Es decir que, el autor de la epístola declara que Jesucristo, como centro del plan redentor de Dios. Él es la verdad; y quienes confían en Él deben sentirse incluidos entre aquellos que Juan definió como los que "estamos en el verdadero" (1 Juan 5:20).

¿Por qué puedo confiar en Dios?

Hoja de actividad

Versículo para memorizar: "Pero sabemos que el Hijo de Dios ha venido, y nos ha dado entendimiento para conocer al que es verdadero; y estamos en el verdadero, en su Hijo Jesucristo. Éste es el verdadero Dios, y la vida eterna" I Juan 5:20.

I. Juan enseñó a pedir a Dios en forma adecuada (I Juan 5:14-15)

¿Cómo debemos pedir según I Juan 5:14-15?

____

____

¿Qué pasa cuando al pedir algo no lo recibimos?

____

____

II. Juan enseñó que somos responsables de cuidarnos mutuamente (I Juan 5:16-17)

¿Cómo podemos expresar el cuidado por nuestros hermanos?

____

____

¿Qué dice la Biblia sobre nuestra responsabilidad para con los miembros de la familia de la fe?

____

____

III. Juan enseñó que Dios guarda a sus hijos (I Juan 5:18-21)

¿Cómo explicaría en sus palabras el pasaje de I Juan 5:18?

____

____

¿Cómo explicamos este principio cuando padecemos alguna enfermedad o accidente?

____

____

Conclusión

Es decir que, el autor de la epístola declara que Jesucristo, como centro del plan redentor de Dios. Él es la verdad; y quienes confían en Él deben sentirse incluidos entre aquellos que Juan definió como los que "estamos en el verdadero" (I Juan 5:20).

La verdad y el amor en la vida cristiana

Leticia Cano (Guatemala)

Pasaje bíblico de estudio: 2 Juan 1-11
Versículo para memorizar: "Mucho me regocijé porque he hallado a algunos de tus hijos andando en la verdad, conforme al mandamiento que recibimos del Padre" 2 Juan 4.
Propósito de la lección: Comprender que el conocimiento de la verdad nos capacita para amar a Dios y a los hermanos, nos evita ser confundidos y nos permite permanecer en una relación personal con el Señor.

Introducción

¿Cuándo fue la última vez que usted envió una carta escrita a mano o digital a una persona amada? La carta de 2 Juan manifiesta el interés de un anciano líder de la iglesia primitiva por el bienestar y la salud espiritual de una congregación local y sus integrantes.

Esta carta contiene un afectuoso saludo, nacido del corazón que aprendió a amar a sus hermanos, que se preocupa por ellos y que es un canal de Dios para transmitir su mensaje.

I. La verdad y el amor deben permanecer en nosotros (2 Juan 1-6)

Una característica de quienes verdaderamente conocieron a Jesucristo como Señor y Salvador es la capacidad de amar y preocuparse por la salud y crecimiento espiritual de sus hermanos en la fe. Por el contrario, la persona natural o carnal se preocupa únicamente por sí misma. El anciano apóstol, movido por el amor de Dios, tomó el tiempo necesario para escribir esta carta aleccionadora para sus hermanos, que estando lejos, necesitaban dirección sobre la nueva vida en Cristo. Los unía la común fe en Jesucristo, el unigénito Hijo de Dios, quien es el camino al Padre, la verdad y la vida (Juan 14:6).

El anciano, quien los eruditos consideran que fue el apóstol Juan, expresaba el anhelo de que sus hermanos fueran bendecidos con la benevolencia de Dios, socorridos por su misericordia. El deseaba que disfrutaran de la auténtica paz de Dios, aquella que sobrepasa la comprensión humana, pero llena el corazón de poder y valor para ser fieles al Señor.

¿Cuáles son los deseos que hay en nuestro corazón hacia nuestros hermanos en Cristo? No podemos ser indiferentes, porque estaríamos faltando al espíritu cristiano.

A. La permanencia en la verdad

En esta carta, se destaca el valor del conocimiento de la verdad de Dios. Este es fundamental para el desarrollo de la fe cristiana. La verdad frente al error era un conflicto que los cristianos estaban enfrentando, debido al surgimiento de la enseñanza de ideas contrarias al evangelio, como el gnosticismo.

El conocimiento de la verdad del evangelio es vital para que el cristiano se mantenga firme y no sea confundido por enseñanzas equivocadas. La predicación y la enseñanza del evangelio son relevantes; pero también hace falta que cada uno corrobore la autenticidad de su contenido cotejándolo con las Escrituras, así como las personas de Berea (Hechos 17:10-11), para asegurarse de que lo que están escuchando es verdad y no el producto de la imaginación, la ignorancia o la malicia del comunicador.

Para que la verdad permanezca en nosotros, es esencial conocerla y vivir de acuerdo con ese conocimiento.

¿Cómo explicamos que haya personas que se identifican como cristianas; pero no viven de acuerdo con la ética cristiana? Las causas pueden ser ignorancia cultivada o desobediencia voluntaria de la normativa de Dios para la vida (la cual se encuentra en la Biblia). Pero ni una ni la otra son útiles para agradar a Dios, ni para vivir victoriosos sobre el pecado, tampoco para testificar a otros el evangelio.

En tiempos del apóstol Juan, los cristianos estaban recibiendo la influencia de los falsos maestros, quienes enseñaban ideas que desvirtuaban la naturaleza divina de Jesucristo, así como su perfecta humanidad, lo cual ponía en peligro la validez de su sacrificio expiatorio y, por tanto, la seguridad de la salvación.

"El punto principal es que el grupo en cuyo beneficio se escribió la carta estaba amenazado por falsos maestros. Juan quería que cultivaran la vigilancia para que no fueran conducidos al error" (Tenney, Merryl C. Nuestro Nuevo Testamento. EUA: Publicaciones Portavoz Evangélico, 1984, p.440).

La verdad del evangelio fundamentado en la Biblia como Palabra de Dios debe permanecer en nosotros. No debemos abrazar cualquier viento de doctrina. No debemos creer ciegamente lo que algún predicador dice, sin antes corroborar en la Biblia que eso es verdad. Pero si no estudiamos a conciencia la Palabra de Dios; con mucha facilidad, podemos ser engañados y apartarnos del verdadero evangelio por enseñanzas novedosas y atractivas, pero erróneas. Los grupos sectarios surgieron y prosperaron por el desconocimiento de la verdad, tales como los mormones y testigos de Jehová, quienes en sus bases doctrinales niegan la deidad del Señor Jesucristo.

"Cristo es el cimiento de la fe cristiana y si se destruye la fe en Él, no queda base alguna para la salvación" (Earle, Ralph y otros. Explorando el Nuevo Testamento. EUA: CNP, 1978, p.518).

B. El amor debe permanecer en nosotros

Juan, el apóstol, en su cercana relación con el Señor Jesús, fue transformado de "Hijo del trueno" (Marcos 3:17) a discípulo amado (Juan 21:20); y luego, conocido tradicionalmente como el "Apóstol del amor" por su constante énfasis (en sus escritos) en la práctica del amor cristiano, lo cual evidencia la genuina conversión al evangelio de Jesús (1 Juan 4:20-21).

1. "que nos amemos unos a otros" (v.5): el amor entre los hijos de Dios es mutuo, es recíproco, es de doble vía. No podemos esperar que todos nos amen sin que nosotros correspondamos a ese amor. Incluso, de acuerdo con la historia bíblica y la eclesiástica, muchas veces, el amor cristiano ha recibido como respuesta el rechazo y hasta agresión de quienes no han sido redimidos. Pero, entre cristianos, la prueba patente de que hemos sido perdonados, regenerados y santificados es el amor mutuo. Esto va más allá de los buenos modales y la cortesía que los padres enseñan o deberían enseñar a sus hijos, que dicho sea de paso, en la actualidad se ha descuidado mucho. El amor fraternal no fue invención de Juan; sino un recordatorio del mandamiento que ya había dado el Señor, quien es nuestro modelo a seguir, cuyo amor por nosotros es tan grande que dio su vida para redimirnos del pecado (Juan 13:34). El amor cristiano es genuino, no puede ser fingido. En 1 Corintios 13, encontramos la descripción de cómo es el amor nacido de Dios, en el cual no hay contradicción entre lo que se dice y lo que se hace.

2. "éste es el amor" (v.6): el amor no es sólo una idea abstracta; es práctico, visible y tangible. La Palabra nos dice que el amor es que "andemos según sus mandamientos" (2 Juan 6). Nuestro amor debe ser expresado primeramente hacia Dios; y la manera de expresarlo es vivir, practicar, andar en sus enseñanzas. No nos engañemos pensando que podemos amar a Dios mientras ignoramos sus mandamientos.

3. "Éste es el mandamiento" (v.6): la voluntad de Dios para su iglesia se resume en esta expresión: "que andéis en amor" (v.6). No podemos amar a Dios sin obedecerlo, ni podemos obedecerlo sin amarlo (Mateo 22:36-40; 1 Juan 4:20). Al andar en amor, no tendremos dioses ajenos, honraremos a nuestros padres, no haremos mal a nuestro prójimo, etc. El amor de Dios en nuestro corazón nos capacita para hacer el bien, para no abusar de quienes nos rodean, para servir, para cuidarnos y respetarnos unos a otros, comenzando por nuestra familia y siguiendo con los demás. Andar en amor hace posible que cumplamos sus mandamientos, no por miedo al castigo; sino por amor, para no ofenderlo. Nuestra actitud debe ser la de amar su voluntad para nuestra vida; y su voluntad es que andemos en amor.

II. Perseverar en la doctrina de Cristo (2 Juan 7-11)

Perseverar es "Mantenerse constante en la prosecución de lo comenzado, en una actitud o en una opinión" (Recuperado de https://www.rae.es/drae2001/perseverar, el 10 de diciembre de 2022). La perseverancia del cristiano es la disposición de mantenerse firme y constante en las enseñanzas de la Palabra de Dios. Muchas personas, habiendo confesado su fe en Cristo, luego se deslizaron profesando falsas doctrinas que contradicen las Escrituras. Estas las encontramos en los grupos sectarios; en organizaciones pseudocristianas, cuyas prácticas y discursos no son bíblicos; y otros que extraen textos fuera de contexto para respaldar creencias equivocadas.

"Todas las sectas yerran en una o más de las siguientes doctrinas esenciales: La divinidad de Cristo (que implica la Trinidad), la resurrección y la salvación por gracia, no por obras. A partir de estos elementos básicos, otras doctrinas relacionadas también son alteradas o redefinidas: La Trinidad, el Espíritu Santo, la Biblia, el nacimiento virginal, y otras" (Recuperado de https://sendasantiguas.com.mx/diferencias-entre-el-cristianismos-y-sectas, el 10 de diciembre de 2022).

El apóstol Juan alertaba acerca de que muchos engañadores o impostores habían salido negando la encarnación de Jesucristo (v.3). El anciano advirtió que el que hace eso es el engañador y anticristo. El que niega la deidad y la humanidad de Cristo se opone a Él. Algunos cristianos se refieren a miembros de sectas como "hermanos", lo cual es incorrecto; porque no creemos en el dios que crearon, basados en libros añadidos y otras publicaciones y tergiversaciones de la Biblia.

"Mirad por vosotros mismos" (vv.8-11)

El asunto más grande que debe preocuparnos es la seguridad de nuestra salvación, la cual algunos podrían perder al aceptar doctrinas que niegan la eficacia del sacrificio expiatorio de Cristo, al rechazar su deidad o su encarnación, así como otras doctrinas fundamentales. El apóstol dijo que podríamos perder el fruto de nuestro trabajo. Algunos, habiendo sido líderes, terminaron siendo apóstatas del cristianismo. Juan utilizó la metáfora "galardón" o el salario completo (2 Juan 8) haciendo referencia a la victoria final en la que recibiremos del Señor la corona de vida eterna (Apocalipsis 2:10). Debemos conocer y vivir celosamente la doctrina de Cristo para no perder la comunión presente ni la eternidad con Él (2 Juan 9).

Extraviarse de la sana doctrina es una posibilidad que depende de las actitudes de cada uno hacia Dios y su Palabra. Todos estamos rodeados de tentaciones, peligros y amenazas; pero debemos estar alertas, y cultivar nuestra relación diaria con Dios a través de la oración, el estudio de su Palabra, la comunión con el cuerpo de Cristo.

El celo por la sana doctrina llega al punto de no recibir en casa a quienes profesan enseñanzas contrarias (v.10). Quizá sería aconsejable, dependiendo de las circunstancias y el contexto, poderles hablar el auténtico evangelio de Cristo y conducirlos a Él.

III. Las cosas que nos alejan hoy de Dios

A. Doctrinas y prácticas

La iglesia de Jesucristo sigue enfrentando dificultades en cuanto a doctrinas y prácticas que no concuerdan con las Sagradas Escrituras. Con mucha sutileza, se introdujeron prácticas judaizantes, la "teología" de la prosperidad, vergonzosas "supuestas" manifestaciones del Espíritu Santo, y mucho contenido humanista que suplantaron la predicación bíblica en los púlpitos. Todo eso confunde especialmente a los nuevos en la fe y a los negligentes que no quieren estudiar las Escrituras. Estas falsas enseñanzas, en lugar de acercar al individuo a Cristo, lo alejan de Dios, mientras creen que están en lo correcto.

B. Actitudes personales

Luego de un tiempo de confinamiento y templos cerrados por el COVID-19, muchos se acomodaron y se distanciaron de la comunión cristiana. Otros aducen no buscar de Dios por el trabajo, por los niños, por los estudios; cada uno de estos aspectos tiene su lugar y su tiempo, pero no debe constituirse en estorbo en la relación personal con Dios. Muchos se alejan encandilados por la aparente seguridad económica o de salud, hasta que pierden cualquiera de ellas, "todas las formas de entretenimiento, metas y aspiraciones personales en detrimento de su relación personal con Dios" (Parada, Carlos. Opinión personal, 9/12/22); y el descuido de sus responsabilidades familiares, laborales, estudiantiles y eclesiales.

Otros se apartan de Dios; porque la luz de la Palabra pone en evidencia su conducta pecaminosa a la cual no quieren renunciar, como amistades, noviazgos y adicciones.

Más personas viven un cristianismo nominal, asistiendo esporádicamente como espectadores a la iglesia. Pretenden ser bendecidos; pero evaden todo compromiso con Dios y su Reino. Tienen una imagen mental de un dios bonachón que dejará entrar a todos al cielo, y no toman en cuenta que Dios es amor y también es justo, y no tendrá por inocente al que quebranta deliberadamente sus mandamientos y pisotea la sangre de su Hijo.

Aún quedan los que se han alejaron de Dios; porque permitieron ser absorbidos por las ideologías contemporáneas vertidas a raudales en los medios de comunicación, tales como la aprobación del aborto, la ideología de género y sus perversas modalidades, y toda la ideología humanista que procura el detrimento de la familia como Dios la estableció, y también el materialismo. Todo ese torrente ideológico pecaminoso destruye a la familia y, con ella, al individuo, separándolo del plan de Dios para su vida.

"Cualquier cosa puede separarnos de Dios, desde algo complejo hasta algo simple o aparentemente inofensivo; también nuestros propios prejuicios, conceptos o actitudes como el conformismo o la pereza en no buscar más del Señor" (Pérez, Nery. Opinión personal, 9/12/2022).

Aunque podemos encontrar muchas causas; en esencia, el alejamiento del Señor sucede por la falta de voluntad para permanecer en una relación personal con Él, escudriñar y obedecer su Palabra, y congregarse con su pueblo. Si disponemos nuestro corazón; nada nos puede separar de Dios (Romanos 8:35-39).

Conclusión

Los cristianos necesitamos permanecer en la verdad de Dios y en su amor para vivir como su Palabra nos enseña. Asimismo, necesitamos conocer y practicar la doctrina de Cristo para evitar ser engañados por falsos maestros y falsas doctrinas. Habrá muchos factores que pueden estorbar nuestra relación personal con Dios; pero si rendimos nuestra voluntad al Señor, no hay nada que nos pueda separar del amor de Dios. La verdad, el amor y la fidelidad son relevantes para una vida cristiana victoriosa.

La verdad y el amor en la vida cristiana

Hoja de actividad

Versículo para memorizar: "Mucho me regocijé porque he hallado a algunos de tus hijos andando en la verdad, conforme al mandamiento que recibimos del Padre" 2 Juan 4.

I. La verdad y el amor deben permanecer en nosotros (2 Juan 1-6)

¿Por qué es importante que cada cristiano conozca la verdad del evangelio?

___

___

¿Cómo podemos conocer la verdad del evangelio?

___

___

II. Perseverar en la doctrina de Cristo (2 Juan 7-11)

¿Cuáles son los peligros del desconocimiento de la doctrina de Cristo?

___

Mencione algunas falsas doctrinas que contradicen el evangelio bíblico.

___

___

III. Las cosas que nos alejan hoy de Dios

Según su experiencia, ¿cuáles son las cosas por las cuales algunas personas se alejan de Dios?

___

¿Qué podemos hacer para permanecer fieles y firmes en nuestra fe en Dios?

___

___

Conclusión

Los cristianos necesitamos permanecer en la verdad de Dios y en su amor para vivir como su Palabra nos enseña. Asimismo, necesitamos conocer y practicar la doctrina de Cristo para evitar ser engañados por falsos maestros y falsas doctrinas. Habrá muchos factores que pueden estorbar nuestra relación personal con Dios; pero si rendimos nuestra voluntad al Señor, no hay nada que nos pueda separar del amor de Dios. La verdad, el amor y la fidelidad son relevantes para una vida cristiana victoriosa.

La conducta de los líderes

Marcial Rubio (Perú)

Pasaje bíblico de estudio: 3 Juan
Versículo para memorizar: "Amado, no imites lo malo, sino lo bueno. El que hace lo bueno es de Dios; pero el que hace lo malo, no ha visto a Dios" 3 Juan 11.
Propósito de la lección: Valorar la importancia de lo que significa liderar con el ejemplo, dentro y fuera de la iglesia.

Introducción

No existe mayor motivo de satisfacción y regocijo para un padre que ver a sus hijos realizados, y que se conducen por los carriles de la Palabra de Dios. Lo mismo ocurre con un padre espiritual al ver que sus hijos espirituales andan en los principios y valores del reino de Dios. En esa misma perspectiva, el apóstol Juan, ya en el atardecer de su vida, sentía gran satisfacción cuando sus discípulos e hijos espirituales, Gayo y Demetrio, se conducían por los carriles de la sana doctrina, lo cual era corroborado por la opinión pública. Sobre la base de la prosperidad espiritual, el mentor anhela que la nueva generación de liderazgo prospere en todas las áreas; elogia a sus hijos espirituales; y deplora la conducta de un falso liderazgo.

I. El maestro celebra el éxito de su discípulo (3 Juan 2-4)

En los cuatro primeros versículos, Juan describió con palabras el perfil del líder principal de la iglesia local, y celebró dos cualidades características:

A. La salud emocional del joven pastor llamado Gayo (v.2b)

Por lo general, la salud espiritual de un líder se refleja en su salud emocional y corporal. La empatía entre el mentor y el joven pastor fue el puente de empatía a través del cual se realizó una comunicación efectiva; cuatro veces el apóstol Juan usó la palabra "amado" (vv.1-2,5,11). Un trato afectuoso en un nivel de empatía es lo que hoy se conoce como "inteligencia emocional". Nos da la pauta de cómo debiera ser la cobertura de un pastor-mentor, y líder maduro, para con sus discípulos o aprendices. Un perito pastor experimentado, lleno de conocimientos, trata con amor y optimismo a los líderes emergentes. Nunca los descalifica; siempre es una fuente que suministra ánimo y entusiasmo en su proceso de formación.

Un líder veterano celebra con regocijo los resultados en una nueva generación que lidera con integridad. Juan saludó la irreprochable conducta de los nuevos líderes, y advirtió algún triste ejemplo que evitar.

B. El buen testimonio del joven pastor (vv.3-4)

Muy poca información tenemos acerca de Gayo; "pero su carácter se revela en tres sentidos: (1) Era un verdadero cristiano; (2) Servía a la iglesia con amor; (3) No dejaba de ser hospitalario con los [ministros y obreros itinerantes del evangelio]" (Autores varios. Comentario Bíblico Beacon: Hebreos hasta Apocalipsis, tomo 10. EUA: CNP, 2010, p.432). El veterano apóstol Juan no podía ocultar la felicidad que embargaba a su alma al enterarse, por los hermanos de la iglesia, acerca de la irreprochable conducta del joven pastor frente al deplorable estilo de vida que llevaba Diótrefes. ¡Que el Señor levante líderes "fieles" e "idóneos" (2 Timoteo 2:2) en todos los niveles de su iglesia!

II. La conducta de Diótrefes y Demetrio (3 Juan 9-12)

A. Diótrefes, el líder equivocado

1. El personaje. «Etimológicamente, su nombre significa "alimentado por Júpiter". Júpiter o Zeus era el dios principal dentro de la mitología griega y romana... el carácter de este dios era "una mezcla de todo lo que es malo, obsceno y bestial en el catálogo de los crímenes humanos, si bien era siempre descrito como de un aspecto y apostura noble"...» (Cevallos, Juan Carlos. Comentario Bíblico Mundo Hispano, tomo 24: 1, 2 y 3 Juan, Apocalipsis. EUA: Editorial Mundo Hispano, 2009, p.100). Era una personalidad influyente en la iglesia donde Gayo pastoreaba; pero con una visión de liderazgo absolutamente distorsionada en comparación con la de los auténticos líderes cristianos. ¡Cuánto daño y dolor han causado a la vida de la iglesia líderes que emularon el carácter torcido, y

el deplorable proceder, de este imaginario dios de apariencia noble y respetable!

2. Amante del primer lugar (v.9). Diótrefes «era el tipo al que le gustaba tener el primer lugar y se negaba a reconocer la autoridad del apóstol [Juan], quien al parecer era el superintendente… [se cree que Diótrefes haya] destruido la carta que Juan había escrito a la iglesia… [Diótrefes] era un "lobo disfrazado"» (Autores varios. Comentario Bíblico Beacon: Hebreos hasta Apocalipsis, tomo 10. EUA: CNP, 2010, p.434). ¡El diotrefismo ha destrozado la unidad de muchas iglesias, y ha "sepultado" a muchos ministerios! ¿Cuál es la conducta del diotrefismo moderno? Obsesionados por el "primer lugar", emplean con astucia metodologías para quitarse de encima a potenciales "rivales" que empiezan a crecer y a hacerles sombra, o no se someten ciegamente, siendo vistos como una amenaza para sus mezquinos intereses. Por lo tanto, hay que mandarlos lo más lejos, para que no vuelvan; o enterrarlos en lo más hondo y aplastarlos lo más fuerte, para que no se levanten. Y teniendo a todos lejos o abajo, se aseguran el primer lugar.

B. El líder del modelo Diótrefes es un tipo paranoico

Este tipo de líder sufre mucho; porque sólo ve amenazas y enemigos por doquier. Por ello, se vuelve controlador y no permite que sus feligreses o subalternos se junten con otros creyentes y honorables siervos de Dios. Siempre está viendo potenciales rivales. No soporta que alguien compita con él; tiene el alma envenenada de celos y envidia. Esto no le permite ser amable, generoso y hospitalario.

Diótrefes, en su celo enfermizo, utilizaba la difamación y la calumnia contra su superior, el apóstol Juan, y sus colaboradores. No hay nada más perjudicial en una iglesia que el daño a la honorabilidad por parte de los líderes; porque sólo evidencia el estado de deterioro espiritual al que se llegó.

C. El líder tipo Diótrefes es un dictadorzuelo (vv.9-10)

Era una personalidad influyente, dominante y con mucho poder dentro de la iglesia; obsesionado por tener notoriedad. Era "representante de la congregación local. No está dispuesto a aceptar la autoridad [apostólica] de Juan… ni a recibir a los misioneros itinerantes… [llegó a] echar a los que [estaban] dispuestos a aceptar la autoridad de Juan y a recibir a los predicadores ambulantes" (Barclay, William. Comentario al Nuevo Testamento. España: Ed. CLIE, 2006, p.1078).

Algún jefe, hace años, solía decir: "Quiero saber quién está conmigo y quién está contra mí"; "tengo mis informantes"; "el espionaje es bíblico"; "mañana empiezo a hackear correos". Sus consignas eran las siguientes: "O te sometes, o te saco del ministerio"; "yo puedo levantar o puedo hundir tu ministerio". En el entorno de este jefe, siempre estuvo alguna junta que actuó en complicidad; humillaron y sometieron a modestos hombres y mujeres de Dios. De otro lado, pude percibir la impotencia de muchos frente al autoritarismo diotrefista; gente que llegó a temer más al líder que a Dios.

Figuretismo enfermizo, autoritarismo abusivo, hábil manipulación de conciencias y voluntades, constituyen el perfil de la personalidad del siniestro personaje que se infiltró en la iglesia del primer siglo; y que, de vez en cuando, parece "reencarnarse" en alguna figura que ostenta algún cargo. Espionajes, chantajes, difamaciones, humillaciones, intimidaciones y hasta expulsiones son las armas predilectas de los Diótrefes contemporáneos para asegurarse los privilegios del primer lugar. Manipulación mental, emocional y espiritual para controlar las congregaciones, desviarlas de la verdad y explotarlas al máximo para sus mezquinos intereses; tales son los mecanismos empleados por los "Diótrefes" modernos. El diotrefismo quiebra la unidad, compromete al gobierno y daña la salud de la iglesia.

D. El consejo del mentor frente a la deplorable conducta diotrefista (v.11)

Juan era de aquellos líderes que conocían el camino, que dejaban huellas por el sendero, y que señalaban a otros el rumbo a seguir. En tal sentido, le dijo a su amado Gayo: "no imites lo malo" (v.11a). Es decir, evita caer en la tentación del diotrefismo egoísta; porque eso dañaría la salud de tu alma. Lo animó a imitar lo bueno, pues sólo una mentalidad sana avanza lejos; mientras que una mentalidad enferma termina ahogándose en su propio pantano. El veterano apóstol le recordó a Gayo que "El que hace lo bueno es de Dios" (v.11a); y quien obra malignamente evidencia su falta de experiencia con Dios (v.11b).

Gayo era un hermano muy amable y, probablemente, de carácter débil frente al prepotente y agresivo Diótrefes; y Juan le brindó su apoyo moral y espiritual diciéndole que iba a tratar los asuntos cara a cara con Diótrefes, y que sin duda, adoptaría las medidas correctivas en su próxima visita. ¡Cuánto bien hace una cobertura pastoral de parte de quienes están en la superioridad y que, lejos de oír únicamente a los "líderes" [servidores] intermedios, también conozcan de primera fuente lo que estos hacen con los que tienen bajo su cuidado y responsabilidad, y adopten las medidas correctivas en pro de la salud de la iglesia!

III. El valor del testimonio de la iglesia (3 Juan 5-12)

A diferencia de las historiografías oficiales de nuestros pueblos latinoamericanos que presentan las biografías de sus líderes o gobernantes como inmaculados, la Biblia presenta a sus personajes tales y como fueron; con sus virtudes, pero también con sus defectos. Este pasaje bíblico resalta tres líderes con tres elocuentes testimonios de vida distintos, dos son dignos de imitar, y uno cuyo ejemplo hay que evitar.

A. Gayo: el líder que destacó por su amor fraternal (vv.5-7)

«En tiempos antiguos, la práctica de la hospitalidad era una institución benéfica muy singular entre los paganos, conocida como la "hermandad de huéspedes"» (Cevallos, Juan Carlos. Comentario Bíblico Mundo Hispano, tomo 24: 1, 2 y 3 Juan, Apocalipsis. EUA: Editorial Mundo Hispano, 2009, p.99).

Los pueblos tenían una red de amistades con fines de hospedaje mediante la cual muchas familias de distintos lugares se comprometían a darse recíproca hospitalidad cuando fuera necesario. Esta relación de familias se prolongó a través de generaciones; y cuando algún viajero requería hospedaje, bastaba presentar un distintivo que lo identificara ante el anfitrión para ser atendido.

El apóstol Juan destacó en su tiempo el desprendido amor fraternal del hermano Gayo en proveer a la hospitalidad y al sostenimiento material de los misioneros y obreros itinerantes que habían renunciado a sus trabajos materiales para dedicarse al servicio del evangelio, recorriendo las aldeas, edificando en la fe a los hermanos y corrigiendo asuntos doctrinales, exponiéndose a diversos peligros que implicaba el cumplimiento de la Gran Comisión "por amor del Nombre sin tomar nada de los gentiles" (v.7 RVA-2015). Juan saludaba el altruismo de Gayo, como parte de la responsabilidad cristiana en la cual él mismo se involucró (v.8). En esa perspectiva, en otro momento, el apóstol Pablo citaba las palabras del Señor: "los que anuncian el evangelio, que vivan del evangelio" (1 Corintios 9:14). La mezquindad disfrazada de "ahorro" en las tesorerías de muchas iglesias atentan contra el sustento digno de los siervos de Dios. La hospitalidad es una forma de expresión del amor de Cristo, especialmente para con los miembros de la familia de la fe. Bueno sería que en cada distrito, país o región existiera un ministerio de hospitalidad en armonía con este principio básico de la vida cristiana.

B. Diótrefes: el líder adicto al poder (vv.9-10)

La opinión pública era de un hombre que vivía del reconocimiento de los demás y del abuso de su posición de poder. Es el líder posicional, cuya valía reside en el cargo o la posición que ocupa. Para alcanzar un puesto o mantenerse en él, recurre a cuanto medio le sirva para sus fines: nepotismos, elitismos, amiguismos, manipulaciones, chantajes, tráfico de influencias, etc. Una poderosa tentación para los líderes es la de buscar los primeros lugares, tomar protagonismos, alcanzar notoriedad y recibir alabanza de las personas. ¡Ay de aquel que tome la gloria de Dios para sí! (Isaías 42:8). Tal reputación afecta y destruye la obra de Dios.

C. El testimonio de Demetrio (v.12)

"Demetrio, quien puede que fuera un miembro de la iglesia pero más probablemente el portador de la carta (cf. 9) y el líder de los hermanos que Diótrefes se había negado a recibir" (Autores varios. Comentario Bíblico Beacon: Hebreos hasta Apocalipsis, tomo 10. EUA: CNP, 2010, p.434). Demetrio tenía un testimonio muy semejante al de Gayo; no buscaba notoriedad, sino que trabajaba silenciosamente, dejando que sus hechos hablen por él. Era ampliamente conocido por la comunidad cristiana y por sus líderes; junto a Gayo eran cartas abiertas, leídas por el mundo. El testimonio vivencial es de sumo valor para comunicar al mundo un evangelio práctico. Son las vidas transformadas que autentican el mensaje del evangelio. Necesitamos líderes que prediquen con el ejemplo, que glorifiquen a Dios con sus vidas y que inspiren a otros a conocer a Cristo.

Conclusión

El mundo vive una crisis de liderazgo. El urgente clamor de las naciones, de las organizaciones sociales y de la iglesia del Señor es por un liderazgo auténtico, que con su estilo de vida marque el camino a seguir, como lo fue Jesús para sus discípulos y su generación; y como lo fue Juan para sus hijos espirituales; y como lo fueron Gayo y Demetrio para las iglesias y líderes de su tiempo.

La conducta de los líderes

Hoja de actividad

Versículo para memorizar: "Amado, no imites lo malo, sino lo bueno. El que hace lo bueno es de Dios; pero el que hace lo malo, no ha visto a Dios" 3 Juan 11.

I. El maestro celebra el éxito de su discípulo (3 Juan 2-4)

Describa brevemente el perfil de personalidad de Gayo.

___

___

¿De qué manera reflejaba Gayo el testimonio de su carácter cristiano?

___

___

II. La conducta de Diótrefes y Demetrio (3 Juan 9-12)

Describa brevemente el perfil de personalidad de Diótrefes.

___

___

¿Considera usted que el problema de Diótrefes es un tema vigente en la iglesia de estos tiempos? ¿Por que?

___

___

III. El valor del testimonio de la iglesia (3 Juan 5-12)

¿Cuál cree usted que debiera ser la actitud de las víctimas del diotrefismo, de la iglesia local y del liderazgo de otros niveles eclesiales?

___

___

¿Cuán importante considera usted el testimonio de los líderes de la iglesia?

___

___

Conclusión

El mundo vive una crisis de liderazgo. El urgente clamor de las naciones, de las organizaciones sociales y de la iglesia del Señor es por un liderazgo auténtico, que con su estilo de vida marque el camino a seguir, como lo fue Jesús para sus discípulos y su generación; y como lo fue Juan para sus hijos espirituales; y como lo fueron Gayo y Demetrio para las iglesias y líderes de su tiempo.

Alerta y exhortación a los creyentes

Loysbel Pérez Salazar (EE. UU.)

Pasaje bíblico de estudio: Judas 3-25
Versículos para memorizar: "Y a aquel que es poderoso para guardaros sin caída, y presentaros sin mancha delante de su gloria con gran alegría, al único y sabio Dios, nuestro Salvador, sea gloria y majestad, imperio y potencia, ahora y por todos los siglos. Amén" Judas 24-25.
Propósito de la lección: Comprender el peligro de falsos hermanos, de las falsas doctrinas; y poder ser edificados en la verdadera fe.

Introducción

La carta de Judas, muy pequeña en extensión en el N.T., apenas con 25 versículos, no fue dirigida a una iglesia en particular; sino a la iglesia universal. Muchos fueron los peligros que la iglesia del primer siglo enfrentó, a los cuales Judas (no Judas Iscariote, el que traicionó a Jesús; sino Judas el hermano de Jacobo, y medio hermano de Jesús, Mateo 13:55; Marcos 6:3) hizo referencia y que analizaremos en esta lección. También veremos la importancia de ser edificados en la verdadera fe.

I. Características de la falsa doctrina y el fin de los falsos hermanos (Judas 3-16)

El propósito de Judas no era escribir acerca de la salvación; sino de la fe, la cual se pretendía distorsionar. El peligro de esta distorsión venía desde el interior de la iglesia.

A. La falsa doctrina (vv.3-4)

Judas dejó bien claro que ciertos hombres habían entrado encubiertamente a la iglesia; o sea, su propósito era distorsionar la fe (v.3) y las enseñanzas. Destacó dos características importantes en las cuales se basaba la falsa enseñanza de estas personas:

- Convertían en libertinaje la gracia de Dios (v.4).
- Negaron a Dios, el único soberano, y a Jesucristo (v.4).

Es posible que Judas se estuviera refiriendo a una de las corrientes filosóficas más fuertes que tuvo que enfrentar la iglesia, se trataba del gnosticismo; aunque se reconoce que el gnosticismo se hizo patente en el siglo II d.C. Ya desde la época en que Judas escribió, se observaba esta corriente de pensamiento. En cuanto a la gracia de Dios, los gnósticos consideraban que: "era suficientemente amplia para cubrir cualquier pecado, uno podía pecar cuanto quisiera. Cuanto más pecara, mayor era la gracia" (Barclay, William. Comentario al Nuevo Testamento. España: Ed. CLIE, 1995, p.79). Sin dudas, esta creencia les daba una autoridad a las personas de pecar libremente.

B. El fin de los falsos hermanos (vv.5-16)

Judas advirtió a la iglesia acerca de personas que se estaban introduciendo en la iglesia para causar daño, a las cuales se les podía llamar "impostores", gente malvada o falsos hermanos. Para revelar cómo Dios actúa con estos falsos hermanos, Judas se valió de historias ya conocidas donde el juicio de Dios había sido evidente:

- El destino de la nación de Israel (v.5): nación que vio señales y milagros; sin embargo, no entraron a la tierra prometida. Sólo gente de fe como Josué y Caleb lograron entrar.
- El destino de los ángeles: este es un tema que ha traído mucha diversidad en la interpretación a lo largo de la historia de la iglesia (v.6). Pero, más allá de estas variadas interpretaciones al texto, es claro definir que Dios emitió juicio a aquellos ángeles que no guardaron su dignidad; el pecado del orgullo y de la concupiscencia provocó la intervención de Dios.
- Sodoma y Gomorra (v.7): llena de inmoralidad, fornicación y de toda clase de perversión sexual, los llevó a ser ciudades consumidas por el fuego de Dios.

Características de los falsos hermanos:

- Contaminan el cuerpo (v.8).
- Viven soñando (v.8).
- No aceptan la autoridad de Dios (v.8).
- Insultan a seres espirituales superiores (v.8).
- Por conseguir dinero, caminan por el camino equivocado de Balaam (v.11).
- Hablan contra la autoridad, y son destruidos como le pasó a Coré (v.11).
- Son un peligro para las reuniones de la iglesia (v.12).
- Vienen a comer y a divertirse sin ningún respeto a Dios (v.12).
- Son como pastores que buscan su propio beneficio (v.12).
- Deberían dar frutos y no los dan (v.12).
- Están muertos (v.12).
- Hacen cosas vergonzosas que todos pueden ver (v.13).

- Enoc dijo sobre esta gente que Dios va a juzgarlos y castigarlos por lo que han hecho y dicho contra Él (vv.14-15).
- Se la pasan quejándose (v.16).
- Se la pasan buscando faltas en los demás (v.16).
- Se enorgullecen de sí mismos (v.16).
- Adulan a los demás para aprovecharse de ellos (v.16).

Judas estaba dando la advertencia de estos falsos hermanos con esta pésima conducta dentro de la iglesia; y anunció cuál sería su fin, porque si Dios juzgó a la nación de Israel y a los ángeles, de igual forma iba a hacer juicio contra ellos. La advertencia se mantiene viva para nuestras comunidades de fe. Tenemos que evitar que personas como las que describe Judas causen daño a la iglesia de Cristo.

C. Aplicación para la iglesia hoy

Los tiempos actuales están saturados de falsas enseñanzas y falsos hermanos, de personas que se están introduciendo en la iglesia con el fin de hacer daño; y se les puede observar cómo hacen a un lado el texto bíblico, hablan desde sus propias enseñanzas y supuestas revelaciones que reciben, en casi todos los casos, contrarias a lo que la Biblia enseña. Añadir a esto el sentido de manipulación con lo material; a fin de sacar el mejor provecho y darse vidas lujosas en este mundo, manipulando a la congregación. Esto ha convertido a muchas iglesias en un gran negocio de prosperidad material, y no un lugar de transformación y extensión del reino de Dios.

La gente con las características antes mencionadas sólo están para hacer daño, y Dios les juzgará; debemos tener cuidado. Si analizamos su forma de vida; se percibe rebeldía, orgullo, amor al dinero, amor a sí mismos, mucha queja, criticones, aduladores. Dios quiere una iglesia transformada por Él y caminando bajo el modelo de Cristo.

II. Exhortación a ser edificados en la verdadera fe (Judas 17-23)

Los que aman al Señor y su Palabra siempre tienen el vivo deseo de que la iglesia sea edificada en la verdadera fe, y no en enseñanzas contrarias a lo que Dios espera de su pueblo. Una mentalidad bien formada logrará una acción en la conducta, el carácter y estilo de vida del creyente al modelo de Jesús.

Judas escribió para que la iglesia fuera edificada de esta manera, e indicó recordar las palabras dichas por los apóstoles (v.17), lo cual indica la profundidad de la enseñanza apostólica que la iglesia debía enseñar y vivir:

A. Cuidarse de los burladores de Dios que hacen lo siguiente (vv.18-19):

1. Viven conforme a malos deseos (v.18). Estos impostores a los que Judas censuró, como "creían que el cuerpo, por ser materia, era malo; y que, por tanto, no importaba que se saciaran sus deseos" (Barclay, William. Comentario al Nuevo Testamento. España: Ed. CLIE, 1995, p.87), tenían un libertinaje desmedido; y, además, pensaban que la gracia lo perdonaba todo, por lo tanto, vivían y enseñaban un estilo de vida contrario a la enseñanza cristiana y apostólica. La fe en la cual la iglesia estaba creciendo demandaba una vida de santidad, transformada y libre de actitudes morales que desagradaban a Dios.
2. Causan divisiones (v.19). Este es un propósito de muchos burladores de la iglesia. El hecho de tener una doctrina y teología diferente a la enseñada por Jesús era suficiente para que causaran divisiones entre el cuerpo de Cristo. Mientras los apóstoles enseñaban cómo vivir conforme al Nuevo Pacto según los verdaderos significados de la fe y la gracia; estas personas, los burladores, se dedicaban a distorsionar la enseñanza.
3. No tienen el Espíritu (v.19). Indudablemente, una persona que le da rienda suelta a la carne no tiene el Espíritu de Dios. Puede usted tener mucho conocimiento, como era típico de estas personas impostoras; pero lejos de la sabiduría que le conduzca bajo el temor de Dios. Esto trae como consecuencia que exista una vida vacía, sin la presencia del Espíritu Santo. Procuremos que en nuestras congregaciones el liderazgo espiritual esté bajo la llenura y guía del Espíritu Santo.

B. En lo que se debe edificar cada creyente (vv.20-23):

1. Fortalecerse unos a otros en la santísima fe (v.20). La exhortación es ayudarse mutuamente en el crecimiento y madurez en Cristo; a mantener la fe viva en cada corazón, y no permitir que ningún creyente se enfríe o se desvié de la fe a la cual fue llamado. Tenemos una responsabilidad con nuestro prójimo, con nuestros hermanos en la fe, de ayudarles en cada área espiritual de sus vidas.
2. Orando en el Espíritu Santo (v.20). La oración en el Espíritu es vital para la unidad de la iglesia, para ser edificados y al mismo tiempo cumplir la misión de la iglesia. La oración en un mismo sentir produce una iglesia fuerte, creciente y victoriosa. Al mismo tiempo, les ayuda a discernir a aquellos que se conducen según la carne y no según el Espíritu de Dios.
3. Permanecer en el amor de Dios (v.21). El amor es el vínculo perfecto de unidad; es, a veces, lo que más cuesta lograr entre creyentes por la diversidad de caracteres, pero el amor brota de creyentes que son santificados. Permanecer en el amor es no darle lugar al odio, a las rencillas, a la amargura.
4. Esperando la misericordia de Dios (v.21). La iglesia debe mantenerse siempre esperando la misericordia de Dios, la cual nos conduce a la vida eterna. La

iglesia debe ser edificada bajo el entendimiento de la experiencia de recibir una misericordia que no merecemos, y que Dios ofrece gratuitamente.

5. Convencer a los que dudan (v.22). Por difícil que sea, siempre es el deber de los verdaderos creyentes ayudar en el convencimiento de la verdad a aquellos que andan fuera de ella, o que la distorsionan. Debemos estar entrenados en mostrar con amor la esperanza que hay en nosotros, y exponer la verdad con toda claridad.
6. A otros salvarlos del fuego y tenerles misericordia (v.23). Hay personas que han caminado tanto en el error, que están expuestas al fuego. Han pasado tantas situaciones por sus propias y erradas decisiones, que es necesario que con misericordia se les ayude a librarlas de lo que están viviendo.
7. Odiar el pecado (v.23). Todo creyente bien edificado odia el pecado; la luz de Cristo alumbra tanto su corazón, que es capaz de discernir fácilmente las tinieblas. Cuando hay temor de Dios en la vida del creyente, no se practica el pecado, no se camina bajo una vida de placer carnal; sino bajo la delicia de la ley de Dios, que está sembrada en el corazón.

III. Exaltación a Dios (Judas 24-25)

Es impresionante la convicción profunda de Judas descrita en esta doxología. Las palabras tan contundentes que fueron escritas revelan la acción de Dios sobre el creyente y la exaltación que sólo Dios es digno de recibir.

A. Dios es poderoso para guardarnos sin caída (v.24)

Judas exaltó lo que Dios es y hace; Él puede guardar a su pueblo de caer en el engaño. Este versículo no se refiere a la predestinación de salvación. De hecho, él mismo expresó en el versículo 3 que no estaba hablando de salvación, sino de fe. Así que, este texto hay que entenderlo en el contexto de toda la carta: "la palabra original es áptaistos. Se usa lo mismo de un caballo seguro de remos, que no tropieza ni resbala nunca, como de una persona que no cae en el error. No dará tu pie al resbaladero, es la manera en que el Salmo 121 expresa la misma convicción" (Barclay, William. Comentario al Nuevo Testamento. España: Ed. CLIE, 1995, p.90).

El propósito de Dios con su pueblo es alumbrar nuestros caminos de tal manera que podamos vivir de acuerdo con su voluntad, y conforme a sus preceptos. De esta manera, estamos confiados en Él, y nos permite ser libres del error. Dios está pendiente a cuidarnos no sólo en ámbitos físicos; sino también espirituales.

B. Dios es poderoso para presentarnos sin mancha delante de su gloria con alegría (v.24)

Él es el único que puede hacer que nuestras vidas lleguen a su presencia sin mancha. No es mediante obras, sino que este texto debe entenderse en el contexto de la gracia de Dios. Su gracia es suficiente para que nuestras manchas sean eliminadas delante de Dios. Porque muchos creyentes están luchando por sus propias fuerzas para estar sin mancha; eso es peligroso, pues puede llevarles a una vida de hipocresía, lo cual significa que sienten una cosa y quieren aparentar otra. A veces, hay otros creyentes que viven la vida cristiana tristes; porque es un "deber" vivir así. Pero cuando se entiende que es su gracia y no nuestros intentos, o esfuerzos humanos; se experimenta lo que realmente Dios quiere, y se vive con el gozo y el deleite de vivir para Él.

Para esto, es clave reconocer que el Poderoso es el que nos presenta sin mancha; no son los títulos, los años de ministerio, el servicio a Dios, las horas de oración, el ayuno. Todo esto es bueno y parte de la vida cristiana si se hace en humildad; pero nunca podrá sustituir la obra gloriosa de Dios en el corazón del ser humano. Lo cual no nos exime de la responsabilidad de caminar en fe y obediencia a la Palabra recibida, de vivir la vida de santidad que sólo se entiende y se puede experimentar mediante la gracia de Dios.

C. Exaltación al Dios sabio, único merecedor de gloria, majestad, imperio y potencia por siempre (v.25)

Dios es único, no tiene parecido, nadie se le iguala. Este concepto es contundente para la época; porque, durante siglos, el pueblo judío y después cristiano ha tenido que luchar con conceptos politeístas. Pero, una vez más, estamos afirmando que nuestro Dios es único; por lo tanto, Él es el único que puede recibir la exaltación y alabanza. Él es el que tiene la autoridad, el gobierno. Él es el único que debe recibir la gloria.

Este mensaje sigue vigente para la iglesia actual; nuestra adoración es totalmente a Dios y no a nadie, ni nada más. Y cuando la iglesia le adore, le alabe; debe hacerse sintiendo y entendiendo a quién lo hace. Es hermoso cuando el pueblo de Dios le adora y le exalta a Él.

Conclusión

Siempre permanece latente el peligro para la iglesia, de los falsos hermanos y de falsa doctrina y enseñanza; por esta razón, es vital que la iglesia sea formada por la verdadera doctrina bíblica. La iglesia debe mantener el consejo de Jesús que "por los frutos se conocen". Debemos estar alegres y convencidos de que Dios nos guarda; y que Él es el único que merece toda la exaltación.

Alerta y exhortación a los creyentes

Hoja de actividad

Versículos para memorizar: "Y a aquel que es poderoso para guardaros sin caída, y presentaros sin mancha delante de su gloria con gran alegría, al único y sabio Dios, nuestro Salvador, sea gloria y majestad, imperio y potencia, ahora y por todos los siglos. Amén" Judas 24-25.

I. Introducción y características de la falsa doctrina y el fin de los falsos hermanos (Judas 3-16)

Mencione las dos características importantes en las cuales se basaba la falsa enseñanza de los fraudulentos hermanos.

____

____

Explique cómo puede la iglesia actual descubrir las falsas doctrinas.

____

____

II. Exhortación a ser edificados en la verdadera fe (Judas 17-23)

Mencione en lo que se debe edificar cada creyente.

____

____

Explique cómo su iglesia local es edificada en la verdadera fe.

____

____

III. Exaltación a Dios (Judas 24-25)

¿Qué significa, para usted, que Dios es poderoso para guardarnos sin caída?

____

____

Argumente sobre cómo la iglesia actual debe exaltar al único Dios.

____

____

Conclusión

Siempre permanece latente el peligro para la iglesia, de los falsos hermanos y de falsa doctrina y enseñanza; por esta razón, es vital que la iglesia sea formada por la verdadera doctrina bíblica. La iglesia debe mantener el consejo de Jesús que "por los frutos se conocen". Debemos estar alegres y convencidos de que Dios nos guarda; y que Él es el único que merece toda la exaltación.

Los Diez Mandamientos

Cuarto trimestre

Introducción al libro de Apocalipsis
La urgencia del regreso al primer amor
Sea fiel
Una iglesia íntegra
Mensaje a la iglesia de Tiatira
Exhortación a una iglesia adormecida
Bienaventuranzas por la fidelidad
Laodicea, una iglesia mediocre
Dios es soberano
Los redimidos cantan al cordero
El milenio
Herencia y destino final
El tiempo está cerca

Introducción al libro de Apocalipsis

Dorothy Bullón (Costa Rica)

Pasaje bíblico de estudio: Apocalipsis 1
Versículo para memorizar: "Bienaventurado el que lee, y los que oyen las palabras de esta profecía, y guardan las cosas en ella escritas; porque el tiempo está cerca" Apocalipsis 1:3.
Propósito de la lección: Presentar una introducción al libro de Apocalipsis para ayudarnos en nuestro estudio de este precioso libro.

Introducción

Juan Stam dice en su introducción sobre Apocalipsis: "En la interpretación del libro de Apocalipsis hay dos extremos: muchos le tienen miedo, pero otros no le tienen respeto y lo interpretan a su antojo. Sin embargo, estudiando con el debido respeto, con métodos sanos de interpretación, Apocalipsis es un bello libro de esperanza y alegría" (Padilla, R. (ed.). Comentario Bíblico Contemporáneo: Estudio de toda la Biblia desde América Latina. Argentina: Ed. Kairos, 2019, p.1665).

En este libro, encontramos criaturas extrañas, dragones, bestias con múltiples cabezas y cuernos, mujeres misteriosas, espadas que salen de la boca, estrellas, pergaminos, candelabros, árboles, plagas, números crípticos y mucho más. ¿Cómo interpretar estos fenómenos? Un error es ver en sus páginas personajes de las noticias actuales; innumerables individuos han sido identificados como el anticristo como por ejemplo el papa, Hitler, John Kennedy, Saddam Hussein, Barack Obama (entre otros). Cuando estas predicciones no funcionan, son reemplazadas por nuevos eventos y políticos actuales.

Un principio a mantener en mente de manera firme es que los lectores de este libro, hermanos y hermanas de las iglesias de Asia Menor, entendieron perfectamente el mensaje que Juan estaba comunicando. El número 666 era completamente comprensible para ellos; pero, con el pasar de los años, hemos perdido la clave hermenéutica de este y otros detalles. Seamos humildes, hay cosas que no comprendemos; pero esto no afecta el hecho de que este es un libro maravilloso, lleno de mensajes de esperanza para todos los tiempos.

I. Datos introductorios del libro de Apocalipsis

En esta sección, tenemos que tratar de descubrir quién era el autor, el contexto histórico, cuándo fue escrito y a quiénes fue dirigido. También debemos averiguar el género literario o estilo del Apocalipsis.

A. Autoría

El autor dice que se llama Juan (1:4,9, 22:8). Aunque existe cierto debate; el autor probablemente fue el apóstol Juan, hijo de Zebedeo. Los padres de la iglesia identifican a este Juan como el apóstol Juan. Este libro tiene muchas citas y reflejos del Antiguo Testamento demostrando que el escritor fue un judío de Palestina, inmerso en los rituales del templo y la sinagoga. Existe una fuerte tradición de que el apóstol Juan ministraba en Éfeso, ciudad importante en Asia Menor. Sin embargo, no podemos estar completamente seguros de que era el mismo Juan.

B. Ocasión o motivo del libro

Juan estaba en la isla de Patmos, castigado por su fe: "por causa de la palabra de Dios y el testimonio de Jesucristo" (Apocalipsis 1:9). Cristo ordenó a Juan escribir las visiones que iba a recibir: "Yo soy el Alfa y la Omega, el primero y el último. Escribe en un libro lo que ves, y envíalo a las siete iglesias que están en Asia" (1:11). El motivo es pastoral y las cartas dirigidas a esas iglesias fueron claras en dar el mensaje de lo que estaba bien y lo que debían corregir.

C. Fecha

Si bien no es posible ser dogmático, parece mejor ubicar su escritura bajo el emperador Domiciano (95-96 d.C.). "Apocalipsis muestra una actitud mucho más negativa hacia Roma que el resto del Nuevo Testamento. Pablo había ordenado a los romanos que se sometieran a las autoridades, que habían sido ordenadas por Dios. Pero ahora el vidente de Patmos describe a Roma en términos nada elogiosos, como la gran ramera… ebria de la sangre de los santos, y de la sangre de los mártires de Jesús" (Apocalipsis 17:1,6) (González, J. Historia del Cristianismo. EUA: Unilit, 1994, pp.53-54).

D. Los destinatarios

Apocalipsis es una suerte de epístola para las siete

iglesias de Asia Menor, descritas en los capítulos 3 y 4. "Casi todas las ciudades de Asia Menor tenían templos dedicados a los emperadores, donde la gente presentaba ofrendas y oraciones, cantaban himnos y se hincaban ante las estatuas de los emperadores" Las iglesias estaban sufriendo persecución; y como dice Juan Stam: "estaban divididas, débiles y confundidas (caps. 2-3)" (Padilla, R. (ed.). Comentario Bíblico Contemporáneo: Estudio de toda la Biblia desde América Latina. Argentina: Ed. Kairos, 2019, p.1666). Sin embargo, el mensaje tiene aplicación para toda la iglesia en todas las épocas.

II. El género literario apocalíptico

La palabra griega apokalypsis indica revelación. En la Biblia, hay dos libros escritos en este estilo: Daniel, en el Antiguo Testamento, y Apocalipsis, en el Nuevo Testamento; aunque otras porciones de la Biblia contienen elementos de la literatura apocalíptica (partes de Isaías, Ezequiel, Zacarías, Marcos 13 y sus paralelos en Mateo 24 y Lucas 21, y partes de las cartas a los Tesalonicenses).

Los judíos sufrieron varios momentos cuando fueron oprimidos por naciones que los conquistaron (en el tiempo de Antíoco Epífanes y los Macabeos, en el siglo II a.C.; la represión romana en Palestina, en el tiempo de los evangelios; y, luego, la persecución imperial de la iglesia en los últimos años del siglo I). En cada caso, tenían la sensación de que estaban viviendo en los últimos días, y estaban sufriendo. Es en este tipo de situación política, donde no hay esperanza, que surge este tipo de literatura. Aparte de los pasajes bíblicos, hay mucha más literatura judía de este estilo que se encuentra en fuentes extrabíblicas o apócrifas.

La literatura apocalíptica es en general visual y tiene muchos símbolos y visiones que el autor vio. Muchos de estos símbolos se refieren al Antiguo Testamento, que eran familiares para las personas que recibieron el mensaje. Para disfrutar de este libro, hay que usar los cinco sentidos, entrar en el drama que el capítulo o porción está presentando y no perderse en los detalles. Presenta una visión de todo el plan de Dios que culmina en la victoria final del Señor sobre el mal. Representa un fuerte mensaje de que Dios está en control y que habrá juicio a los malhechores, sean humanos o seres espirituales.

Es útil ver aquí la estructura literaria de Apocalipsis. Hay cuatro elementos que vienen en grupos de siete (cartas, sellos, trompetas y copas). En segundo lugar, está la participación del dragón (caps. 12-13 y 17-20). Los grupos de siete no describen eventos sucesivos; pero el juicio es cada vez más severo.

Como hemos visto, es una carta para los hermanos en Asia Menor, una carta pastoral que es a la vez profética, denunciando el pecado y anunciando el reino de Dios, escrito en el estilo apocalíptico.

III. Explicación de las diferentes interpretaciones escatológicas

¿Cómo interpretar este hermoso libro? De las más conocidas, podemos citar cuatro escuelas de interpretación del Apocalipsis. Todas tienen sus puntos positivos y elementos que no hacen justicia con el texto.

A. La escuela preterista

De acuerdo con el enfoque preterista (del latín praeter, que significa "pasado"), la mayoría de las profecías del libro de Apocalipsis se cumplieron poco después de que Juan las escribiera; creen que las profecías fueron cumplidas en el año 312 d.C., con la conversión del emperador Constantino. Sin embargo, hay pasajes que indican una victoria cósmica al final de los tiempos en los últimos capítulos del libro.

B. La escuela histórica

Esta escuela ve al libro de Apocalipsis como un cuadro simbólico de la historia de la iglesia entre la primera y la Segunda Venida de Cristo. Es sostenida por muchos posmilenialistas, que creen que el mundo está mejorando y esto marcará el comienzo del reino de Cristo. Sin embargo, los intérpretes no están de acuerdo sobre qué pasaje se refiere a qué evento. Cada uno encuentra el cumplimiento de un pasaje como dado en su generación.

C. La escuela idealista o simbólica

Estos teólogos ven el libro como un conflicto entre los principios del bien y el mal. Apocalipsis no contiene profecías de eventos históricos específicos. Más bien, estos intérpretes ven sólo una representación simbólica del conflicto cósmico espiritual entre el reino de Dios y los poderes del mal.

D. La escuela futurista

En esta escuela, enseñan que a partir de capítulo 4, Apocalipsis tiene que ver con eventos todavía por cumplirse. Probablemente, esta es la interpretación más popular ahora. Sin embargo, el libro de Apocalipsis fue escrito para iglesias que estaban sufriendo en el primer siglo; a fin de darles esperanza.

E. Guía, según Juan Stam, para interpretar Apocalipsis correctamente

El Dr. Juan Stam nos da siete diferentes enfoques acerca de cómo interpretar Apocalipsis. Daremos un muy breve resumen al respecto:

1. Interpretar el Apocalipsis exegéticamente. "Buscaremos descubrir lo mejor que podamos, lo que entendían el autor inspirado y sus lectores originales. Así evitaremos toda especulación que vaya más allá del texto. La consigna será: el texto, todo el texto y sólo el texto. Eso significa ser fiel a lo que está escrito,

sin añadirle ni quitarle nada (Ap. 22:18-19), sino más bien tratar de entenderlo en sus propios términos y contexto".

2. Interpretar el Apocalipsis históricamente. «El conocido refrán 'un texto fuera de su contexto es un pretexto' se aplica no sólo al contexto literario de un pasaje (los versículos que lo preceden y siguen) sino también al contexto histórico del libro y del pasaje. Bien ha dicho G. B. Caird: 'Lo que se nos exige es volvernos historiadores.' Con una imaginación histórica bien informada y empática, dice Caird, tenemos que 'entrar en la experiencia de una generación pasada e infundirle vida [al texto] para que llegue a revelar su significado para nuestro propio tiempo'».
3. Interpretar el Apocalipsis cristocéntricamente. "Jesucristo es el personaje central de todo el libro; el tema central de todo el Apocalipsis es: Cristo es el Señor. Pero Jesús es muchas veces el personaje olvidado en el Apocalipsis. A menudo se presta más atención al dragón que al Cordero. Una lectura "bestiacéntrica" del Apocalipsis jamás podrá edificar nuestra fe ni alimentar nuestra esperanza, como era el propósito de este libro para sus lectores".
4. Interpretar el Apocalipsis imaginativamente. "Puesto que la mayor parte del libro consiste en visiones típicas del género apocalíptico, debemos leerlo con los ojos de la imaginación, viendo por la fe los cuadros que el texto nos dibuja y dejando que ellos digan su mensaje. Cristo le mandó a Juan escribir lo que había visto, para que nosotros también lo veamos. El Apocalipsis es un libro para los que tienen ojos para ver".
5. Interpretar el Apocalipsis pastoralmente. "Juan de Patmos era pastor de corazón: escribía para orientar a las congregaciones y fortalecerlas en tiempos de prueba y peligro. Se distingue de los demás autores apocalípticos por su decisiva orientación pastoral. En contraste con ellos, se identifica explícitamente, se dirige a un circuito de congregaciones específicas, y aun "interrumpe" sus visiones para transmitir siete cartas pastorales a las comunidades. El Jesús que se le aparece se caracteriza por ser el "gran Pastor de las ovejas" (He. 13:20), y Juan mismo comparte ese tierno y sensible corazón de su Maestro".
6. Interpretar el Apocalipsis prácticamente. "Es necesario interpretar el último libro de la Biblia desde una perspectiva radical e integralmente ética. Toda la enseñanza del libro pretendía orientar la conducta de los fieles en medio de circunstancias muy difíciles y conflictivas. Juan insiste en que la bienaventuranza del libro será precisamente para los que llevan a la práctica consecuente el mensaje profético con todas sus exigencias éticas".
7. Interpretar el Apocalipsis sinópticamente. "Este libro es una obra de arte, con una estructura arquitectónica digna de una gran catedral o la unidad coherente de una gran obra de teatro." (Stam, Juan. Apocalipsis, tomo I. Argentina: Ed. Kairos, 1999, pp.22-32).

IV. Mensaje general del libro para la iglesia actual

Estos son algunos de los temas centrales:

A. **La doctrina de Dios:** Apocalipsis proporciona una sólida comprensión de Dios de principio a fin. Es uno de los libros más trinitarios de la Biblia (cf. Apocalipsis 1, 4-5).

B. **El sufrimiento de los santos y el llamado a la perseverancia fiel:** Apocalipsis deja claro que el sufrimiento será parte de la vida cristiana y los cristianos están llamados a perseverar. El mal no triunfará al final, sino que será tratado de acuerdo con la justicia y santidad de Dios.

C. **La soberanía de Dios en la historia humana:** a pesar de la realidad del mal, la oposición de Satanás y el sufrimiento de los santos; nada está fuera del control de Dios.

D. **La centralidad y deidad de Cristo:** Jesús es el objeto de la visión inicial de Juan; Él es quien hace avanzar la acción a través del juicio y la salvación, y consuma su obra de redención al final del libro.

E. **La gloria de la nueva creación:** a los que han puesto su fe en Cristo y han vencido se les promete que disfrutarán de la nueva creación y de una comunión sin fin con el trino Dios (Apocalipsis 21-22).

Conclusión

Juan escribió a iglesias que enfrentaban la persecución y la tentación de comprometerse con las presiones sociales, políticas y religiosas de su tiempo. El objetivo de Apocalipsis es alentar y exhortar a los creyentes de todas las edades a perseverar y confiar en Dios, sabiendo que sus propósitos se están cumpliendo incluso en medio del sufrimiento y la oposición satánica.

Introducción al libro de Apocalipsis

Hoja de actividad

Versículo para memorizar: "Bienaventurado el que lee, y los que oyen las palabras de esta profecía, y guardan las cosas en ella escritas; porque el tiempo está cerca" Apocalipsis 1:3.

I. Datos introductorios del libro de Apocalipsis

¿Quién fue el autor del libro de Apocalipsis?

____

____

¿A quién fue dirigido el mensaje?

____

____

II. El género literario apocalíptico

Describe el género literario de Apocalipsis.

____

____

¿Cree que nos trae esperanza en tiempos difíciles? ¿Por qué?

____

____

III. Explicación de las diferentes interpretaciones escatológicas

¿Qué enseñanza le deja a su vida personal estas interpretaciones?

____

____

¿Cuál es la interpretación más común hoy día?

____

____

IV. Mensaje general del libro para la iglesia actual

Haga una lista de cosas que aprendió de Apocalipsis y puede aplicar a su vida.

____

____

Conclusión

Juan escribió a iglesias que enfrentaban la persecución y la tentación de comprometerse con las presiones sociales, políticas y religiosas de su tiempo. El objetivo de Apocalipsis es alentar y exhortar a los creyentes de todas las edades a perseverar y confiar en Dios, sabiendo que sus propósitos se están cumpliendo incluso en medio del sufrimiento y la oposición satánica.

La urgencia del regreso al primer amor

Lección 41

Jonathan Melgarejo (EE. UU.)

Pasaje bíblico de estudio: Apocalipsis 2:2-7
Versículo para memorizar: "Pero tengo contra ti, que has dejado tu primer amor" Apocalipsis 2:4.
Propósito de la lección: Reconocer que el Señor conoce su iglesia, le advierte, la desafía y la invita a volver a su primer amor.

Introducción

Algunos tienen sus reservas respecto al libro de Apocalipsis; porque se les hace difícil entenderlo, o porque está cargado de símbolos. Sin embargo, Apocalipsis es un libro eminentemente cristocéntrico que nos muestra que Jesús es el Señor, y que todas las cosas están bajo su soberanía.

Se cree que el autor fue el discípulo amado Juan, quien era un anciano y estaba desterrado en la isla de Patmos. Se escribió en el año 95 d.C.; y habían pasado aproximadamente 60 años desde la muerte, resurrección y ascensión del Señor. El emperador romano de turno era Domiciano, quien estaba fascinado con que el pueblo lo adore como dios; y bajo su gobierno, se había recrudecido la persecución contra los cristianos.

La iglesia estaba siendo duramente perseguida; los creyentes estaban siendo asesinados cruelmente en los espacios públicos. Todo parecía estar mal. La iglesia estaba sufriendo y el pronóstico era desalentador.

En ese contexto sin esperanza, Juan tiene una visión; y, en medio de ella, el Señor aparece como el Alfa y Omega, el principio y el fin (Apocalipsis 1:11). En los versículos siguientes (vv. 12-18), Jesucristo se presenta de una manera maravillosa, haciendo referencia a algunas figuras del Antiguo Testamento relacionadas a la majestad de Dios. Se combinan las características del Hijo del Hombre y el Anciano de días como símbolo de su santidad y pureza. Ante la majestuosidad del Señor, Juan se postró, le adoró y recibió la interpretación de su primera visión referida a los candeleros y las estrellas. Apocalipsis 1:20 dice: "El misterio de las siete estrellas que has visto en mi diestra, y de los siete candeleros de oro: las siete estrellas son los ángeles de las siete iglesias, y los siete candeleros que has visto, son las siete iglesias".

El inicio del capítulo 2 vuelve a reiterar esta verdad cuando afirma: "Escribe al ángel de la iglesia en Éfeso: El que tiene las siete estrellas en su diestra, el que anda en medio de los siete candeleros de oro" (v. 1).

El ángel mencionado debe entenderse como un mensajero enviado por Dios para presidir cada una de las iglesias. En la visión de las siete iglesias, el Señor está presente y se dirige a ellas para alabarlas por sus buenas cualidades, para amonestarlas por sus deficiencias, y para hacerles un amoroso llamado a volver a los caminos que le agradan a Dios.

I. El contexto de la iglesia en Éfeso (Hechos 18, 19)

Las siete iglesias eran comunidades reales de creyentes cristianos que estaban ubicadas en la provincia romana de Asia (conocida actualmente como Turquía). La visión que recibió Juan significa claramente que el Señor estaba en medio de los siete candeleros que representaban las iglesias, y se paseaba en medio de ellas. Esa también es una poderosa verdad para la iglesia de nuestros días; porque significa que el Señor es la cabeza de su iglesia, en todo lugar.

La iglesia de Éfeso es mencionada en el libro de Hechos en varias oportunidades. En el capítulo 18, se narra que el apóstol Pablo visitó la ciudad y anunció las buenas nuevas de Jesús; luego, Apolos también llegó a esta ciudad. Pablo volvió a Éfeso, y se quedó alrededor de dos años y tres meses, enseñando y predicando (Hechos 19). Como ciudad clave en el siglo I, Éfeso rápidamente se convirtió en un eje estratégico para la difusión del mensaje de Jesús (Hechos 19:10,26).

La Biblia de Estudio menciona que Éfeso era "la ciudad más importante de la provincia de Asia, y sede de la iglesia principal de la región" (La Biblia de Estudio. Dios Habla Hoy. EUA: Sociedades Bíblicas Unidas, 1994, p.1657). Esta ciudad, caracterizada por su culto a la diosa de la fertilidad llamada Diana, era un centro idólatra que había construido un negocio en torno a la fe pagana. El Comentario Bíblico San Jerónimo se refiere a Éfeso en los siguientes términos: "Esta ciudad, metrópoli comercial de Asia y sede del gobierno proconsular, era un importante centro cultural y religioso. La tendencia sincretista de la época abría la puerta a muchas prácticas supersticiosas, entre las que predominaban el culto imperial y el de Artemisa" (Brown, Fitzmyer y Murphy. Comentario Bíblico San Jerónimo, tomo IV. Nuevo Testamento II. España: Ediciones Cristiandad, 1972, p.545).

II. El Señor conoce a su iglesia y está presente en ella (Apocalipsis 2:2-4,6)

Es impactante darse cuenta de que el Señor conoce su iglesia personalmente. De hecho, en la introducción del mensaje a cada una de las iglesias de Apocalipsis que se mencionan en los capítulos 2 y 3, se incluye la siguiente afirmación: "Yo conozco tus obras" (2:2,9,13,19, 3:1,8,15). Clarke ha escrito: "los ojos del Señor están sobre toda la tierra, viendo el mal y el bien; y siendo omnipresente, todas las cosas están continuamente abiertas y desnudas delante de él" (Clarke, Adam. Comentario de la Santa Biblia, tomo III. Nuevo Testamento. EUA: CNP, 1974, p.691).

¿Qué significa la presencia de Cristo en su iglesia?

A. El Señor conoce las virtudes de su iglesia (vv.2-3,6)

El análisis de la iglesia en Éfeso empieza con una alabanza con relación a las buenas cualidades de la misma. Es notable que en la perspectiva divina lo bueno se considera en primer lugar, y antes de lo malo. En el mensaje a esta iglesia, se menciona primeramente por lo menos cuatro virtudes que el Señor reconoce:

1. Era una iglesia trabajadora y paciente (v.2). La versión RVR60 menciona su "arduo trabajo", o "duro trabajo" (NVI). En dos oportunidades, el mensajero del Señor alaba esta característica de la iglesia en Éfeso. Dios conoce lo que hacemos y ningún sacrificio se le pasa por alto (1 Corintios 15:58). En esta primera mención, se incluye la combinación entre arduo trabajo y paciencia. Es significativo que el esfuerzo y dedicación sean reconocidos como parte de las características de esta iglesia.
2. Era una iglesia que tenía celo por la sana doctrina (v.2c). La RVR60 dice: "no puedes soportar a los malos, y has probado a los que se dicen ser apóstoles, y no lo son, y los has hallado mentirosos". En el siglo I, durante el desarrollo y crecimiento de la iglesia, se estaban diseminando las herejías, y las doctrinas falsas estaban contaminando la iglesia. Los falsos maestros y apóstoles trataban de sacar provecho personal a costa del engaño y la farsa. La iglesia en Éfeso resistía estas mentiras poniendo a prueba a los engañadores, y esa actitud fue alabada por el Señor. En su despedida de esta iglesia, el apóstol Pablo les había advertido de estos peligros cuando dijo: "... yo sé que después de mi partida entrarán en medio de vosotros lobos rapaces, que no perdonarán al rebaño" (Hechos 20:29). Pareciera que ese anticipo del apóstol había mantenido alertas a los efesios frente a las falsas doctrinas.
3. Era una iglesia que había sufrido y tenido paciencia (v.3). Ambas características de la vida cristiana se mencionan juntas y como una evidencia de la madurez de esta iglesia. Santiago, en su carta (1:2-3), también incluyó esta correspondencia entre la prueba y la paciencia; de tal manera que a través de ellas se alcance la perfección, sin que falte cosa alguna. El sufrimiento, probablemente como resultado del acoso de los romanos, había generado en esta iglesia una cuota especial de paciencia frente a la adversidad.
4. Era una iglesia que aborrecía la obra de los nicolaítas (v.6). ¿Quiénes eran los nicolaítas? Aparte de este versículo, no hay otra mención bíblica respecto a quién era este grupo. Clarke propone que "éstos eran según se supone comúnmente, una secta de los gnósticos, que enseñaban las doctrinas y seguían las prácticas más impuras" (Clarke, Adam. Comentario de la Santa Biblia, tomo III. Nuevo Testamento. EUA: CNP, 1974, p.691). Por su parte, el Comentario Bíblico San Jerónimo menciona: "Los nicolaítas enseñaban probablemente que los cristianos eran libres para comer carne sacrificada a los ídolos y para satisfacer los deseos de la sensualidad" (Brown, Fitzmyer y Murphy. Comentario Bíblico San Jerónimo, tomo IV. Nuevo Testamento II. España: Ediciones Cristiandad, 1972, p.545).

B. El Señor conoce las debilidades de su iglesia (v.4)

Junto con la alabanza, viene la corrección y la censura. El Señor no solamente reconoció las virtudes de la iglesia en Éfeso; sino que también le señaló las cosas que tenía que cambiar. El versículo 4 de este capítulo dice: "Pero tengo contra ti, que has dejado tu primer amor". ¿A qué se refería este descuido espiritual que los había puesto en una situación de alto riesgo en cuanto a su fe? Hay varias interpretaciones respecto a ese primer amor que habían olvidado los efesios; pero, quizá, el entendimiento más adecuado a esto sea la referencia de Hechos 19:18-19, cuando se relata que los que creyeron y que habían practicado la magia trajeron sus libros y los quemaron como evidencia de un cambio radical en sus vidas.

Sin duda, habían descuidado su amor y pasión total por Jesús; y quizá, con el paso de los años, se habían quedado con la formalidad del evangelio, aunque eso implicara trabajo arduo, celo, sufrimiento y paciencia. Probablemente, ellos mismos no se habían dado cuenta de su extravío, y creían que su activismo era suficiente evidencia de su compromiso y testimonio de su fe.

"La radiografía de Éfeso nos deja muy claro que no bastan, ante los ojos del Señor, el activismo, el éxito ni siquiera la perseverancia bajo el sufrimiento... Más allá de los programas, proyectos y comités, Cristo busca la motivación más íntima del corazón" (Stam, Juan. Apocalipsis, tomo I. Argentina: Ediciones Kairós, 1999, p.92).

Este análisis de la iglesia nos muestra la radicalidad del llamado de Jesús y sus altas expectativas respecto a su iglesia. Él no se contenta con lo bueno que podamos hacer; sino que lo exige, y demanda la totalidad de nuestro ser. Si bien el trabajo arduo es una virtud que tiene que ver con la realización de buenas acciones cristianas; el llamado de Jesús a amarle sobre todas las cosas tiene que ver con las prioridades y la radicalidad del discipulado cristiano.

Podemos observar que el conocimiento del Señor respecto a su iglesia en Éfeso incluía ambas dimensiones: las virtudes y las debilidades, lo que habían hecho bien y lo que se tenía que mejorar. Al Señor de la iglesia nada se le pasa por alto, ni se le olvida.

III. La invitación y la advertencia (Apocalipsis 2:5,7a)

El análisis del Señor respecto a su iglesia en Éfeso no termina en la condenación; sino que se extiende a una invitación. Hay tres palabras claves para entender lo que se debe hacer: recordar, arrepentirse y volver a hacer. Es un llamado al reconocimiento, a cambiar de rumbo y a regresar al primer amor. Todo acto de arrepentimiento es precedido por la concientización de nuestros errores y pecados; sin ello, no hay un camino genuino de restauración.

Sin embargo, ante la invitación del Señor, siempre existe la posibilidad de decidir. Su invitación no es una obligación, sino una oportunidad. Si la iglesia en Éfeso se resistía a esta invitación; se les advirtió que lo que ocurriría iba a ser que se quitaría el candelero de su lugar. El precio de la desobediencia es demasiado alto; porque significaría seguir existiendo, pero sin la presencia de Cristo, es decir, sin ser iglesia.

Cuando el Señor habla a su iglesia, vale la pena obedecer su dirección. Al igual que en la introducción del mensaje a cada una de las iglesias, el mensaje a la iglesia en Éfeso cierra con la misma expresión de ánimo a escuchar la voz del Señor: "El que tiene oído, oiga lo que el Espíritu dice a las iglesias" (Apocalipsis 2:7,11,17,29, 3:6,13,22).

Esto significa que el Señor que conoce profundamente a su iglesia, donde ella esté, también la invita amorosamente a escucharle. Él está hablando a su iglesia, y tiene un mensaje especial y particular para cada una de ellas dependiendo de su realidad.

IV. La promesa (Apocalipsis 2:7b)

Al terminar el mensaje a cada iglesia de Apocalipsis (2:7b, 11b, 17b, 26, 3:5, 12, 21), el Señor hace una referencia a la perseverancia de los creyentes con las siguientes palabras: "Al que venciere"; y, junto a ello, una promesa. En el caso del mensaje a la iglesia en Éfeso, es que le dará "a comer del árbol de la vida" (v.7b). Clarke ha comentado al respecto: "así como en los juegos griegos, a los cuales puede hacerse alusión aquí, el vencedor era coronado con las hojas de algún árbol, aquí se le promete comer del fruto del árbol de la vida, el cual está en medio del paraíso de Dios; es decir, que tendrá una feliz y gloriosa inmortalidad" (Clarke, Adam. Comentario de la Santa Biblia, tomo III. Nuevo Testamento. EUA: CNP, 1974, p.691). Tomando en cuenta el contexto de Apocalipsis, se trataría de los creyentes que se mantendrían fieles en medio de la persecución desatada por el emperador a fines del siglo I.

Una de las enseñanzas significativas que nos deja este mensaje a la iglesia en Éfeso es que la experiencia cristiana no es un evento del pasado; sino un camino de perseverancia continua. Vencer, que es un término militar, implica mantenerse en la batalla y terminar bien el camino de la fe. Perseverar tiene que ver con resistir frente a las malas doctrinas, y guardarse irreprensible hasta el final. En ese peregrinaje espiritual, la gracia de Dios nos fortalece y el Espíritu es nuestra mejor compañía y aliento.

Conclusión

El Señor camina en medio de su iglesia y la conoce. Su escrutinio incluye las virtudes; pero también las debilidades, lo que estamos haciendo bien y también lo que necesitamos cambiar. El propósito divino es que su iglesia sea guardada irreprensible hasta el fin; por ello, es necesario entender que la experiencia de la salvación tiene que cultivarse a lo largo de nuestro camino de fe y vida.

La urgencia del regreso al primer amor

Hoja de actividad

Versículo para memorizar: "Pero tengo contra ti, que has dejado tu primer amor" Apocalipsis 2:4.

I. El contexto de la iglesia en Éfeso (Hechos 18, 19)

A la luz de Hechos 18 y 19, ¿qué características tenía la iglesia en Éfeso desde sus inicios?

¿Qué similitudes tienen nuestras ciudades actuales con relación a la gran metrópoli de Éfeso?

II. El Señor conoce a su iglesia y está presente en ella (Apocalipsis 2:2-4,6)

Si el Señor haría un diagnóstico de nuestra iglesia. ¿Cuál sería?

En una mirada al interior de nuestra iglesia, y a nosotros mismos, ¿cuál sería el equivalente al primer amor que el Señor espera de nosotros?

III. La invitación y la advertencia (Apocalipsis 2:5,7a)

Frente a la invitación del Señor de recordar, arrepentirse y volver a hacer lo más importante. ¿Tenemos algo de qué arrepentirnos?

¿Cuál es el primer paso que debemos dar para obedecer la amorosa invitación del Señor a regresar a nuestro primer amor?

IV. La promesa (Apocalipsis 2:7b)

¿Por qué cree que en el mensaje a cada iglesia se incluye este desafío a la perseverancia (2:7b,11b,17b,26, 3:5,12,21)?

¿Cuál es la importancia de enseñar el énfasis de mantenerse firme hasta el final?

Conclusión

El Señor camina en medio de su iglesia y la conoce. Su escrutinio incluye las virtudes; pero también las debilidades, lo que estamos haciendo bien y también lo que necesitamos cambiar. El propósito divino es que su iglesia sea guardada irreprensible hasta el fin; por ello, es necesario entender que la experiencia de la salvación tiene que cultivarse a lo largo de nuestro camino de fe y vida.

Sea fiel

Loysbel Pérez Salazar (EE. UU.)

Pasaje bíblico de estudio: Apocalipsis 2:8-11
Versículo para memorizar: "... Sé fiel hasta la muerte, y yo te daré la corona de la vida" Apocalipsis 2:10c.
Propósito de la lección: Comprender la importancia de ser fieles a Dios sin importar las circunstancias que nos rodeen.

Introducción

La más encantadora de las ciudades de Asia respondía al nombre de Esmirna, considerada así por su insuperable belleza; tenía columnas de mármol en sus hermosas calles. Era un lugar que contenía una gran variedad de templos dedicados a los diferentes dioses de la cultura romana; o sea que el politeísmo era común en Esmirna. Sin embargo, la iglesia que se levantó allí hizo un trabajo tan fuerte, que después del año 100 d.C. "más de un tercio de la ciudad se había convertido en creyente y esta nueva religión se había extendido a las comunidades periféricas" (Carnes, Jon. Mensaje de Cristo a las siete iglesias de la revelación. S.p.: s.e., s.a., p.25). Esta iglesia supo crecer en medio de la persecución constante que se levantó en contra del cristianismo; aunque no todos los creyentes aguantaron la presión, muchos se retractaron de la fe en Cristo y lo negaron. Pero la mayoría de creyentes se mantuvo fiel ante el mundo conocido de aquel entonces; y varios de ellos murieron a causa de no negar a Cristo. Esto nos ayuda a entender el porqué casi toda la ciudad se había convertido al cristianismo.

A esta iglesia, en ese difícil contexto, Jesús refirió palabras que debemos atesorar:

I. No tema a la tribulación (Apocalipsis 2:8-10a-b)

Para poder entender estas palabras de Jesús, primero Él se presenta como lo que es: "El primero y el postrero, el que estuvo muerto y vivió" (v.8). O sea que, el que le dice: "No temas" (v.10a), tiene toda autoridad; y, además, tiene el testimonio vivo para expresarlo, porque experimentó la muerte. Y si Él pasó por esa tribulación que es la más difícil y la venció; ¿cómo acaso sus hijos no lo lograrán? De manera que el que murió y vive para siempre tiene la confianza y la autoridad para afirmarle a la iglesia: "No temas en nada lo que vas a padecer" (v.10a).

A. Dios conoce su tribulación (vv.8-9)

Dios conoce el sufrimiento y la tribulación por la que sus hijos pasan. Él no está ajeno a cada circunstancia que vivimos. Dios conocía del sufrimiento y la pobreza material de los creyentes de Esmirna; sin embargo, poseían una gran riqueza espiritual. Dios sabía que, aun cuando materialmente no lo poseían todo, espiritualmente eran ricos. Hoy, existe una búsqueda desmedida del placer a través de lo material; no obstante, sabemos que no llena el vacío del ser humano. Sólo analice su vida y piense cuántas cosas materiales anheló; y cuando las tuvo, después de poco tiempo, no las miró y quedaron en una esquina, porque eso no le satisface hoy. Sólo Cristo llena nuestra vida intensamente para siempre.

Dios conocía el sufrimiento por todo lo que estaban haciendo los judíos en contra de los creyentes de Esmirna; ellos sentían odio hacia los creyentes. De esta manera, la iglesia no sólo luchaba contra una cultura secular, politeísta; sino también contra la oposición judía.

Dios conoce los sufrimientos que enfrentamos a diario. Él sabe las luchas personales, las lágrimas que salen de los ojos de sus hijos, las tormentas, las tensiones, las humillaciones, las represiones en las cuales vive; pero eso es parte del proceso glorioso que Dios está haciendo con su vida. El gusano llega a ser mariposa por transformación, y no por milagro; a veces, esperamos el milagro y Dios quiere el proceso, porque es necesario para nuestra transformación.

B. Va a ser probado (v.10b)

Todos los creyentes son probados, ahí se demuestra la fidelidad a Dios. Es bajo presión cuando se saca lo que está adentro. Si usted toma un vaso y lo aprieta, va a brotar lo que está adentro; y así sucede con la vida de los creyentes. Cuando somos probados, apretados es ahí, donde, si está lleno del Espíritu, brota su fruto; pero si está lleno de carnalidad, brota el pecado.

Los creyentes de Esmirna pasaron por estos momentos de prueba; pero la destreza de los creyentes es cómo reaccionamos ante las pruebas. Cristo les advirtió a estos fieles creyentes de Esmirna que vendrían días de prueba. Ellos pasaron por tres pruebas difíciles: la persecución, la cárcel y la muerte.

Tome unos minutos de la clase para preguntar cómo algún alumno enfrentó alguna prueba en su vida.

C. "No temas" (v.10a)

La expresión de Jesús a estos creyentes de Esmirna fue a enfrentar cualquier sufrimiento sin temor. Esta es una exhortación que provoca un valor extraordinario. "Jesús les habló sobre el sufrimiento durante diez días, que fue de 136 años de persecución. Fue una vida entera de problemas para no menos de tres generaciones de cristianos" (Carnes, Jon. Mensaje de Cristo a las siete iglesias de la revelación. S.p.: s.e., s.a., p.43).

Tenemos que entender que el diablo va a ser lo posible para apartar de la fe a los creyentes; y las pruebas, sufrimientos y temor es parte de su estrategia. Pero los creyentes deben confiar en la Palabra: "No temas". Podemos preguntarnos: "¿Cómo no temer a las adversidades de la vida?" Debemos confiar en las promesas que pesan sobre los creyentes, y mantener una relación íntima con Dios que nos dé la confianza necesaria para vivir sin temor, sabiendo que Él está al control de todo lo que sucede en nuestras vidas

II. "Sé fiel hasta la muerte" (Apocalipsis 2:10c)

La fidelidad es un tema altamente cuestionado por Dios a lo largo de toda la historia de Israel, debido a las muchas ocasiones en que este le fue infiel. Ahora, Jesús estaba pidiendo a la iglesia de Esmirna su fidelidad; y, en esta iglesia, se ve reflejada la exhortación para la iglesia universal. La fidelidad cuesta y demuestra el verdadero carácter del discípulo.

A. Ser fiel hasta el final

Cuando interpretamos estas palabras a la luz de la historia de la iglesia, comprobamos que no fueron simples palabras; sino que tuvieron cumplimiento. Muchos cristianos murieron a causa de no negar su fe, a causa de mantenerse firmes en su convicción. La persecución a la iglesia dejó marcada un hilo de sangre de creyentes que nunca claudicaron y con gozo fueron recibidos en el cielo. "Algunos fueron encarcelados, lo que dejó a las familias sin medios de apoyo. Otros fueron asesinados dejando viudas y huérfanos... Muchas mujeres se venderían como esclavas para alimentar a su familia si el marido fuera asesinado o encarcelado. Los niños se convertirían en mendigos buscando lo suficiente para la próxima comida. Muchos de ellos podrían contar historias de irse a la cama con hambre y sin saber si mañana habría comida. Es difícil para el pensamiento occidental entender este tipo de cultura. Este era el mundo en el que nació y prosperó la iglesia de Esmirna" (Carnes, Jon. Mensaje de Cristo a las siete iglesias de la revelación. S.p.: s.e., s.a., p.44). Muchos de los creyentes de Esmirna cumplieron con su Maestro, de serle fiel hasta la muerte.

Este legado de fidelidad sigue siendo un reto para los creyentes de la iglesia actual; porque la exhortación de Jesús continúa siendo la misma. Sin embargo, muchas veces, se observa a creyentes que por lo más mínimo dejan de asistir a los servicios de la iglesia, o simplemente no tienen el compromiso de servir a Dios; otros no quieren que los identifiquen como cristianos en las escuelas o centros de trabajo; y otros, por agradar a los grupos o personas con los que se rodean, caen en pecado y hacen cosas que desagradan a Dios. Todas estas acciones y otras más quebrantan la fidelidad que Dios espera de su iglesia. Es difícil entender cómo personas que dicen ser discípulas de Cristo pueden tener tiempo y energía para cualquier proceso o trámite de beneficio personal, y no pueden hacer lo mismo para ejercer el llamado que Dios les ha hecho.

A pesar de la infidelidad de algunos, hay siempre un remanente fiel a Dios que no claudica ante las ofertas de este mundo. Este vive para agradar a Dios, alabándolo, sirviendo en el templo y fuera de él a cualquier precio, experimentando situaciones difíciles, pero firmes en la Palabra recibida.

En esta parte, el profesor puede pedir a los alumnos que expliquen maneras en las cuales le son fieles a Dios.

B. La recompensa a la fidelidad

Es glorioso ver que, aunque no somos fieles por algo a cambio, Dios siempre recompensa a los que viven bajo el compromiso de la fidelidad a Él. Jesús prometió a los creyentes de Esmirna darles la corona de la vida: un altísimo premio.

¿Qué nos quiere decir la frase "corona de la vida"? El comentarista Barclay lo interpreta de esta manera: "En griego hay dos palabras para corona: diadéma, que es la corona real, y stéfanos, que conlleva las ideas de gozo y de victoria. No es la corona real la que se le ofrece al cristiano, sino la corona del gozo y de la victoria. Stéfanos tiene muchas asociaciones, y todas ellas contribuyen algo a la riqueza de pensamiento que conlleva" (Barclay William. Comentario al Nuevo Testamento, tomo 16. España: CLIE, 1995, p.41).

Indiscutiblemente, se debe entender la frase en un lenguaje figurado para dar a conocer a la iglesia que esta corona que Jesús promete no es corruptible, como la que en tiempos antiguos se les colocaba a reyes o ganadores; sino que tiene un peso de eternidad de vida, que los fieles vivirán para siempre, lo cual guarda relación con la promesa de no sufrir la muerte segunda que será analizada brevemente en esta clase. Así como la fidelidad de los creyentes es de un altísimo costo; su recompensa será de un altísimo valor, que supera todo costo.

III. La promesa y mensaje para la iglesia hoy (Apocalipsis 2:11)

Dios siempre da una promesa en la cual debemos confiar, y un mensaje al cual debemos obedecer.

A. Aprendamos a escuchar la voz del Espíritu (v.11a)

"El que tiene oído, oiga lo que el Espíritu dice a las iglesias". Esta expresión es reiterativa en el mensaje a las siete iglesias; pero debe ser una máxima para la iglesia actual. Debemos estar atentos a escuchar la voz del Espíritu y ser guiados por Él; no podemos vivir la vida cristiana guiados por dogmas y preceptos humanos, sino por la Palabra del Dios viviente. Es imprescindible para la iglesia oír lo que Dios tiene que decirnos, y obedecer su Palabra. La iglesia que no escucha la voz de Espíritu se seca espiritualmente.

B. La promesa: los que venzan no sufrirán de la muerte segunda (v.11b)

Para entender esta frase, es necesario explicar que la muerte primera es la muerte física del ser humano; y la muerte segunda es un término que se refiere a la muerte espiritual que ha de ocurrir posterior al juicio final. La escuela de pensamiento de "los epicúreos" creía que después de la muerte no había nada más, también los saduceos creían en esta doctrina; pero Juan estaba introduciendo una doctrina diferente en la carta de Apocalipsis, dejando claro que después de la muerte hay juicio y un destino eterno, que puede resultar en una vida o muerte eterna, lo cual es decidido por el Juez justo. Es, entonces, donde se ofrece la certeza de que los creyentes, aunque mueran físicamente, si fueron fieles a Dios; no morirán eternamente, sino que serán librados de esa muerte segunda para vivir siempre con Dios. El apóstol Pablo lo expresó en Romanos 8:38-39 diciendo que ni la muerte nos podrá separar del amor de Dios.

Su vida en la tierra importa en el cielo, y tiene consecuencias eternas, ya sea para bien o para mal. Esta es una razón por la cual es necesario ser fieles a Dios; porque si usted se mantiene agradándole, obtendrá la victoria y será librado de la muerte segunda. No cambiemos la eternidad con Dios por cosas tan efímeras como las que se viven en el presente.

C. Mensaje para la iglesia de hoy

Hay varios puntos que nos deben hacer reflexionar y que son un mensaje evidente para cada creyente que forma parte del cuerpo de Cristo hoy:

- Para Dios es más importante su riqueza espiritual que su pobreza material.
- Que la tribulación, la pobreza, la escasez, la oposición, la persecución, la cárcel, la muerte no le hagan retroceder en el camino de Dios. Que nada en este mundo sea el obstáculo para agradar a Dios y mantenerse en la vida de santidad.
- Que todo lo que viva esté colaborando a la madurez en Cristo. La madurez se alcanza viviendo los momentos difíciles y reaccionando como Cristo lo hiciera en nuestro lugar.
- Que su testimonio de fidelidad a Dios no sólo le ayude a quedarse con la corona de vida; sino que también sirva para que su ciudad se convierta a Cristo.

Sin lugar a dudas, el mensaje central de este texto de Apocalipsis 2:8-11 para la iglesia de hoy es la gran fidelidad mostrada por la iglesia de Esmirna a Dios. Los tiempos se vuelven cada día más difíciles; la oposición del diablo en este tiempo final y la persecución mundial a la iglesia están probando la fe y fidelidad de la verdadera iglesia. Se observa cada día cómo las leyes que se aprueban y la conducta social de la humanidad va en contra de los valores éticos y principios bíblicos de la Palabra de Dios. Muchas denominaciones, iglesias y creyentes se sumergieron en un liberalismo descontrolado aprobando y aceptando lo que la Biblia condena y la iglesia por siglos ha dicho: "No". Esperamos hoy que la iglesia repita el testimonio de fidelidad de la iglesia de Esmirna; y que en esta lista de hombres y mujeres fieles esté su nombre.

¡Sea fiel aunque sufra; porque los infieles también sufren y no tienen la dicha y el final de los fieles!

Conclusión

En medio de la bella ciudad de Esmirna, se levantó una iglesia con gran esplendor y belleza espiritual. Una iglesia que supo serle fiel a Dios a pesar de todas las dificultades que vivieron. Le toca a la iglesia de hoy, con su testimonio de fidelidad a Dios, embellecer cada ciudad a través de la proclamación del mensaje de esperanza, y provocar el avivamiento de transformación.

Sea fiel

Hoja de actividad

Versículo para memorizar: "... Sé fiel hasta la muerte, y yo te daré la corona de la vida" Apocalipsis 2:10c.

I. No tema a la tribulación (Apocalipsis 2:8-10a-b)

¿Qué tribulaciones vive hoy?

___

___

¿Cuál es el mensaje de Jesús cuando el sufrimiento toque su puerta?

___

II. "Sé fiel hasta la muerte" (Apocalipsis 2:10c)

¿Cómo puede ser fiel a Dios en su contexto de vida?

___

___

¿Cuál es la recompensa a la fidelidad?

___

III. La promesa y mensaje para la iglesia hoy (Apocalipsis 2:11)

¿Cómo escucha la voz del Espíritu en su vida?

___

___

¿Qué mensaje deja el versículo 11 para su vida y para la iglesia de hoy?

___

___

Conclusión

En medio de la bella ciudad de Esmirna, se levantó una iglesia con gran esplendor y belleza espiritual. Una iglesia que supo serle fiel a Dios a pesar de todas las dificultades que vivieron. Le toca a la iglesia de hoy, con su testimonio de fidelidad a Dios, embellecer cada ciudad a través de la proclamación del mensaje de esperanza, y provocar el avivamiento de transformación.

Una iglesia íntegra

Arminda Rivero (Puerto Rico)

Pasaje bíblico de estudio: Apocalipsis 2:12-17
Versículo para memorizar: "Yo conozco tus obras, y dónde moras, donde está el trono de Satanás; pero retienes mi nombre, y no has negado mi fe..." Apocalipsis 2:13.
Propósito de la lección: Exhortar a los creyentes a estar alertas a doctrinas erróneas y enseñanzas seculares y sincretistas, que pretenden insertarse e influir en la iglesia; y procurar vivir en integridad y santidad de acuerdo con los valores del Reino.

Introducción

La descripción del autor de Apocalipsis a las siete iglesias no agota las posibles imágenes que podrían describir la iglesia en nuestros días. Lo cierto es que todas las iglesias se muestran vulnerables de alguna manera, lo que demuestra la naturaleza dual de esta: "divina y humana" al mismo tiempo. Uno de los desafíos de la iglesia consiste en mantener su integridad en medio de una sociedad influenciada por una gama de creencias religiosas (sincretismo) e indiferente a los valores cristianos. Nos corresponde hoy estudiar el mensaje dado a la iglesia en Pérgamo.

La palabra "pergamino" proviene del nombre geográfico "Pérgamo"; ya que en aquella ciudad se perfeccionó el proceso de preparar las pieles de cabras y ovejas para ser usadas en la producción de libros, sustituyendo de ese modo al papiro (Recuperado de https://www.escuelabiblica.com/estudios-biblicos-1.php?id=385, el 18 de enero de 2023).

En su mensaje a esta iglesia, Jesús le dice que se encuentra ubicada en el trono de Satanás. Pero, ¿qué quiere decir Él con esta manera de describir ese entorno? Pérgamo era el centro de cinco cultos paganos. En primer lugar, estaba un altar a Zeus, la mayor divinidad entre los dioses griegos. El altar parecía un gran trono, y el humo de los sacrificios que se le ofrecía subía durante todo el día, día tras día. En segundo lugar, estaba el culto a Atenea, diosa griega de la sabiduría que tenía un templo a la par del altar de Zeus. En tercer lugar, Dionisio, dios del vino y las bacanales, tenía un templo con sacerdotisas que no eran más que prostitutas. En cuarto lugar, el de Esculapio, dios griego de la salud, cuyo símbolo era una serpiente enroscada en una vara; y allí, las personas enfermas de todas partes venían a dormir a las afueras del templo con la esperanza de ser sanados. Finalmente, estaba el culto a los césares. César era adorado como un dios en Pérgamo. Al menos una vez al año, cada ciudadano tenía que adorar al César como dios. Era por esta gran idolatría que ser cristiano en Pérgamo era muy difícil. No obstante, el Señor los elogia por retener su nombre y no negar su fe, aun cuando uno de los suyos, Antipas, fue martirizado por causa de su fe. El Señor lo menciona por su nombre y lo llama su testigo fiel. Pero, de igual forma, a la iglesia en Pérgamo se le señalan los hechos que hacen que su relación con Dios se vea afectada; y se le llama al arrepentimiento. También, se le ofrece consejo y un mensaje de esperanza, que es igualmente pertinente a la iglesia de hoy.

I. Reconocimiento de las buenas obras de la iglesia (Apocalipsis 2:12-13)

Como en las otras cartas, el Señor Jesucristo comienza haciendo una descripción de sí mismo, lo que nos enseña que, para nuestro bienestar espiritual, es importante conocerlo con profundidad y saber su voluntad y plan para nuestro futuro. A la iglesia de Pérgamo se dirige como "El que tiene la espada aguda de dos filos" (v.12). "La espada era un símbolo bien conocido de la autoridad del gobierno romano para infligir la pena de muerte, la sentencia más severa, de lo que se consideraba su autoridad ilimitada sobre sus súbditos. Fue llamado en latín, 'ius gladii', 'el derecho de la espada'. Es muy posible que hayan usado una espada como ésta para matar a algunos de los mártires cristianos, y Jesús se erige como el gran vengador de tan horribles crímenes de estado" (Recuperado de https://heraldofgrace.org/biblicalexpositions/to-the-church-at-pergamos/, el 18 de enero de 2023).

En otras palabras, aquí Jesús se presenta como el que tiene la espada, o sea, la autoridad para conquistar a cualquier enemigo de la iglesia. De otra parte, Hebreos 4:12 utiliza la metáfora de la espada para compararla con la Palabra de Dios, que es cortante, penetra y descubre nuestros pensamientos más íntimos.

Lo primero que hace el Señor con aquella comunidad de fe es reconocer que sabe lo difícil que es estar situada donde está "el trono de Satanás" (Apocalipsis 2:13). Ya explicamos en la introducción lo que implica esa frase. Además, resalta cómo siguieron fieles aun cuando ser testigos podía llevarlos a la muerte, como sucedió con Antipas. Cabe mencionar que de este personaje no se sabe nada más que lo que aquí se afirma. El Señor elogia a la iglesia; porque había fieles que se mantenían firmes en medio de una sociedad sincretista. "Es interesante notar la forma en la que el Señor se refiere a él: "Antipas mi testigo fiel". Esa era la misma descripción con la que Cristo mismo se presentó a las iglesias en (Ap 1:5) (Ap 3:14). Es como si el Señor compartiera su propio título de honor con sus siervos fieles que están dispuestos a llegar al sacrificio por su fidelidad a él" (Recuperado de https://www.escuelabiblica.com/biblia-buscar-pv.php?pasaje=%28Ap%202%3A12-17%29&version=rv60, el 18 de enero de 2023). ¿En cuántas ocasiones nos hemos encontrado en una encrucijada, ante el dilema de mantener nuestros valores cristianos por encima de lo que promueve la sociedad en la que vivimos?

II. Revelación del pecado y exhortación al arrepentimiento (Apocalipsis 2:14-16)

En la iglesia de Pérgamo, había fieles que no sucumbieron a los ataques, que podríamos catalogar como incitados por los representantes de Satanás. Si bien es cierto que la persecución y el ataque físico son muy dolorosos para la iglesia; también es cierto que es en momentos de crisis y dificultades que somos más sensibles a depender de Dios y de su gracia. Así que el enemigo se introdujo sutilmente, para engañar y hacer creer a los creyentes que tener alguna relación con la cultura pagana, las instituciones y la religión que los rodeaba no era pecado.

Esta situación nos lleva al relato de Números 25-31, a una de las tantas experiencias que los israelitas tuvieron a través de su difícil travesía. Cuando el pueblo llegó a los campos de Moab, el rey de la misma, Balac, encargó a un profeta llamado Balaam que maldijera a Israel. Pero aunque este lo intentó varias veces, le resultó imposible maldecir a aquellos a los que Dios había bendecido (Números 22-25). Esto enfadó mucho a Balac y, de igual forma, a Balaam, cuya ambición era evidente; vio con tristeza cómo se esfumaron las riquezas que el rey le había prometido. Fue, entonces, cuando Balaam dijo a Balac que, aunque un enfrentamiento directo contra ellos nunca podría funcionar, había otras opciones que él le podía enseñar. Así que un día en que los israelitas se encontraban relajados y tranquilos, apareció un grupo de hermosas y seductoras jóvenes moabitas con las que establecieron vínculos, asistiendo a sus fiestas, comiendo de lo que antes habían sacrificado a sus ídolos y, finalmente, teniendo relaciones sexuales con ellas. Probablemente, pensaban en medio de aquel desierto y tantos sinsabores, ¿qué había de malo en ir a algunas de sus fiestas sociales, o en tomar parte en alguno de sus cultos idolátricos? ¿Por qué no podían comer aquella carne que parecía tan deliciosa? Y es, entonces, cuando la ira de Dios vino contra ellos; ya que habían olvidado el pacto establecido. Más adelante, en el capítulo 31, nos damos cuenta de que Balaam estuvo detrás de esa trampa al pueblo de Israel.

La censura para Pérgamo era que había un grupo dentro de la iglesia que no estaba siendo reprendido, que no tenía objeción en ser flexible en cuanto al consumo de carne sacrificada a los ídolos y, probablemente, tampoco en participar de toda clase de inmoralidades, algo común en aquella sociedad. También menciona al grupo de los nicolaítas (Apocalipsis 2:15). De estos, no se sabe mucho; pero sí que el Señor los detestaba. Estudiosos coinciden en que se inclinaban a la sensualidad, a participar en fiestas a los ídolos y la contaminación con comida sacrificada a estos. Los señalamientos a la iglesia en Pérgamo van dirigidos principalmente a que la comunidad de creyentes no tenía la valentía de enfrentar, y si era necesario expulsar, a los grupos anticristianos. Hay que estar bien alertas; porque, en muchas ocasiones, los enemigos de la iglesia están dentro de ella. Debemos conocer la Palabra para poder identificarlos y poder hacerles frente; y salvaguardar los valores que deben distinguir a los creyentes. El consejo dado a esta iglesia se resume en una sola palabra: "arrepiéntete" (v.16), el cual va acompañado, también, de una advertencia.

En el relato de Balaam, se observa en varias ocasiones el uso de la espada como un arma de destrucción. También, cuando este iba en la burra y con su mente en adquirir ganancias, Dios no tuvo más remedio que revelarse de una forma inusual; y, asimismo, aparecer como un ángel con una espada en su mano. Ante esta experiencia, Balaam tuvo que inclinarse con el rostro en tierra y confesar su pecado. Aun así, más adelante olvidó la oportunidad ofrecida por Dios, y llevó a cabo la acción que provocó la caída del pueblo. Las observaciones y advertencias de Dios siempre tienen como fin el que reconozcamos nuestras faltas y tengamos la oportunidad de enmendarlas. Queda de nuestra parte la decisión que tomemos y las consecuencias de la misma.

Pérgamo podía fortalecer esas debilidades, si decidían abrir sus ojos espirituales y sacar de en medio de ellos aquellas conductas que no eran conforme a los valores del Reino. Igual que el pueblo de Israel, pensaron que no había conflicto en participar de sus festividades, banales, cultos idolátricos y comer aquella carne que parecía tan deliciosa. ¿Qué actitudes o conductas pecaminosas, que comprometen el testimonio como creyentes ante la sociedad, es necesario erradicar tanto a nivel personal como de comunidad de fe?

III. La promesa y el mensaje para la iglesia (Apocalipsis 2:17)

La carta a la iglesia de Pérgamo termina también con un llamado del Espíritu a escuchar. Una vez más, pone énfasis en escuchar la voz de Dios; y, para nuestro tiempo, eso se hace básicamente estudiando su Palabra, y pidiendo la dirección y presencia del Espíritu Santo. ¿Cuánto tiempo dedicamos a esa disciplina espiritual? Además, Jesús hace una promesa a todos los que decidan seguir sus consejos; y, por consiguiente, salgan vencedores. Para Pérgamo esta promesa tenía dos partes. La primera hablaba de darles un maná escondido. El maná fue el sustento de Dios para su pueblo durante un tiempo en el desierto. Pero, más que alimento físico, era el hecho de confiar y depender de un Dios que podía suplir todas sus necesidades. Era necesario para aquella iglesia; y es necesario para la iglesia de hoy, mantener una relación de intimidad con Jesús, como lo expresa el evangelista en Juan 6:31-35. Algunos biblistas coinciden en que el maná escondido puede ser una referencia a la Cena del Señor preparada para el fin de los tiempos (Apocalipsis 19:9).

La segunda parte de la promesa a los vencedores es una piedra blanca escrita con un nombre nuevo que sólo conoce la persona que la recibe. Hay diferentes interpretaciones que coinciden en el hecho de que esto provenía de creencias del mundo pagano, y que era un tipo de amuleto que protegía al portador de influencias malignas. "El color blanco, que proclama pureza y perfección, se combina con el nombre desconocido por el mundo pagano, Jesús, al que la iglesia de Pérgamo se ha adherido contra todo ataque" (Levoratti, Armando J. Comentario Bíblico Latinoamericano, Nuevo Testamento. España: Editorial Verbo Divino, 2003, p. 1188). Históricamente también, la piedra blanca estaba asociada a un voto de absolución o voto favorable. También se usaba como pase de admisión a algún evento especial. Aplicándolo a esta iglesia, diríamos que negarse a participar de lo que el contexto pagano ofrecía, podía excluirlos de "beneficios" en la sociedad y cultura que les rodeaba; pero les otorgaba acceso a participar del banquete, de la Cena del Cordero.

Ciertamente, hay espacios en los que resulta muy difícil ser creyentes. No obstante, la petición de Jesús al Padre en Juan 17:15, que conocemos como la oración sacerdotal, es que no "los quites del mundo, sino que los protejas del maligno" (NTV). No podemos dejar que el "mundo" (el imperio, falsos profetas, doctrinas erróneas, la cultura, etc.) influyan en nuestros valores; sino que, como creyentes, y la iglesia como institución, estamos llamados a ser una luz en medio de las tinieblas o situaciones adversas (Mateo 5:14-16). Además, tenemos que estar alertas para evitar, en nuestro anhelo por preservar la sana doctrina, de la inmoralidad y el sincretismo, caer en una actitud o comportamiento farisaico, y olvidemos la misericordia y el amor.

Conclusión

Jesús le señaló a la iglesia de Pérgamo que estaba en contra de algunas cosas que estaban sucediendo en el seno de ella; no le dijo: "Estoy en contra de ti". Jesús nos ama con defectos y virtudes. La iglesia tiene que ser una de puertas abiertas, donde tanto el que está como el que llega pueda experimentar el amor del Dios de las oportunidades: que te recibe, te redarguye, te transforma, te restaura y te ofrece una vida nueva.

Una iglesia íntegra

Hoja de actividad

Versículo para memorizar: "Yo conozco tus obras, y dónde moras, donde está el trono de Satanás; pero retienes mi nombre, y no has negado mi fe..." Apocalipsis 2:13.

I. Reconocimiento de las buenas obras de la iglesia (Apocalipsis 2:12-13)

Luego de conocer lo que implica la frase "trono de Satanás", ¿cómo la aplicaríamos en la iglesia de hoy?

____

____

¿Cuáles eran las buenas obras de la iglesia de Pérgamo; y qué aspectos serían reconocidos en nuestra comunidad de fe?

____

____

II. Revelación del pecado y exhortación al arrepentimiento (Apocalipsis 2:14-16)

¿Cuáles fueron los señalamientos a la iglesia de Pérgamo?

____

____

¿Cómo los podemos contextualizar en nuestro tiempo?

____

____

III. La promesa y el mensaje para la iglesia (Apocalipsis 2:17)

¿Qué promesa se da a la iglesia de Pérgamo?

____

____

¿Qué implicaciones y aplicación tiene para los fieles en la iglesia contemporánea?

____

____

Conclusión

Jesús le señaló a la iglesia de Pérgamo que estaba en contra de algunas cosas que estaban sucediendo en el seno de ella; no le dijo: "Estoy en contra de ti". Jesús nos ama con defectos y virtudes. La iglesia tiene que ser una de puertas abiertas, donde tanto el que está como el que llega pueda experimentar el amor del Dios de las oportunidades: que te recibe, te redarguye, te transforma, te restaura y te ofrece una vida nueva.

Mensaje a la iglesia de Tiatira

Dorothy Bullón (Costa Rica)

Pasaje bíblico de estudio: Apocalipsis 2:18-29
Versículo para memorizar: "Yo conozco tus obras, y amor, y fe, y servicio, y tu paciencia, y que tus obras postreras son más que las primeras." Apocalipsis 2:19.
Propósito de la lección: Analizar el mensaje del Señor para la iglesia de Tiatira y ver su relevancia para nuestros tiempos.

Introducción

Esta carta es la más extensa (doce versículos) de las siete cartas reveladas por el Señor a Juan; y, común a las demás, contiene mensajes de apreciación y corrección. De las ciudades mencionadas en Apocalipsis, Tiatira era la más pequeña. Hoy, es la ciudad de Akhisar en Turquía. Entre las ruinas antiguas, se han encontrado inscripciones relacionadas con varios gremios, incluidos "trabajadores de la lana y lino, fabricantes de prendas de vestir exteriores, confeccionistas, tintoreros, trabajadores del cuero, curtidores, alfareros, panaderos, tratantes de esclavos y herreros de bronce" (Ramsay, W. M. The Letters to the Seven Churches of Asia. Reino Unido: Hodder and Stoughton, 1904, pp.324-35). Tiatira era la ciudad natal de Lidia, la vendedora de púrpura (Hechos 16:14).

Pertenecer a estos gremios traía complicaciones para los cristianos; ya que se veían obligados a participar en actividades que iban en contra de la fe cristiana, como asistir a banquetes que proporcionaban comida ofrecida a los ídolos. Se esperaba que los comerciantes participaran en ritos en honor a la deidad patrocinada por el gremio, incluyendo actos inmorales. Si escogía no unirse al gremio, podrían tener dificultades para comerciar sus productos.

I. El remitente de la carta (Apocalipsis 2:18)

La carta viene del Señor Jesucristo; y vemos características especiales, apropiadas para la iglesia de Tiatira. En esta ocasión, nos sorprenden los términos especialmente severos que usa: "... El Hijo de Dios, el que tiene ojos como llama de fuego, y pies semejantes al bronce bruñido..." (v.18). En primer lugar, el autor se declara "Hijo de Dios". Tal vez, algunos en la iglesia de Tiatira negaban su divinidad; o porque con su comportamiento, estaban comprometiendo esta importante verdad.

Jesús declara que tiene "ojos como llama de fuego" que penetran a los más profundos rincones del corazón humano. El Señor pudo verlos cómo realmente eran, sin disfraz, viendo lo más íntimo de sus pensamientos. Y los ojos eran de fuego para erradicar los pecados que estaban arruinando el testimonio de esta congregación.

El autor tiene "pies semejantes al bronce bruñido". Juan Stam, en su comentario sobre Apocalipsis, dice: "Tiatira exportaba armaduras de bronce, y sus monedas mostraban a Hefesto, el herrero divino, martillando cascos en un yunque" (Stam, Juan. Apocalipsis, tomo I. Argentina: Kairos, 1999, p.115). Esta frase parece implicar el juicio de Dios imponiendo su autoridad sobre todos sus enemigos.

II. Reconocimiento de las buenas obras de la iglesia (Apocalipsis 2:19)

"Yo conozco tus obras, y amor, y fe, y servicio, y tu paciencia, y que tus obras postreras son más que las primeras" (v.19). Esta iglesia muestra cinco características positivas. Jorge Enrique Barro, editor de un libro con un título interesante: "Una iglesia sin propósitos: Los pecados de la iglesia que resistirán al tiempo", en el capítulo sobre Tiatira, presenta al autor (Luis Wesley de Sousa) que describe esas señales positivas, aquí resumidas:

A. Una iglesia amorosa. Esta congregación cuidaba a las viudas y huérfanos, daba comida a los hambrientos y ropa a los desnudos. Había excelente comunión entre los hermanos; era hospitalaria con los extranjeros. Amaba a Dios y a su prójimo; y había amor los unos por los otros. Excelente nota. ¿Cuántas iglesias hoy pueden recibir esta calificación?
B. Una iglesia que ejercitaba su fe. Jesús pudo ver que estos hermanos y hermanas creían con confianza en la verdad del evangelio, y tenían una esperanza que motivaba sus actos amorosos a la comunidad.
C. Una iglesia que servía. Era una comunidad de fe que buscaba cómo ayudar a los demás. Su servicio a la comunidad y su preocupación por la gente necesitada eran una manera de dar testimonio del amor de Dios.

D. Una iglesia que perseveraba. Perseveraba aun en medio de las persecuciones en Asia Menor, a manos del emperador Domiciano.

Esta lista de buenas obras es impresionante; sin embargo, llenar el programa con acciones de crecimiento numérico y ministerios de compasión no siempre significan que una iglesia está haciendo lo que Dios espera de nosotros. ¿cuáles son las características de una verdadera iglesia saludable?

III. Revelación del pecado y exhortación al arrepentimiento (Apocalipsis 2:20-24)

Juan Stam habla de los "sin embargos" tan dramáticos de estas cartas (cf. 2:4, 14, 20): "... la radiografía del Señor revela que esta congregación, que parecía gozar de una salud envidiable, de hecho, sufría de un avanzado cáncer espiritual" (Stam, Juan. Apocalipsis, tomo I. Argentina: Kairos, 1999, p. 116). El Señor tenía que corregir a esta iglesia. El versículo 20 declara el problema: "Pero tengo unas pocas cosas contra ti: que toleras que esa mujer Jezabel, que se dice profetisa, enseñe y seduzca a mis siervos a fornicar y a comer cosas sacrificadas a los ídolos".

Jezabel, un personaje del Antiguo Testamento, era una reina fenicia, esposa de Acab, rey de Israel. Ella destruía a los profetas del Señor, e intentaba eliminar el culto a Dios en Israel (1 Reyes 18:4, 13). Se propuso matar a Elías (1 Reyes 19:1-2); introdujo el culto a Baal en Israel y mantenía a los profetas de ese ídolo (1 Reyes 18:19). Entonces, Apocalipsis 2:20 señala a una persona como la infame reina Jezabel.

Jesucristo llamó la atención a los miembros de la congregación que estaban permitiendo que una mujer llamada 'Jezabel' enseñara falsamente que estaba bien cometer inmoralidad sexual y comer cosas sacrificadas a los ídolos, y adorar al emperador abiertamente, en bien del comercio propio, justificando la participación en los ritos paganos de los gremios de Tiatira. El versículo referido (v.20) dice que era 'profetisa', y miembro y líder en la iglesia. Comer carne (previamente ofrecida a los ídolos) y tener relaciones sexuales con prostitutas en templos paganos había sido una práctica tentadora durante siglos. Aunque algunos creen que estas referencias son un símbolo de la infidelidad espiritual a Cristo en lugar de actos literales; el predominio de la inmoralidad sexual en el siglo I y el desarrollo de una rama libertina del gnosticismo sugieren que algunos miembros de la iglesia de Tiatira no veían ningún daño en entregarse a la inmoralidad sexual que otros disfrutaban.

Dios declara: "Yo le he dado tiempo para que se convierta a Dios; pero ella no ha querido hacerlo ni ha abandonado su prostitución. Por eso, voy a hacerla caer en cama, y mataré a sus hijos; y a los que cometen adulterio con ella, si no dejan de portarse como ella lo hace, les enviaré grandes sufrimientos" (Apocalipsis 2:21-23 DHH). Esta profetisa, que pretendía conocer "las profundidades de Satanás" (v.24b), por la gracia de Dios, había recibido chance para arrepentirse; pero no había querido hacerlo. Por lo tanto, el Señor se disponía a tratarla con severidad.

El pasaje menciona dos grupos. "Los amantes aquí serían los que no habían pasado de un 'affaire' con esta herejía (lo que llamaríamos 'simpatizantes' de su doctrina) y que participaban en las prácticas paganas que convenían para sus intereses. Los hijos podrían entenderse como los que eran 'carne y hueso' con ella, discípulos hasta las últimas consecuencias, que se dedicaban a promover sus nefastas enseñanzas dentro de la congregación" (Stam, Juan. Apocalipsis, tomo I. Argentina: Kairos, 1999, p. 117).

La carta sigue con un mensaje de juicio: "Y a sus hijos heriré de muerte, y todas las iglesias sabrán que yo soy el que escudriña la mente y el corazón; y os daré a cada uno según vuestras obras" (v.23). El castigo, una suerte de peste o algo así, revela que Dios es juez justo que castiga después de escudriñar la mente y el corazón.

Pregunte a sus alumnos: ¿cómo podemos saber cuando una profecía es de Dios o no? ¿Cómo discernir que una persona es un falso profeta o maestro? En caso de que haya alguien enseñando mala doctrina en la iglesia, ¿cómo debe actuar la misma?

IV. La promesa y el mensaje para la iglesia hoy (Apocalipsis 2:25-29)

A. La promesa

El Señor elogió a los hermanos y hermanas que se mantuvieron fieles en la iglesia de Tiatira, los que no se habían contaminado con las falsas enseñanzas; y Dios promete no imponerles otra carga (v.24). Debían conservar lo que tenían, hasta la hora de la Segunda Venida del Señor (v.25). A los vencedores se les promete dos cosas: tener autoridad sobre las naciones (v.26); y recibir la estrella de la mañana (v.28). "Para los creyentes de Tiatira, seducidos por la voz de Jezabel y tentados a participar al menos en los gremios, el mensaje era claro. Tanto Jezabel como el Imperio son mentirosos y están al servicio de Satanás. El sistema que tanto los atrae está destinado a una destrucción total. Mientras que los que son fieles a Cristo y no contemporizan con César, juzgarán y reinarán con su Señor" (Stam, Juan. Apocalipsis, tomo I. Argentina: Kairos, 1999, p. 118).

B. Implicaciones prácticas para nosotros

La llamada a no tolerar lo que contamina el mensaje de la iglesia y su testimonio ante el mundo sigue siendo relevante hoy.

1. Es importante que la iglesia no subestime el poder de engañadores.

Aún hoy, abundan falsas profecías y enseñanzas. La iglesia no debe ser ingenua; las 'Jezabeles' pueden hacer mucho daño. Debemos ser sobrios y vigilantes (1 Pedro 5:8).

2. La iglesia debe tener un profundo conocimiento de la Palabra. Muchas veces, nuestros sermones no tienen un alto contenido bíblico. Necesitamos pastores que prediquen con fundamento bíblico, que enseñen cómo aplicar la Biblia a la vida cotidiana para vivir de una manera digna del Señor. La iglesia de Tiatira toleraba enseñanza equivocada.
3. La iglesia debe mantener el mensaje del evangelio en su pureza y sencillez. El evangelio es puro y sencillo; es Cristo, su vida ejemplar, sus enseñanzas, su muerte y resurrección. Como dice 1 Corintios 1:18, el evangelio es "locura a los que se pierden; pero a los que se salvan, esto es, a nosotros, es poder de Dios". Algunos en Tiatira no supieron distinguir entre el evangelio de Cristo y las 'profundidades de Satanás'.
4. La iglesia debe enseñar santificación personal y comunitaria.

   Vivir en santidad es la esencia de nuestro testimonio, siguiendo las pisadas del Maestro. Grupos pequeños de estudio bíblico y comunión ofrecen la oportunidad para una experiencia cristiana tanto personal como comunitaria. Los pastores deben predicar sobre el perdón y ofrecer momentos para arrepentimiento. Algunos en Tiatira cayeron en inmoralidades por intereses de sus negocios.
5. La iglesia debe ser firme en disciplina, misericordia y restauración.

   La verdadera disciplina no tolera el pecado; pero busca restaurar a las personas con amor, compasión y misericordia. Los miembros de la iglesia son responsables por sí mismos y por los demás hermanos. La 'Jezabel' de Tiatira debiera haber sido callada y disciplinada antes de afectar a tantos hermanos y hermanas.
6. La iglesia debe crecer, pero en una forma integral. Es verdad que, si la iglesia es numerosa, se hace difícil medir el comportamiento ético de los miembros. En estos casos, es esencial formar células que creen espacios de amistad, comunión y de cuidado mutuo. Crecer en calidad es mejor que el mero crecimiento numérico (Barro, Jorge Enrique (ed.). Una iglesia sin propósitos: Los pecados de la iglesia que resistirán al tiempo. Ecuador: Consejo Latinoamericano de Iglesias, 2006, pp.61-67).

Jesús termina su carta a los hermanos de Tiatira con estas palabras: "El que tiene oído, oiga lo que el Espíritu dice a las iglesias" (v.29).

Conclusión

Una lección importante de este mensaje a Tiatira es el efecto insidioso de las falsas enseñanzas cuando se permiten dentro de la iglesia. Si bien la persecución externa puede resistirse y soportarse; la herejía interna es especialmente peligrosa. La guía para nuestra vida debe ser la Biblia, no las doctrinas de hombres. El ser humano puede equivocarse, pero Dios nunca se equivoca. Debemos resistir la falsa enseñanza religiosa.

Mensaje a la iglesia de Tiatira

Hoja de actividad

Versículo para memorizar: "Yo conozco tus obras, y amor, y fe, y servicio, y tu paciencia, y que tus obras postreras son más que las primeras" Apocalipsis 2:19.

I. El remitente de la carta (Apocalipsis 2:18)

¿De quién y para quién era la carta?

____

¿Cómo está descrito Jesús en este versículo, y qué significa cada frase?

____

____

II. Reconocimiento de las buenas obras de la iglesia (Apocalipsis 2:19)

¿Cuáles cree que deben ser las características de una iglesia saludable y exitosa?

____

____

¿Cree que las características que menciona el libro están en nuestra iglesia local? ¿Por qué?

____

____

III. Revelación del pecado y exhortación al arrepentimiento (Apocalipsis 2:20-24)

¿Qué significaría hoy la presencia de "Jezabel" en la iglesia?

____

____

¿Por qué cree que las personas siguen las falsas enseñanzas?

____

IV. La promesa y el mensaje para la iglesia hoy (Apocalipsis 2:25-29)

¿Qué prometió Jesús para esta iglesia?

____

____

¿Qué debemos hacer para recibir lo bueno que Dios tiene para nosotros (v.29)?

____

____

Conclusión

Una lección importante de este mensaje a Tiatira es el efecto insidioso de las falsas enseñanzas cuando se permiten dentro de la iglesia. Si bien la persecución externa puede resistirse y soportarse; la herejía interna es especialmente peligrosa. La guía para nuestra vida debe ser la Biblia, no las doctrinas de hombres. El ser humano puede equivocarse, pero Dios nunca se equivoca. Debemos resistir la falsa enseñanza religiosa.

Exhortación a una iglesia adormecida

Eudo Prado (Colombia)

Pasaje bíblico de estudio: Apocalipsis 3:1-6
Versículo para memorizar: "Acuérdate, pues, de lo que has recibido y oído; y guárdalo, y arrepiéntete. Pues si no velas, vendré sobre ti como ladrón, y no sabrás a qué hora vendré sobre ti" Apocalipsis 3:3.
Propósito de la lección: Comprender la necesidad de velar espiritualmente para que nuestra vida sea agradable ante los ojos de nuestro Señor Jesucristo.

Introducción

Como nuestro "buen Pastor", Cristo cuida de nosotros con mucho amor y de múltiples maneras. Algunas veces, nos habla de una forma dura que suele ser desagradable desde nuestro punto de vista natural. Pero aun así, podemos tener la certeza de que es para nuestro bien.

El reproche que Cristo hizo a la iglesia de Sardis es, quizá, el más duro de cuantos dirigió a las siete iglesias de Asia; pero refleja profundamente su corazón pastoral, lleno de amor. Es también un llamado urgente a la iglesia de nuestros días. Una exhortación a despertar del profundo letargo donde la complacencia con el mundo nos ha sumido.

I. Una iglesia examinada según el criterio de Dios (Apocalipsis 3:1-2)

Comprender la forma cómo Dios ve a su iglesia es muy importante. Siendo que muchas veces estamos más preocupados por tener la aceptación del mundo que por ser agradables al criterio divino; es propio recordar que con frecuencia la Palabra de Dios nos exhorta a buscar la aprobación de Dios y no la de las personas (Gálatas 1:10). Cuando Cristo examinó la condición de la iglesia de Sardis, encontró una condición desagradable ante sus ojos, aunque bien vista por el mundo.

A. ¿Cómo se presentó Cristo a la iglesia?

La forma como Cristo se presentó a la iglesia proporciona un punto de partida esencial para la comprensión de la totalidad del mensaje. En la primera parte del versículo 1, Cristo se reveló como "El que tiene los siete espíritus de Dios, y las siete estrellas..."

La expresión "los siete espíritus de Dios", mencionada varias veces en el libro de Apocalipsis (1:4, 3:1, 4:5, 5:6), es una frase enigmática que pertenece al lenguaje figurado propio de este libro. Por su parte, el número siete es asociado en las Escrituras con la idea de plenitud o perfección (Levítico 26:18; Proverbios 6:16-19; Mateo 18:21-22). Es interesante el paralelismo con Zacarías 4:10 también: "Estos siete son los ojos de Jehová, que recorren toda la tierra". Podemos comprender, entonces, que aquí se refiere a la plenitud del Espíritu de Dios en Cristo (Colosenses 2:9). "Cristo se presenta a la iglesia de Sardis como aquel que posee la plenitud (siete) del Espíritu, visto en sus operaciones salvíficas concretas (v. 1)" (Vanni, Ugo. Apocalipsis. España: Editorial Verbo Divino, 1998, p.36).

En cuanto a la frase "las siete estrellas", se puede entender mejor por medio de Apocalipsis 1:16,20. Las siete estrellas son los ángeles de las siete iglesias, a quienes Cristo tiene en su diestra. Es decir, en una posición de autoridad que procede de Él. Por su parte, el significado de la palabra "ángel" viene del griego "angelos", y significa "mensajero" (Delgado Jara, Inmaculada. Diccionario griego-español del Nuevo Testamento. Salamanca, España: Editorial Verbo Divino, 2006, p.18). Aquí se refiere, probablemente, al pastor de la iglesia o al mensajero de parte de Dios para ella.

En resumen, el versículo inicial de este precioso pasaje de Apocalipsis 3 afirma el perfecto conocimiento que tiene Cristo de su iglesia. Él es "el gran pastor de las ovejas" (Hebreos 13:20); el buen Pastor que conoce a sus ovejas y dio su vida por ellas (Juan 10:11) y, por lo tanto, no ignora ni es indiferente a su condición espiritual.

B. ¿Cómo ve Cristo a la iglesia?

La iglesia de Sardis era bien vista por la sociedad de su tiempo; porque había contemporizado con ella. En aquel tiempo, para que el cristiano no fuera rechazado por la cultura idolátrica e inmoral imperante en el mundo grecorromano, debía adaptarse a ella. Muchos lo hacían en detrimento de su fe. Vivían una vida cristiana superficial, sin compromiso con Dios y su Palabra. Por tanto, se puede decir que Sardis era una iglesia postrada en un gran letargo espiritual, aunque aparentaba lo contrario.

"Suponemos que su posición financiera e influencia quizá contribuyeron a dar a la iglesia el aspecto próspero de mucha vida espiritual. El aspecto externo puede engañar a otros creyentes que la miran de una manera superficial, pero Jesús examina la situación interna de la iglesia y encuentra una carencia de fe vibrante, lo cual ha conducido a muerte espiritual" (Kistemaker, Simon J. Comentario al Nuevo Testamento: Apocalipsis. EUA: Libros Desafío, 2004, pp.172-173).

El triste resultado que arrojó la evaluación de Cristo a esta iglesia se expresa en la última parte del versículo 1: "Yo conozco tus obras, que tienes nombre de que vives, y estás muerto". El final del versículo 2 también lo reafirma: "porque no he hallado tus obras perfectas delante de Dios". Esto nos presenta una gran contradicción entre la realidad de la condición espiritual de la iglesia y la aparente. Sin duda, y hablando en un sentido general, el mensaje a la iglesia de Sardis no podría ser más pertinente a la situación de la iglesia actual frente a la cultura del mundo. Hoy en día, continuamos cediendo el paso a las formas y costumbres de la época, y rehusamos a mantener con firmeza los principios y valores del reino de Dios, tanto en nuestra propia vida como en la de la iglesia.

II. Una exhortación a despertar espiritualmente (Apocalipsis 3:3)

La iglesia de Sardis era una iglesia adormecida espiritualmente. La exhortación contenida en el versículo 3 del pasaje nos enseña que no puede haber vitalidad en la vida cristiana si no se tiene un encuentro vivo con las Sagradas Escrituras, que es lo que produce el arrepentimiento y transformación del carácter.

A. Enfrentándose con la Palabra de Dios

La iglesia había abandonado su relación con la Palabra de Dios, haciendo a un lado la obediencia a los santos mandamientos. En lugar de ello, quizá permanecía imbuida en un activismo litúrgico superficial carente de coherencia con su vida ética.

"Es una situación límite, de la que podrá liberarse la iglesia mediante una enérgica sacudida que la lleve a salvar lo salvable y sobre todo a enfrentarse, en un estado de vigilancia, con la palabra de Dios que acogió al principio" (Vanni, Ugo. Apocalipsis. España: Editorial Verbo Divino, 1998, p.36).

Lamentablemente, esta es la misma realidad de gran parte de la iglesia actual. El llamado urgente de Cristo a recordar y guardar "lo que has recibido y oído" (v.3a) es también para nosotros. Es a volver a la Palabra de Dios como el fundamento de nuestra fe y experiencia como iglesia.

B. Procediendo al arrepentimiento

Lo que vemos en la continuación del versículo 3 es el llamado urgente de Cristo a su iglesia a proceder al arrepentimiento de sus malas obras. "Tras una larga requisitoria, que pretende hacer memoria de los dones recibidos por esa iglesia, el Señor la llama, en un emocionado final climático, a una conversión urgente" (Guijarro y otros. Comentario al Nuevo Testamento. España: La Casa de la Biblia, 1995, p.704).

El arrepentimiento según la Biblia es la consecuencia del encuentro sincero con la Palabra de Dios, que produce en nuestro corazón la convicción de pecado (Hebreos 4:12-13). Pero, aunque la Palabra de Dios nos muestra la condición pecaminosa, y por tanto, nuestra necesidad de Dios; necesitamos ponerla por obra para experimentar su eficacia. Ella posee en sí misma el poder transformador que nos puede llevar a una vida de bendición; pero se requiere el arrepentimiento y la fe para que la justicia de Dios pueda obrar en nosotros (Santiago 1:21-25).

C. Velando espiritualmente

Cristo termina su llamado al arrepentimiento de la iglesia de Sardis con la exhortación a velar espiritualmente. El final del versículo 3 señala la inminente intervención del Señor en caso de que su pueblo no atienda a este llamado. Tal vez, aquí hay un eco del transfondo histórico de la ciudad, la cual, a pesar de su aparente seguridad, fue sorprendida y tomada varias veces por invasores enemigos.

«Jesús diseña para la comunidad toda una estrategia de recuperación de la vida perdida. Si la comunidad no reacciona, Jesús le advierte: vendré como ladrón. Expresión usada aquí para la venida de Jesús a la comunidad en el tiempo presente (cf. 16, 15), paralela a la expresión 'vengo a ti pronto'» (Richard, Pablo. Apocalipsis: Reconstrucción de la Esperanza. Costa Rica: Editorial DEI, 1994, p.80).

La Palabra de Dios nos enseña que el Señor en su carácter santo juzga sin acepción de personas la obra de cada uno en el tiempo actual; y, por tanto, como sus hijos, debemos vivir con temor y reverencia a su santidad (1 Pedro 1:16-17).

III. Un remanente fiel y santo (Apocalipsis 3:4)

Sin embargo, afortunadamente, no todo estaba perdido en la iglesia de Sardis. Aún quedaba un remanente fiel al Señor, que se había guardado en obediencia a pesar de las presiones del mundo.

A. La fidelidad del remante

El versículo 4 presenta la complacencia del Señor con aquel grupo de creyentes que se habían conservado en la comunión con Cristo en medio del ambiente idolátrico de la ciudad. Estos habían ido contra la marea y perseverado en la fe.

"Hay esperanza para la iglesia adormecida en Sardis, donde unos pocos miembros siguen siendo fieles al Señor. Entre las cenizas del fuego hay unas pocas brasas resplandecientes que, con un soplo de aire, se convertirán en llamas. El griego dice 'unos pocos nombres' y transmite la idea de que el Señor conoce a sus seguidores fieles en forma individual por su nombre y se complace en su amor por él" (Kistemaker, Simon J. Comentario al Nuevo Testamento: Apocalipsis. EUA: Libros Desafío, 2004, p.175).

Así, cada uno de nosotros es llamado a la fidelidad a Cristo, quien sin reparos entregó su vida por nuestra salvación: "Nosotros le amamos a él, porque él nos amó primero" (1 Juan 4:19).

B. La santidad del remanente

Cuando pensamos con alegría en la mención de un remanente santo en Sardis, no podemos dejar de lamentar el desvío del camino de la santidad que sufrió la mayoría de la iglesia. Ellos también pudieron guardarse en pureza para Dios; pero no lo hicieron debido a su falta de amor y entereza.

"Hay solamente unos pocos que no mancharon sus vestidos, lo que es una clara alusión a su conducta no contaminada con la idolatría del Imperio. Podemos suponer que lo que mató a la Iglesia fue la idolatría, propagada por los nicolaítas, los balaamitas, y los grupos gnósticos. Si de unos pocos se dice que no son idólatras, se supone que la mayoría de la Iglesia sí lo es" (Richard, Pablo. Apocalipsis: Reconstrucción de la Esperanza. Costa Rica: Editorial DEI, 1994, p.80).

El llamado a la santidad del pueblo de Dios está presente a lo largo de las Escrituras (Éxodo 19:6; 1 Pedro 1:13-23). Este llamado no es sólo para unos pocos; sino la voluntad de Cristo para toda su iglesia (1 Tesalonicenses 4:1-7). El remanente santo de la iglesia de Sardis nos enseña que sí se puede andar en santidad a pesar de que vivamos en un ambiente extremadamente pecaminoso (Filipenses 2:15-16).

IV. Tres promesas de Cristo dirigidas al vencedor (Apocalipsis 3:5-6)

La última parte del pasaje (vv.5-6) nos enseña que hay gran bendición como resultado de la fidelidad y la obediencia al Señor. Cristo dirige tres preciosas promesas para su pueblo que persevera en la santidad:

A. "El que venciere será vestido de vestiduras blancas..." (v.5)

La primera promesa dirigida al vencedor de la batalla de la fe tiene que ver con la perfección eterna. Está prometido a todo aquel que persevera que será hecho perfecto para siempre, y andará en compañía de los santos ángeles (Hebreos 12:22-23). "Las ropas son los actos justos de los santos (19:8). El color blanco denota pureza, y así los santos que van vestidos con ropas blancas son santos en la presencia de Dios (7:9, 13)" (Kistemaker, Simon J. Comentario al Nuevo Testamento: Apocalipsis. EUA: Libros Desafío, 2004, p.176). Esta es una promesa maravillosa que nos lleva a anhelar el momento de nuestro encuentro definitivo con el Señor.

B. "... y no borraré su nombre del libro de la vida..." (v.5)

La segunda promesa se refiere a la permanencia por la eternidad de nuestro nombre en el registro divino. La expresión "no borraré su nombre del libro de la vida" se puede entender mejor observando las costumbres de aquellos tiempos bíblicos.

"Los romanos borraban de los registros el nombre de un criminal antes de darle muerte; a los cristianos que se negaban a rendir culto al César como Señor se los consideraba como convictos, por lo que debían perder su ciudadanía. Jesús asegura a los fieles en Sardis que sus nombres nunca serán borrados del libro de vida" (Kistemaker, Simon J. Comentario al Nuevo Testamento: Apocalipsis. EUA: Libros Desafío, 2004, p.177).

Por tanto, esta gran promesa para los vencedores del pecado es, indudablemente, una palabra maravillosa que se ofrece a cada uno de quienes, aferrados a la gracia de Dios, continuamos perseverando en el llamado a la santidad. Es la seguridad de que "... nuestra ciudadanía está en los cielos, de donde también esperamos al Salvador, al Señor Jesucristo" (Filipenses 3:20).

C. "... y confesaré su nombre delante de mi Padre, y delante de sus ángeles" (v.5)

La última promesa dirigida a los vencedores de Sardis nos lleva a contemplar el momento sublime de nuestra aprobación final y pública por nuestro amado Señor. La confesión por parte de Cristo de nuestro nombre delante de su Padre y los santos ángeles sellará el inicio de nuestra eternidad gloriosa (Mateo 10:32).

Normalmente, hallamos complacencia en escuchar la pronunciación de nuestros nombres de labios de nuestros seres amados; pero la idea de oírlo aquel día de labios de nuestro Salvador delante de su Padre y los millares de ángeles con un sentido de aprobación final debe representar un gozo inimaginable para nosotros.

Conclusión

Así como Cristo dirigió una exhortación urgente a la iglesia de Sardis a despertar del letargo espiritual; la Palabra de Dios llama hoy a la iglesia adormecida a ser vigilante y mantener la fidelidad a Cristo y una vida de santidad práctica en medio de un mundo cada vez más pecaminoso.

Exhortación a una iglesia adormecida

Lección 45

Hoja de actividad

Versículo para memorizar: "Acuérdate, pues, de lo que has recibido y oído; y guárdalo, y arrepiéntete. Pues si no velas, vendré sobre ti como ladrón, y no sabrás a qué hora vendré sobre ti" Apocalipsis 3:3.

I. Una iglesia examinada según el criterio de Dios (Apocalipsis 3:1-2)

¿Qué condición mostró la evaluación de Cristo a la iglesia de Sardis?

____

____

¿Qué condición mostraría una evaluación de Cristo a nuestra iglesia?

____

____

II. Una exhortación a despertar espiritualmente (Apocalipsis 3:3)

¿En qué aspectos necesito hoy volver a la Palabra de Dios?

____

____

¿Qué salida da Jesús a las personas alejadas de Él según el v.3?

____

III. Un remanente fiel y santo (Apocalipsis 3:4)

¿Qué hizo el remanente de la iglesia de Sardis para mantenerse fiel al Señor?

____

____

¿Cómo podemos manchar hoy nuestras vestiduras los cristianos?

____

____

IV. Tres promesas de Cristo dirigidas al vencedor (Apocalipsis 3:5-6)

¿A qué se refiere la promesa: "será vestido de vestiduras blancas" (v.5)?

____

____

¿Cree que Jesús le puede decir hoy: "no borraré su nombre del libro de la vida" (v.5)?

____

____

Conclusión

Así como Cristo dirigió una exhortación urgente a la iglesia de Sardis a despertar del letargo espiritual; la Palabra de Dios llama hoy a la iglesia adormecida a ser vigilante y mantener la fidelidad a Cristo y una vida de santidad práctica en medio de un mundo cada vez más pecaminoso.

Bienaventuranzas por la fidelidad

Mirelys Correoso Calzadilla (Cuba)

Pasajes bíblicos de estudio: Apocalipsis 3:7-13
Versículo para memorizar: "... Sé fiel hasta la muerte, y yo te daré la corona de la vida" Apocalipsis 2:10b.
Propósito de la lección: Comprender cuánto aprecia Cristo la fidelidad como cualidad en su iglesia; y valorar su recompensa de parte del Señor.

Introducción

En la ciudad de Filadelfia, conocida como la "Pequeña Atenas", no sólo por la notable influencia de la cultura griega que existía en ella; sino también por la magnificencia de sus edificios públicos y templos. Esta ciudad era privilegiada en su economía y comercio, lo que la hacía muy próspera. Era famosa por sus cultivos de uvas que hicieron célebres sus vinos y bebidas.

Estaba estratégicamente situada a lo largo de una carretera muy frecuentada que unía Asia con Europa. Allí un pequeño rebaño, una iglesia fiel, sin mancha ni arruga (Efesios 5:27), fruto de la labor misionera de los cristianos de Éfeso, decidió marcar una diferencia y en ella Cristo, "el Santo, el Verdadero" (Apocalipsis 3:7), puso sus ojos.

I. Elogios por sus buenas obras (Apocalipsis 3:7-8)

El libro de Apocalipsis fue escrito en medio de una despiadada persecución del Imperio romano contra la iglesia primitiva, de la que no estaba exenta la congregación de Filadelfia.

Esta iglesia también fue censurada por los judíos que no reconocían a Jesús como Mesías y por los gentiles, que los menospreciaban. En ese tiempo el pueblo de Israel se rendía ante los dioses paganos, participando de sus ritos.

Pero existía una iglesia en Filadelfia que conocía la verdad, fue libre en Cristo (Juan 8:32) y vivió en santidad,.

Bienaventurada la iglesia que, como Filadelfia, es elogiada por Cristo y considerada por Él como portadora de las siguientes características:

A. Guardadora de su Palabra

Una iglesia con semejante atributo es aquella que tiene un pleno conocimiento de las Escrituras y que, guiada por el Espíritu Santo, no sólo escudriña en los designios divinos revelados al ser humano; sino que los pone por obra. Es una iglesia que agrada al Señor en todo lo que dice, piensa y hace, rechazando categóricamente el pecado, aunque le cueste la vida.

En una iglesia dotada con esta característica, sus miembros tienen la Palabra escrita en la tabla de sus corazones (Proverbio 7:3); y la cumplen no sólo por temor al Señor (Salmo 111:10), sino por amor a ella y a su Creador, constituyendo un deleite poder vivificarla con su testimonio y desempeño ministerial.

Tal congregación no adultera su doctrina con ninguna filosofía humana (2 Timoteo 4:3-4); y es capaz de aplicar a todas las circunstancias de la vida el mensaje redentor implícito en toda la Biblia.

En esencia, el pueblo de Dios que es hallado por el Señor con tal condición está ataviado con la santidad; y posee toda autoridad para poder realizar prodigios y señales en su nombre (Juan 14:12), estando apto para hacer discípulos, llevando el mensaje de la cruz a todos los confines de la tierra.

B. No niega el nombre de Jesús

Una iglesia con esa cualidad adora a su Dios en espíritu y verdad (Juan 4:23); y, con ello, le reconoce en todo lo que hace, porque su propósito es honrarle y glorificarle siempre. La misma se proclama ante el mundo como sierva de un único Señor; y no se avergüenza de vivir siguiendo sus pisadas (1 Pedro 2:21).

Dichos cristianos no se someten a ninguna deidad, dado que no reconocen ninguna otra (Éxodo 20:3); sólo se sujetan ante las autoridades humanas cuando proceda, siempre que con ello no comprometan su credo (Mateo 22:21).

Tal congregación es aquella que toma la decisión de que nada podrá separarle del amor de Dios, que es en Cristo Jesús; por lo que ninguna circunstancia presente ni futura les hará renunciar a su fe (Romanos 8:35-39).

II. Recompensas a causa de su fidelidad (Apocalipsis 3:9-10)

Así como seguir a Cristo implica sacrificios y renuncias sustanciales, también trae consigo promesas de recompensas de parte del Señor que retribuyen con creces todo acto de fidelidad que le ofrendemos de corazón (Apocalipsis 2:10b).

Se refleja en Apocalipsis 3:8 que la iglesia de Filadelfia tenía poca fuerza, lo que pudiera interpretarse en que pudiera haber sido pequeña o de poco "éxito" e influencia, o quizá de escasos recursos; pudiera haber sido cualquier debilidad. Pero lo reconfortante es que esto no constituyó un impedimento para que permaneciera fiel al Señor, poniendo sus ojos en el autor y consumador de la fe (Hebreos 12:2).

El mantenerse firmes al evangelio les costaba a los creyentes del primer siglo y parte del segundo, el ser humillados, tratados como malhechores, sufrir persecución y hasta ser asesinados brutalmente en caso de ser apresados. Los judíos los tenían por impostores y blasfemos; y esto era el argumento que esgrimían para marginarles. Se referían a ellos despectivamente como "la secta de los nazarenos" (Hechos 24:5). Pero Jesús, a aquellos que se jactaban de ser el pueblo escogido de Dios y no les reconocían a Él y a sus seguidores, les llamó mentirosos, clasificándolos como sinagoga de Satanás, al volverse instrumentos en las manos del maligno, quien los utilizó para socavar y tratar de destruir a la iglesia. Pero escrito está que "las puertas del Hades no prevalecerán contra ella" (Mateo 16:18).

En esta porción bíblica de Apocalipsis 3:9, el apóstol Juan, escritor del libro, expuso una promesa del Señor de gran connotación espiritual y teológica, cuando profetizó que en lugar de que los judíos recibieran honra, estos por el contrario honrarían a los fieles discípulos de Jesús y reconocerían el amor incondicional que Él les profesaba (Isaías 60:14). Con esta aseveración, afirma que algunas promesas de Dios a Israel les serían legadas a los seguidores de Cristo, cumpliéndose esta palabra: "A lo suyo vino, y los suyos no le recibieron. Mas a todos los que le recibieron, a los que creen en su nombre, les dio potestad de ser hechos hijos de Dios" (Juan 1:11-12). Ahora, los cristianos se convertirían en el Israel espiritual, linaje escogido, nación santa, real sacerdocio, pueblo adquirido por Dios, con un llamado y una misión especial: "anunciéis las virtudes de aquel que os llamó de las tinieblas a su luz admirable" (1 Pedro 2:9).

Cristo habló a sus discípulos de la hora de la prueba; recordemos cuando dijo: "... En el mundo tendréis aflicción; pero confiad, yo he vencido al mundo" (Juan 16:33). En la oración sacerdotal (Juan 17), Cristo le rogó al Padre que no los quitara del mundo; sino le pidió que los guardara del mal. En esta petición, tan cargada de amor, hecha justamente antes de su arresto, lo que podríamos decir, en las primicias de los momentos de prueba que sobrevendrían para los creyentes, el Maestro extiende su súplica a favor de la iglesia universal, cuando dice en el versículo 20: "Mas no ruego solamente por éstos, sino también por los que han de creer en mí por la palabra de ellos". Con esta plegaria, el Señor estaba no sólo profetizando que vendrán tiempos difíciles para su pueblo; sino que el respaldo de Dios para ellos nunca faltará.

La promesa del Espíritu Santo es la más elocuente confirmación de que la iglesia estaría dotada de todo lo necesario para afrontar cualquier tribulación de manera victoriosa, cumpliendo su misión en la tierra (Hechos 1:8). Jesús les anunció a sus siervos que el Consolador moraría con ellos y en ellos, les enseñaría todas las cosas, así también les recordaría todo lo que Él había dicho, infundiéndoles una paz que sobrepasa todo entendimiento (Juan 14; Filipenses 4:7). ¡Bendito Pentecostés que potenció a la iglesia para tan extraordinaria obra! (Hechos 2:1-4).

III. Exhortación a permanecer fiel, y la promesa (Apocalipsis 3:11-13)

Cristo exhortó a los hermanos de Filadelfia a mantenerse con una actitud de vencedores, como quien sabe que la victoria está garantizada, debiendo tan sólo conquistarla y retenerla, lo que conlleva una dosis de fe en aquel que ha prometido acompañar a la iglesia hasta su arrebatamiento.

Aquel que dio su vida por la redención de la humanidad fue a preparar morada para sus fieles (Juan 14:2-3); y profetizó a a la iglesia de Filadelfia, que admiró, sobre su Segunda Venida en gloria; por lo que le pidió que no descuidara lo que había conseguido a pesar de las pruebas y adversidades: su fidelidad (Apocalipsis 3:11).

El Señor alentó a sus discípulos con estas palabras: "No temáis, manada pequeña, porque a vuestro Padre le ha placido daros el reino" (Lucas 12:32). En Apocalipsis 3:12, se les promete a los que perseveren en el propósito divino que no serán excluidos de la presencia de Dios; sino que morarán un día en la nueva Jerusalén. Dice la Palabra de Dios: "Y yo Juan vi la santa ciudad, la nueva Jerusalén, descender del cielo, de Dios, dispuesta como una esposa ataviada para su marido" (21:2); momento en que serán enjugadas las lágrimas de aquellos que no claudicaron de su fe, siendo premiados con una eternidad en su presencia (v.4).

El Señor, en su Palabra viva, proclamó que aquellos primeros creyentes que recibieron burlescamente el nombre de "cristianos" (Hechos 11:26), y todos los que les sucedan, al llegar a la patria celestial, recibirán honra con el nombre de Dios, finalizando de esta manera la obra redentora de Cristo.

IV. Mensaje para la iglesia hoy (Apocalipsis 3:12-13)

El capítulo de Hebreos 11 constituye un digno y merecido homenaje a todos aquellos varones y mujeres que, en sus diferentes contextos y situaciones especiales, con independencia de sus posiciones sociales y épocas, perseveraron en la fe; y hoy, sus vidas son paradigmas que nos inspiran para poder correr con paciencia la carrera que tenemos por delante (Hebreos 12:1). No tenemos dudas de que los nombres de los fieles creyentes de la iglesia de Filadelfia están incluidos en esa hermosa remembranza de mártires, así como en el libro de la vida.

En la actualidad, también existen cristianos que están pagando un alto precio por el evangelio en países como Corea del Norte, Afganistán, Pakistán, la India, China, entre otros. Las cifras recientes de creyentes asesinados son alarmantes en regiones del África subsahariana, por citar uno de los ejemplos más representativos. El pueblo de Dios, en muchos lugares, es víctima desde una discreta opresión diaria hasta la más férrea persecución.

En el Artículo 18 de la Declaración Universal de los Derechos Humanos de las Naciones Unidas, se regula la libertad de religión o de conciencia de las personas, que incluye el derecho de poder participar de manera igual y efectiva en la vida cultural, religiosa, social, económica y pública de su país; pero en la práctica, esto constituye letra muerta.

Hoy, hay varones y mujeres que han dejado atrás sus propios sueños, planes personales, su vida cotidiana, para llevar la luz de Jesús a lugares donde resulta, como en el primer siglo, un enorme desafío creer en el Señor y servirle. Así también, son muchos los ministerios que están proliferando en pos de mostrar el pan de vida al quebrantado, de las formas menos convencionales y más inclusivas posibles. Los proyectos comunitarios están siendo una eficaz herramienta en manos de aquellos que han decidido servir al prójimo sin esperar nada a cambio. A través de la compasión, muchas personas están viendo a Cristo multiplicando panes y peces, sanando enfermos y liberando cautivos.

Si nos proponemos como pueblo de Dios ser la sal de esta tierra (Mateo 5:13), insípida por el pecado, debemos vivir con una santidad que sea perceptible por toda persona con la que interactuamos: en el trabajo, vecindario, parada del autobús o del mercado, en fin, en todo lugar. Y es que cuando no damos los "buenos días" al adolescente rebelde del barrio; no alzamos nuestra voz en contra de la "igualdad de género"; o en lugar de honrar a nuestros padres, los minimizamos; cuando dejamos que sea el mundo quien llene nuestra agenda y nos contagie con sus esnobismos, sencillamente, estamos negando el nombre de Jesús.

La iglesia del siglo XXI, en medio de tanta gama de concepciones, filosofías y religiones, sigue teniendo la Palabra profética más segura (2 Pedro 1:19). Nos corresponde a usted y a mí, como parte del cuerpo de Cristo, aprender a ser guardadores de esa letra viva, aplicarla a cada área de nuestra vida y saber trasmitirla incólume y bien contextualizada a este mundo necesitado; para que la misma pueda cumplir su propósito salvífico.

La fidelidad que Jesús quiere de su novia, en estos tiempos convulsos, va más allá que congregarse cada domingo, que diezmar de todo lo recibido; implica una actitud genuina, de pertenencia y entrega hacia aquel que nos dio su vida por amor: Cristo Jesús.

Conclusión

Dios necesita un pueblo empoderado y enfocado por su Espíritu, que como la iglesia de Filadelfia, en medio de las pruebas, sepa marchar fiel hacia la meta teniendo su Palabra como manual de vida, glorificando al Maestro en su diario caminar.

Bienaventuranzas por la fidelidad

Hoja de actividad

Versículo para memorizar: "... Sé fiel hasta la muerte, y yo te daré la corona de la vida" Apocalipsis 2:10b.

I. Elogios por sus buenas obras (Apocalipsis 3:7-8)

¿Cree que será suficiente el ser buen conocedor de las Escrituras para ser considerado un cristiano, guardador de la Palabra? Argumente su respuesta.

¿Cómo considera usted que debe ser la proyección y visión de una iglesia cristocéntrica?

II. Recompensas a causa de su fidelidad (Apocalipsis 3:9-10)

¿Qué implicaciones tenía para la iglesia de Filadelfia, el mantenerse fiel a su fe en Jesús?

¿De qué forma recompensa el Señor a la iglesia que permanezca fiel?

III. Exhortación a permanecer fiel, y la promesa (Apocalipsis 3:11-13)

¿Considera necesaria la exhortación a la fidelidad a Dios? ¿Por qué?

Relacione y comente un pasaje bíblico donde se haya visto evidenciado la fidelidad de un siervo o una sierva de Dios y su recompensa terrenal.

IV. Mensaje para la iglesia hoy (Apocalipsis 3:12-13)

¿Qué elementos considera que atentan hoy contra la fidelidad, como atributo de la iglesia?

Comparta brevemente un testimonio personal donde haya visto la mano de Dios recompensando su fidelidad hacia Él.

Conclusión

Dios necesita un pueblo empoderado y enfocado por su Espíritu, que como la iglesia de Filadelfia, en medio de las pruebas, sepa marchar fiel hacia la meta teniendo su Palabra como manual de vida, glorificando al Maestro en su diario caminar.

Laodicea, una iglesia mediocre

Myrna Luz Riley (México)

Pasaje bíblico de estudio: Apocalipsis 3:14-22
Versículo para memorizar: "He aquí, yo estoy a la puerta y llamo; si alguno oye mi voz y abre la puerta, entraré a él, y cenaré con él, y él conmigo" Apocalipsis 3:20.
Propósito de la lección: Afirmar la importancia de mantener una vida espiritual firme, decidida a seguir a Cristo; y evitar caer en la mediocridad.

Introducción

Laodicea era una gran metrópoli que estaba ubicada en la región de Frigia, en Asia, lo que actualmente es Turquía. Fue fundada por el rey seléucida Antíoco II en los años 261-246 a.C. con el fin de propagar el helenismo. Era una ciudad muy famosa por sus riquezas; se le consideraba un centro industrial y comercial. Se dedicaban a la fabricación de un tejido especial de lana negra azulada, con la cual producían lujosas telas y tapetes. También había una escuela muy famosa de médicos oculistas que preparaban un colirio para los ojos, hecho de una piedra de Frigia que exportaban a todo el Imperio romano. Además, era un gran centro financiero y banquero; ya que por la ciudad, confluían los tres grandes caminos que llevaban al extenso territorio en poder del Imperio romano.

Laodicea era tan orgullosa de sus riquezas. Se cuenta que, cuando sobrevivieron a un terremoto que sucedió por los años 60-61 d.C., no pidieron apoyo a Roma. Los ricos de la ciudad colaboraron con sus donativos para la reconstrucción de la ciudad; y esto los hacía muy autosuficientes, y que no necesitaran de la ayuda de nadie.

Se cree que la iglesia de Laodicea fue fundada por Epáfras, uno de los seguidores de Pablo; ya que estaba muy cerca de la ciudad de Éfeso. Muchos de los cristianos de esta iglesia gozaban de bienes y riquezas; y esto los hacía sentir muy seguros y orgullosos.

I. Revelación de la condición espiritual (Apocalipsis 3:14-17)

Jesucristo se presenta a esta iglesia con tres títulos: "He aquí el Amén, el testigo fiel y verdadero, el principio de la creación de Dios..." (3:14). Juan Stam, en su comentario de Apocalipsis, nos menciona lo siguiente sobre el título de "Amén": «La idea que subyace del término "Amén" es la de firme, seguro; implica solidez, constancia, estabilidad y lealtad, confianza» (Stam, Juan. Apocalipsis, tomo I. EUA: Editorial Kairos, 2006, p.168). Paradójicamente, la firmeza de Jesús contrasta con la tibieza, inseguridad y mediocridad de la iglesia en Laodicea.

El segundo título, "fiel y verdadero", alude a que Jesucristo es Dios y no cambia. Esto trae a la iglesia la plena seguridad de que están creyendo en el verdadero Hijo de Dios. El apóstol Juan, en su primera carta, afirmó lo siguiente acerca de Jesucristo: "Y sabemos que el Hijo de Dios ha venido y nos ha dado entendimiento, para que podamos conocer al Dios verdadero. Y ahora vivimos en comunión con el Dios verdadero porque vivimos en comunión con su Hijo, Jesucristo. Él es el único Dios verdadero y él es la vida eterna" (1 Juan 5:20 NTV). La iglesia de Laodicea estaba influenciada por la adoración a ídolos que representaban a los dioses griegos, además del culto al propio César que se consideraba obligatorio.

En el tercer título, "el principio de la creación" (Colosenses 1:15-16), Jesús se presenta como el Dios soberano de la creación, "el origen o fuente primaria de la creación" (Earle, Ralph. Comentario Bíblico Beacon, tomo X, Apocalipsis. EUA: CNP, 1967, p.543). Y, por lo tanto, exige a los creyentes de Laodicea que asuman el compromiso que hicieron con Él, de serle fieles.

La palabra "tibieza" era muy bien entendida en el contexto de los que vivían en Laodicea; porque la ciudad no tenía agua potable, por lo que recibía el agua que provenía de las aguas termales de unos 9 kilómetros a las afueras de la ciudad. Cuando estas aguas llegaban a la ciudad, estaban tibias y eran nauseabundas para la población. El mensaje de Jesucristo a esta iglesia utiliza la analogía de la tibieza del agua como un comparativo de su situación espiritual. El mensaje es muy directo; ya que fue una condena a su mediocridad espiritual. No se decidían ser verdaderamente cristianos: coqueteaban con el mundo; les gustaban las riquezas, el poder; y no querían contradecir al gobierno. Jesús les dijo: "Estoy enterado de todo lo que haces, y sé que no me obedeces del todo, sino sólo un poco. ¡Sería mejor que me obedecieras completamente, o que de plano no me obedecieras! Pero como sólo me obedeces un poco, te rechazaré por completo" (Apocalipsis 3:15-16 TLA).

"A la iglesia de Laodicea, Cristo reprocha el haber decaído de su fervor, dejándose llevar por la pereza y del tedio por las cosas religiosas. Cosa bien explicable en una ciudad dominada por el afán del negocio y del lucro temporal... se han vuelto tibios como las aguas termales que corrían por sus términos" (Salguero, José. Biblia Comentada, VII, Epístolas Católicas, Apocalipsis. España: Ediciones Paulinas, 1965, p.363).

La palabra "tibieza" alude al término de una persona que no se define del todo, que es indecisa, que no está convencida de algo. La siguiente es una definición: «La palabra mediocre proviene del latín *mediocris* que significa "medio" o "común". Etimológicamente está compuesto por el vocablo *medius* que expresa "medio o intermedio" y *ocris* que significa "montaña o peñasco escarpado", por lo que indica a algo o alguien que se queda a mitad del camino siendo la cima de la montaña el destino final» (Recuperado de https://www.significados.com/mediocre/, el 20 de abril de 2023).

Jesús los rechaza completamente, y les declara la problemática principal de la iglesia de Laodicea: «Dices: "Soy rico; me he enriquecido y no me hace falta nada"; pero no te das cuenta de cuán infeliz y miserable, pobre, ciego y desnudo eres tú» (v.17 NVI). No necesitaban a Dios; vivían muy cómodos, se sentían autosuficientes. Esto les trajo una seguridad material; pero una gran indiferencia espiritual. Ya no tenían remordimiento de conciencia; pero Jesús les abrió los ojos y les dijo que eran desventurados, miserables, pobres, ciegos y estaban desnudos (v.17). Todo lo contrario de lo que ellos creían estar. Su condición espiritual era patética; y estaban en grave peligro de ser desechados por Dios definitivamente. Juan Stam dice lo siguiente sobre su condición espiritual: "Es probable que su tibieza consistía en no querer definirse ante el sistema idolátrico que los rodeaba, para no poner en peligro sus intereses económicos, ni mucho menos tener que jugarse la vida por Cristo. En tiempos decisivos y críticos como los de Juan y los nuestros, ser mediocre y cobarde es realmente vergonzoso y repugnante. Ser tibio es pecado" (Stam, Juan. Apocalipsis, tomo I. EUA: Editorial Kairos, 2006, p.170).

Es muy interesante que Jesús declaró un juicio sobre ellos; porque realmente estaban viviendo en pecado. La forma como vivían su vida cristiana no agradaba a Dios. Habló duramente a la iglesia de Laodicea por no ser honesta en su seguimiento; por decir que eran cristianos y realizar prácticas que no agradaban a Dios. En la actualidad, muchos cristianos viven una doble vida: van a la iglesia, algunos sirven en algún ministerio; pero fuera de la iglesia, practican diversos tipos de pecado.

II. Exhortación al arrepentimiento (Apocalipsis 3:18-19)

Jesús les aconseja tres acciones que deben realizar para mostrar su arrepentimiento, ante su conducta indiferente y mediocre en la iglesia. Los invita a dejar su falsa seguridad en las riquezas materiales y buscar las riquezas eternas. Esto significa tener la intensión de cambiar y crecer en la gracia, hacer un compromiso de cambiar el rumbo de su vida, ver hacia arriba (v.18):

a) Compre el verdadero oro que ha sido probado por fuego: la riqueza terrenal es efímera, pasajera, que se acaba. La verdadera riqueza para los cristianos es hacer tesoros en el cielo; es buscar el reino de Dios y su justicia; es valorar la salvación tan grande que obtenemos en Cristo Jesús (Mateo 6:19-21,33), no las riquezas materiales. Porque el Señor ofrece el oro auténtico que es probado en fuego.
b) Póngase vestiduras blancas: ellos vestían ropas muy lujosas; pero Dios los ve desnudos, porque necesitaban vestiduras blancas, es decir, vestiduras espirituales que cubran su cuerpo corrompido por el pecado. Necesitaban pureza de corazón, vivir una vida auténtica, apartada del mal, de la vanidad, del orgullo y humillarse ante ese Dios santo, que requiere que vivamos en este mundo cubiertos del amor perfecto de Él (Colosenses 3:12-15).
c) Unja sus ojos con el verdadero colirio, para que sane su ceguera espiritual: la ceguera espiritual no les permitía ver su verdadera situación; había una gran indiferencia para ver la realidad de la iglesia. Ellos se jactaban en decir: "Dios ha sido bueno con nosotros"; porque les había prosperado, no le pedían nada a nadie, se sentían autosuficientes, y no necesitaban nada. Jesús les ofrece una mejor medicina: su sangre preciosa que limpia de todo pecado, y su Santo Espíritu que alumbra los ojos de su entendimiento; para que vean su condición espiritual y cambien en su manera de pensar (Efesios 1:17-18).
d) El llamado de Jesús al arrepentimiento nace de su amor por esa iglesia: toma la posición del tierno Padre, que por amor corrige a sus hijos. Por eso, les reconviene para que vuelvan en sí, que recuerden su primer amor, que realmente decidan cambiar el rumbo de su vida y vuelvan a ser verdaderos seguidores de Cristo: "Yo reprendo y corrijo a los que amo. Por eso, vuélvete a Dios y obedécelo completamente" (Apocalipsis 3:19 TLA).

Si analizamos a nuestras iglesias en la actualidad; tal vez nos parecemos mucho a los cristianos de Laodicea, y somos tibios en nuestra manera de vivir la vida cristiana. Hoy en día, vivimos en una sociedad de consumo, donde obtener bienes materiales es la prioridad número uno de muchas personas, incluyendo a muchos creyentes. Buscar nuestro propio bien, y no el del prójimo; viviendo en dos mundos, los domingos asistiendo al templo de manera religiosa y, entre semana, practicando el pecado y haciendo nuestra propia voluntad. Esta mediocridad trae como consecuencia cristianos inseguros, indiferentes, indecisos, que ya no tienen como prioridad vivir como Cristo; y poco compromiso con Dios y nuestro prójimo.

III. La promesa y el mensaje para la iglesia hoy (Apocalipsis 3:20-22)

Jesús nos deja sorprendidos; ya que parece que está muy molesto con la iglesia de Laodicea. Los ha tratado tan duramente, que pareciera que ya quiere desecharlos de su Reino. Pero, de pronto, surge su maravillosa gracia, manifestada en su inmensa misericordia y bondad; y les hace una invitación y una promesa muy personal.

A. La invitación

"¡Mira! Yo estoy a la puerta y llamo. Si oyes mi voz y abres la puerta, yo entraré y cenaremos juntos como amigos" (v.20 NTV). La intención de Jesús es restablecer la relación que se había roto; darles una nueva oportunidad de vivir en comunión con Él. La intención del llamado de atención tiene un propósito salvífico: es restablecer una relación de amistad entre Padre e hijos. Él no los obliga a abrir la puerta, sólo los invita a abrir sus corazones; para que Cristo vuelva a vivir en comunión con ellos. Pero es respetuoso, y ellos deben tomar su propia decisión.

En el contexto judío, invitar a alguien a cenar a casa es símbolo de absoluta confianza, de amistad y aprecio mutuo; y también apunta al sacramento de la Santa Cena que Jesús estableció con sus discípulos en señal de unidad, comunión y esperanza de su Segunda Venida. Qué maravilloso es pensar en que esta invitación es una nueva oportunidad para los de Laodicea; y también para nosotros en la actualidad. Hoy, Jesucristo nos invita a arrepentirnos de nuestra tibieza espiritual y procurar ser cristianos auténticos, firmes y seguros. Sólo tenemos que reconocer que le hemos fallado, pedir perdón, abrir la puerta de nuestro corazón; para que Él more y gobierne nuestras vidas.

B. La promesa

En el versículo 21, la promesa de una recompensa final para los que se mantengan fieles es muy esperanzadora para la iglesia de Laodicea, que sólo estaba pensando en las cosas terrenales, y en lograr prestigio y poder. Jesús los invita a luchar para lograr una recompensa eterna. "El premio prometido a los vencedores es el reino de los cielos. La promesa, por tanto, se hace escatológica, Cristo sentado a la diestra de Dios Padre, participa plenamente de su soberanía. Los fieles que hayan vencido, también reinarán con Cristo y participarán del poder real que posee Jesucristo" (Salguero, José. Biblia Comentada, VII, Epístolas Católicas, Apocalipsis. España: Ediciones Paulinas, 1965, p.364).

La promesa maravillosa de reinar con Jesucristo es para los vencedores, para los que corren con paciencia la carrera y permanecen fieles al Señor hasta el final de sus días. Este es un mensaje de amor para nosotros, que nos invita a reflexionar seriamente en nuestra vida cristiana, y preguntarnos si somos merecedores de recibir este privilegio tan especial, ser parte de una nueva creación celestial.

Conclusión

El mensaje de Jesús a la iglesia de Laodicea se actualiza para nosotros como iglesia. Es tiempo de reflexionar en nuestra propia vida espiritual y en la de la comunidad de cristianos que son parte de nuestra congregación.

Laodicea, una iglesia mediocre

Hoja de actividad

Versículo para memorizar: "He aquí, yo estoy a la puerta y llamo; si alguno oye mi voz y abre la puerta, entraré a él, y cenaré con él, y él conmigo" Apocalipsis 3:20.

I. Revelación de la condición espiritual (Apocalipsis 3:14-17)

¿Por qué Jesús consideraba a la iglesia de Laodicea como tibia?

¿Cómo podríamos describir en la actualidad a una iglesia tibia?

II. Exhortación al arrepentimiento (Apocalipsis 3:18-19)

¿Qué recomendaciones se les dio a los creyentes?

Siendo sinceros, ¿qué frutos muestran un genuino arrepentimiento de nuestra condición espiritual y mantenernos firmes en nuestro seguimiento de Jesús?

III. La promesa y el mensaje para la iglesia hoy (Apocalipsis 3:20-22)

En Apocalipsis 3:20, ¿qué respuesta personal daría ante la invitación que Jesucristo le hace para tener una comunión más íntima con Él?

¿Qué recompensa nos fortalece como iglesia para mantenernos firmes y fieles al Señor?

Conclusión

El mensaje de Jesús a la iglesia de Laodicea se actualiza para nosotros como iglesia. Es tiempo de reflexionar en nuestra propia vida espiritual y en la de la comunidad de cristianos que son parte de nuestra congregación.

Dios es soberano

Natalia Pesado (EE. UU.)

Pasajes bíblicos de estudio: Apocalipsis 7:9-17, 11:1-14, 12:1-17, 13:1-18
Versículo para memorizar: "... y Dios enjugará toda lágrima de los ojos de ellos" Apocalipsis 7:17b.
Propósito de la lección: Comprender definiciones y aplicaciones de las visiones de Juan acerca de la iglesia en la presencia de Dios al final de los tiempos.

Introducción

En el libro de Apocalipsis, encontramos varias imágenes que pueden ser difíciles de comprender inicialmente para el cristiano actual; ya que los pasajes contienen visiones con simbolismos que no son muy usuales para la cultura contemporánea. Sin embargo, podemos estudiar los pasajes a la luz de la ayuda que podemos encontrar en varios comentarios bíblicos que nos guían de manera fiel. En los cuatro pasajes de estudio para hoy, veremos cuatro visiones diferentes y sus correspondientes significados o enseñanzas para nuestra vida diaria.

I. La multitud vestida de ropas blancas (Apocalipsis 7:9-17)

Este pasaje relata la segunda parte de una visión que tuvo, y que se puede resumir, como la imagen de la iglesia ya en el cielo, disfrutando del triunfo sobre el enemigo y de la adoración en la presencia de Dios. Específicamente, Juan describió que vio una gran multitud de personas delante del trono de Dios, junto con Jesús, el Cordero perfecto quien fue un sacrificio completo; ya que pudo saldar la deuda de todos los pecados de la humanidad.

El número de personas era tan grande que "nadie podía contar" (v.9). Este dato afirma la gran esperanza de que muchas personas se salvarán y podrán disfrutar de estar en la presencia de Dios al final de sus vidas. El pasaje también describe que las personas que forman parte de la multitud son "de todas naciones y tribus y pueblos y lenguas" (v.9). Este detalle confirma que el plan de salvación de Dios es universal; es decir que la oferta de salvación que Él brinda alcanza a toda persona que simplemente recibe el perdón de Dios. En este regalo, no importa el origen étnico, la nacionalidad, la cultura y el lenguaje de la persona que lo recibe. Es maravilloso imaginar esta escena de todas las personas, tan variadas y diferentes, unidas con un mismo propósito de adorar a Dios por su poderosa salvación.

El pasaje continúa describiendo que la multitud redimida está delante del trono de Dios adorando con "ropas blancas" (v.9), lo que simboliza la pureza del alma que es necesaria para poder acceder a la presencia de Dios. La sangre ofrecida por Jesús en la cruz es la única forma de lavar las manchas que el pecado deja en el alma humana, y lo que permite que Dios pueda recibirnos en su presencia; pues allí no puede entrar el pecado.

Las personas de la multitud también tenían "palmas en las manos" (v.9b), como las ramas de las palmeras que son comunes en el área del mar Mediterráneo; y evocan la escena de la entrada triunfal de Jesús a Jerusalén y la multitud que le aclamaba: "¡Hosanna al Hijo de David! ¡Bendito el que viene en el nombre del Señor! ¡Hosanna en las alturas!" (Mateo 21:9). Se puede percibir que es un momento de mucha celebración que conlleva un gozo verdadero y perdurable; porque alaba la redención poderosa ofrecida a toda la humanidad.

La multitud no estaba silenciosa; sino que "clamaban a gran voz" y reconocían que "La salvación pertenece a nuestro Dios que está sentado en el trono, y al Cordero" (v.10). Estas palabras son un buen recordatorio para el ser humano actual, quien lucha contra la constante tentación a tomar la perspectiva egoísta la cual se pone a sí mismo en el trono de las decisiones. Ejemplos prácticos incluyen lo siguiente: "Si me gusta, lo hago; no le hace daño a nadie más"; "Yo puedo decidir sobre mi cuerpo y mi sexualidad"; "Soy libre de dirigir mi propia vida", etc. Por el contrario, el pasaje nos enseña la perspectiva del reino de Dios, donde es Él quien está en el trono; porque es el único digno de ocupar tal lugar: Él es omnisciente, Todopoderoso; y su amor no tiene fin.

La adoración continúa surgiendo también por parte de todas las otras criaturas: "todos los ángeles... y... los ancianos y... los cuatro seres vivientes..." (v.11), quienes se postran sobre sus rostros delante del trono y adoran siete cualidades (número que simboliza la perfección en la Biblia) demostrando la perfección de Dios para siempre (v.12).

Durante la visión, uno de los ancianos comenzó a hablarle a Juan; y con una pregunta, pareció ofrecer explicarle la visión, y le confirmó que las personas de la multitud son aquellas que pasaron gran sufrimiento, pero que lo superaron. Esto puede aplicarse a "un breve periodo al final de esa época", final del mundo; y también "en un sentido, todos los cristianos deben pasar a través de muchas tribulaciones (Hechos 14:22)" (Earle, Ralph. Comentario Bíblico Beacon, tomo 10. EUA: CNP, 1969, p.570). En cualquier de los casos, la perseverancia en la adoración y el servicio a Dios son la clave para salir victorioso. Asimismo, se describe que la multitud sirve a Dios de día y de noche (v.15); y ejemplifica el resultado natural de una vida redimida y restaurada por Cristo, la que tiene ahora un solo deseo que es el de estar junto a Dios y servirle con agradecimiento eterno y devoción total para el resto de la existencia.

El final también describe la gran obra que Dios hace por las personas en la multitud al extender su tabernáculo sobre ellas; saciar para siempre su hambre y su sed; protegerlas del calor; pastorearlas y guiarlas a fuentes de aguas de vida; y secar toda lágrima de sus ojos (vv.15-17). Es asombroso saber que Dios extiende su tabernáculo sobre ellos; ya que el tabernáculo es el símbolo de la presencia misma de Dios entre su pueblo. Podemos imaginar la experiencia de poder vivir con el Señor día a día, ser parte de su vecindario, de su hogar y de su familia; es innegable que Él anhela y ofrece una relación íntima y personal con cada una de sus criaturas. ¡Gloria a Dios, porque salva y restaura cada aspecto de la vida del ser humano!

II. Los dos testigos (Apocalipsis 11:1-14)

En esta visión, Juan recibió "una caña semejante a una vara de medir" (v.1a), y la instrucción de medir "el templo de Dios, y el altar, y a los que adoran en él" (v.1b). Se puede entender que lo que Dios le pidió al apóstol medir fue la iglesia cristiana, no el edificio; es decir, cada persona que forma parte de la congregación. Y, específicamente, el altar nos hace pensar en los que sirven en un lugar de liderazgo, y los que adoran en él; nos hace pensar también en el ministerio de alabanza y en los otros servicios del ministerio. Medir nos hacer rememorar el dicho común que dice: "A ver si da la talla", o sea, si tiene las cualidades necesarias.

Dios dio instrucciones específicas para la construcción del tabernáculo inicial, y luego para el templo, lo que nos demuestra que Dios requiere santidad para su presencia. Y al medir el templo/la iglesia, se puede ver si necesita ser arreglada; para que sus fundamentos sean verdaderamente firmes. De lo contrario, la construcción sufrirá desperfectos y pronto caerá por las paredes resquebrajadas. Es importante recordar que "la medición del santuario hace posible su preservación de la ruina general" (Earle, Ralph. Comentario Bíblico Beacon, tomo 10. EUA: CNP, 1969, p.582). Entonces, podemos entender que la medición no es solamente con el fin de juzgar; más bien, es con el fin de remediar cualquier desperfecto para hacerlo duradero. Dios es un renovador por excelencia.

Luego, el pasaje relata que habrá dos testigos vestidos de cilicio, material que, en tiempos bíblicos, era una señal de dolor profundo por duelo, por pérdida y por penitencia. Las palabras de estos testigos van a ser acompañadas de señales que demuestran mucho poder: como lo es un fuego que devora a los enemigos (que se parece al trabajo de Elías contra los mensajeros del rey Ocozías; ver 2 Reyes 1:10-12), o convertir las aguas en sangre (una posible referencia al trabajo de Moisés cuando Egipto sufrió las diez plagas). Los testigos fieles "representan a la iglesia en su función de testificar" (Earle, Ralph. Comentario Bíblico Beacon, tomo 10. EUA: CNP, 1969, p.583). A pesar de su gran poder, una bestia (en la que podemos conocer la maldad y la figura de Satanás) mata a los testigos y sus cadáveres son expuestos, como fue expuesto el cuerpo de Jesús en la cruz (vv.7-8).

El versículo 10 describe que las personas a quienes los testigos les habían llamado la atención (también se puede entender que les habían señalado el camino correcto con las medidas necesarias) celebrarán su muerte; porque ya no había nadie que les señalara sus maldades. Sin embargo, Dios tiene todo el control; y, después de un tiempo señalado, Él les devolverá el Espíritu de vida y subirán al cielo. En ese momento, "hubo un gran terremoto" (v.13), que se puede entender como "un gran sacudimiento" de la historia de la humanidad (Earle, Ralph. Comentario Bíblico Beacon, tomo 10. EUA: CNP, 1969, p.585) que resulta en que el pueblo vuelva a respetar a Dios y a darle la gloria (v.13b). ¡Gloria a Dios, porque no deja de enviar recordatorios para cada ser humano de la necesidad de vivir rectamente!

III. La mujer y el dragón (Apocalipsis 12:1-17, 13:1-18)

Esta es otra visión en el cielo: la de una mujer exaltada con una corona, que está embarazada y ya tiene dolores de parto. También aparece un dragón (identificado como Satanás, v.9) de color rojo (simbolizando el color de la sangre y el deseo del dragón) que quiere matar al bebé que está por nacer. La imagen de la maldad del dragón es intensamente gráfica (v.4). Finalmente, el hijo varón llegó al mundo; y, proféticamente, el pasaje nos recuerda su propósito: "que regirá con vara de hierro a todas las naciones; y su hijo fue arrebatado para Dios y para su trono" (v.5). Es bueno para los hijos de Dios recordar que, a pesar de las dificultades que el enemigo ponga en el camino, el propósito santo de Dios siempre se cumplirá.

Esta situación resulta en una gran tensión en la que la mujer lucha por proteger al bebé; y, por ayuda divina, recibe "las dos alas de la gran águila, para que volase de delante de la serpiente al desierto, a su lugar, donde es sustentada por un tiempo" (v.14). Esta visión tiene mucho parecido a la experiencia de María, la madre de Jesús, quien tuvo que escapar a Egipto con la ayuda de José; a fin de llevar a Jesús a un lugar a salvo donde no sufriera la muerte, pues por celos, el rey Herodes había decretado que se mataran a todos los niños menores de dos años para evitar que surgiera un nuevo rey en la región de Judea (Mateo 2:13-15). Es interesante saber que "el dragón llegó a ser empleado, junto con el águila, como una insignia del imperio romano" (Earle, Ralph. Comentario Bíblico Beacon, tomo 10. EUA: CNP, 1969, p.588).

El pasaje concluye diciendo que el dragón sigue lleno de ira; porque su presa escapó, y ahora intenta "hacer guerra contra el resto de la descendencia de ella, los que guardan los mandamientos de Dios y tienen el testimonio de Jesucristo" (v.17). Podemos comprender también que el enemigo sigue atacando e intentando destruir a los hijos de Dios en el presente. El pasaje nos recuerda de la lucha de cada madre y de cada padre por proteger a sus hijos de las influencias de las drogas; la pornografía; el uso excesivo o desordenado de los medios sociales; los problemas de sexualidad; los problemas de salud mental como la ira, la tristeza profunda o la ansiedad. José fue la ayuda idónea para proteger a su familia con el favor de Dios (como esas "alas de la gran águila", v.14). Hoy en día, cada persona que tiene influencia sobre algún miembro de la juventud puede mantenerse en alerta y refugiarse en la ayuda divina que sólo Dios puede proveer. El versículo 11 nos recuerda que la victoria es de Dios: ¡"ellos le han vencido por medio de la sangre del Cordero y de la palabra del testimonio de ellos"!

En el último pasaje de Apocalipsis 13:1-18, se describen dos bestias, una de ellas se entiende que es el dragón del capítulo anterior. En referencia al número de la bestia que se menciona (v.16), debemos recordar que "el número 6 representa al hombre incompleto/imperfecto... y el número 666 simplemente multiplica tres veces esta idea" (Earle, Ralph. Comentario Bíblico Beacon, tomo 10. EUA: CNP, 1969, p.596). El mensaje clave de esta visión es que el cristiano debe mantenerse alerta; ya que "... ésta era terminará con la adoración del hombre en lugar de la adoración a Dios. Esta tendencia ya está adquiriendo gran ímpetu... habiendo expulsado a Dios de su universo, el hombre ahora se está adorando a sí mismo. El escenario está listo para la adoración de la bestia" (Earle, Ralph. Comentario Bíblico Beacon, tomo 10. EUA: CNP, 1969, p.597). En contraste, el cristiano verdadero debe llevar la marca de Cristo (Apocalipsis 14:1).

Conclusión

A pesar de que el libro de Apocalipsis puede causar sentimientos de temor a sus lectores, podemos orar juntos esta afirmación "la soberanía de Dios es sobre toda maldad y el futuro que nuestro Dios tiene preparado es bueno; porque Dios ya nos mostró el final".

Dios es soberano

Hoja de actividad

Versículo para memorizar: "… y Dios enjugará toda lágrima de los ojos de ellos" Apocalipsis 7:17b.

I. La multitud vestida de ropas blancas (Apocalipsis 7:9-17)

¿Qué parte de esta visión le causa mayor esperanza?

____

____

¿Cuáles palabras de adoración escogería usted para alabar a Dios al estar en su presencia?

____

____

II. Los dos testigos (Apocalipsis 11:1-14)

¿Qué emoción le ocasiona la petición de Dios de medir el templo y los que adoran en él?

____

____

¿Hay algún ejercicio o disciplina que le ayude a perfeccionar la santidad en su vida diaria? Comparta.

____

____

III. La mujer y el dragón (Apocalipsis 12:1-17, 13:1-18)

¿Cuál es su reacción a la idea del peligro que corre la juventud por la destrucción que quiere ocasionar el enemigo?

____

____

¿Qué piensa que puede hacer cada padre/madre/cuidador para proteger a la nueva generación?

____

____

¿En qué formas específicas el ser humano se está adorando a sí mismo en el tiempo actual (por ejemplo: pensamientos actuales, movimientos culturales/sociales)? Explique.

____

____

¿Qué debe hacer el cristiano para llevar la marca de Cristo en su vida diaria?

____

____

Conclusión

A pesar de que el libro de Apocalipsis puede causar sentimientos de temor a sus lectores, podemos orar juntos esta afirmación "la soberanía de Dios es sobre toda maldad y el futuro que nuestro Dios tiene preparado es bueno; porque Dios ya nos mostró el final".

Los redimidos cantan al Cordero

Bartolo E. Rizo (México)

Pasajes bíblicos de estudio: Apocalipsis 7:1-8, 14:1-5
Versículo para memorizar: "Y cantaban un cántico nuevo delante del trono, y delante de los cuatro seres vivientes, y de los ancianos; y nadie podía aprender el cántico sino aquellos ciento cuarenta y cuatro mil que fueron redimidos de entre los de la tierra" Apocalipsis 14:3.
Propósito de la lección: Tener la convicción de que aun cuando estemos en medio de aflicciones, adversidades, tentaciones, el futuro victorioso de la iglesia es ya una realidad.

Introducción

Los pasajes bíblicos a considerar en esta clase están basados en la cuarta y octava visión que el apóstol Juan vio cuando estuvo prisionero en la isla de Patmos, por causa de la Palabra de Dios y por el testimonio de Jesucristo.

En la actualidad, la tecnología digital nos permite ver eventos que ya sucedieron en el pasado; por ejemplo, cuando vemos la grabación del hombre cuando llegó a la luna o consecuencias de las guerras, vemos algo que ya sucedió. Algo similar ocurrió con Juan; él pudo ver lo que ya es una realidad para la iglesia: su victoria y triunfo final.

I. Adoración al Cordero (Apocalipsis 14:1-3)

A. El Cordero en pie sobre el monte de Sion (v.1)

La octava visión de Juan inicia con la visión del Cordero (Cristo), de pie sobre el monte de Sion en señal de triunfo; y junto a Él, ciento cuarenta y cuatro mil, quienes son identificados con los mismos que aparecen en el capítulo 7:4-8, y de quienes haremos mención más adelante en esta clase.

Para tener una mejor interpretación de esta visión y su aplicación, analicemos brevemente el contexto cercano inmediato. Juan vio a las dos bestias y sus seguidores persiguiendo y haciendo guerra contra los santos (13:7).

Inmediatamente después, Juan vio un reconfortante cuadro del Cordero en pie sobre el monte de Sion. Aun cuando la visión es futurista, "la mayoría de los comentaristas bíblicos sostienen que Cristo había vuelto a la tierra y se encontraba en Jerusalén" (Earle, Ralph. Comentario Bíblico Beacon, tomo X. EUA: CNP, 1984, p.597); y encontramos su mejor significado en Hebreos 12:22, que dice así: "sino que os habéis acercado al monte de Sion, a la ciudad del Dios vivo, Jerusalén la celestial, a la compañía de muchos millares de ángeles". Juan vio al Cordero de pie en el monte de Sion. Podemos notar que el Cordero no acude de repente en ayuda de su pueblo; sino que ha estado ahí todo el tiempo, como Rey de reyes (Mateo 28:18). Así les dijo Moisés a los israelitas: "Reconoce y considera seriamente hoy que el SEÑOR es Dios arriba en el cielo y abajo en la tierra, y que no hay otro" (Deuteronomio 4:39 NVI). Cuando los santos en la tierra somos, o seamos perseguidos, por las fuerzas anticristianas, no debemos desesperar; sino ver con ojos espirituales al Cordero que está de pie en el monte de Sion, dándonos garantía de que somos salvos. La expresión "monte de Sion" es simbólica; es el lugar donde mora Dios, como símbolo de seguridad y estabilidad para su pueblo.

B. "... estruendo de muchas aguas... sonido de un gran trueno... voz... de arpistas que tocaban sus arpas" (v.2)

Juan escuchó una voz que le llegaba desde el cielo. Y procedió a representarla con sonidos tomados de la naturaleza. Al respecto, el doctor Adam Clarke dice: "el estruendo de muchas aguas representa a la multitud de diversas naciones" (Clarke, Adam. Comentario de la Santa Biblia, tomo III, Nuevo Testamento. EUA: CNP, 1974, p.706), adorando al único Dios verdadero. Juan también asemejó la voz con el sonido de un fuerte trueno, indicando de esta manera, la necesidad de que todos los seres humanos escuchen y atiendan a la voz de Dios. Juan escuchó el sonido como de potentes truenos que se oyen en la naturaleza; pero, al mismo tiempo, el sonido era como música suave que provenía de músicos celestiales que tocaban sus instrumentos. Nuevamente, el doctor Adam Clarke comenta: "aunque los sonidos eran muchos, y aparentemente confusos, sin embargo se conservaba la armonía y melodía" (Clarke, Adam. Comentario de la Santa Biblia, tomo III, Nuevo Testamento. EUA: CNP, 1974, p.706). Música celestial que le llegaba a los oídos; primero, como de trueno; y luego, suave y placentero, que calmaba todo corazón angustiado. En medio de las más terribles adversidades, Juan tuvo el privilegio de oír esta música celestial estando preso en la isla de Patmos.

C. "un cántico nuevo" (v.3a)

Juan escuchó que cantaban un cántico nuevo delante del trono y delante de los cuatro seres vivientes y de los ancianos. Notemos el lugar especial que se les permite ocupar a los músicos y cantores: están delante del trono, en la presencia de Dios mismo; y están frente a los cuatro seres vivientes y a los veinticuatro ancianos que rodean el trono (4:4,6). No se revela la identidad de los cantores; pero entonan un cántico nuevo que sale de corazones llenos de gratitud y del amor de Dios. Juan no describió la letra de las palabras del cántico que cantaron; pero asumimos que glorificaban al que estaba sentado en el trono, y daban gracias al Cordero por la salvación que había dado a todo el que había sido redimido por su sangre expiatoria.

D. "un canto incomprensible" (v.3b)

Juan aclaró que nadie podía aprender el canto, excepto los 144,000. El comentario del Dr. Adam Clarke al respecto dice:"Así como nadie más que los cristianos auténticos pueden adorar a Dios... porque se allegan a Él por medio del único mediador, nadie de ellos puede entender la cosas profundas de Dios" (Clarke, Adam. Comentario de la Santa Biblia, tomo III, Nuevo Testamento. EUA: CNP, 1974, p.706). Los ángeles en el cielo cantan constantemente alabanzas a Dios. De igual modo, todo el pueblo de Dios en la tierra canta alabanzas al Señor Dios todopoderoso.

II. Definición de quiénes son los 144,000 (Apocalipsis 7:1-8, 14:4-5)

Pasemos ahora a identificar quiénes son los 144,000 mencionados en los capítulos 14 y 7 del libro de Apocalipsis. El texto sagrado explica que son 12,000 de cada una de las 12 tribus de los hijos de Israel (7:4-8). Algunos los identifican como el remanente electo del pueblo de Israel (Romanos 11:5). Otros creen que son los judíos que se convirtieron al cristianismo. Pero la mayoría de los comentaristas bíblicos coinciden y están de acuerdo con que los 144,000 no se refieren exclusivamente a los judíos. Ya que uno de los pensamientos básicos del Nuevo Testamento es que la iglesia redimida por Cristo representa el verdadero Israel. Pablo, en su Epístola a los Romanos, escribió: "No es judío el que lo es exteriormente, ni es la circuncisión la que se hace exteriormente en la carne; sino que es judío el que lo es en lo interior..." (2:28-29 RVR95). Aun cuando este pasaje se presente en términos de las doce tribus de Israel; se refiere a la iglesia de Dios, el nuevo Israel, el Israel de Dios.

A. Son sellados (7:3, 14:1)

Juan vio y escuchó al ángel que ordenaba a los cuatro ángeles que no dañaran la tierra y el mar hasta que fueran sellados los 144,000. Dios envía a sus ángeles para sellar a su pueblo; porque sus siervos le pertenecen y se reconocen por un sello.

¿Qué significa "un sello"? William Hendriksen comenta primero que "es lo más precioso bajo el cielo» y luego presenta tres funciones del sello. Primero, impide alterar; luego, garantiza la propiedad; y por último, aplicado a un documento, certifica que es auténtico" (Hendriksen, William. Comentario al Nuevo Testamento. EUA: Ed. Baker Book House, 1986, p.110). Como en todas las secciones de Apocalipsis, Juan se apoyó en las Escrituras del Antiguo Testamento. El pueblo de Israel se había revelado contra Dios y, en su lugar, adoraba a la naturaleza. En una visión, el profeta Ezequiel vio a un hombre vestido de lino con un estuche de escriba en la mano, a quien se le instruyó para que fuera por toda Jerusalén y pusiera una marca en la frente de todos los que vivían apesadumbrados por la idolatría que había en el lugar (Ezequiel 9:4). Todos fueron exterminados, excepto los que tenían la marca en la frente. El símbolo del pueblo de Dios es la señal invisible del Padre y del Cordero (Apocalipsis 14:1) para significar que los santos son miembros de la familia de Dios, comprados por el Hijo y llenos del Espíritu. Por el contrario, los incrédulos tienen la marca de la bestia en la diestra y en la frente (13:16).

Los hijos de Dios son todos los creyentes. Los que sirven con toda fidelidad a Dios amándolo con todo el corazón, el alma y la mente, y amando a su prójimo como a sí mismos. Son todos los que reflejan la gloria de Dios en todos los aspectos de su vida. De ahí que la marca invisible en la frente se vuelve visible en las palabras y hechos de estos dedicados seguidores de Jesús, cuando siguen sus huellas.

Cuando los santos son sellados, están seguros, y nadie, ni siquiera Satanás, puede arrebatarlos de la mano de Dios (Juan 10:28); pertenecen a Jesús y son su posesión. La Palabra dicha a ellos es verídica e inmutable, y sus promesas son genuinas. El cristiano es sellado; porque el Padre lo selló; porque el creyente disfruta de la protección del Padre por toda la vida. El Hijo lo selló; porque lo compró y redimió con su propia sangre preciosa. El Espíritu lo ha selló (Efesios 1:13); porque da testimonio de que somos hijos de Dios (Romanos 8:16). Sin embargo, los hijos de Dios no están libres de daños físicos. Muchos cristianos en las siete iglesias de la provincia de Asia podían dar fe de ello (Apocalipsis 2:10). A lo largo de los siglos, innumerables creyentes fueron, y están siendo en la actualidad, perseguidos, maltratados y aniquilados debido a su testimonio de Cristo. ¿Qué significa, pues, ser sellado? La respuesta se encuentra en la palabra "hasta" (7:3). Hasta que el último de los santos se haya unido a los demás y haya sido sellado. Los ángeles que marcan a los creyentes con un sello los protegen frente al juicio venidero (véase 9:4). Así, ser marcado con el sello del

Dios vivo quiere decir que Él protege a su pueblo frente al juicio (3:10). También responde a la pregunta planteada en 6:17. No podrán mantenerse en pie los incrédulos que buscan protección en montañas y rocas; sino los creyentes que están protegidos con el sello de Dios. Estos últimos pueden mantenerse en pie delante de Él y del Cordero; porque no temen el juicio venidero.

Todos los santos, sellados con el sello del Dios vivo, son salvos; se regocijan en la presencia del Cordero. Por otro lado, los enemigos de Dios se enfrentan a la ira de Él y del Cordero, y no pueden eludirla (6:15-17).

B. Cinco características (14:4-5)

Juan hizo una identificación quíntuple de los redimidos de la tierra:

1. "... son vírgenes" (v.4), no se han contaminado con mujeres. Algunos han tomado el pasaje para favorecer el celibato; pero, en la línea simbólica de Apocalipsis, debe de tomarse como una descripción de la pureza moral y espiritual. El verbo "contaminar" dentro de este contexto significa no caer en infidelidad para con el Señor.

2. "... siguen al Cordero" (v.4). Los cristianos genuinos siguen a su Señor por donde quiera que va. Jesús dijo a sus discípulos: "El que no toma su cruz y me sigue, no es digno de mí" (Mateo 10:38 RVC). Y, como Pastor, va delante de su pueblo: "las ovejas le siguen, porque conocen su voz" (Juan 10:4).

3. "... como primicias" (v.4). Son los redimidos del género humano, las primicias para Dios y el Cordero. Al derramar su sangre en la cruz del Calvario, Jesús pagó la deuda para liberar a su pueblo de la maldición del pecado y la culpa. Las primicias se refieren a la totalidad del pueblo de Dios como ofrenda apartada para Él.

4. "Son veraces"; pues "... en sus bocas no fue hallada mentira" (v.5). En un mundo anticristiano, lleno de mentiras, engaño, falsedades; los cristianos debemos ser ejemplo de verdad, honestidad, integridad y justicia. David describió a las personas que pueden vivir en el santuario de Dios y en su santo monte, como el de conducta intachable, que practica la justicia y de corazón dice la verdad (Salmo 15:2). El remanente de Israel no cometerá iniquidad, ni dirá mentiras, ni se hallará engaño en su boca (Sofonías 3:13). Los seguidores de Jesús, a los que el profeta llamó "el remanente de Israel", se espera que hablen con verdad, como su Maestro (1 Pedro 2:22).

5. "Son irreprochables"; pues Jesús se presentará a sí mismo «una iglesia radiante, sin mancha ni arruga ni ninguna otra imperfección, sino santa e intachable» (Efesios 5:27 NVI; cf. Colosenses 1:22).

Estas cinco características describen a la gran multitud de santos que están con el Cordero en el monte de Sion. En medio de los ataques de las fuerzas del anticristo contra la iglesia en la tierra, dan prueba de pureza, obediencia, unidad y veracidad. Con estos rasgos, los santos pueden derrotar al maligno.

III. Su mensaje para la iglesia actual

Siendo Apocalipsis un libro esperanzador para todos los cristianos que sufrían siendo oprimidos por ser fieles a Dios, este libro señala con fina anticipación la esperanza de salvación y vida eterna para todos los creyentes fieles en Cristo.

La iglesia del tiempo presente se enfrenta a innumerables distractores que intentan atraer la atención de los cristianos para apartarlos de su fe en Cristo. Pero, de la misma manera que Juan vio al Cordero de pie en el monte santo, y junto a él a 144,000, hoy la iglesia debe tener la plena convicción espiritual de que su Señor está en pie firme, velando por su amado pueblo que Él mismo compró con su sangre.

Los creyentes no deben dudar y desconfiar de su Señor; porque, con el poder de su Santo Espíritu, somos capacitados para ser sus legítimos hijos, lo que nos permite estar junto a Él.

Es de vital importancia mantener una dependencia a Dios a cada momento de la vida, para poder saber y conocer los planes y propósitos que Él tiene para nosotros. Sólo sus hijos verdaderos, los que han sido sellados por el Espíritu Santo, pueden comprender el significado de su santa y bendita Palabra.

Conclusión

Las promesas reveladas, y vistas en esta clase, aseguran a los lectores y oyentes cristianos que no hay por qué tener temor de los juicios en los últimos tiempos; ya que Dios protegerá a aquellos que estén salvados por la sangre expiatoria de Cristo y sellados por el Espíritu Santo.

Los redimidos cantan al Cordero

Hoja de actividad

Versículo para memorizar: "Y cantaban un cántico nuevo delante del trono, y delante de los cuatro seres vivientes, y de los ancianos; y nadie podía aprender el cántico sino aquellos ciento cuarenta y cuatro mil que fueron redimidos de entre los de la tierra" Apocalipsis 14:3.

I. Adoración al Cordero (Apocalipsis 14:1-3)

De acuerdo con lo visto en clase, ¿dónde estaba de pie el Cordero?

____

____

¿Qué representa el monte de Sion?

____

____

II. Definición de quiénes son los 144,000 (Apocalipsis 7:1-8, 14:4-5)

Mencione a quiénes representan los 144,000.

____

____

Como iglesia fiel que Dios vendrá a buscar ¿tenemos pureza, obediencia, unidad y veracidad? ¿Sino la tenemos qué nos falta hacer?

____

____

III. Su mensaje para la iglesia actual

Mencione qué anticipa la visión del apóstol Juan.

____

____

¿Qué importancia tiene para su vida estar seguro de tener el Espíritu Santo?

____

____

Conclusión

Las promesas reveladas, y vistas en esta clase, aseguran a los lectores y oyentes cristianos que no hay por qué tener temor de los juicios en los últimos tiempos; ya que Dios protegerá a aquellos que estén salvados por la sangre expiatoria de Cristo y sellados por el Espíritu Santo.

El milenio

Zeida Lynch (EE. UU.)

Pasaje bíblico de estudio: Apocalipsis 20:1-10
Versículo para memorizar: "Bienaventurado y santo el que tiene parte en la primera resurrección; la segunda muerte no tiene potestad sobre éstos, sino que serán sacerdotes de Dios y de Cristo, y reinarán con él mil años" Apocalipsis 20:6.
Propósito de la lección: Conocer lo que la Biblia dice acerca del milenio y algunas de sus interpretaciones; y aplicar su mensaje para nosotros hoy.

Introducción

La Segunda Venida de Cristo y los acontecimientos futuros siempre han sido de intriga no sólo para el pueblo cristiano; sino para la humanidad. Los profetas del Antiguo Testamento como Daniel, Isaías, Jeremías y otros tuvieron revelaciones acerca del final de los tiempos. Lo cual nos indica que el mensaje de Dios para el ser humano es claro: habrá un final para la obra de Satanás; y Dios, mediante Cristo, tendrá la victoria total.

Cristo mismo, durante su ministerio en la tierra, enseñó que Él regresará, que habrá un fin de los tiempos y también un juicio final (Mateo 24, 25). Desde la ascensión de Cristo y las palabras de los ángeles al indicar que regresaría de la misma manera en la que se fue (Hechos 1:11), la iglesia ha mantenido firme la esperanza del retorno de Cristo.

Posteriormente a su ascenso, Dios reveló al apóstol Juan en la isla de Patmos lo que sucedería al final de los tiempos. Aunque son mensajes un poco encriptados, debido a los simbolismos; la realidad es que Dios ha prometido el regreso de Cristo, y nosotros lo creemos.

Una de las figuras que encontramos en Apocalipsis es el milenio. Hay diferentes interpretaciones respecto a su significado e influencia en la iglesia. Trataremos primero de analizar el pasaje bíblico; luego, revisaremos las interpretaciones más conocidas; y, finalmente, rescataremos un mensaje para la iglesia en la actualidad.

I. Hechos importantes durante el milenio (Apocalipsis 20:1-10)

Este pasaje se encuentra luego de la narración del jinete del caballo blanco (Apocalipsis 19:11-21). En este pasaje, el jinete cuyo nombre es "EL VERBO DE DIOS" (19:13) y tiene escrito el nombre "REY DE REYES Y SEÑOR DE SEÑORES" (19:16) lidera la batalla contra la bestia, los reyes de la tierra y sus ejércitos. Finalmente, apresa a la bestia y al falso profeta arrojándolos vivos a un lago de fuego que arde con azufre (19:20). Después de este acontecimiento, se inician los mil años.

¿Cuáles son los hechos generales que menciona Apocalipsis que sucederán durante el milenio?

A. El encierro de Satanás (vv. 1-3)

El pasaje inicia con la descripción del encierro de Satanás, el mismo que es descrito como el dragón, la serpiente antigua o el diablo.

Si recordamos Génesis 3, fue la serpiente la que tentó a Eva a desobedecer a Dios. Y fue la serpiente la que recibió el castigo que incluyó la primera promesa mesiánica para la humanidad: "Y pondré enemistad entre ti y la mujer, y entre tu simiente y la simiente suya; ésta te herirá en la cabeza, y tú le herirás en el calcañar" (v. 15). En esta promesa, Dios estaba indicando que un descendiente de Eva destruiría a la serpiente, aunque este sería herido en el proceso. Ese pasaje se refiere al sacrificio de Cristo en la cruz, a su triunfo en la resurrección y a la derrota final de Satanás por medio de Cristo, al final de los tiempos.

Satanás es atado, arrojado al abismo, encerrado y puesto un sello sobre él. Interesante que Cristo, después de su crucifixión, fue encerrado en una tumba y pusieron un sello sobre ella (Mateo 27:66); pero no pudieron detenerlo. Cristo resucitó triunfante.

El versículo de Apocalipsis 20:3 nos dice la razón del encierro de Satanás: "para que no engañase más a las naciones".

Desde que Adán y Eva desobedecieron a Dios, el pecado entró a la humanidad. El ser humano ejerce su libre albedrío al pecar; pero también, Satanás anda "como león rugiente... buscando a quien devorar" (1 Pedro 5:8).

Mientras que Satanás está suelto, la labor evangelística de la iglesia se va a ver refrenada por el "engaño", duda o confusión que Satanás y sus secuaces presentan a la humanidad.

Al estar encerrado Satanás, se espera un tiempo de paz y armonía. Isaías 11:1-10 señala algunas características del reinado del Mesías que podrían considerarse que corresponden al milenio. Señala que será un tiempo donde hay armonía entre el ser humano y la creación, paz, búsqueda de Dios, etc.

Sin embargo, el pasaje de Apocalipsis también menciona que el encierro de Satanás no será permanente; pues después del tiempo señalado, mil años, será desatado por un poco de tiempo.

B. El reinado de los santos (vv.4-6)

Otro acontecimiento durante el milenio será que los santos reinarán sobre la tierra.

¿Quiénes son los santos? Apocalipsis menciona a los mártires, aquellos que dieron su vida por defender el evangelio. Aquellos que han mantenido su fe durante la tribulación y no han adorado a la bestia, ni recibido su sello. Es decir, personas que, a pesar de persecución o tribulación, pudieron permanecer fieles a Cristo hasta el final de sus días.

Debemos recordar que, cuando Juan escribió este libro, la persecución contra los cristianos era terrible y brutal. Al inicio, fueron perseguidos por los propios judíos y, luego, por el Imperio romano.

Ellos fueron asesinados, murieron cruelmente; y han resucitado para este tiempo. Fueron personas comprometidas totalmente con Dios y su evangelio. Los versículos 5 y 6 lo mencionan como la primera resurrección, y les llama bienaventurados. Y señala que la segunda muerte no les afectará. La segunda muerte creemos es la final, que representa una separación total y eterna de Dios.

En Juan 5:26-29, menciona la resurrección a vida para quienes están en Cristo, y la resurrección a condenación para aquellos que rechazaron a Cristo.

Algo que podemos aplicar a nuestras vidas es la importancia de mantenernos fieles hasta el final. Tal vez no atravesamos persecución como los primeros cristianos; pero seguimos luchando por mantenernos firmes en nuestra fe en un mundo donde cada vez es más difícil diferenciar lo bueno de lo malo.

¿En qué consistirá su labor?

El versículo 4 nos indica que recibirán "facultad de juzgar" y que "vivieron y reinaron con Cristo mil años"; mientras que el versículo 6 nos dice que "serán sacerdotes de Dios y de Cristo, y reinarán con él mil años".

Si consideramos el tipo de personas a las que se refiere; podemos decir que fueron personas que vivieron una fe madura. 1 Corintios 2:1-14 nos menciona acerca de cristianos maduros, que han alcanzado sabiduría y que tienen la "mente de Cristo". La convicción de mantener una fe pura no se desarrolla por emoción; sino por una profunda relación con Cristo.

Aunque no podemos determinar por el pasaje exactamente cuál será su labor; sí podemos decir que será desarrollada por personas con corazón puro y por la inferencia del sacerdocio, que se esforzarán en guiar a las personas al reconocimiento de Cristo como Salvador personal y ayudarles en su desarrollo cristiano.

C. Derrota final de Satanás (vv.7-10)

El encierro de Satanás será temporal. Según este pasaje, después de los mil años, será suelto y continuará haciendo lo que siempre ha hecho desde el principio: engañando a las naciones.

El versículo 8 nos dice que las personas que lo seguirán serán como "la arena del mar", es decir, numerosas. Es interesante resaltar que aun a pesar de haber vivido en un ambiente sin influencia satánica, un ambiente justo y pacífico, el ser humano debido a su libre albedrío podrá dejarse engañar, dudar de su fe y rebelarse contra Cristo.

Estas personas no sólo se rebelarán contra Dios; sino que se unirán a un ejército para atacar a los santos. Es triste reconocer que el corazón del ser humano es inclinado a la maldad debido al pecado original. Sólo la salvación en Cristo y la llenura de su Espíritu Santo puede librar y cambiar la dirección del corazón, en lugar de estar inclinado hacia el mal, estar inclinado hacia Dios.

Satanás, desde un principio, ha estado en contra del plan de Dios, en una constante rebeldía y, hasta el final, va a tratar de destruir lo que para Dios es tan preciado, sus santos.

El versículo 9 nos señala que el plan de ataque será contra la ciudad santa; pero la batalla no será de la iglesia, sino que el mismo Dios los destruirá con fuego, y los enviará a un castigo eterno. Este será el castigo final y definitivo de Satanás, y la victoria total de Cristo y su iglesia.

Como cristianos, esa es una de las esperanzas que tenemos, que el enemigo de nuestras almas que busca como león rugiente a quien devorar sea derrotado completamente.

II. Explicación de las diferentes interpretaciones de los mil años

Existen tres interpretaciones acerca del milenio, y están relacionadas con el retorno de Cristo. Debido a eso, se les conoce como amilenialistas, premilenialistas y postmilenialistas.

A. Amilenialistas

Este punto de vista interpreta el milenio como la descripción del reinado de Cristo durante nuestra época, que inició desde la ascensión del Señor. Dicen que el Reino está aquí, aunque no completamente desarrollado, lo que ocurrirá cuando Cristo regrese al final de los tiempos. Consideran que las promesas hechas a Israel en el Antiguo Testamento se cumplen en la iglesia, de manera espiritual.

Ellos no consideran que el tiempo de mil años sea literal.

B. Premilenialistas

Este grupo cree que Cristo regresará antes del milenio y restablecerá su Reino. Durante este tiempo, muchas de las profecías respecto a Israel serán cumplidas. También consideran que habrá un tiempo de tribulación previo a su venida.

C. Postmilenialistas

Como el prefijo "post" indica, este grupo considera que Cristo regresará al final del milenio para reinar. Pero hay dos grupos al respecto:

1. El postmilenialismo clásico entiende que, mediante la predicación del evangelio y el progreso de una civilización cristiana, la mayoría de las personas alcanzará salvación por medio de la fe. Esto iniciará la época del Reino milenial en el que las profecías respecto a justicia, paz y prosperidad se cumplirán.

2. El postmilenialismo moderno considera que el reino de Dios ha iniciado y que gradualmente retomará las normas del Antiguo Testamento respecto a justicia a través de las misiones, el evangelismo y la educación. Y consideran que la mayoría de la población se convertirá a Cristo por medio de la proclamación del evangelio. Sostienen que las profecías para Israel se aplican a la iglesia.

III. Su mensaje para la iglesia actual

Debido a que hay diferentes interpretaciones y posiciones teológicas respecto a este punto, trataremos de enfocarnos en un mensaje general bíblico.

A. Reconocer que hay un enemigo de nuestra alma que será destruido

Este pasaje es muy claro respecto a la labor de Satanás. Es real e interactúa con los seres humanos para su destrucción. Su función es engañar.

Pablo, en Filipenses 2:12-16, nos anima a cuidar nuestra salvación con temor y temblor y asidos de la Palabra de vida. Mientras que la gracia de Dios es infinita, el ser humano tiene el libre albedrío.

El uso de su libre albedrío se manifiesta en la responsabilidad de mantener su vida en una relación diaria con Dios, en alejarse del mal, no jugar con tentación; y, como dice Hebreos 2:1, atender con diligencia lo que ha oído, no sea que se deslice.

Vivimos en un mundo donde hay mucha confusión. El avance de la tecnología y la globalización presentan ideas no muy bíblicas; pero atractivas, que son rápidamente aceptadas por la juventud. Como iglesia, debemos esforzarnos en un discipulado bíblico que refuerce la fe de los creyentes; para que puedan enfrentar con la Palabra de Dios toda confusión moral, social, espiritual que se presenta.

También la iglesia tiene que ser animada con la idea de que Satanás será derrotado finalmente y para siempre. Que Dios nos promete una eternidad con Él para disfrutar las riquezas que ha prometido, donde Satanás y toda su influencia no podrán acercarse.

B. Reconocer que debemos vivir en santidad

Dios, en su plan para la salvación de la humanidad, proveyó la intervención del Espíritu Santo en la vida del creyente. La santificación del creyente que limpia y da pureza al corazón pecaminoso es una realidad y promete mantenerlo así hasta el final. Como 1 Tesalonicenses 5:23-24 dice: "Y el mismo Dios de paz os santifique por completo; y todo vuestro ser, espíritu, alma y cuerpo, sea guardado irreprensible para la venida de nuestro Señor Jesucristo. Fiel es el que os llama, el cual también lo hará".

Los mártires que menciona Apocalipsis son santos que obtuvieron su premio, al recibir autoridad de parte de Dios para reinar con Jesús. Son santos que recibieron la fuerza necesaria para resistir a la bestia, su imagen y su sello; y son santos que no abandonaron el testimonio de Jesús ni de su Palabra.

La iglesia actual también puede vivir de esa manera, dejando al Espíritu de Dios guiarle y dirigirle para mantenerse fiel y firme, viviendo en santidad hasta el final de los tiempos.

Conclusión

Aunque no podamos entender los misterios de Apocalipsis; como iglesia, debemos aferrarnos a vivir de tal manera que podamos alcanzar la vida eterna, así que sigamos presentando el evangelio en el tiempo que nos toca vivir, llamando a las personas al arrepentimiento y compartiendo la esperanza de victoria.

El milenio

Hoja de actividad

Versículo para memorizar: "Bienaventurado y santo el que tiene parte en la primera resurrección; la segunda muerte no tiene potestad sobre éstos, sino que serán sacerdotes de Dios y de Cristo, y reinarán con él mil años" Apocalipsis 20:6.

I. Hechos importantes durante el milenio (Apocalipsis 20:1-10)

Mencione los tres hechos generales que sucederán durante el milenio que se mencionan en el pasaje bíblico.

____

____

Explique la razón por la que Satanás será encerrado por mil años.

____

____

II. Explicación de las diferentes interpretaciones de los mil años

Escriba las tres principales interpretaciones de los mil años.

____

____

Explique una de ellas.

____

____

III. Su mensaje para la iglesia actual

¿Por qué cree que la vida en santidad ayudará a la iglesia?

____

____

Al reconocer que hay un enemigo de nuestra alma, ¿qué sugerencias daría para poder mantener la fe?

____

____

Conclusión

Aunque no podamos entender los misterios de Apocalipsis; como iglesia, debemos aferrarnos a vivir de tal manera que podamos alcanzar la vida eterna, así que sigamos presentando el evangelio en el tiempo que nos toca vivir, llamando a las personas al arrepentimiento y compartiendo la esperanza de victoria.

Herencia y destino final

Joel Castro (España)

Pasajes bíblicos de estudio: Apocalipsis 21:1-27, 22:1-5
Versículo para memorizar: "No habrá allí más noche; y no tienen necesidad de luz de lámpara, ni de luz del sol, porque Dios el Señor los iluminará; y reinarán por los siglos de los siglos" Apocalipsis 22:5.
Propósito de la lección: Comprender que un día la iglesia militante y peregrina llegará a la meta de su carrera y morará para siempre en la presencia de su Señor Jesús.

Introducción

La Biblia se compone por el Antiguo y el Nuevo Testamentos. Existen muchas revelaciones espirituales en el Nuevo Testamento de lo que antes se vivió físicamente en el Antiguo Testamento. Por ejemplo, el pacto hecho por medio de Moisés fue escrito en piedras; pero la sangre de Jesús fue el Nuevo Pacto escrito en el corazón del individuo. También, a través de Moisés, se formó la nación de Israel; y, a través de Jesús, nació un pueblo, la iglesia. Y así como la nación israelita fue liberada de la esclavitud de Egipto, y fue llevada a través del desierto hasta llegar a la tierra prometida; de la misma manera, la iglesia fue liberada de la esclavitud del pecado gracias a la muerte y resurrección de Jesús, y hoy milita hasta lograr la meta de llegar a las moradas eternas que Jesús mismo se fue a preparar.

De esta esperanza, habla el libro de Apocalipsis. Juan recibió una revelación especial para la iglesia; y en los capítulos de estudio de hoy, explica la herencia y el destino final de los hijos de Dios, también hace mención a la condenación final de los que rechazan la gracia de Dios.

I. La herencia de los hijos de Dios (Apocalipsis 21:1-7)

Un detalle a tener en cuenta por todo estudiante del Apocalipsis es que el escritor original hizo muchas referencias al Antiguo Testamento. Con esta base, veamos qué herencia tienen los hijos de Dios.

A. Cielo nuevo y tierra nueva (v.1)

En los capítulos anteriores, se habla de muerte y juicio para los perversos, y la destrucción de esta tierra. Pero para los hijos de Dios hay esperanza de vida, incluyendo "cielo nuevo y tierra nueva". Juan expresó: "cielo nuevo y una tierra nueva"; porque Dios tiene poder para transformar toda materia. Y si el pecado trajo destrucción sobre la actual creación; Dios puede renovarla y "superarla en esplendor a todo lo que hayamos visto anteriormente" (Newport, J. P. El León y el Cordero. EUA: CBP, 1989, p.294). Hay que ver esta herencia con énfasis moral y espiritual, más que geológico o físico. Y de la misma manera que el Mar Rojo fue un obstáculo para el pueblo de Israel; ahora, Juan nos dijo que "el mar ya no existía más" (v.1).

B. Una nueva Jerusalén (vv.2-3)

Jerusalén, por su ubicación e historia, era un lugar de refugio para el judío. Pero, ahora desciende de lo alto una "nueva Jerusalén" (v.2), y la llama "esposa" por su resplandor. Y si el templo judío ubicado en Jerusalén era sinónimo de la presencia de Dios; Juan oyó también de un tabernáculo espiritual donde morará Dios con su pueblo. La preposición "con" se repite tres veces en el versículo 3; y denota compañía y reunión. Es decir, la presencia de Dios que significaba estar en el templo, ahora es Dios mismo que cobijará a sus hijos para siempre. Actualmente, la comunión con Dios es parcial, porque somos materia; pero cuando "esto corruptible se haya vestido de incorrupción, y esto mortal se haya vestido de inmortalidad" (1 Corintios 15:54), entonces compartiremos un solo hogar con Dios.

C. Vida sin preocupaciones (v.4)

La ansiedad, la angustia y el nerviosismo son propios de este mundo corrupto. Sin embargo, en la casa celestial, el hijo de Dios disfrutará del cuidado amoroso del Padre; porque "Enjugará Dios toda lágrima de los ojos de ellos; y ya no habrá muerte, ni habrá más llanto, ni clamor, ni dolor". ¡Gloria a Dios! Seremos libres de toda preocupación.

D. Una fuente del agua de vida (vv.5-6)

La obra de Dios es transformadora, no es un remiendo. El poder de Dios es eficaz que cambia; he aquí su promesa: "yo hago nuevas todas las cosas" (v.5). Y lo afirma así: "el Alfa y la Omega" (v.6), quien venció a la muerte y al mal. Por eso, Pablo escribió que somos nuevas criaturas (2 Corintios 5:17); y mientras estamos en esta tierra, su Espíritu es corriente de agua viva (Juan 7:38), pero en su Reino pleno nos promete colmar la sed "gratuitamente de la fuente del agua de la vida" (Apocalipsis 21:6).

Sin duda, Dios tiene grandes sorpresas para sus hijos que han luchado hasta el final y han preservado su fe: "El que venciere heredará todas las cosas, y yo seré su Dios, y él será mi hijo" (v.7). Ser hijo de Dios es el título más grande que puede haber; y, como hijos, herederos (Gálatas 4:7) de grandes bendiciones eternas como las que se han mencionado anteriormente.

II. La condenación final de los pecadores (Apocalipsis 21:8)

Si el hijo de Dios tiene herencia de bendición por ser parte de la familia celestial; no así el que rechazó a Dios como Padre por vivir en sus deleites mundanos y carnales. Este versículo describe ocho prácticas pecaminosas en cuatro partes, separadas por las comas, que van en contra de la voluntad de Dios.

A. Cobardes e incrédulos

La cobardía se contrasta con la valentía, y la incredulidad con la fe. Muchos cristianos son tentados a abandonar su fe por el costo de dar la cara por el evangelio; tienen miedo a la persecución. En el Antiguo Testamento, todos los que salieron de Egipto con Moisés no entraron a la tierra prometida por su cobardía e incredulidad, excepto Josué y Caleb. Jesús, hablando de los últimos tiempos, dijo: "el amor de muchos se enfriará" (Mateo 24:12); se enfriará por la cobardía y la incredulidad o infidelidad de muchos creyentes que se acomodaron a este mundo, e hicieron oídos sordos a las advertencias de la Palabra de Dios.

B. Abominables y homicidas

Un abominable es aquella persona que está satisfecha con la iniquidad, o es de conciencia sucia. La versión Dios Habla Hoy los llama "odiosos y asesinos", y van contra el amor al prójimo. Dios no acepta la hipocresía o el amor fingido; porque desprecia y mata al hermano. Caín tuvo un corazón odioso y asesino que hipócritamente invitó a su hermano a salir para matarle. El odio es un paso para el homicidio. Y no hay necesidad de un arma blanca o de fuego para matar a su hermano; también se puede matar con el odio, el rencor, la venganza e indiferencia (Romanos 3:13-14). Ser hijo de Dios implica seguir la enseñanza de amor que Jesús modeló.

C. Fornicarios y hechiceros

En este apartado, se hallan los corruptos por el libertinaje sexual y religioso. El mundo ha anestesiado a muchos creyentes haciéndoles creer que es normal la convivencia en fornicación. Este pecado sexual claramente está bajo el juicio de Dios (Hebreos 13:4). Pero también, en el sentido espiritual, habla a los apóstatas, aquellos creyentes que abandonan su fe para seguir otras creencias. Apocalipsis nos dice que en los últimos tiempos la hechicería será el engaño de la bestia (Apocalipsis 13:13-14). La hechicería, hoy en día, se ha camuflado en muchas congregaciones donde dan más atención al misticismo y a los milagros teatreros (Apocalipsis 18:23). La hechicería desvía la atención de la verdadera voz de Dios que contiene las Sagradas Escrituras.

D. Idólatras y mentirosos

Este cuarto tipo de pecado se centra en la adoración del ego. Se sobrentiende que existe ídolos de piedra, de oro, de madera, etc.; pero el propósito de la idolatría es quitar a Dios del lugar que Él debería ocupar en el corazón del individuo. Por eso, la idolatría también se puede ver en el individualismo, egoísmo o egocentrismo. Hoy, es muy común ver personas que hasta rinden culto a sus propios cuerpos. La mentira es la naturaleza de este mundo; y quienes se alinean a este mundo no sólo hablan mentiras, sino que viven una mentira. Jesús se presentó como la verdad (Juan 14:6); y quienes le rechazaron fue porque aceptaron vivir en la mentira, la hipocresía y la falsedad. Pablo instó a la iglesia a vivir en la verdad (Efesios 4:15). Dios condena la idolatría y la mentira.

III. El destino final de los hijos de Dios (Apocalipsis 21:9-22:5)

De pequeño, aprendí el coro "Jerusalén, Jerusalén, ¡qué bonita eres!"; y seguro, también lo sabe usted, pues la letra de esta canción de antaño expresa el destino final de los hijos de Dios, la iglesia. El apóstol Juan no sólo contrastó la "nueva Jerusalén" con la antigua ciudad del Antiguo Testamento; sino también la difirió con la ciudad de la maldad, la perversa y ramera Babilonia (Apocalipsis 17-18). Esta nueva ciudad celestial, la nueva Jerusalén, la morada eterna que Jesús fue a preparar (Juan 14:1-3), que es el destino final de los hijos de Dios, tiene muchas características que la hacen muy especial:

A. Una ciudad gloriosa (21:11)

Dado que la presencia de Dios la habita, es una ciudad que irradia luz intensa. Dice la versión Traducción en Lenguaje Actual: "La presencia de Dios la hacía brillar, y su brillo era como el de una joya, como el de un diamante, transparente como el cristal" (TLA).

B. Una ciudad segura (21:12-17)

Sobre la naturaleza gloriosa de la ciudad, añade Pérez Millos: "No cabe duda que Juan tiene que utilizar términos del lenguaje humano para describir aspectos de la nueva creación de Dios a fin de hacerlos comprensibles al lector de este tiempo, de ahí que los detalles del aspecto de algunos materiales de la ciudad hacen necesario entender que, por lo menos, son de distinta naturaleza a la que conocemos hoy. Sin embargo, los detalles importantes que no pueden pasar desapercibidos son que se trata de una verdadera ciudad, cuyo constructor y arquitecto es Dios" (Pérez, S. Apocalipsis. España: CLIE, 2010, p.1279); en otras palabras, la santa ciudad es teológicamente simbólica.

El número 12 es común verlo mencionado tanto en el Antiguo y Nuevo Testamentos; y, en estos versículos, es mencionado muchas veces para describir el material de la ciudad celestial. El muro de la ciudad es grande y alto (v.12), que tiene doce fundamentos que es figura de seguridad divina (Zacarías 2:5). Este muro tiene doce puertas (Apocalipsis 21:12) que dan a entender su amplitud; y cada puerta tiene un ángel que lo resguarda (Isaías 62:6). Tanto las puertas tienen nombre de cada tribu de Israel (Apocalipsis 21:12b-13); y cada cimiento tiene nombre de cada apóstol del Cordero (v.14). Esta relación tribus y apóstoles simboliza "la unidad del pueblo de los pactos antiguo y nuevo. Los doce apóstoles están al comienzo de la historia de la iglesia, así como los patriarcas estuvieron en el comienzo de la historia de Israel" (Newport, J. P. El León y el Cordero. EUA: CBP, 1989, p.303); además, estos apóstoles fueron israelitas. Pablo también habló de esta relación en Efesios 2:19-22.

Esta ciudad es segura por su simetría perfecta; las ciudades en la antigüedad eran cuadradas. Para los pensadores griegos el cuadrado era símbolo de perfección; de allí que Juan vio a la ciudad celestial como un cubo perfecto (Apocalipsis 21:15-17), como el amor de Dios es perfecto en sus cuatro lados (Efesios 3:17-18).

C. Una ciudad de piedras preciosas (21:18-21)

En términos monetarios, estos versículos son los más caros de la Biblia y tienen que ver con el material con el cual creó Dios esta ciudad para sus hijos. Una ciudad de oro puro, unos muros de jaspe y cimientos de piedras preciosas, y cada puerta de bella perla. "Se trata de una construcción que sólo el Arquitecto divino podrá llevar a cabo y con materiales que proceden de Él mismo... Nada menos saldrá de la mano del Creador, para el lugar residencia de aquellos por quienes Cristo dio su sangre en precio por sus pecados" (Pérez, S. Apocalipsis. España: CLIE, 2010, pp.1297,1304). Nuestra mente limitada y terrenal no es capaz de describir tan extrema belleza que narran estos versículos.

D. Una ciudad cuyo hábitat es la presencia de Dios (21:22-27)

Jesús, hablando de la morada eterna, dijo: "... y os tomaré a mí mismo, para que donde yo estoy, vosotros también estéis" (Juan 14:3). De esta manera, la presencia divina es reafirmada en esta ciudad gloriosa. Esta comunión íntima con Dios es perfecta y definitiva, que ya no se necesita templo (Apocalipsis 21:22), ni la iluminación natural del sol y de la luna (vv.23,25); porque la gloria de Dios rodeará e iluminará a los ciudadanos del Reino (v.24). Ciudadanos que previamente fueron "inscritos en el libro de la vida del Cordero" (v.27). En esta ciudad, se respira santidad; por ello, quienes quieran ser parte de esta ciudad, antes deben haber aceptado al Cordero y vivir una vida consagrada a Dios (2 Corintios 7:1).

E. Una ciudad con recursos de vida (22:1-5)

Quienes habiten en este paraíso experimentarán la plenitud de vida; porque en su interior, hay un río limpio de agua de vida que emana del trono de Dios y del Cordero (v.1), y un árbol de vida fructífero cuyas hojas son de vida saludable (v.2).

En esta ciudad, se respira vida, no hay sitio para el pecado ni las maldiciones, por lo que hay plena libertad en los ciudadanos del Reino para servir o rendir culto voluntariamente a Dios (22:3). Por último, en contraste con el malo que ha sido desterrado de la presencia de Dios y lleva la marca de la bestia (13:16); sin embargo, los hijos de Dios tendrán el privilegio de ver el rostro de su Señor y llevarán grabado el nombre de Dios en sus frentes (Apocalipsis 22:5; cf. Mateo 5:8; Apocalipsis 3:12).

Conclusión

El lugar eterno para los hijos de Dios es un lugar maravilloso nunca visto en esta tierra, y no es tanto por sus lujos o riquezas; sino por su esplendor, gloria y santidad de Dios. Cuando la iglesia militante la ocupe, la noche habrá terminado, la luz del sol habrá acabado; ahora, Cristo los iluminará y reinará eternamente por siempre (22:5). ¿Está usted de camino hacia ese lugar que Jesús fue a preparar?

Herencia y destino final

Hoja de actividad

Versículo para memorizar: "No habrá allí más noche; y no tienen necesidad de luz de lámpara, ni de luz del sol, porque Dios el Señor los iluminará; y reinarán por los siglos de los siglos" Apocalipsis 22:5.

I. La herencia de los hijos de Dios (Apocalipsis 21:1-7)

¿Qué entiende usted por "cielo nuevo y tierra nueva"?

____

____

De las cuatro descripciones de la herencia de Dios para sus hijos, ¿cuál es la que más le llama más la atención, y por qué?

____

____

II. La condenación final de los pecadores (Apocalipsis 21:8)

Describa, según este versículo, los pecados que condenarán a los pecadores; y añada dos más según su entendimiento.

____

____

¿Cuál de las ocho prácticas pecaminosas de este versículo fue una tentación para su vida espiritual?

____

____

III. El destino final de los hijos de Dios (Apocalipsis 21:9-22:5)

Dé algunas razones del porqué la nueva Jerusalén es una ciudad gloriosa y segura.

____

Según Apocalipsis 21:27, ¿quiénes no serán aptos, y quiénes sí serán ciudadanos de la nueva Jerusalén?

____

____

Conclusión

El lugar eterno para los hijos de Dios es un lugar maravilloso nunca visto en esta tierra, y no es tanto por sus lujos o riquezas; sino por su esplendor, gloria y santidad de Dios. Cuando la iglesia militante la ocupe, la noche habrá terminado, la luz del sol habrá acabado; ahora, Cristo los iluminará y reinará eternamente por siempre (22:5). ¿Está usted de camino hacia ese lugar que Jesús fue a preparar?

El tiempo está cerca

José Barrientos (Guatemala)

Pasaje bíblico de estudio: Apocalipsis 22
Versículo para memorizar: "Y me dijo: No selles las palabras de la profecía de este libro, porque el tiempo está cerca" Apocalipsis 22:10.
Propósito de la lección: Afirmar como discípulos la convicción de que Cristo viene y el tiempo está cerca.

Introducción

El pasaje de estudio en particular inicia en el capítulo 21 versículo 9, cuando un ángel de los que tenían las siete copas llamó a Juan a venir a él para mostrarle la esposa del Cordero. Esta, sin duda, es una escena maravillosa que describe la visión de la nueva Jerusalén. Algo completamente nuevo, que no es fácil explicar aun sustentados en la fe bíblica. Nuestra imaginación sólo puede nutrirse de la descripción que Juan hizo de lo que él vio.

El capítulo 22 inicia describiendo un río de cristal que salía del trono de Dios y del Cordero; luego, cita el árbol de la vida y otros aspectos propios de una ciudad. Con esto, finaliza la descripción y se introduce en los aspectos centrales de la profecía: el anuncio de la Segunda Venida del Señor Jesús. Inicia afirmando la veracidad de lo que profetiza; y entrelaza las palabras del ángel, que aún describen los eventos, y las palabras de Jesús mismo, quien afirma: "[yo] vengo pronto" (v.7). Esta maravillosa afirmación desencadena dos aspectos de especial relevancia: ¿dónde pasará usted la eternidad?; y la todavía vigente oportunidad de salvación que debe ser anunciada y que desafía a todo ser humano a decidirse por Cristo o rechazar su salvación.

I. La venida de Cristo es segura (Apocalipsis 22:1-12)

Desde el inicio del libro de Apocalipsis (1:7-8), se puede observar que el anuncio de la venida de Cristo es tema central; y que los acontecimientos descritos de castigo, destrucción y muerte llevan a un momento culminante en el juicio ante el gran trono blanco (20:11). Luego, la descripción se torna esplendorosa, desde el anuncio de un cielo nuevo y una tierra nueva y la descripción de la nueva Jerusalén con todo su esplendor (21:11-21).

A. El interior de la nueva Jerusalén (vv.1-5)

En los primeros cinco versículos del capítulo 22, se describen aspectos importantes identificables como el interior de la nueva Jerusalén. Primero, el río de vida que fluye del trono de Dios y del Cordero. La descripción del río ya nos comunica algo anhelado. Para quienes vivimos en ciudades donde los ríos han sido contaminados y se ven disminuidos en su caudal, pensar en un río como el cristal que fluye en una ciudad resulta ampliamente deslumbrante; pero este es además identificado como río de la vida. Esta figura es mostrada en otros pasajes como lo expresado por el Señor Jesús: "El que cree en mí... de su interior correrán ríos de agua viva" (Juan 7:38). De manera similar, se hace referencia al árbol de la vida citado desde Génesis 3:22,24. Tras la desobediencia, Dios expulsó al ser humano del huerto; para que no comiera del árbol de la vida, indicando que en tal caso viviría para siempre.

El río cristalino de la vida y el árbol de la vida son citados en formas diversas y muestran, junto a otras descripciones, lo maravilloso que será estar y vivir en la nueva Jerusalén donde Dios y el Cordero iluminarán todo, y de nada hay necesidad. Pero debe tenerse en cuenta que está reservado el ingreso únicamente para los que están inscritos en el libro de la vida del Cordero (Apocalipsis 21:27). Una de las frases más esperanzadoras y que despiertan un anhelo intenso por la vida en la nueva Jerusalén está en Apocalipsis 22:3, que dice así: "Y no habrá más maldición". La vida en muchas ciudades se ha vuelto sumamente agobiante: la escasez de agua, el costo de la energía eléctrica, el hacinamiento social, el intenso tráfico, el alto costo de los artículos, las extorsiones. Todo lo anterior por hacer una aproximación de lo que se vive en muchas ciudades de nuestra actualidad. Ninguno de estos males puede verse ajeno a la naturaleza caída del mundo en el que vivimos. Pero ¡qué alentador es saber que en la nueva Jerusalén no habrá más condiciones de este tipo; sino que el trono de Dios y del Cordero estarán allí, y sus siervos le servirán y verán su rostro!

B. La certeza de la profecía (vv.6-7)

El contenido de este capítulo muestra una integración de diversos aspectos de la profecía. En los versículos anteriores (vv.1-5), finalizó la descripción que se hacía de la nueva Jerusalén. A partir del versículo 6, se enfoca en el evento central de toda la profecía; su indicación es que Dios mostró "las cosas que deben suceder pronto". Vivimos en una era de alto nivel de "comunicación", entendida como las muchas formas a través de las cuales se envía información. La gran mayoría de personas tiene ahora un teléfono celular. Muchos aparatos son del tipo inteligente, con los cuales las personas pueden no solamente comunicarse con otras y, naturalmente, enterarse de acontecimientos en la forma denominada "en tiempo real", es decir, de forma simultánea.

Entre tanta información, también ha aparecido el contenido engañoso, falso o inexacto. La gran dificultad es distinguir lo verdadero de lo falso. Con mucha frecuencia, las personas toman decisiones o actúan con base en información que resulta ser falsa y haber estado destinada desde su origen a provocar tal equivocación. Esta es la manifestación de la naturaleza caída del ser humano que se alza en esta tierra. Para una humanidad cargada de esas características engañosas, es esencial la afirmación: "Estas palabras son fieles y verdaderas" (v.6). El profeta agregó en qué se basaba para presentar esta afirmación: "el Señor, el Dios de los espíritus de los profetas, ha enviado su ángel, para mostrar a sus siervos las cosas que deben suceder pronto" (v.6). Aquí es importante notar la indicación sobre a quiénes es mostrado: "a sus siervos". Esta indicación nos permite reconocer que, si bien muchos podrían tomar contacto con estas palabras, no necesariamente entenderían ni atenderían su mensaje; si no tienen la disposición de ser "siervos" de Dios. El libro de Apocalipsis ha sido leído y usado en diversas formas e interpretaciones, incluyendo algunas de propósito impropio. Aun así, sigue siendo fiel y verdadero, y las palabras de Jesús vigentes: "¡He aquí, vengo pronto!" (v.7).

C. El libro abierto y el tiempo cerca (vv.10-12)

Hace algunas décadas, aún se usaba un material de resina que se calentaba, se dejaba caer una porción sobre la tapa de un sobre y se ponía el sello que garantizaba que no fuera abierto sin que fuera evidente; de manera que, aun teniendo el sobre en la mano, no podría ser leído hasta ser abierto por el destinatario autorizado para romper el sello y leerlo. El ángel instruyó a Juan a no sellar el libro, en una clara indicación de que su contenido debe ser conocido y cumplir el propósito para el cual fue elaborado. Si tuviera sello, sólo sería abierto por quien estuviera autorizado para ello. El ángel fue explícito al decir por qué no debería ser sellado: "porque el tiempo está cerca" (v.10). La expresión "el tiempo está cerca" requiere una reflexión. En el texto original, la palabra "tiempo" está registrada como "kairós". Los griegos usaban dos expresiones distintas para tiempo: kairós y kronos. "Kronos se refiere a "cómo medimos los días y la vida cuantitativamente"; pero esta forma de medida comenzó solo en Grecia a partir del siglo III aC... Kairós es el tiempo cualitativo de la vida. Los griegos lo consideraban el más oportuno para la novedad. "El concepto tiene sus orígenes en la práctica griega de tiro al arco, y representaba el momento en que el arquero encuentra la perfecta apertura para disparar su flecha y acertar la diana..." (Recuperado de https://dobetter.esade.edu/es/tiempo-kronos-kairos, el 05 de enero de 2023). La comprensión de que kairós se refiere al momento oportuno en que están las condiciones para que algo especial acontezca nos ayuda a distinguir entre fecha y condiciones favorables "para". Podríamos decir, entonces, que el tiempo (kairós) está cerca; indica que se están manifestando las condiciones para el gran acontecimiento. Más que decir: «Será el día "D" a la hora "H"». La afirmación de que Cristo viene pronto nos lleva a las siguientes reflexiones.

II. Usted decide dónde pasará la eternidad (Apocalipsis 22:14-15)

Como se describe en los primeros versículos del capítulo de estudio, en la nueva Jerusalén no habrá maldición; sin embargo, una ciudad es para que haya en ella habitantes. En tal sentido, ¿quién estará allí?

A. Los que entran por las puertas de la ciudad (v.14)

En el versículo 14, hay una descripción acerca de quiénes tendrán derecho de entrar por las puertas la ciudad: aquellos que lavan sus ropas en el río de la vida. El vestuario tenía un sentido simbólico en la cultura judía para la participación de ciertas actividades, como acontece también en nuestros días. En el Nuevo Testamento, se cita la parábola de un hombre que entró a una boda sin vestir adecuadamente; y, por tal razón, el rey lo mandó a sacar (Mateo 22:11-13). La vestimenta limpia y resplandeciente es también el atuendo que se describió para la esposa del Cordero (Apocalipsis 19:8). En este caso, hay una descripción acerca de lo que representa ese lino limpio y resplandeciente: "... es las acciones justas de los santos". Este pasaje está muy relacionado con la descripción de quienes vienen de la gran tribulación; y dice que: "han lavado sus vestiduras y las han emblanquecido en la sangre del Cordero" (7:14 LBLA). Siendo que en la nueva Jerusalén no habrá maldición; sólo entrarán quienes han sido lavados por la sangre de Cristo, purificados por el Espíritu Santo y permanecen fieles (22:11c-d).

B. Los que no entran por las puertas de la ciudad (v.15)

En el versículo 15, se describe a quienes no entrarán en la ciudad. Esta exclusión no tiene nombre, sino un perfil; depende de cada persona y sus actos decidir si estará en el grupo de quienes entrarán, o quienes no entrarán. El primer rasgo usa un adjetivo muy fuerte: "los perros", expresión empleada para referirse a quienes tenían una conducta libertina, o que se beneficiaban de cualquier cosa sin importar las consecuencias. En el caso de los judíos, se refería a personas que no observaban una conducta congruente con la ley y sus diversas formas de cumplimiento; sino eran tendientes a identificarse con prácticas paganas e idólatras. Los rasgos excluyentes continúan describiendo prácticas que Dios rechaza, citando al final la práctica de la mentira. Este rasgo es además relevante; porque si Dios rechaza la mentira, no mandaría escribir un libro con mentiras. En consecuencia, su Palabra es verdad. Quienes tengan, entonces, una conducta contraria a lo que Dios desea no entrarán en la nueva Jerusalén.

III. La invitación a la vida eterna sigue disponible (Apocalipsis 22:16-17)

El libro de Apocalipsis, debido a sus descripciones contundentes acerca de lo que sucederá en los tiempos finales, ha sido tomado como una forma de provocar temor. Si bien es cierto: "¡Horrenda cosa es caer en manos del Dios vivo!" (Hebreos 10:31); no es ese el deseo de Dios. Por el contrario, desde los profetas que precedieron la venida de Jesucristo, ya era manifiesto que Dios no desea que el impío muera; sino que mediante el arrepentimiento se vuelva a Dios y que viva (Ezequiel 33:11).

A. La intervención de Jesús (v.16)

La descripción de la profecía da un giro; y ahora es Jesús mismo quien está hablando. Declara que Él ha enviado a su ángel para dar testimonio a la iglesia. Esto confirma el interés de Jesús por la iglesia como su cuerpo. Afirma su interés, para que la iglesia cumpla el papel que espera de ella: que sea fiel, y que a su vez dé testimonio del sacrificio que Jesús hizo por ella y en beneficio de toda la humanidad. Respecto de este versículo, el comentarista Matthew Henry (versión PDF) lo describe así: "Jesús, que es el Espíritu de profecía, ha dado a sus iglesias la luz matutina de la profecía para asegurarles la luz del perfecto día que se aproxima" (Recuperado de https://www.bibliatodo.com/comentario-biblico/?v=RV1960&co=matthew-henry&l=apocalipsis&cap=22, el 05 de enero de 2023). Cuando la Palabra dice: "de estas cosas" (v.16), está haciendo referencia a la profecía expuesta en Apocalipsis; pero, como hemos visto en diversos pasajes, claramente coherente con toda la profecía bíblica. Jesús mismo nos manifiesta aquí primero que su resurrección es absolutamente real, y que su Palabra es fiel y se cumplirá. De modo que la iglesia, la esposa del Cordero, puede confiar plenamente en Él.

B. La invitación vigente para la salvación (v.17)

Como se describió antes, el deseo de Dios es que ninguno se pierda. Para ello, abre la oportunidad de salvación a través del sacrificio de Jesucristo, ejemplificado en el río de la vida. En nuestra vida física, el agua es indispensable para vivir; y ello explica la invitación a beber del agua de la vida. Esto implica reconocer una condición de necesidad cuya forma de mitigarse es bebiendo; sin embargo, siempre es una decisión propia. El comentarista Matthew Henry lo explica así: "El Espíritu, por la palabra sagrada, y por las convicciones e influencias en la conciencia del pecador, dice: Ven a Cristo para salvación; y la novia, o toda la Iglesia, en la tierra y el cielo, dice: Ven y comparte nuestra dicha... Que cada uno que oiga o lea estas palabras, desee de inmediato aceptar la invitación de gracia" (Recuperado de https://www.bibliatodo.com/comentario-biblico/?v=RV1960&co=matthew-henry&l=apocalipsis&cap=22, el 05 de enero de 2023). Del mismo modo, como en el versículo 16, Jesús da testimonio; así también la iglesia debe dar testimonio al no creyente, para que conozca el plan de salvación.

Conclusión

El libro de Apocalipsis no está destinado a causar temor; sino a afirmar el propósito salvífico de Dios. Para ello, muestra la maravillosa condición de la nueva Jerusalén a donde nos invita a entrar. Aunque la invitación es hoy vigente; nos anuncia su pronta venida, la cual marcará el límite de oportunidad. Vivir en su gracia y dar testimonio de ello es nuestro papel en la espera.

El tiempo está cerca

Hoja de actividad

Versículo para memorizar: "Y me dijo: No selles las palabras de la profecía de este libro, porque el tiempo está cerca" Apocalipsis 22:10.

I. La venida de Cristo es segura (Apocalipsis 22:1-12)

¿Qué es lo que da certeza a la profecía de Apocalipsis (v.6)?

____

____

¿Qué entiende usted por la expresión "el tiempo está cerca" (v.10)?

____

II. Usted decide dónde pasará la eternidad (Apocalipsis 22:14-15)

¿Quiénes son los que entrarán en la nueva Jerusalén (v.14)?

____

Si esto sucediera mañana, ¿se encuentra listo para entrar a la nueva Jerusalén?

____

____

III. La invitación a la vida eterna sigue disponible (Apocalipsis 22:16-17)

¿Qué significa para usted que Jesús mismo exprese que envió a su ángel para dar testimonio a la iglesia (v.16)?

____

____

¿Qué responsabilidad tiene la iglesia en cuanto a la invitación de Dios para la salvación del pecador?

____

____

Conclusión

El libro de Apocalipsis no está destinado a causar temor; sino a afirmar el propósito salvífico de Dios. Para ello, muestra la maravillosa condición de la nueva Jerusalén a donde nos invita a entrar. Aunque la invitación es hoy vigente; nos anuncia su pronta venida, la cual marcará el límite de oportunidad. Vivir en su gracia y dar testimonio de ello es nuestro papel en la espera.

www.ingramcontent.com/pod-product-compliance
Lightning Source LLC
LaVergne TN
LVHW061947220826
846091LV00013B/4087

* 9 7 8 1 5 6 3 4 4 0 0 3 8 *